suhrkamp taschenbuch 2013

1972 in der DDR, 1973 in der Bundesrepublik erstmals erschienen, in der Theaterbearbeitung hüben wie drüben zugleich umstrittenes und umjubeltes Ereignis, hat Plenzdorfs »Neuer Werther« den Erfolg seiner klassischen Vorlage eingestellt. Wie diese 200 Jahre zuvor, so enthält auch Plenzdorfs »Werther« das Gefühl, trägt ihn die Strömung seiner Zeit, artikuliert er einer Generation Trauer und Sehnsucht. Über die ersten Stürme seiner Aufnahme hinaus galt diesem Buch wie wenigen anderen auch weiterhin die kontinuierliche Zuwendung und die Begeisterung seiner Leser. – Den Mythos von Plenzdorfs *Neuen Leiden* historisch und kritisch zugleich zu belegen und aufzuhellen, der Freude an Stoff und Darstellung eine Richtung auf die Erkenntnis von Zusammenhängen, der Bedingtheiten des Werks zu erschließen, eine Grundlage zu schaffen für das Verständnis des Wertherfiebers unserer Zeit – gleichzeitig aber zum ersten Mal Plenzdorfs Erstling einzuordnen in den größeren Zusammenhang eines umfassenderen Schaffens: dies macht der neue Materialienband sich zur Aufgabe.

Plenzdorfs
»Neue Leiden des jungen W.«

Herausgegeben von
Peter J. Brenner

suhrkamp taschenbuch
materialien

Suhrkamp

suhrkamp taschenbuch 2013
Erste Auflage 1982

Satz: Utesch, Hamburg. Druck: Ebner Ulm.
Printed in Germany
Umschlag nach Entwürfen von
Willy Fleckhaus und Rolf Staudt

Inhalt

V

Bibliographischer Anhang

I

Einleitung

Peter J. Brenner

Die alten und die neuen Leiden
Kulturpolitische und literarhistorische Voraussetzungen eines Textes in der DDR

Der »Bitterfelder Weg« der DDR-Literatur

Der auslösende Impuls für die außerordentliche Wirkung, die Ulrich Plenzdorfs »Neue Leiden« in der DDR ebenso wie im Westen erzielt haben, ist sicherlich zunächst in ihrem kulturpolitischen Stellenwert zu sehen. Der Text markiert, zusammen mit einigen anderen, etwa zur gleichen Zeit entstandenen Arbeiten von DDR-Schriftstellern, die endgültige Abwendung von tradierten Positionen der Literaturtheorie und -politik in der DDR, und er unternimmt den Versuch, die literarische Auseinandersetzung mit der gesellschaftlichen Wirklichkeit durch neue Inhalte und Formen wieder zu beleben. Die Brisanz dieses Versuches läßt sich nur ermessen vor dem Hintergrund der vorhergehenden literarischen und literaturpolitischen Entwicklung in der DDR.

Einen wichtigen Fixpunkt in der DDR-Literaturgeschichte bildet die Bewegung des »Bitterfelder Weges«. Der »Bitterfelder Weg« wurde 1959 als eine Art offizielles Literaturprogramm formuliert; er ist das Resultat eines politischen Unbehagens an der literarischen Situation in der DDR zu dieser Zeit, das sich schon manifestiert hatte auf dem V. Parteitag der SED. Das Programm der anvisierten literarischen Neuorientierung hat Walter Ulbricht in seinem Referat auf dem V. Parteitag in großen Zügen entworfen: Es sei die Hauptaufgabe, »die Trennung von Kunst und Leben, die Entfremdung zwischen Künstler und Volk, die in der bürgerlichen Gesellschaft so katastrophale Ausmaße erreicht haben«, zu überwinden. Ulbrichts Fazit: »In Staat und Wirtschaft ist die Arbeiterklasse der DDR bereits der Herr. *Jetzt muß sie auch die Höhen der Kultur stürmen und von ihnen Besitz ergreifen.*«[1]

Dieses kulturelle Programm des V. Parteitages wird präzisiert auf der ersten »Bitterfelder Konferenz«, die im April 1959 stattfand. An ihr nahmen – auf Einladung des Mitteldeutschen Verlages in Halle, der dabei von der SED unterstützt wurde – sowohl Berufsschriftsteller wie schreibende Arbeiter teil, wodurch schon die Tendenz der Ergebnisse dieser Konferenz angekündigt wird: Die Aufhebung der beklagten Trennung von »Kunst und Leben« sollte erfolgen durch ein stärkeres Eingehen der Literatur auf den Produktionsprozeß; sie sollte sich, nach den Worten Ulbrichts in seiner Rede auf der Bitterfelder Konferenz, mehr als bisher der *»Gestaltung des brausenden umwälzenden Lebens in unserer Gegenwart«* zuwenden.[2] Dazu sei es notwendig, daß die Schriftsteller ihr eigenes Leben änderten und an den gesellschaftlichen Prozessen – konkret: am Leben der Werktätigen und an der Produktion – größeren Anteil nähmen.[3] Umgekehrt sollten auch die Arbeiter sich am literarischen Leben beteiligen, eine Forderung, die in die »Bewegung schreibender Arbeiter« mündete.

In seiner Bitterfelder Rede hatte Ulbricht das Ziel dieser Maßnahmen mit einigem Pathos formuliert: Es gehe um die Bildung einer sozialistischen und dadurch erst wahrhaft humanistischen Kultur »durch das Volk und für das Volk«; um die Erfüllung der alten »Sehnsucht der Arbeiterklasse und des ganzen werktätigen Volkes, die Schaffung einer wahrhaften Volkskultur, die nur im Sozialismus möglich ist«.[4] Über diesen zukunftsweisenden kulturellen Perspektiven wurde freilich der Nutzen der Literatur für die Gegenwart nicht vernachlässigt; der Primat der Politik gegenüber der Literatur blieb auch in Bitterfeld erhalten. Literatur wurde nicht um ihrer selbst willen gefördert, sondern die literarische Gestaltung der sozialistischen Wirklichkeit erhielt die Aufgabe zugesprochen, als Ansporn bei der weiteren Gestaltung dieser Wirklichkeit zu wirken: Der Schriftsteller bringt den Menschen »das Neue zum Bewußtsein und trägt zu größeren Leistungen und gleichzeitig zur Beschleunigung der Entwicklung bei«.[5] Die Literatur wird als Teil der allgemeinen gesellschaftlichen Entwicklung begriffen; ihren Beitrag dazu kann sie leisten durch die Einwirkung auf das Bewußtsein der Masse; sie vermittelt ihnen Erfahrungen mit der Gegenwartsgesellschaft, zu deren Erkenntnis sie damit beiträgt.[6]

Um dieser Aufgabe gerecht werden zu können, bedarf es freilich mehr als nur der Teilhabe des professionellen Schriftstellers am Produktionsprozeß; notwendig ist vielmehr auch das richtige

Bewußtsein des Autors, das sich in der von ihm gewählten literarischen Darstellungsweise ausdrücken muß. Auch in diesem Punkt hat Walter Ulbricht in seiner Bitterfelder Rede die Richtung angegeben: »Ein Schriftsteller kann nur Bedeutendes leisten, wenn er die Gesetze der gesellschaftlichen Entwicklung kennt und erfüllt ist von der tiefen wissenschaftlichen Überzeugung, von der Gerechtigkeit und Siegesgewißheit der Sache des Sozialismus und Kommunismus.«[7]

Diese Forderung verweist darauf, daß die zentrale Kategorie offizieller Literaturtheorie auch für den »Bitterfelder Weg« weiterhin im Zentrum steht: die des »sozialistischen Realismus«. Auf ihn verweist Ulbricht in seiner Rede ausdrücklich: Der »sozialistische Realismus« ist die einzige Darstellungsform, die den auch und gerade im »Bitterfelder Weg« gestellten Anforderungen an die Literatur gerecht zu werden vermag. Daß der »Bitterfelder Weg« als Variante des »sozialistischen Realismus« begriffen wurde, ist nicht so selbstverständlich, wie es vorderhand scheinen mag. Ulbricht selbst weist darauf hin, daß in den literaturtheoretischen Diskussionen der DDR dieses Konzept – unter dem Einfluß von Lukács – einmal als verbindliche Leitlinie der Literatur zur Disposition gestanden habe. Noch fünf Jahre zuvor hatte das – gerade neu gegründete – Ministerium für Kultur in einer »Programmerklärung« die Verpflichtung der Schriftsteller auf diese spezifische Form literarischer Darstellung wesentlich zurückhaltender formuliert. Zwar wird auch hier die »Methode des sozialistischen Realismus« favorisiert; jedoch: »Diese Methode kann und darf aber keinem Künstler und Schriftsteller aufgezwungen werden [...]. In unserer Deutschen Demokratischen Republik haben alle humanistischen deutschen Künstler und Schriftsteller aus Ost und West die Freiheit des Schaffens für eine realistische deutsche Kunst, auch wenn sie sich nicht oder noch nicht die Methode des sozialistischen Realismus angeeignet haben.«[8] Diese bemerkenswert tolerante Formulierung ist zurückzuführen auf die lebhafte kulturelle Diskussion, die nach dem 17. Juni 1953 in der DDR einsetzte und in der die Partei den Künstlern und Schriftstellern einige, wenn auch kaum substantielle, Zugeständnisse machte. Ulbrichts Forderungen an die Schriftsteller auf der Bitterfelder Konferenz klingen demgegenüber wieder wesentlich rigider; sie schreiben den Autoren sowohl die Inhalte wie die Form und die ideologische Ausrichtung ihrer Arbeit vor. Die

Bindung der Literatur an die ideologischen Leitlinien der Partei soll wiederhergestellt werden, entsprechend der Bestimmung, nach der durch den sozialistischen Realismus »künstlerisches Schaffen einerseits fest mit den Zielsetzungen und Kampfaufgaben der von der marxistisch-leninistischen Partei geführten revolutionären Arbeiterklasse als der Hauptkraft des gesellschaftlichen Fortschritts in unserer Zeit verbunden ist, andererseits ebenso fest mit den tatsächlichen, historisch bestimmten ideellen und künstlerischen Interessen und Bedürfnissen der breitesten Volksmassen«.[9] Gemessen am programmatischen Aufwand, mit dem die DDR-Literatur auf den »Bitterfelder Weg« gebracht werden sollte, blieben die literarischen Folgen der Konferenz merkwürdig blaß; ihre Bedeutung liegt wohl eher in der Formulierung theoretischer Positionen als in der nachhaltigen Beeinflussung der Literaturentwicklung.

In der literarischen Entwicklung wird das Bitterfelder Programm schnell überholt; und auch in der programmatischen Diskussion läßt sich bald eine zögernde Zurücknahme der Prinzipien beobachten, ohne daß der Begriff des »Bitterfelder Weges« zunächst preisgegeben würde. Verantwortlich für diese Entwicklung ist sicherlich vor allem die merkliche Zurückhaltung der Schriftsteller gegenüber dem neuen Konzept; Erwin Strittmatter etwa kritisierte: »Das Verwischen und Verwaschen aller literarischen Maßstäbe desorientiert unsere jungen Kollegen«[10], und auch von offiziöser Seite wurden »einseitige Auslegungen« des Bitterfelder Weges beanstandet.

Die Weichen für die Abkehr von der Bitterfelder Konzeption wurden endgültig auf der zweiten Bitterfelder Konferenz im April 1964 gestellt. Schon in der Themenstellung werden den Schriftstellern neue Schwerpunkte vorgegeben; ihre Aufgabe soll weniger die Darstellung der Produktion aus der Perspektive der Arbeiter sein, wie es die Aufforderung zur Teilnahme der Autoren an der Produktion auf der ersten Bitterfelder Konferenz nahegelegt hatte. Jetzt wird diese Perspektive von unten ersetzt durch die von oben. In seiner Rede auf der zweiten Bitterfelder Konferenz legt Ulbricht die neuen schriftstellerischen Leitlinien fest und setzt nach einem kritischen Rückblick neue Akzente. Das ursprüngliche Konzept der Verbindung von »Kunst und Leben« erscheint ihm, sicher auch nach den wenig ermutigenden Ergebnissen der

Bitterfelder Literatur, problematisch: »Bei einigen Schriftstellern und Künstlern, die sich eng mit dem Leben verbinden, tritt eine gewisse Unsicherheit auf, die verständlich ist. [...] Die ›Ideen‹ und die ›Linie‹ von oben und die ›Praxis‹ und die ›Tatsachen‹ scheinen unverträglich miteinander, die Verhältnisse scheinen geklärt – manche werden unsicher, einige sogar kopflos. Ein Künstler, der die Wahrheit und das Ganze im Auge hat, kann nicht vom Blickpunkt eines empirischen Beobachters all dieser Erscheinungen schaffen, auch nicht vom Blickpunkt eines einfachen Mitarbeiters. Er braucht unbedingt auch den Blickwinkel des Planers und Leiters. Das fordern wir von ihm.«[11]

Mit dieser inhaltlichen Revision des ursprünglichen Bitterfelder Konzepts geht auch eine Tendenz zur Liberalisierung der Kulturpolitik einher, die ebenfalls in der Ulbricht-Ansprache angedeutet wird. An der Generalforderung nach »Parteilichkeit« der Literatur wird selbstverständlich weiterhin festgehalten; zugleich konstatiert Ulbricht jedoch, daß die Partei kein »Reglementieren der Künstler« dulde.[12] In diesem Kontext gewinnt dann auch die an sich stereotype und oft verwendete Formel von der »Weite und Vielfalt unseres Realismus-Begriffes« ihren eigenen Sinn: Der sozialistische Realismus ist »kein Dogma«, so formuliert Ulbricht jetzt, »keine Ansammlung von Vorschriften, in die man das Leben zu pressen habe«.[13] Das sind Nuancen, mit denen sich, wenn schon kein Kurswechsel, so doch eine neue Entwicklung in der Kulturpolitik ankündigt. In ihrem Verlauf wird der »Bitterfelder Weg« zu den Akten gelegt, wenn auch sein definitives Ende eigentlich erst auf dem VII. Schriftstellerkongreß von 1973 verkündet wurde. In seinem Hauptreferat beschreibt Hermann Kant den »Bitterfelder Weg« als ein abgeschlossenes Moment der literarischen Entwicklung, dessen Ergebnisse »ein womöglich kaum noch identifizierbarer, aber immer noch unverzichtbarer Bestandteil unserer gesellschaftlichen Wirklichkeit und auch unserer Kunstwirklichkeit« sind.[14]

Die Aufkündigung des Bitterfelder Konzepts hat für die Literatur der DDR insofern keine einschneidenden Konsequenzen gehabt, als dieses Konzept von den professionellen Schriftstellern von vornherein nicht sehr intensiv verfolgt wurde. Tatsächlich fällt es schwer, Werke mit einigem literarischem Anspruch auszumachen, die den Anforderungen des Programms vollkommen gerecht werden. Es sind nur einige wenige Romane, die immer wieder als

Realisationen des »Bitterfelder Wegs« belobigt werden; vor allem »Die Beschreibung eines Sommers« von Karl-Heinz Jakobs (1961), »Der geteilte Himmel« von Christa Wolf (1963), Erwin Strittmatters »Ole Bienkopp« (1963), Eriks Neutschs »Spur der Steine« (1964) und gelegentlich auch noch Hermann Kants »Aula« (1964). Zum »Bitterfelder Weg« können diese Werke insofern gerechnet werden, als sie sich der »Gegenwartsthematik« zugewandt haben und sich »mit Problemen des Werdens der Menschen der sozialistischen Gesellschaft« befassen.[15] Damit erschöpfen sich aber schon die Gemeinsamkeiten. Während in Jakobs' Roman gesellschaftliche Probleme der Gegenwart recht konformistisch behandelt und gelöst werden, weisen vor allem die beiden Werke von Christa Wolf und Erwin Strittmatter kritische Momente auf, die in der DDR zu einer heftigen Diskussion geführt haben. In beiden Romanen ist jedoch die Kritik an den Verhältnissen in der DDR solidarisch gemeint und wurde am Ende der jeweiligen Diskussion auch von offizieller Seite so aufgefaßt. Die beiden Romane wurden begriffen als Ansätze zu einer Darstellung »des Menschen hier und heute als eines *Schöpfers und Baumeisters* unseres neuen Lebens und der neuen menschlichen Welt«.[16] Die Gestaltung individueller Ansprüche an die Gesellschaft wird in der literaturkritischen und politischen Diskussion anerkannt – zumindest so lange, als diese Ansprüche sich noch mit denen der Gesellschaft vermitteln lassen: »Diese Ansprüche sind gesellschaftlich-geschichtlich berechtigte, sie sind auf der Voraussetzung gegründet, daß sich bei uns der Mensch als historisch aktives Subjekt setzen und entfalten kann, sie sind in Wirklichkeit die allgemeinen Ansprüche *der Gesellschaft selbst.*«[17] Obwohl auf diese Weise das kritische Potential, das in der literarischen Gestaltung individueller Ansprüche an die Gesellschaft steckt, absorbiert werden kann, hat diese Thematik doch eine eigene Dynamik, die sich mit dem Beginn der siebziger Jahre in der DDR-Literatur zunehmend entfaltet.

Der VIII. Parteitag und die Liberalisierung der Kulturpolitik

Auch diese Entwicklung vollzieht sich im Wechselspiel von Kulturpolitik und Literatur. Die neuen politischen Signale wurden im Juni 1971 vom VIII. Parteitag der SED gegeben. Mit ihnen wurde eine liberalere Phase der Kulturpolitik eingeleitet, die offensichtlich auch im Zusammenhang zu sehen ist mit der seitherigen und projektierten ökonomischen Entwicklung der DDR. In den Jahren vor dem VIII. Parteitag hatte sich eine Konsolidierung der wirtschaftlichen Lage abgezeichnet, die sich in einer kontinuierlichen Steigerung des Nationaleinkommens manifestierte und sich auch nach 1971 fortsetzte.[18] Diese Konsolidierung wurde teilweise umgesetzt in eine Intensivierung der Konsumgüterproduktion und damit in einen Ausbau des individuellen Lebensstandards. Die weitere Erhöhung des Lebensstandards durch »Steigerung der Konsumgüterproduktion« und eine »stabile Versorgung der Bevölkerung vor allem mit Waren des Grundbedarfs« wird zu einer der Zielvorgaben des Fünfjahrplans für die Jahre 1971 bis 1975.[19] Die ökonomische Konsolidierung und die Intensivierung der Konsumgüterproduktion haben mittelbare Auswirkungen auf das Bewußtsein der Bevölkerung; sie manifestieren sich in einer zunehmenden Identifikationsbereitschaft mit dem Staat und der sozialistischen Gesellschaft.[20]

Diese ideologische Festigung im Gefolge der ökonomischen mag mitverantwortlich sein für den Versuch des VIII. Parteitags, eine kulturpolitische Liberalisierung einzuleiten.[21] Sie findet ihren Ausdruck im von Erich Honecker vorgetragenen Bericht des ZK an den VIII. Parteitag: Es ist jetzt die Rede von einem »offenen, sachlichen, schöpferischen Meinungsstreit« der Schriftsteller, die die »Breite und Vielfalt der neuen Lebensäußerungen« erfassen sollen; die Partei sagt ihnen zugleich die Unterstützung zu bei »ihrem Suchen nach neuen Formen in der bejahenden Gestaltung des Großen und Schönen unserer Zeit und der kritischen Darstellung auch ihrer zu überwindenden Widersprüche«.[22] Die Rede von den »zu überwindenden Widersprüchen« in der sozialistischen Gesellschaft kommt nicht von ungefähr; sie ist vielmehr Ausdruck der neuen gesellschaftstheoretischen Position, die auf dem VIII. Parteitag sanktioniert wurde, und sie demonstriert damit den engen Zusammenhang der kulturpolitischen Liberalisierung mit gesellschaftspolitischen Kursänderungen. Während noch unter Ulbricht das Konzept der »sozialistischen Menschengemeinschaft« verbindlich war, das die Aufhebung jeglicher Klassenwidersprüche in der DDR unterstellte, wird diese

Konzeption seit dem VIII. Parteitag aufgegeben: »In der DDR gibt es noch Klassen, es bestehen noch Unterschiede und bestimmte differenzierte Interessen zwischen den Klassen und Schichten. Der Prozeß der Annäherung ist nicht abgeschlossen. Er ist im Gange. Er vollzieht sich auf dem Boden des Marxismus-Leninismus, der Ideale der Arbeiterklasse [...]. Der VIII. Parteitag hat aus gutem Grund auf den früher recht oft verwendeten Begriff der Menschengemeinschaft verzichtet [...]. Auf den gegenwärtigen Entwicklungsabschnitt des sozialistischen Aufbaus in der DDR angewandt, ist er aber wissenschaftlich nicht exakt, da er die tatsächlich noch vorhandenen Klassenunterschiede verwischt und den tatsächlich erreichten Stand der Annäherung der Klassen und Schichten überschätzt.«[23] Nachdem die DDR auf diese Weise als Klassengesellschaft bestimmt worden war, fiel es leichter, auch der Literatur die Schilderung von gesellschaftlichen Widersprüchen zuzugestehen, wie es Honecker im kulturpolitischen Teil seines Berichts schon angedeutet hatte und wie es andere Redner in den Diskussionen des VIII. Parteitags noch einmal hervorhoben. So etwa Helmut Sakowski, der »unterschiedliche Auffassungen von sozialistischer Literatur« und die »verschiedenartigen Möglichkeiten, sich in der Literatur auszudrücken«, legitimiert.[24]

Mit dem VIII. Parteitag und den programmatischen Diskussionen in seiner Nachfolge werden die Weichen gestellt für eine neue Phase in der Entwicklung der DDR-Literatur. Den Schriftstellern werden neue Spielräume eröffnet; und das betrifft nicht nur die neu produzierte Literatur, sondern zunächst auch ältere Arbeiten, die Ende der sechziger Jahre noch nicht im größeren Umfang in die DDR-Öffentlichkeit hatten hineinwirken können. Eine der wichtigsten dieser Arbeiten ist Volker Brauns Drama »Kipper Paul Bauch«, das später in »Die Kipper« umbenannt wurde. Brauns Drama behandelt, in stilisierender Darstellung, die Problematik entfremdeter Arbeit in der sozialistischen Gesellschaft und den Versuch eines einzelnen, dieses Problem zu lösen. Kipper Paul Bauch stellt Ansprüche, die unter den gegenwärtigen gesellschaftlichen Verhältnissen noch nicht zu realisieren sind. Er versucht, seine eigenen Forderungen einzulösen, indem er statt des Möglichen das Unmögliche tut, und dabei scheitert er an den realen Gegebenheiten: Die Zeit ist noch nicht reif für seine Pläne, die er gleichwohl gewaltsam durchsetzt und dabei nur Schaden anrichtet.

Trotz seines Scheiterns wirken seine Visionen inspirierend auf das Kollektiv, mit dem er arbeitet. Daß das Stück – dessen Handlungszeit die fünfziger Jahre sind – in der DDR von offizieller Seite nicht widerspruchslos aufgenommen werden konnte, ergibt sich aus der Hypertrophierung des Individuums Paul Bauch und seiner Forderungen an die Gesellschaft. Nach 1971 kann das – umgearbeitete und die Rechte des Kollektivs stärker hervorhebende[25] – Stück endlich in der DDR aufgeführt werden.

Das Problem von Individuum und Gesellschaft wird auch in Christa Wolfs Roman »Nachdenken über Christa T.« dargestellt. Christa T. gerät durch die Unbedingtheit ihrer Ansprüche an die Vollkommenheit des Menschen und seiner Lebensbedingungen in Widerspruch zur realen Gesellschaft, auch wenn sie, »unlösbarer Widerspruch«, an ihrer »tiefen Übereinstimmung mit dieser Zeit« festhält.[26] Der unaufgelöste Konflikt, der auch kaum als tendenziell auflösbar dargestellt wird, mußte heftige Reaktionen hervorrufen, die nicht nur das einzelne Werk, sondern die gesamte literarische Problematik betrafen. Auf dem VI. Schriftstellerkongreß im Jahre 1969 wurde die Frage grundsätzlich erörtert und eine klare Entscheidung gegen diese Art von Literatur gefällt. Der Kongreß ging noch von der Konzeption der »sozialistischen Menschengemeinschaft« aus und forderte in seiner »Erklärung«, daß die Literatur »solche Helden« gestalten solle, »die die Entwicklungsprozesse unserer Epoche bewußt fördern und führen«.[27] Damit wird die Übereinstimmung von Individuum und sozialistischer Gesellschaft implicite gefordert; für eine Selbstverwirklichung des einzelnen jenseits der Gemeinschaft bleibt kein Raum. In seinem Referat setzt sich Hans Koch mit diesem Problem auseinander. Er verurteilt die Teile der DDR-Literatur, in der die »Arbeit im Interesse der Gesellschaft« aufgefaßt wird als »ein Hinderungsgrund für eine recht subjektiv aufgefaßte ›Selbstverwirklichung des Individuums‹. Was als Maxime dieser ›Selbstverwirklichung‹ ausgegeben wird, ist manchmal weitaus weniger Marxismus als das von Kierkegaard hergeleitete Prinzip einer abstrakten Moral: ›Sei du! Sei du ganz selbst!‹«[28] Damit ist auch Christa Wolfs Roman gemeint, über den auf diesem Kongreß das Urteil gesprochen wurde.

In den sechziger Jahren also war der Boden noch nicht bereitet für eine kritische literarische Darstellung der DDR-Gesellschaft und der Rolle des Individuums in ihr. Die Werke, in denen eine solche

Darstellung dennoch versucht wurde, hatten es schwer, sich gegen administrative Maßnahmen und gegen die massive offizielle und offiziöse Kritik durchzusetzen. Im unmittelbar literarischen Bereich indes hatte sich eine Liberalisierung schon jenseits der offiziellen Parteilinie angekündigt: Die kritischen Schriftsteller der DDR, insbesondere auch Plenzdorf, konnten sich auf sowjetische Vorbilder berufen, so vor allem auf den früheren Stalinpreisträger und späteren Dissidenten Viktor Platonovic Nekrasov und den kirgisischen Schriftsteller Dschingis Aitmatov. »Sinn und Form« hatte zwischen 1968 und 1971, sozusagen unter unausgesprochener Berufung auf die alte Parteilosung »Von der Sowjetunion lernen heißt siegen lernen«, drei Beiträge von Aitmatov gebracht. In dem 1968 in »Sinn und Form« veröffentlichten Essay plädiert Aitmatov für eine offenere Handhabung des »sozialistischen Realismus«, vor allem in bezug auf die Gestaltung des Helden: »Ich habe schon wiederholt von der erzieherischen Bedeutung der Gestalt des positiven Helden gesprochen und geschrieben – eines seelisch starken Menschen, eines furchtlosen Kämpfers für Wahrheit und Gerechtigkeit, für unsere Ideale. Aber diese Aufgabe wird oft zu simpel verstanden, als direkte Belehrung, als Charakterschablone. Das Leben läßt sich aber nicht in Schablonen pressen, auch nicht in literarische [...]. Der Humanismus und folglich auch die erzieherische Rolle der Kunst des sozialistischen Realismus treten in vielerlei Gestalt zutage. Auch wenn die Kunst für die Einmaligkeit, Unwiederholbarkeit der Persönlichkeit eintritt und versucht, ihren inneren Reichtum möglichst vollständig auszubreiten, wirkt sie nicht weniger auf die Entwicklung unserer Gesellschaft.«[29]

Die Liberalisierung der Kulturpolitik, die sich auf diese Weise unterderhand schon in der DDR Bahn zu brechen begann, wird mit dem VIII. Parteitag offiziell sanktioniert. Die Schriftsteller wurden ermuntert, neue kritischere Werke zu schreiben oder schon geschriebene Werke in Druck zu geben. In diesen Werken wurde Erich Honeckers immer wieder zitierte Formulierung beim Wort genommen, daß es in »Kunst und Literatur keine Tabus« geben dürfe, weder in stilistischen noch in inhaltlichen Fragen.[30] Dieser Satz schien eine neue Ära in der Kulturpolitik der Partei einzuleiten, und auf ihn ist letztlich auch die Publikation von Ulrich Plenzdorfs »Neuen Leiden« zurückzuführen.

Der Text ist schon lange vor der Publikation entstanden; ein erster Entwurf wurde im Juni 1969 als Vorlage für einen dann nicht realisierten DEFA-Film abgeschlossen, während die »Sinn-und-Form«-Fassung erst im Frühjahr 1971 – das Manuskript trägt den abschließenden Vermerk »9. 4. 1971, 14.40 MEZ« – geschrieben wurde. Angesichts der kulturpolitischen Situation in den späten sechziger Jahren waren die »Neuen Leiden« also, wie Plenzdorf später erklärt, »für die Schublade geschrieben«, in einer Zeit, in der ihr Autor »nie ganz das machen konnte«, was er wollte.[31]

Die »Neuen Leiden« und das »klassische Erbe« in der DDR

Die außerordentliche Resonanz, die die »Neuen Leiden« hervorgerufen haben, ist auf zwei eng miteinander verbundene Momente zurückzuführen: Einmal auf die Thematisierung des schon vorher in der DDR-Literatur kritisch angeschnittenen Verhältnisses von Individuum und Gesellschaft, das bei Plenzdorf eine spezifische Färbung dadurch erhält, daß auch die Jugendproblematik mitberührt wird; zum anderen durch die Einbeziehung eines klassischen Textes als Folie für die Darstellung von Gegenwartsproblemen. Daß auch diesem zweiten Moment eine eminente politische Brisanz eignet, ergibt sich aus der besonderen Funktion des »klassischen Erbes«, die schon seit der Gründung der DDR lebhaft diskutiert wurde. In die Tradition dieser Diskussion gehört auch die rigoros ablehnende Kritik von Friedrich K. Kaul, die dieser gegen die »Neuen Leiden« richtete: »mich ekelt geradezu – um keinen anderen Ausdruck zu benutzen – die von einem unserer professionellen Theaterkritiker sogar noch ›mehr als ein hübscher Einfall‹ laudierte Inbezugsetzung eines verwahrlosten – der Fachmann würde sagen ›verhaltensgestörten‹ – Jugendlichen mit der Goetheschen Romanfigur an«.[32]

Eine solche Reaktion auf eine eigenwillig-modernisierende Erbe-Aneignung wäre im übrigen auch in der Bundesrepublik nicht undenkbar. Das zeigt die Auseinandersetzung um die Verwendung einer Goethe-Parodie[33] im Unterricht eines niedersächsischen Gymnasiums: Dem Lehrer wurde daraufhin in einer Anzeige »Körperverletzung wegen Verletzung sittlicher Grundlagen von Jugendlichen« und ähnliches vorgeworfen.[34] Dahinter steckt die Vorstellung, daß die Literatur »einen ›veredelnden‹ Einfluß auf die Gedanken des Menschen auszuüben« habe[35], die auch den Hintergrund von Kauls Invektive bildet. Kauls Bemerkungen haben jedoch eine spezifische DDR-Tradition zur Grundlage. Schon 1946 hatte Anton Ackermann den Tenor dieser Invektive vorweggenommen: Er wendet sich gegen die »Pseudo-Künstler«, die »Zoten über den Humanismus, die Freiheit und Demokratie« verbreiten, und führt gegen sie das »gesunde Volksempfinden« ins Feld.[36] Der Humanismus wird in dieser Zeit und noch lange darüber hinaus zum Leitbegriff der KPD- bzw. SED-Kulturpolitik. Diese Linie verfolgt auch Wilhelm Pieck, wenn er als zentrale Voraussetzung einer »Erneuerung der deutschen Kultur« die Wiederbelebung der *»erhabenen Ideen der Besten unseres Volkes, [...] die Ideen echter, tiefgefühlter, kämpferischer Humanität und wahrer Freiheit und Demokratie«* betrachtet.[37] Pieck nennt auch die Autoren, an denen sich diese Humanität schulen kann; es sind Goethe und Schiller, Lessing und Heine, deren Werke zuvörderst wieder zugänglich gemacht werden sollen.

Es mag auf den ersten Blick befremden, daß Ackermann und Pieck die Forderung nach einer sozialistischen und realistischen Kunst hintanstellen und statt dessen sich auf die Tradition doch eigentlich bürgerlicher Kunst berufen, in der das von ihnen propagierte Humanitätsideal realisiert wurde. Daß der Rezeption des allgemein anerkannten Kulturerbes zunächst der Vorzug vor der Forderung nach einer sozialistisch-realistischen Kunst gegeben wurde, ist in der konkreten historischen Situation des Jahres 1946 begründet – Pieck verweist darauf, wenn er die Notwendigkeit betont, *»alle aufbauwilligen, antifaschistischen und demokratischen Kräfte ganz gleich welcher Partei- oder Konfessionszugehörigkeit [...] zusammenzufassen«*[38] –, daß aber überhaupt das bürgerliche kulturelle Erbe von der sozialistischen Gesellschaft reklamiert werden kann, hat weiterreichende theoretische Gründe.

Diese Möglichkeit beruht auf der – vor allem auf einzelne Äußerungen Lenins zurückgehenden – Forderung, daß die Arbeiterklasse sich die Teile der bürgerlichen Kultur aneignen könne und müsse, deren humanistischer Gehalt auch in der sozialistischen Gesellschaft nicht nur einen Platz habe, sondern erst dort wahrhaft zu sich selbst finden könne. Die bürgerliche Gesellschaft hingegen müsse die humanistischen Ideale, die sie einst selbst hervorgebracht habe, verleugnen und als veraltet verwerfen.[39] Aus dieser Überlegung ergibt sich, daß die sozialistische Gesellschaft das fortschrittliche bürgerliche Erbe ergreifen und gegen das Bürgertum selbst verteidigen kann. Besonders in der Gründungsphase der DDR ist dies auch mit einiger Vehemenz geschehen; so heißt es etwa in einem Manifest des Parteivorstandes der SED zum 200. Geburtstag Goethes: »Die deutsche Arbeiterklasse ist dazu berufen, die Pflege unseres kulturellen Erbes in ihre Hände zu nehmen und gegen alle Verfälschungen und Entstellungen zu verteidigen«; und an anderer Stelle wird proklamiert: »Die SED steht an der Spitze aller fortschrittlichen Kräfte im Kampf um eine neue Kultur, die an das große kulturelle Erbe des klassischen deutschen Humanismus anknüpft und dabei besonders den tiefen demokratischen und humanistischen Gehalt lebendig gestaltet, der aus Goethes Werk zu uns spricht.«[40]

In diesen und späteren Äußerungen oder Manifesten wird ein idealisiertes Bild der deutschen Klassik entworfen, das dem des deutschen Bildungsbürgers im 19. Jahrhundert in nichts nachsteht; immer wieder werden die klassischen Künstler und Schriftsteller als Eideshelfer herangezogen gegen »modernistische« Strömungen in der Kunst: »Die Unterschätzung des klassischen Erbes der deutschen Kunst muß überwunden werden. Die Aufgabe besteht darin, von den großen Meistern der Vergangenheit die künstlerische Meisterschaft zu lernen, von ihnen zu lernen, wie man zum Volk in einer für das Volk verständlichen Sprache der Kunst spricht, wie künstlerisch wertvolle Vorbilder geschaffen werden, die das vielfältige und reiche Leben des Menschen und der Gesellschaft darstellen. Die Mißachtung der Klassik, die Verneinung der großen Errungenschaften der klassischen deutschen Kunst, sind eine der Erscheinungen des Kosmopolitismus, dessen Ziel es ist, die deutsche Nation durch die amerikanischen Imperialisten zu versklaven«.[41]

Mit der Zeit freilich entstand auch in der DDR ein Bewußtsein dafür, daß sich die klassischen Ideale nicht in dieser Weise unmittelbar in politische Propaganda umsetzen lassen und daß vor allem der Versuch einer einfachen Nachahmung der klassischen Vorbilder in der Gegenwart weder den Problemen der Gegenwart noch den Vorbildern selbst gerecht werden kann. Allzu lange war auch ignoriert worden, daß es sich bei den Klassikern eben doch um bürgerliche Autoren handelte, die – ihrem Humanismus zum

Trotz – nicht unmodifiziert in die sozialistische Literatur aufgenommen werden konnten. Dieses Problem stellte sich mit besonderer Schärfe seit dem Beginn des »Bitterfelder Weges«, der Prinzipien für die Schriftsteller formulierte, die beim besten Willen nicht mehr die unmittelbare Berufung auf die Klassik erlaubten. Gewiß wurde auch mit Bitterfeld die Klassik als Vorbild nicht preisgegeben; auch für die schreibenden Arbeiter sollte Goethe weiterhin des Nacheiferns wert sein: »Welch ein gefährlicher Irrtum zu glauben, die proletarisch-revolutionären Kulturbestrebungen und die sie fortsetzende sozialistische Kulturbewegung in der DDR seien gegen die humanistischen Werke des progressiven Bürgertums gerichtet.«[42] Aber der Bezug zum kulturellen Erbe ist hier schon zurückhaltender formuliert als noch einige Jahre zuvor; und auch Ulbrichts Aufruf bei der Bitterfelder Konferenz, sich an den Klassikern zu orientieren, klingt weniger bestimmt als in den Manifesten der frühen fünfziger Jahre: »Aber wo gibt es eine solche Darstellung dieser Entwicklung in künstlerischer Form, wie sie die Klassiker des Bürgertums über die Entwicklung ihrer Klasse im Kampf gegen die feudale Gesellschaftsordnung gestaltet haben?«[43] Ulbricht verweist mit dieser Formulierung in aller Deutlichkeit auf den Klassengegensatz auch zwischen den Klassikern und den Schriftstellern der sozialistischen Gesellschaft. Eine umstandslose Adaptation des bürgerlichen Erbes kann damit nicht mehr in Frage kommen. Tatsächlich hätten die Bitterfelder Prinzipien, die eine Orientierung der Schriftsteller an der eigenen Lebenswirklichkeit fordern, sich kaum vertragen mit der Empfehlung, sich an »heroisch-illusionären bürgerlichen Auffassungen zu orientieren«.[44] Mit der ersten Bitterfelder Konferenz ist endgültig der uneingeschränkte Gültigkeitsanspruch der Klassik verabschiedet, und damit wird der Weg frei für einen offeneren Umgang mit der Klassik und dem kulturellen Erbe überhaupt, als er in den fünfziger Jahren möglich gewesen wäre.

Mit Beginn der siebziger Jahre wird die Diskussion um das Erbe in der DDR merklich intensiviert und der einmal eingeschlagene Weg einer kritischeren Betrachtung der Klassik fortgesetzt, wobei freilich die Bestimmung der Funktion dieses Erbes in der sozialistischen Gesellschaft immer unklarer wird.[45] Die Neuorientierung wurde später auch offiziell von der Partei bestätigt. In seiner Rede zur 6. Tagung des ZK im Juli 1972 formuliert Kurt Hager die distanziertere und kritischere – und der Sache sicher auch angemessenere – Stellung der Partei zum klassischen Erbe, das nicht mehr unbefragter Wertmaßstab sein dürfe, sondern nur noch der allgemeinen Orientierung dienen solle und im übrigen aus seiner Zeit heraus verstanden werden müsse: »Kritische Aneignung bedeutet vor allem, die großen Kunstleistungen früherer Gesellschaftsepochen aus ihren sozialen Bedingungen und damit auch in ihrer teilweisen Widersprüchlichkeit zu begreifen. [...] Andererseits wenden wir uns entschieden gegen eine nihilistische Einstellung zum kulturellen Erbe, gegen die Entstellung und Herabwürdigung der großen Humanitätsideale wie auch gegen Tendenzen einer falschen Idealisierung des Erbes, der Verklärung selbst rückständiger, philisterhafter Züge. Man darf nicht die Tatsache verkennen, daß unser heutiger sozialistischer Weg mehr ist als die bloße Vollstreckung großer humanitärer Ideale und Utopien der Vergangenheit.«[46] Diese Einschränkungen kommen nicht von ungefähr. Sie sind im Zusammenhang mit kulturpolitischen Entwicklungen zu sehen, in deren Verlauf die Rezeption des bürgerlichen Erbes bewußt zurückgedrängt wurde zugunsten einer schärferen Akzentuierung des »revolutionären Erbes« der Arbeiterbewegung.[47]

Trotz dieser offiziellen Korrekturen behält das Thema auch weiterhin seine Brisanz: Noch 1973 löst Wolfgang Harich eine Debatte mit einem Beitrag aus, der in seiner Substanz, neben vielen Abschweifungen und polemischen Seitenhieben, auf eine Verteidigung des kulturellen Erbes – in diesem Fall handelt es sich um Shakespeares »Macbeth« – gegen eine allzu freie Aneignung und Bearbeitung hinausläuft. Gleichzeitig bemüht er sich freilich, dem neuen Diskussionsstand gerecht zu werden, indem er zu zeigen versucht, daß gerade eine unmodifizierte Erbe-Rezeption revolutionären Gehalt enthält, während durch die Bearbeitung »der ja vorhandene *progressive* Gehalt daraus entfernt worden ist«.[48] In den kritischen Repliken auf Harich wird ihm indes – ganz im Sinne der neuen Erbe-Konzeption – die Notwendigkeit der »Vermittlung von Vergangenheit und Gegenwart« entgegengehalten: »Die Kunst hat ein respektloses Verhältnis zum Erbe. Entscheidend ist ihre Fähigkeit, ihre Abbildungen der Gegenwart adäquat zu machen.«[49]

Damit wird die gelassenere Einstellung zum Erbe formuliert, die letztlich auch fundierend ist für Plenzdorfs Einarbeitung von Goethes »Werther« in die »Neuen Leiden«.

Der Rückgriff auf das klassische Erbe dient hier nicht dessen harmonischer Vermittlung mit der Gegenwart der sozialistischen Gesellschaft, sondern der Rekurs gerade auf den »Werther« hat im Kontext der »Neuen Leiden« nicht versöhnende, sondern potentiell kritische Funktion.

Die »Neuen Leiden« und Goethes »Werther«

Die Einbeziehung der »Werther«-Zitate in den Text der »Neuen Leiden« vollzieht sich nicht ohne Spannungen; sie manifestieren sich in einer allmählichen Entwicklung der Beziehung, die Edgar Wibeau zu dem – ihm bis zum Schluß unbekannt bleibenden – Verfasser des Romans entwickelt. Diese Entwicklung nimmt ihren Ausgang von einer fast absoluten Distanz; Edgar weiß mit dem Roman zunächst überhaupt nichts anzufangen: »Nach zwei Seiten schoß ich den Vogel in die Ecke. Leute, das konnte wirklich kein Schwein lesen. Beim besten Willen nicht.«[50] Inhalt und Sprache befremden ihn, vor allem im Vergleich mit Salingers »Fänger im Roggen«, den er ohne größere Komplikationen auf seinen eigenen Erfahrungshorizont beziehen kann: »Der das geschrieben hat [sc. den »Werther«], soll sich mal meinen Salinger durchlesen. *Das* ist echt, Leute!«[51] Trotz dieser anfänglichen Ablehnung von Goethes Roman und speziell des Verhaltens von dessen Protagonisten, das Edgar vorderhand völlig verschlossen bleibt, entwickelt er allmählich ein Verhältnis zu dem Text. Das ist gerade in der Distanz begründet, die der Text zur Gegenwart hat und die Edgar selbst so befremdete: Diese Distanz läßt den Text geeignet erscheinen, zur Provokation eingesetzt zu werden. Das ist auch der eigentliche Grund, weshalb Edgar Willi das erste Tonband mit einem »Werther«-Zitat schickt: »Schade war bloß, daß ich nicht sehen konnte, wie Old Willi umfiel. Der fiel bestimmt um. Der kriegte Krämpfe. Der verdrehte die Augen und fiel vom Stuhl.«[52] Auch bei Charlie hat Edgar mit dieser Absicht Erfolg; sie weiß ebenfalls mit den Zitaten nichts anzufangen.[53] Diese provozierende Wirkung kann der Text entfalten unabhängig von den Inhalten der Zitate; die Provokation ergibt sich schon durch den Zeitenabstand zwischen dem zitierten Text und der Gegenwart, der sich vor allem sprachlich manifestiert.

Damit hat es indes nicht sein Bewenden. Nachdem Edgar diese

Wirkung des Romans entdeckt hat, entwickelt er, seiner Skepsis ihm gegenüber zum Trotz und ohne es eigentlich zu wollen, zusehends ein positiveres Verhältnis zu ihm. Er stellt fest, daß, nach dem Überwinden der distanzierenden Äußerlichkeiten, der Text eine stärkere Beziehung zu seinem Erfahrungshorizont hat, als er ursprünglich wahrhaben wollte. Er erfährt Werthers Leiden in immer stärkerem Maße als eine Spiegelung seiner eigenen Situation, so daß er schließlich, zu seiner eigenen Verblüffung, feststellen kann: »Der Mann wußte Bescheid!«[54] Später heißt es: »Ich hatte nie im Leben gedacht, daß ich diesen Werther einmal so begreifen würde«[55], und am Ende stellt er fest: »Ich war jedenfalls fast so weit, daß ich Old Werther verstand, wenn er nicht mehr weiterkonnte.«[56] Der Roman aus dem 18. Jahrhundert wird für Edgar zum Medium, durch das er seine eigenen Erfahrungen in der Gegenwart erhellt. Das wird erst möglich durch den Zeitenabstand. Die Unmittelbarkeit seiner eigenen Erfahrungen hindert Edgar daran, auf sie zu reflektieren; erst als sie ihm als fremde und längst vergangene entgegentreten, kann er sich bewußt zu ihnen verhalten. Die wichtigste Einsicht, die ihm durch den klassischen Text vermittelt wird, ist die Einsicht in seine Stellung innerhalb der Gesellschaft.[57] Es wird ihm sichtbar, daß die Ansprüche, die die Gesellschaft an Werther gestellt hatte und die dieser zu erfüllen sich weigerte, mit seiner eigenen Situation vergleichbar sind.

Ein großer Teil der »Werther«-Zitate thematisiert dieses Problem. Mit ihnen wird die provokative Wirkung, die von dem Text an sich schon ausgeht, noch einmal verschärft, zumal hier die von Plenzdorf in der Diskussion berufene »Aktualität bestimmter Textstellen«[58] sowohl für Edgar und seine Umgebung wie auch für den Leser einsichtig wird. Offensichtlich sind Edgars und Werthers Erfahrungen mit der Gesellschaft auf den ersten Blick identisch; deshalb kann Edgar sie mit den Worten Werthers ausdrücken und bei seinen Zuhörern große Wirkung erzielen. Beide Protagonisten wehren sich gegen äußere Beschränkungen, die ihrer tatsächlichen oder nur vermeintlichen »genialischen« Natur – die sich bei Edgar besonders in seinen Malversuchen und in seiner Erfindung ausdrückt – Fesseln auferlegen. Edgar zitiert Werthers Kritik an den »Regeln«[59], aber vor allem greift er die Kritik an der »Arbeit« auf, die er mit Werther als »Joch« ansieht.[60] Die fundamentalste Kritik an der Gesellschaft findet sich in dem Zitat, das Edgar zweimal anführt: »Es ist ein einförmiges Ding um das Menschengeschlecht. Die meisten verarbeiten den größten Teil der Zeit, um zu leben, und das bißchen, das ihnen von Freiheit übrigbleibt, ängstigt sie so, daß sie alle Mittel aufsuchen, um es loszuwerden.«[61]

Diese Kritik muß in einer sozialistischen Gesellschaft brisant wirken, denn sie unterstellt, daß in dieser die gleichen Bedingungen fortwirken, gegen die sich schon Werther wandte. Werthers Kritik richtet sich im wesentlichen gegen die bürgerliche Gesellschaft; auch wenn er – in der Gesandtschaftsepisode – sich zunächst unmittelbar mit den Standesschranken der feudalen Gesellschaft konfrontiert sieht, so wird die Entfaltung seiner Persönlichkeit doch im wesentlichen beeinträchtigt vom Nützlichkeitsdenken des bürgerlichen Arbeitsbegriffs: »Alles in der Welt läuft doch auf eine Lumperei hinaus, und ein Mensch, der um anderer willen, ohne daß es seine eigene Leidenschaft, sein eigenes Bedürfnis ist, sich um Geld oder Ehre oder sonstwas abarbeitet, ist immer ein Tor.«[62] Solche Äußerungen wurden – mit Recht – schon im 18. Jahrhundert als eine Kritik der herrschenden bürgerlichen Wertvorstellungen aufgefaßt, neben denen die Kritik an der Ständegesellschaft verblaßte. Werther wurde vorgeworfen, daß er mit seiner Ablehnung jeder Einschränkung der Subjektivität die Fundamente der bürgerlichen Gesellschaft erschüttere zugunsten eines hemmungslosen Egoismus.[63] Werthers Kritik richtet sich am Ende gegen die entfremdete Arbeit in der bürgerlichen Gesellschaft; und wenn Edgar Werther mit Recht zitiert, dann deutet er damit nicht weniger an, als daß die sozialistische Gesellschaft ihren Anspruch, diese Entfremdung tendenziell aufzuheben, nicht – oder noch nicht – hat einlösen können. So wurden die »Werther«-Zitate der »Neuen Leiden« vor allem in der westlichen Kritik interpretiert[64]; und die Möglichkeit einer solchen Auslegung mag auch der Grund dafür sein, daß in der DDR-Diskussion der »Werther«-Bezug des Textes eher zurückhaltend thematisiert und am Ende gar die zentrale Bedeutung von Goethes Roman für die »Neuen Leiden« geleugnet wurde.[65] Beide Interpretationsmöglichkeiten bedürfen indes der kritischen Revision anhand der »Neuen Leiden« selbst. Mit seinen einschlägigen »Werther«-Zitaten spricht Edgar zweifellos das Thema der Selbstverwirklichung des Subjekts in der Gesellschaft an. Beide Figuren, Edgar wie Werther, reklamieren eine Freiheit für sich, von der sie unterstellen, daß sie ihnen in der Gesellschaft nicht gewährt werden kann. Der Versuch, sie dennoch zu realisieren, kann sich konsequenterweise nur im Rückzug aus der Gesellschaft vollziehen; und hier gibt, zumindest partiell, Goethes Roman das Modell für Edgars Verhalten.

Von zentraler Bedeutung ist die Beziehung Edgars zu Charlie; in diesem Punkt lehnen sich die »Neuen Leiden« auch in ihrem Handlungsverlauf am genauesten an ihr Vorbild an. Sowohl die Personenkonstellation wie auch die Charakterisierung der Personen und ihres Verhaltens ist im wesentlichen Goethes Roman nachgebildet; und ein Großteil der von Edgar herangezogenen Goethe-Zitate bezieht sich auf die Beziehung zwischen Werther und Lotte.

In Goethes Roman will Werther in der Liebe zu Lotte jene Selbstverwirklichung zumindest partiell erreichen, die ihm von der Gesellschaft verweigert wird. In der Nähe Lottes lebt er »so glückliche Tage, wie sie Gott seinen Heiligen ausspart; und mit mir mag werden, was will, so darf ich nicht sagen, daß ich die Freuden, die reinsten Freuden des Lebens nicht genossen habe«.[66] In der Hütte bei Lotte erreicht Werther den Höhepunkt seiner Selbstverwirklichung, aber nur, indem er seine Ansprüche eng auf die Liebe beschränkt und alle gesellschaftlichen Bezüge ausklammert. Gerade diese erzwungene Ausklammerung beweist aber die ungebrochene Übermacht der Gesellschaft, die am Ende auch noch in die Liebesbeziehung selbst hineinwirkt[67]: Die Selbstverwirklichung in der Liebe bleibt begrenzt und damit scheinhaft.

Wenn die »Neuen Leiden« in ihrer Darstellung der Liebesgeschichte das Modell Werthers bis in Details genau nachvollziehen, dann beschwören sie damit das gleiche Problem herauf, das die Darstellung schon bei Goethe prägt. Zunächst freilich sieht es anders aus; gerade Werthers Verhältnis zu Lotte bleibt Edgar völlig unverständlich und er kommt zu dem Schluß: »Dem war nicht zu helfen.«[68] Im weiteren Verlauf seiner eigenen Beziehung zu Charlie zeigt sich ihm indes, daß die Erfahrungen Werthers nicht so überholt sind, wie es ihm vorderhand schien; er kann sie zusehends mit seinen eigenen identifizieren. Zunächst benützt er Goethes Text als Medium, mittels dessen er seine eigene Erfahrung formuliert; wobei er freilich gleich im Anschluß an das Zitat bemüht ist, wieder eine ironische Distanz herzustellen: »Nein, ich betrüge mich nicht! Ich lese in ihren schwarzen Augen wahre Teilnehmung an mir und meinem Schicksal. Sie ist mir heilig. Alle

Begier schweigt in ihrer Gegenwart.«[69] Über den Umweg der »Werther«-Rezeption und stilisierten Werther-Nachfolge findet Edgar am Ende zur Einsicht in seine eigenen Gefühle, die er dann auch in eigene Worte fassen kann. Dabei verzichtet er auf seinen Jargon, der selbst wiederum Mittel der Distanzierung ist. Seine neue Erfahrung spricht Edgar in einem Satz aus, der stilistisch, durch seine »poetische Sprache«, aus dem ganzen Text der »Neuen Leiden« herausfällt und dadurch eine exponierte Stellung erhält[70]: »Ihr Gesicht roch wie Wäsche, die lange auf der Bleiche gewesen war.«[71] Bei der Bootsfahrt wiederholt sich für Edgar die Situation, in die Werther und Lotte nach der Lektüre der »Ossian«-Gesänge geraten. Edgar bezieht sich bei seiner postumen Beschreibung dieser Situation trotz der eindeutigen Parallelität aber nicht mehr auf Goethes Roman, sondern er formuliert sie und seine Gefühle in eigenen Worten: »Bei Charlie hätte ich wirklich singen können. Ich weiß nicht, wer das kennt, Leute. Ich war nicht mehr zu retten.«[72] Wie bei Werther ist das zugleich der Höhepunkt und das Ende der Liebesbeziehung zu Charlie; auch Edgar macht die Erfahrung, daß sich die Selbstverwirklichung nicht in der Liebe, als einem aus der Gesellschaft ausgeklammerten Bereich, realisieren läßt.

In der Urfassung sind die Akzente noch anders gesetzt. Die Bedeutung Charlottes tritt sowohl gegenüber Goethes »Werther« wie auch gegenüber den späteren Fassungen der »Neuen Leiden« zurück. Edgars Beziehung zu ihr spielt keine so entscheidende Rolle wie sein – letztlich erfolgreiches – Bemühen, gesellschaftliche Anerkennung durch die Erfindung zu erringen. Die Szene im Krankenhaus macht das sinnfällig: »Charlotte steht noch ein bißchen rum, dann geht sie, wie man so geht, wenn man nicht mehr gefragt ist.«[73]

Für Edgar wie für Werther gilt, daß sie sich weder in der Gesellschaft noch im ohnehin schon eingeschränkten Bereich der Liebe verwirklichen können. Dennoch bestehen in diesem Punkt der Selbstverwirklichung wesentliche Unterschiede zwischen den beiden Texten. Edgars Leiden sind keine einfache Wiederholung des literarischen Vorbildes. Edgar nimmt zwar ganz eindeutig die gesellschaftskritischen Impulse des Romans auf und macht sie sich zu eigen; aber im Gesamtkontext der »Neuen Leiden« gewinnen sie eine neue Funktion, die sie von der im »Werther« unterscheidet.

Die Abweichungen im Handlungsverlauf der »Neuen Leiden« sind signifikant; und sie dienen keinesfalls dazu, das in den »Werther«-Zitaten vorhandene gesellschaftskritische Potential zu verschleiern.[74] Anders als Werther manifestiert Edgar die Unversöhnlichkeit mit der Gesellschaft nicht mit einem Selbstmord, und anders als jener ist er bis zuletzt bemüht, seine Selbstverwirklichung in der Arbeit – an der Farbspritze, also auch einer Leistung für die Gesellschaft – zu finden. Die »Neuen Leiden« greifen die alten Leiden Werthers auf; sie vollziehen sie aber nicht bis zur letzten Konsequenz nach: Es besteht tatsächlich die von Weimann konstatierte »Dialektik von Entsprechung und Nichtentsprechung« zwischen den beiden Texten.[75] Die »Neuen Leiden« sind bemüht, eine Lehre aus dem Schicksal Werthers zu ziehen und zu zeigen, daß dieses Schicksal sich unter neuen Bedingungen nicht zwangsläufig vollziehen muß. Dem abgeschlossenen Roman Goethes gegenüber versuchen die »Neuen Leiden« neue Möglichkeiten der Entwicklung eines Individuums in der Gesellschaft zu eröffnen, ohne sich dabei freilich schon auf bestimmte Entwicklungen festzulegen. Eine dieser möglichen Entwicklungen ist zweifellos das Schicksal Werthers; die andere ist aber die Versöhnung des Individuums mit der Gesellschaft: Nicht nur Werther also wird als Möglichkeit anvisiert, sondern auch Wilhelm Meister. Wenn Edgar schreibt oder doch schreiben will: »Mein größtes Vorbild ist Edgar Wibeau. Ich möchte so werden, wie er mal wird«[76], dann ist dies nicht nur der trotzige Gestus des potentiellen Werther-Nachfolgers, sondern zugleich der Anspruch, mit dem Wilhelm Meister seinen Bildungsweg beginnt: »mich selbst, ganz wie ich da bin, auszubilden, das war dunkel von Jugend auf mein Wunsch und meine Absicht.«[77] Auch hier wird scheinbar ein absoluter Anspruch des Individuums erhoben, der aber letztlich doch reduziert wird und in der Assimilation an die Gesellschaft mündet. Der klassische Goethe hatte die Möglichkeiten des Individuums in der bürgerlichen Gesellschaft nüchterner gesehen als der Stürmer und Dränger.

Der Konflikt zwischen Individuum und DDR-Gesellschaft

Daß beide Entwicklungsmöglichkeiten, die Werthers wie die Wilhelm Meisters, in den »Neuen Leiden« angelegt sind, wird sichtbar, wenn der Text nicht mehr nur in bezug auf seine »Werther«-Folie gelesen, sondern in seiner Gesamtheit betrachtet wird. Auch wenn die »Neuen Leiden« letztlich auf der »Werther«-Problematik, dem Konflikt zwischen Individuum und Gesellschaft, basieren, so erfährt diese Problematik doch eine Neugestaltung, die auf die veränderte gesellschaftliche Situation reagiert.

Die äußeren Anlässe für Edgars Rückzug aus der Gesellschaft wirken zunächst banal. Edgar wehrt sich vor allem gegen die Vereinnahmung durch die Mutter: »Ich war überhaupt daran gewöhnt, nie jemand Ärger zu machen. Auf die Art muß man sich dann jeden Spaß verkneifen. Das konnte einen langsam anstinken. [...] Ich hatte einfach genug davon, als lebender Beweis dafür rumzulaufen, daß man einen Jungen auch *sehr* gut ohne Vater erziehen kann.«[78] Die besondere Konstellation verweist darauf, daß es sich bei dem Konflikt um mehr handelt als eine bloße familiäre Auseinandersetzung; als »Leiterin«[79] erscheint die Mutter vielmehr zugleich als Repräsentantin jener gesellschaftlichen Anforderungen an das Individuum, gegen die Edgar sich mit seiner Verweigerung zur Wehr setzt und der gegenüber er seine eigenen individuellen Ansprüche verwirklichen will: »Ich finde, man muß dem Menschen seinen Stolz lassen«, fordert er.[80] Bei solchen Ansprüchen ist der Konflikt mit einer Gesellschaft unvermeidlich, die eben nicht immer bereit ist, dem Menschen seinen Stolz zu lassen. Tatsächlich richtet sich Edgars Protest auch nur vordergründig gegen die Bevormundung durch die Mutter oder durch den Ausbilder im Betrieb. Das sind nur äußerliche Anlässe; der eigentliche Grund seines Unbehagens sind jedoch die Anforderungen, die die Gesellschaft an ihn stellt und gegen die er seinen eigenen Anspruch auf Selbstverwirklichung reklamiert.

Dieser Anspruch realisiert sich durch Edgars Ausbruch aus der Gesellschaft, der sich zunächst als normaler und damit unpolitisch wirkender Protest eines Jugendlichen gegen die Erwachsenenwelt geriert. Dieser Generationskonflikt, der sicher auch als Thema in den »Neuen Leiden« enthalten ist, hat gewiß entscheidend beigetragen zu ihrem Erfolg bei der Jugend in der DDR wie im Westen. Schon Stephan Hermlin hatte in seinem Diskussionsbeitrag festgestellt: »Das Wichtige an Plenzdorfs Stück ist, daß es vielleicht zum erstenmal, jedenfalls in der Prosa, authentisch die Gedanken, die Gefühle der DDR-Arbeiterjugend zeigt.«[81] Das wird durch die Reaktionen der DDR-Jugend bestätigt; Äußerungen zu dem Text oder zu dem Bühnenstück betonen immer wieder, daß Plenzdorf die Lebenswirklichkeit der Jugendlichen ziemlich genau getroffen hat und daß auch die gesellschaftskritischen Momente des Textes als angemessen empfunden werden.[82] Diese Identifikationsmöglichkeit besteht indes offensichtlich nicht nur für DDR-Jugendliche, auch in der Bundesrepublik reagieren Schüler auf den Text mit spontaner Zustimmung.[83]

Identifikationsmöglichkeiten für die Jugendlichen in Ost und West bietet Edgar mit seiner Vorliebe für lange Haare, für Jazz und, natürlich, für Blue Jeans, die ihm weniger Kleidungsstück als eine »Einstellung« sind. Das auffälligste Merkmal für seine Absonderung von der Gesellschaft der Erwachsenen ist jedoch seine Sprache. Es ist kein Zufall, daß sie vor allem von seiner Umgebung im Text selbst, aber gelegentlich auch von der kritischen Rezeption als eins der provozierendsten Momente der »Neuen Leiden« empfunden wurde. Edgars Sprechweise besteht, bis zur Stilisierung forciert – was in der Urfassung noch nicht so deutlich hervortritt –, aus einem jugendlichen Jargon, der offensichtlich auch in provozierender Absicht eingesetzt wird. Seine hervorstechendsten Merkmale sind Amerikanismen, Übertreibungen und Paradoxa.[84] Diese Sprache ist weniger originär denn literarisches Zitat. Plenzdorf gibt einen Hinweis auf sein Vorbild, wenn er Edgar als eines seiner beiden – eigentlich sind es drei – Lieblingsbücher Salingers »Fänger im Roggen« anführen läßt[85], dessen von Heinrich Böll bearbeitete Übersetzung von I. Muehlon als stilistisches Vorbild gewirkt hat – die englische Fassung hat im übrigen für Plenzdorf keine Rolle gespielt.

Der schnoddrig-saloppe Jargon ist hier wie dort als Affront gegen die normierte Sprache der etablierten Gesellschaft zu verstehen, der die *»traditionellen eingebürgerten gesellschaftlichen und kulturellen Strukturen in Frage stellt«*.[86] Damit kommt ihm ein Signalwert zu. Diese Signale wurden auch verstanden; Friedrich K. Kauls Ekel vor dem »Fäkalien-Vokabular« – das freilich nur in einer kurzen Passage des Romans verwendet wird[87] – demonstriert, daß die beabsichtigte Provokation erfolgreich war, wenn auch die meisten Kritiker in der DDR und im Westen Edgars Sprache eher amüsiert zur Kenntnis nahmen.

Die Vorbildfunktion von Salingers Roman für die »Neuen Leiden« reicht weiter als nur bis zur Übernahme sprachlicher Eigenheiten; Edgar entdeckt zu Recht seine Wahlverwandtschaft mit Holden Caulfield – den er übrigens mit seinem Autor Salinger identifiziert und damit die Grenzlinie zwischen Fiktion und Realität verwischt: »Dieser Salinger ist ein edler Kerl. Wie er da in diesem nassen New York rumkraucht und nicht nach Hause kann, weil er von dieser Schule abgehauen ist, wo sie ihn sowieso exen wollten, das ging mir immer ungeheuer an die Nieren.«[88] Das kommt nicht von ungefähr. Edgar Wibeaus und Holden Caulfields Situation in der Gesellschaft ist in manchem vergleichbar; wenn auch durchaus nicht identisch. Ihre wichtigste Gemeinsamkeit ist die Ablehnung der Erwachsenenwelt und das Gefühl der Isolation und Vereinsamung in einer Gesellschaft, die auf die besonderen Ansprüche und Ideale der beiden Protagonisten keine Rücksicht nimmt. In der Reaktion auf diese Konfrontation mit der Umwelt sind Edgar und Holden indes kaum noch miteinander zu vergleichen. Holden irrt ziellos einige Tage und Nächte durch New York und wird dabei immer wieder neu mit der abgelehnten Welt konfrontiert; am Ende kehrt er zurück und wird einer psychiatrischen Behandlung unterworfen. Edgar hingegen bemüht sich einigermaßen aktiv, sich die Freiräume zu verschaffen, die er zu seiner Selbstverwirklichung zu brauchen glaubt und von denen Holden in seiner Phantasmagorie vom »Fänger im Roggen« nur träumen kann.[89]

Es ist kein Zufall, daß Edgar im gleichen Atemzug mit Salingers Roman als zweites Lieblingsbuch Defoes »Robinson« nennt. Wenn auch auf dieses Werk direkt kaum weiter eingegangen wird, so gibt es doch bis zu einem gewissen Grad das Modell ab für Edgars eigenes Verhalten. Er zieht sich, Robinson vergleichbar, auf seine »Kolchose« zurück, um dort den gesellschaftlichen Zwängen zu entgehen, die seinem Freiheitsdrang im Wege standen. Erstmals hat er hier die Möglichkeit, »echt allein« zu sein; und er nutzt sie gebührend aus: »Dann fing ich erst an zu begreifen, daß ich ab jetzt machen konnte, wozu ich Lust hatte. Daß mir keiner mehr reinreden konnte. [...] Ich verstreute also zunächst mal meine sämtlichen Plünnen und Rapeiken möglichst systemlos im Raum. Die Socken auf den Tisch. Das war der Clou.«[90] Edgar begreift seine Freiheit, das zeigt seine spontane Reaktion, zunächst als Freiheit von Konventionen, die ihm eine pedantische Umwelt oktroyieren will.

Aber auch dieser scheinbar harmlose Protest gewinnt unversehens eine politische Dimension. Darin liegt auch der zentrale

Unterschied zwischen den »Neuen Leiden« und dem »Fänger im Roggen«: Holden Caulfield will sich ein privates Reservat schaffen, aus dem die Erwachsenenwelt einfach ausgeklammert wird, ohne daß er sich Rechenschaft ablegte über die Bedingungen der Möglichkeit einer solchen Ausklammerung. Edgars Protest hingegen hat von vornherein auch politische Züge, weil er sich nicht, wie Holden, auf eine allgemeine Kritik des Materialismus, der Korruption und der Heuchelei der Erwachsenenwelt beschränkt, sondern weil dieser Protest sich in ständiger Auseinandersetzung mit der gesellschaftlichen Realität und den Idealen, die dieser Realität eigentlich zugrunde liegen sollten, vollzieht.[91]

Diese Auseinandersetzung betrifft vor allem den Bereich der Arbeit, zu der Edgar ein eigenes Verhältnis hat. Während seine Umgebung, die Mutter voran, darauf besteht, daß Edgar zunächst einmal einen »ordentlichen Beruf« erlernen soll, sieht Edgar die Dinge etwas anders. Für ihn ist, wie auch schon seine einschlägigen »Werther«-Zitate demonstrieren, die Arbeit nicht der einzige Inhalt seines Lebens: »Wenn ich arbeite, dann arbeite ich, und wenn ich gammle, dann gammle ich.«[92] Darin drückt sich durchaus nicht eine unbedingt negative Stellung zur Arbeit aus; es geht vielmehr nur um etwas mehr Freiheit gegenüber allzu pedantischen Anforderungen, die in der Arbeit das einzige Lebensziel sehen.

Ob diese Auffassung und die damit verbundene Kritik an einer allzu rigiden Arbeitsmoral in der DDR nur der spezifischen unkonventionellen Denk- und Verhaltensweise Edgars entspricht oder ob mit ihr eine grundsätzliche gesellschaftliche Problematik angesprochen werden soll, ist schwer zu entscheiden, da die Arbeitswelt in den »Neuen Leiden« fast ausschließlich aus der Sicht Edgars geschildert wird. Immerhin anerkennt Edgar die andere Einstellung Addis zur Arbeit, wenn er ihm konzediert: »Unsere unsterblichen Seelen waren verwandt. Bloß deine Gehirnwindungen waren rechtwinkliger als meine.«[93] Auch die kritischen Bemerkungen über die Lehrlingsausbildung sind in diesem Zusammenhang nicht sehr beweiskräftig, da sie nur einen kleinen und speziellen Ausschnitt aus der Arbeitswelt der DDR erfassen und zudem noch in ihrer Darstellung stark von der Perspektive Edgars beeinflußt sind. Daß aber zumindest tendenziell mit den »Neuen Leiden« auch eine Kritik intendiert ist, die sich nicht auf die besonderen Probleme eines Jugendlichen mit der

Arbeitswelt reduzieren läßt, zeigt ein kurzer Passus, der nur in der Hörspielfassung enthalten ist. Hier kommt ein Vertreter der arbeitenden Bevölkerung unmittelbar zu Wort, nämlich der Fahrer, der die Laubenkolonie einreißen soll. Er kommentiert Edgars »Leistungsdruck« – unter den dieser sich allerdings mit seinem NFG-Projekt selbst gesetzt hat – mit der Bemerkung: »Na, ja. Seh schon. Stehst auch unter Leistung. [...] Überhaupt Leistung! Vorn sein! Sieger! Alles schön und gut und so. Aber kann auch'n Menschen kaputtmachen. Denk ich manchmal drüber nach, na ja.«[94] Die prinzipielle Auseinandersetzung mit dem Leistungsdenken auch in der sozialistischen Gesellschaft ist also offensichtlich mitintendiert, wenn Edgar in den »Neuen Leiden« versucht, sich diesen Zwängen zu entziehen.

Sein unmittelbarer Widerpart in der Figurenkonstellation ist Dieter, der als Vertreter der gesellschaftlichen Ansprüche an das Individuum und damit als Kontrastfigur zu Edgar fungiert. In Dieter sind all die Charakterzüge und Verhaltensweisen versammelt, die von Edgar abgelehnt werden. Seine Darstellung ist deshalb in der DDR-Kritik auch wiederholt beanstandet worden; Friedrich Plate etwa äußert sich unzufrieden: »Und Dieter erst, der unsympathische Streber, und Soldat war der auch noch. [...] Oder sind die Fehler gar nicht in der Art vorhanden, wie sie uns vorgeführt werden? Ist Dieter nicht eine ganz andere Persönlichkeit, der sich auch als Antipode, als positive Möglichkeit, wie es manche der Kritiker glauben machen, zu Edgar anbietet.«[95] Diese Bemerkung deutet an, daß das eigentliche Persönlichkeitsideal in der DDR-Gesellschaft eben doch der von Christa Wolf in »Christa T.« kritisierte »Tatsachenmensch« ist und nicht der »Unordnungsprediger« Edgar.[96]

Solche Kommentare verdeutlichen, daß in der Konfrontation zwischen Edgar und Dieter ein gesellschaftskritisches Moment angelegt ist; zumal die Auseinandersetzung aufgrund der Konzeption des Textes eindeutig zugunsten Edgars ausgeht – die DDR-Kritik hat entsprechend moniert, daß der »charmante Held zum ethischen Helden schlechthin zu werden droht«.[97] Die Kritik der »Neuen Leiden« an der idealen sozialistischen Persönlichkeit, wie sie Dieter repräsentiert, wird innerhalb des Textes auch auf einer anderen Ebene weitergeführt. Sie betrifft indirekt jene Art der Literatur in den sozialistischen Ländern, die sich die Beschreibung dieses Persönlichkeitsideals zum Thema gemacht. Edgar kommentiert mit einigem Sarkasmus einen »prachtvollen Film«, in dem die Entwicklung eines politischen Außenseiters zum »prachtvollen Jungen« geschildert wird.[98] Bei diesem Film hat offensichtlich jene Literatur Pate gestanden, die in der Sowjetunion der dreißiger und vierziger Jahre unter dem Signum »Produktionsromane« entstand und auch in den anderen sozialistischen Ländern nachgeahmt wurde. Diese Romane haben die Entwicklung des abweichenden Individuums zu einem vollwertigen Mitglied der sozialistischen Gemeinschaft zum Gegenstand; das gleiche Thema also, das Edgar in dem Film wiederfindet und ironisch kommentiert.[99] In der DDR wird diese Literatur, die hier ihre Blüte in den frühen sechziger Jahren hatte, nach der Erzählung »Ankunft im Alltag« von Brigitte Reimann unter dem Titel der »Ankunftsliteratur« geführt; das »Zentrum dieser Bücher ist eine problemreiche, langwierige, krisenhafte Eingliederung vor allem junger Menschen in einen gesellschaftlich größeren, sie fordernden Umkreis«.[100] Von dieser Literatur und damit auch von der Lebenshaltung, die sie propagiert, setzen sich die »Neuen Leiden« insgesamt ironisch ab; daß diese Literatur durch Edgars Kommentar zu dem Film bewußt herbeizitiert wird, hebt die Ablehnung noch einmal ausdrücklich ins Bewußtsein.[101]

Der ironische Kommentar betrifft im übrigen auch die Urfassung der »Neuen Leiden« selbst; denn diese folgt noch deutlich dem später abgelehnten Vorbild der »Ankunftsliteratur«, da sich am Ende doch alles zum Besten wendet.

Die späteren Fassungen der »Neuen Leiden« indes lassen sich als bewußtes Gegenstück zur »Ankunftsliteratur« lesen; schließlich schildert Plenzdorf hier nicht gerade die harmonische Eingliederung des Individuums in die sozialistische Gesellschaft. Dennoch kann nicht die Rede davon sein, daß die Ansprüche dieser Gesellschaft einfach negiert würden. Der Konflikt scheint zwar zunächst einseitig zugunsten des Individuums entschieden zu werden; dafür spricht vor allem, daß Edgar einen zentralen Satz aus Goethes »Werther« zitiert: »Ich kehre in mich selbst zurück und finde eine Welt.«[102] Dieser Satz und die Verhaltensweisen Edgars, die ihn zu stützen scheinen, haben im Osten wie im Westen gelegentlich die Vermutung genährt, daß in den »Neuen Leiden« ein Individuum seine – berechtigten oder unberechtigten, je nach Gesichtspunkt – hypertrophierten Bedürfnisse gegen die Ansprüche der Gesellschaft reklamieren wolle.

In der Bundesrepublik bekundete vor allem Fritz J. Raddatz – unter ausdrücklicher Berufung auf das Goethe-Zitat – seine Freude über die »Neuentdeckung des Subjekts« in der DDR-Literatur, die sich nur als Edgars »Flucht nach innen« realisieren könne, weil die Gesellschaft den einzelnen verstoße.[103] Auch in der DDR-Kritik wird gelegentlich der gleiche Befund erstellt. Plate beanstandet, daß Plenzdorf »der Seite des Auslebens das stärkere Gewicht« zuteilt[104] und daß Edgar mit »seinem selbst gesetzten Einzelgängertum« kokettiere: »Er kommt sich maßlos interessant vor in seiner Parodie auf eine in unserer Gesellschaft unmögliche Tragik.«[105] Ein Jahr später führt Hans Koch die »Neuen Leiden« als ein Beispiel für jene Literatur auf, die die »›Selbstverwirklichung‹ als ein quasi ›außergesellschaftliches‹ Zu-sich-selber-Kommen der Persönlichkeit interpretiert, als Gewinn und Behauptung persönlicher Integrität mittels ›kritischer Distanz‹ zur Gesellschaft«.[106]

In derlei Interpretationen wird die Gewichtsverteilung zwischen Individuum und Gesellschaft in den »Neuen Leiden« eindeutig zugunsten des Individuums bestimmt; und hierfür bietet der Text sicherlich auch Anhaltspunkte. Aber trotz alledem: So eindeutig, wie es in dieser ablehnenden oder zustimmenden Kritik unterstellt wird, ist das Problem nicht aufzulösen; Plate selbst beanstandete schon die »Breite der Auslegungsmöglichkeiten«, die den Text besonders »fragwürdig« mache.[107] Aber »Auslegungsmöglichkeiten« müssen sich am Ende auch am Text ausweisen lassen können; und hier bieten die »Neuen Leiden« Anhaltspunkte, die die eindeutigen Festlegungen der Kritiker selbst fragwürdig erscheinen lassen. Wenn einerseits Edgars Außenseiterrolle sich wesentlich in seinem Verhältnis zur Arbeit manifestiert, so zeigt gerade dieser Punkt andererseits auch, daß Edgar die Position des Außenseiters nicht so uneingeschränkt einnimmt, wie es oberflächlicher Betrachtung scheinen mag. Sein Verzicht auf Arbeit ist, wie auch der Verlauf der Handlung demonstriert, nur temporär: »Der Jux fehlt und das. Dazu braucht man Kumpels, und dazu braucht man Arbeit. Jedenfalls ich. Bloß so weit war ich noch nicht. Vorläufig popte es noch. Außerdem hatte ich keine Zeit für Arbeit. Ich mußte an Charlie dranbleiben.«[108] Aus dieser Rechtfertigung ergibt sich auch, daß der Bereich der Arbeit für mehr einsteht als nur für den Produktionsbereich; er steht pars pro toto für soziale Kontakte überhaupt. Die Notwendigkeit solcher

Kontakte bleibt für Edgar unbestritten; seine Berufung auf Robinson ist deshalb nicht übermäßig ernstzunehmen – dafür spricht sowohl die von ihm forcierte Beziehung zu Charlie als auch seine Tätigkeit in der Malerbrigade.

Ein formales Moment ist in dieser Beziehung vielleicht noch wichtiger: Aus Edgars exponierter »Jenseits«-Position ergibt sich ihm die besondere Möglichkeit, auch ständig in Kontakt mit dem Publikum oder dem Leser zu treten. Sowohl die Prosafassungen wie auch erst recht das Theaterstück und das Hörspiel sind eigentlich als Ansprache an Zuschauer oder Leser konzipiert, wie sich etwa in der abschließenden Verabschiedung Edgars zeigt: »Das war's Leute. Macht's gut.«[109] Die Relevanz dieser formalen Eigenart auch für die Darstellung der sozialen Bezüge des Protagonisten wird im »Literarischen Drehbuch« hervorgehoben. Da hier die »Jenseits«-Position fehlt, muß – wie eine Regiebemerkung zeigt – deren Funktion anderweitig erfüllt werden: Es soll eine Szene improvisiert werden, in der Edgar bei den Berliner Weltjugendfestspielen auftritt: »Es ist notwendig, solche Szenen zu machen, da nicht der Eindruck entstehen darf, daß Edgar ein menschenscheuer, kontaktarmer Junge ist. Auf dem Theater entsteht eine direkte Kommunikation von Figur und Zuschauer dadurch, daß Edgar schon tot auf der Bühne steht und mit den Leuten redet. Sein Charme wirkt direkt auf die Leute, wenn er sagt: Ich weiß nicht, ob mich einer versteht. Die Sache war so und so, Leute.«[110]

In diesem inhaltlichen und formalen Kontext der »Neuen Leiden« reduziert sich die Bedeutung des von Raddatz hypertrophierten »Werther«-Zitats vom Rückzug in die Innerlichkeit entscheidend.[111] Es kann keine Rede davon sein, daß Edgar von der Gesellschaft ausgestoßen sei oder sich auch nur so gefühlt habe. Seine Kritik an den gesellschaftlichen Zuständen betrifft vielmehr nur bestimmte Erscheinungen und vor allem Verhaltensweisen. Insgesamt jedoch steht Edgar der sozialistischen Gesellschaft und ihren weltanschaulichen Grundlagen durchaus nicht ablehnend gegenüber: »Ich hatte nichts gegen Lenin und die. Ich hatte auch nichts gegen den Kommunismus und das, die Abschaffung der Ausbeutung auf der ganzen Welt. Dagegen war ich nicht. Aber gegen alles andere. Daß man Bücher nach der Größe ordnet zum Beispiel. Den meisten von uns geht es so. Sie haben nichts gegen den Kommunismus. Kein einigermaßen intelligenter Mensch kann heute was gegen den Kommunismus haben.«[112] In dieser zentralen Äußerung bekundet Edgar seine prinzipiell positive Einstellung zur sozialistischen Gesellschaft; der DDR-Kritik war sie allerdings noch nicht positiv genug. Sie beanstandet, daß die »ideologische Verfassung Wibeaus« nicht stimmt[113] und seine Stellung zur sozialistischen Gesellschaft allzu unentschieden sei. Sicherlich legt Edgars salopper Umgang mit den marxistischen Klassikern einen solchen Vorwurf nahe; aber nachdem Plenzdorf von sich selbst erklärt hatte, von »Biographie und Tradition her rot bis auf die Knochen« zu sein[114], liegt die Vermutung nahe, daß der Vorwurf gegen Edgar, der schließlich auch den Autor treffen würde, unberechtigt ist. Tatsächlich wird Edgars Bekenntnis zu den Klassikern des Marxismus durch den Kontext der Handlung abgesichert. Er ist bemüht, einen eigenen Beitrag für die Gesellschaft zu leisten, wenn auch wiederum auf spezifische Weise. Er will das Problem des »nebellosen Farbspritzgeräts«, an dem die Brigade gescheitert war, individuell lösen und scheitert am Ende ebenfalls. Einerseits kommt in Edgars Bemühen um das »NFG« wieder die Attitüde des »verkannten Genies« zum Vorschein; aber andererseits ist er sich dessen bewußt, daß das Gelingen des Versuchs einen Beitrag zum gesellschaftlichen Fortschritt darstellen würde. In der Urfassung, der »Sinn-und-Form«-Fassung und dann wieder im »Literarischen Drehbuch« behält er damit recht; ihm selbst oder der Brigade gelingt es, die Konzeption zum erfolgreichen Ende zu bringen: »Das ist kein gewöhnlicher Verbesserungsvorschlag mehr. Das ist ein glattes Patent. Wir haben alles eingereicht. In zwei Wochen ist Edgar Patentträger, einwandfrei.«[115]

In den »Neuen Leiden« bekommt der Text durch diesen Abschluß allzusehr den Gestus des moralischen Zeigefingers. Zu offensichtlich wird Edgar noch postum in die Gesellschaft integriert und damit eine allzugroße Eindeutigkeit in der Aussage des Stücks hergestellt. Die späteren Druckfassungen fällen deshalb über die Qualität der von Edgar erfundenen Spritze kein definitives Urteil; zwar wird ihm bescheinigt, daß er möglicherweise »einer ganz sensationellen Sache auf der Spur« war[116], aber er selbst hält von seiner Idee überhaupt nichts mehr.[117]

Edgars Versuch, selbst für die Gesellschaft praktisch tätig zu werden, darf also zumindest in bezug auf die spätere Textfassung nicht allzu eindeutig ausgelegt werden. Es ist nicht so, daß das

Gelingen der Erfindung »zugleich beides: das Auffinden seiner Fähigkeiten und das Zurückfinden in die Gesellschaft, bedeutet hätte«.[118] Die Spannung zwischen Individuum und Gesellschaft, die die »Neuen Leiden« entfalten, löst sich auch nicht durch Edgars Versuch auf, seinen eigenen Beitrag für die Gesellschaft zu leisten; schließlich betont er ausdrücklich, daß es ihm darum ging, »*meine* Spritze zu bauen. *Mein* NFG«.[119] Auch bekräftigt Edgar noch einmal postum: »Ich wäre doch nie *wirklich* nach Mittenberg zurückgegangen.«[120]

Die ganze Problematik ist mit dieser Schärfe in der Urfassung noch nicht entfaltet. Die erfolgreiche Erfindung löst alle vorher entstandenen Probleme mit einem Schlag. Edgar findet die gewünschte gesellschaftliche Anerkennung – die ihm bei seiner Malerei versagt blieb – und schafft sich damit, wie die Schlußszenen zeigen, die gewünschte individuelle Freiheit, ohne daß er dabei weiterhin mit den Ansprüchen der Gesellschaft kollidieren müßte.

Die »Auslegbarkeit« der »Neuen Leiden« und ihre politische Auslegung in der DDR

Das in den »Neuen Leiden« dargestellte Verhältnis von Individuum und Gesellschaft gewinnt wesentlich an Komplexität durch die besondere Form des Textes. Edgar kommentiert sein eigenes Leben aus dem »Jenseits« und hat dabei die Gelegenheit, seine Erfahrungen zu verwerten und das eigene Verhalten zu prüfen. Diese Gelegenheit nutzt er zunächst zur Selbstkritik. Es gehört zu seinen postumen Einsichten, daß er sich allzusehr auf sich selbst gestellt und damit von der Gesellschaft isoliert hatte: »Das war vielleicht mein größter Fehler: Ich war zeitlebens schlecht im Nehmen. Ich konnte einfach nichts einstecken. Ich Idiot wollte immer der Sieger sein.«[121] Aber auch nach diesen selbstkritischen Bemerkungen, die einen offenkundigen, wenn auch verspäteten, Lernprozeß beweisen, ist die Schuldzuweisung immer noch nicht eindeutig möglich, denn die Vertreter der »Gesellschaft« üben, durch Edgars Tod animiert, ebenfalls Selbstkritik: »Klar, er benahm sich komisch. Einwandfrei. Aber eben das hätte uns stutzig machen müssen, vor allem mich. Statt dessen jagte ich ihn weg.«[122] Und: »Aber wir durften ihn wohl nicht allein murksen lassen.«[123] In der DDR-Diskussion wurden die »Neuen Leiden«

deshalb auch begriffen als Anstoß, die Verantwortung der Gesellschaft für den einzelnen, insbesondere für den Jugendlichen, neu zu überdenken.[124]

Auch mit dem Tod Edgars ist die Frage nach der Berechtigung seiner individuellen Ansprüche an die Gesellschaft nicht entschieden. Dafür sprechen die verschiedenen Deutungen, die dieser Tod in der Kritik erfahren hat.[125] Den einen erscheint er als notwendige Folge von Edgars Scheitern an der Gesellschaft, Raddatz bezeichnet ihn gar als »gesellschaftlichen Mord«.[126] Wilhelm Girnus hingegen sieht die Dinge etwas fröhlicher; für ihn ist der Tod Parodie, »nicht Wibeau überhaupt ist gestorben, sondern *dieser* Wibeau in ihm«, der Wibeau, der aus der Distanz des »Jenseits« heraus vom »neuen« Wibeau ironisch kommentiert wird.[127] In dieser Deutung demonstriert der Tod nicht das Versagen der Gesellschaft, sondern, im Gegenteil, ihre Legitimation, die auch von Edgar postum anerkannt wird. Wieder andere Kritiker betrachten den Tod als selbstverschuldet, da er die »letzte Konsequenz des Einzelgängertums« sei.[128]

So einfach wie diese verschiedenen eindeutigen Auslegungen es suggerieren, liegen die Dinge indes nicht. Auch wenn Edgars Tod nicht ohne weiteres dem Versagen der Gesellschaft zugeschrieben werden darf, trägt er bei zur Ambivalenz der Textaussage in bezug auf das Verhältnis von Individuum und Gesellschaft, die der Urfassung noch völlig fehlt. Die Ambivalenz ergibt sich nicht nur – wie die kontroversen Auslegungen des Problems in der Diskussion um Plenzdorf zeigen – aus der Binnenstruktur der »Neuen Leiden«, sondern vor allem auch daraus, daß mit dem Tod des Protagonisten ein vieldiskutiertes Problem der sozialistischen Literatur überhaupt wieder angeschnitten wird. Schon um den Tod von Ole Bienkopp in Erwin Strittmatters Roman hatte es heftige Kontroversen gegeben; und ein Kritiker wußte auch zu sagen, wie es besser gewesen wäre: Wenn nämlich Ole Bienkopp am Leben geblieben wäre und er die Genossenschaft allen »Schwierigkeiten zum Trotz weiter erfolgreich geleitet und damit sein angefangenes Werk vollendet« hätte.[129] Dieser fromme Wunsch zeigt das Problem, das für die sozialistische Literatur in der Gestaltung des Todes steckt und das zweifellos in den »Neuen Leiden« ebenfalls virulent wird. Auch hier mag das Vorbild von Aitmatov seine Auswirkungen auf Plenzdorf gehabt haben, denn in Aitmatovs Erzählung »Der weiße Dampfer« stirbt der Protagonist, ein siebenjähriger Junge, an der Gleichgültigkeit und Brutalität der Umgebung seinen schwärmerisch-märchenhaften Idealen gegenüber. Dieses Ende ohne gesellschaftliche Perspektive hatte schon in der Sowjetunion eine Diskussion über die Zulässigkeit eines solchen Schlusses in der Literatur des sozialistischen Realismus hervorgerufen.[130]

In den »Neuen Leiden« erhält das Problem wiederum seine eigene Wendung dadurch, daß Edgar über den Tod hinaus Gewinn aus seinen Erfahrungen ziehen, aber sie nicht mehr praktisch verwerten kann. Auch in diesem Punkt greift der Text ein brisantes Problem auf, ohne eine definitive Entscheidung in diesem oder jenem Sinne zu treffen. Solche Entscheidungen haben deshalb die Kritiker und Interpreten zu fällen versucht, wobei für das Ergebnis ihrer Überlegungen offensichtlich die jeweiligen politischen Vorgaben relevanter waren als der Text selbst. Denn der läßt sich nur eindeutig auslegen, wenn seine inhaltliche und formale Komplexität reduziert wird im Sinne der jeweiligen Interpretationsvorgabe.

Die divergierenden Stellungnahmen zu den »Neuen Leiden« zeigen, daß dem Werk keine simple politische Aussage abzuzwingen ist.[131] Die Kritik wird sich vielmehr dazu verstehen müssen, Plenzdorfs Bemerkung ernstzunehmen, daß der Text »bewußt auf Auslegbarkeit geschrieben« sei.[132] Mit der Einlösung dieser Autorabsicht verweigern die »Neuen Leiden« jede einseitige Festlegung auf eine eindeutige – politische – Intention; die Vielfalt der in ihm enthaltenen Perspektiven, die vor allem die westliche Kritik als politischen Kompromiß gedeutet hatte, enthält vielmehr erst das eigentliche kritische Potential: Gerade indem der Text divergierende subjektive und objektive Gegebenheiten und Tendenzen der Wirklichkeit aufgreift und auf seinen verschiedenen Ebenen miteinander konfrontiert, bricht er Erstarrungen in der Realität literarisch auf, ohne ihnen selbst wieder eine erstarrte fiktive Realität gegenüberzustellen. Er ist keine Parteinahme für oder gegen eine bestimmte vorgegebene gesellschaftliche Wirklichkeit, sondern eine selbst in Bewegung befindliche Auseinandersetzung mit ihr, deren Ergebnis noch nicht vorentschieden ist. Seine eigentliche »politische« Leistung besteht im Offenhalten, nicht im dogmatischen Statuieren von Möglichkeiten; das erst erklärt die Irritationen, die er in der DDR wie im Westen hervorgerufen hat.

Im Kontext der literaturtheoretischen und kulturpolitischen Diskussionen der DDR mußten die »Neuen Leiden« gerade durch diese Offenheit freilich auch genuin politische Brisanz entwickeln. Denn die Offenheit des Textes widerspricht offensichtlich der Forderung nach Parteilichkeit, die dem Konzept des »sozialistischen Realismus« wesentlich ist. Das wurde in der DDR-Kritik auch immer wieder – mit mehr oder minder großem Nachdruck – moniert; Hans Koch endlich sprach diese Kritik in aller Deutlichkeit aus: »Wo immer die Starre eines Klischees zerstört wird, um vager Unbestimmtheit, Vieldeutigkeit Platz zu machen, wo unveräußerliche Prinzipien mit Klischees verwechselt werden, wo das ›Antiklischee‹ ins andere, meist schlimmere, Klischee umschlägt, da werden ›Ufer‹ des sozialistischen Realismus unterspült. Von solchen Gefahren scheint mir Plenzdorfs Stück nicht frei.«[133] Damit erinnert Koch unmißverständlich daran, daß die »Neuen Leiden« die in der kulturpolitischen Diskussion der DDR – vor allem nach dem VIII. Parteitag – immer wieder beschworene »Weite und Vielfalt des sozialistischen Realismus« allzu großzügig ausgelegt haben.[134] Schon als Erich Honecker 1971 seine wirkungsträchtige Aussage machte, daß es in der Kunst und Literatur keine Tabus geben dürfe, hatte er sie mit der – von den betroffenen Künstlern und Schriftstellern zunächst offensichtlich nicht beachteten – Einschränkung versehen, daß sie trotzdem von einer »festen Position des Sozialismus« ausgehen müßten. Als die Plenzdorf-Debatte den engeren literaturkritischen Rahmen sprengte und kulturpolitische Dimensionen gewann, wurde – sicher auch im Gefolge einer neuen Akzentsetzung in der DDR-Kulturpolitik – wieder nachdrücklicher an diese Einschränkung erinnert.[135] Schon die 6. Tagung des Zentralkomitees im Juli 1972 leitete die Revision der Liberalisierung ein. Kurt Hager gab die neue Richtung an, indem er sich mit »modernistischen« Strömungen im Westen auseinandersetzte und die »Unversöhnlichkeit« hervorhob, »mit der sich sozialistischer Realismus« – diese Formel war von Honecker auf der 4. Tagung des Zentralkomitees nicht gebraucht worden – »und Modernismus als Kunstrichtungen gegenüberstehen. Kein ›Realismus ohne Ufer‹ kann diesen Antagonismus überdecken. Diese ›Uferlosigkeit‹ entfremdet die Kunst dem Leben. Sie trennt den Künstler von der wirklichen, lebendigen Bewegung der Gesellschaft und führt zu einem extremen Subjektivismus«.[136] Hager hält zwar weiterhin daran fest, daß die

Darstellung von Konflikten auch Gegenstand sozialistisch-realistischer Kunst sein könne und müsse; zugleich fordert er aber, daß ein fester »sozialistischer Standpunkt« und »unbeirrbare Leninsche Parteilichkeit« der Darstellung zugrunde liegen: »Parteiliche Gestaltung erweist sich darin, daß sie zu sozialistischen Entscheidungen in persönlichen Konflikten und zur Parteinahme bei der Lösung von Konflikten hinführt«, auch wenn die Kunst dabei nicht schon »mit fertigen Lösungen aufwarten« muß.[137] Wem diese Erinnerungen galten, hat Honecker ein knappes Jahr später bei der 9. Tagung des Zentralkomitees deutlich gemacht: Er beruft sich auf Bürger der DDR, die »in Abrede stellen, daß bestimmte Kunstwerke zur weiteren Herausbildung sozialistischer Denk- und Verhaltensweisen beitragen. Zum Beispiel dann, wenn von der Bühne herunter verkündet wird, die Deutsche Demokratische Republik sei das ›langweiligste Land der Welt‹«. Diese Kritik bezieht sich auf Volker Braun, in dessen »Kippern« der inkriminierte Satz zu finden ist. Auf ähnlich indirekte, wenn auch ebenso leicht zu identifizierende Weise wird Plenzdorf in der gleichen Rede angegriffen. Honecker wirft ihm vor, »eigene Leiden der Gesellschaft aufzuoktroyieren«.[138]

Diese Sätze bezeichnen eine Trendwende in der Kulturpolitik der Partei; sie bemüht sich offensichtlich, die Geister, die sie kurz zuvor gerufen hatte, wieder zu bannen. Dennoch sollte wohl nicht der Versuch unternommen werden, den Zustand der Zeit vor dem VIII. Parteitag wiederherzustellen. Wilhelm Girnus hat, sicherlich nicht ohne Grund, Honeckers Bemerkung gegen Plenzdorf nicht als »Verdammungsurteil«, sondern als Wink aufgefaßt, die »Vorgänge im gesellschaftlichen Lebensprozeß und deren Lösungsbedingungen tiefer zu sondieren und klarer ins Bild zu setzen«.[139] Tatsächlich signalisierte Honecker dann selbst, daß er seine Kritik in dieser Weise verstanden wissen wollte, als er sich bei der Verleihung des Heinrich-Mann-Preises mit Plenzdorf zusammen fotografieren ließ und das Bild – auf dem Plenzdorf freilich kaum zu erkennen ist – im »Neuen Deutschland« veröffentlicht wurde.

Die Entwicklung, die Hager auf dem 9. Plenum des Zentralkomitees einleitete, blieb nur ein kurzes Intermezzo; schon der VII. Schriftstellerkongreß im November 1973 zeigt, daß die Liberalisierung nach den Prinzipien des VIII. Parteitags weiterhin aufgegriffen und fortgesetzt werden soll.[140] Auch hier artikulieren sich zwar noch im Gefolge des 9. Plenums Gegentendenzen gegen diese Liberalisierung. Zu ihrem Sprecher macht sich Helmut Sakowski, der dabei wiederum wahrscheinlich auf Plenzdorf oder Braun anspielt: »Umgekehrt halte ich es für unfair, wenn ein Schriftsteller Lösungen, die im Leben längst gefunden wurden, für die Literatur unterschlägt, um der Wirksamkeit einer Geschichte willen.«[141] Mit seinem Hauptreferat knüpft Hermann Kant jedoch wieder an die Weichenstellung des VIII. Parteitages an; er bescheinigt der DDR-Literatur, einen »freieren Umgang [...] mit der Welt und deren Erscheinungsvielfalt« und – gegen die auch in der Diskussion um die »Neuen Leiden« erhobene Forderung, daß die Literatur das »Typische« darstellen solle – eine größere Empfänglichkeit für die »komischen, grotesken und phantastischen Erscheinungen des Lebens«. In diesem Zusammenhang wird auch Plenzdorf gewürdigt, der nachgewiesen habe, »daß auch das Alte sehr neuartig und aufregend sein kann«.[142]

Literarische Reaktionen auf die »Neuen Leiden«

Die Diskussion um die »Neuen Leiden« wurde mit dem VII. Schriftstellerkongreß nicht abgeschlossen, auch wenn nach 1973 die kulturpolitische Debatte darüber sich nicht wieder belebte. Die Auseinandersetzung verlagerte sich auf eine andere, die literarische, Ebene: 1974 und 1975 erschienen in der DDR drei Prosawerke, die als unmittelbare Reaktion auf die »Neuen Leiden« zu begreifen sind und – auf fast schon kuriose Weise – die verschiedenen Auslegungsmöglichkeiten des Textes aufnehmen.

Wolfgang Johos kleiner Roman »Der Sohn« bezieht sich zwar nicht ausdrücklich auf die »Neuen Leiden«, aber er ist offensichtlich ein Versuch, unter Berücksichtigung der kulturpolitischen Diskussion um Plenzdorfs Werk, dessen Behandlung des Themas literarisch zu korrigieren. Auch bei Joho geht es um den Ausbruch eines Jugendlichen aus der Gesellschaft; ein Erzähler versucht, als »Chronist« dem Grund für diesen Ausbruch auf die Spur zu kommen. Dieser Grund ist schnell benannt: Gabriel Bender stößt sich vor allem an der doppelten Moral seines Vaters, eines bekannten Schauspielers, und er will zum Protest aufrufen »gegen die doppelzüngige, zwiegesichtige Welt der Eltern«.[143] Verschärft wird der Konflikt mit dem Elternhaus durch die weitgehende Verständnislosigkeit der Erwachsenen für die spezifischen Probleme des Jugendlichen. Gabriel versucht, sich diesen Konflikten zu entziehen; zunächst durch den Rückzug in eine Gartenlaube – eine deutliche Reminiszenz an die »Neuen Leiden« – und dann, nach dem mißglückten Protestversuch mit seinen »Nachrichten aus der Bender-Welt«, in denen er die häuslichen Verhältnisse offenlegt, durch die Flucht aus dem Elternhaus und das Niederbrennen der »Datsche« seines Vaters. Dieser kriminelle Akt ist der Ansatzpunkt für den »Chronisten«, die Verantwortlichkeiten zu klären. Das ist denkbar einfach: Alle haben etwas schuld; die Konflikte lassen sich, bei entsprechender Einsichtsbereitschaft der Betroffenen, ohne größere Umstände auflösen. In der abschließenden Gerichtsverhandlung werden die Dinge geklärt und zu Ende gebracht. Es stellt sich heraus, daß bei den Repräsentanten der Schule, bei den Eltern und schließlich bei Gabriel selbst individuelles, aber – außer vielleicht beim Vater – korrigierbares Fehlverhalten zu konstatieren ist.

Damit nimmt der Roman dem Thema der »Neuen Leiden« die Schärfe. Die Möglichkeit, daß es so etwas wie einen Konflikt zwischen dem einzelnen und Gesellschaft mit Grund geben könne, aus der Plenzdorfs Text seine Brisanz bezieht, tritt bei Joho überhaupt nicht in den Gesichtskreis, weil das Problem konsequent von einem politischen auf einen Generationskonflikt heruntergespielt wird. Die Frage des Staatsanwalts, ob man Gabriel »als vom Klassenfeind beeinflußt bezeichnen könne«, wird vom Lehrer Lauterbach verneint: »Gabriels Protesthaltung habe sich im wesentlichen gegen seinen Vater gerichtet, zu dem ein gestörtes Verhältnis bestehe.«[144] Die Möglichkeit einer Verantwortlichkeit der »Gesellschaft« für Gabriels Verhalten wird nicht akzeptiert. Ausdrücklich stellt der »Chronist«, ganz in Übereinstimmung mit den späteren Ausführungen des Staatsanwalts, fest: »Gabriel wurde, wie man sieht, nicht allein gelassen.«[145]

Mit seinem Roman realisiert Joho, was in der Diskussion um Plenzdorf von den »Neuen Leiden« verlangt wurde: Die Darstellung von nichtantagonistischen Konflikten auf der Basis eines festen sozialistischen Standpunktes. Joho will seinen Lesern die Gewißheit vermitteln, »daß unsere Gesellschaft auch mit Schwierigkeiten dieser Art fertig wird«.[146] Seinem Roman gelingt dies freilich nur, weil er die Schwierigkeiten gar nicht erst richtig ausreifen läßt; weder inhaltlich noch formal wird das Risiko eingegangen, sich von literarischen und gesellschaftlichen Normen zu lösen, neue Wege zu gehen und auf vorgestanzte Lösungen zu verzichten. Das wirkt sich auch unmittelbar auf die literarische Qualität des Romans aus, der sein Problem nicht darstellerisch entfaltet, sondern meist den »Chronisten« in einer hölzernen Sprache darüber dozieren läßt.[147]

Wenn Johos Roman sich verstehen läßt als Versuch, das Thema der »Neuen Leiden« so zu behandeln, wie es nach dem kulturpolitischen Umschwung von parteioffizieller Seite erwartet wurde, so ist Rolf Schneiders Roman »Die Reise nach Jarosław« kaum mehr als eine epigonale Trivialisierung von Plenzdorfs Text. Daß die »Reise nach Jarosław« von den »Neuen Leiden« sich inspiriert fühlt, wird ausdrücklich hervorgehoben: Die Protagonistin Gitte trifft im Bahnhof Friedrichstraße einen »Typ«, der »erstklassige Bluejeans« trägt. »Er musterte zwischendurch mein Gepäck und sagte, er wohne seit zwei Wochen in einer leeren Laube in Lichtenberg, und wenn ich eine Bleibe suche, könne er mir mit einem prima wurmstichigen Plüschsofa dienen. Er sagte dann noch, er heiße Ed.«[148] Mit dieser Begegnung werden die literarischen Abhängigkeitsverhältnisse bezeichnet, doch dieses ausdrücklichen Hinweises hätte es kaum bedurft: Allzu deutlich ist die Vorbildfunktion der »Neuen Leiden« für die »Reise nach Jarosław«. Dies gilt nicht nur für die von Schneider imitierte Sprache Edgars, sondern vor allem für die Problemstellung der »Neuen Leiden«, die zugleich aufgegriffen und verwässert wird.

Auch Gitte verläßt ihr Elternhaus nach einer Auseinandersetzung mit dem Vater, der nichts dagegen unternommen hatte, daß sie nicht zur Erweiterten Oberschule zugelassen wurde. Sie will nach Jarosław reisen, der polnischen Stadt, aus der ihre Großmutter kam. Unterwegs trifft sie den polnischen Kunststudenten Jan, in den sie sich verliebt und der mit ihr weiter reist; und außerdem den – Zaremba vergleichbaren – Lebenskünstler Kazimierz Gerhard. Die Grundkonstellation des Romans ist also im groben den »Neuen Leiden« entlehnt, wenn auch im einzelnen stark variiert und durch vielerlei Episoden angereichert. Entscheidend ist jedoch, daß der Roman einerseits versucht, den Gestus des Aufbegehrens, wie er sich in den »Neuen Leiden« manifestiert, zu kopieren, und daß er andererseits eine versteckte Revokation dieses Gestus beabsichtigt.

Am Ende des Romans wird der revolutionäre Habitus Gittes als hohl und leer entlarvt. Hatte sie ursprünglich noch großspurig – und durchaus in der Manier Edgar Wibeaus – verkündet: »Wenn ich mir etwas vorgenommen habe, zum Beispiel E-O-Es, setze ich das entweder durch, oder es gibt eine Katastrophe«[149], so bleibt am Ende davon nichts übrig: Weder kann sie ihren Wunsch realisieren, die Erweiterte Oberschule zu besuchen, noch kommt es zu der angekündigten Katastrophe. Gitte läßt sich vielmehr, in einer Art Vision, von der Heiligen Birgid – die hier den Ton eines Parteifunktionärs anschlägt – belehren: »Als spontaner Akt kann durchbrennen hübsch sein, als Lebenshaltung ist es ein bißchen mager.«[150] Gitte läßt sich überzeugen; sie kehrt zurück und wird in dem »stinkfeinen Interhotel Unter den Linden Hotelkaufmann lernen«.[151]

Auch die »Reise nach Jarosław« endet, genau wie Johos »Sohn«, trotz des aufrührerischen Gewandes wieder in geordneten Bahnen; Gitte paßt sich der Gesellschaft ihrer Eltern ein, gegen die sie vordem noch so vehement protestiert hatte. Damit steht Schneiders Roman dem von Joho in literarischer und politischer Hinsicht an Harmlosigkeit in nichts nach; beide Texte übernehmen das Thema der »Neuen Leiden«, sind aber von vornherein auf eine vorgegebene Lösung hin konzipiert und können damit leicht zu einem definitiven Abschluß kommen, den sich Plenzdorfs Text ausdrücklich versagt.

In diesem Punkt kommt die dritte literarische Reaktion auf die »Neuen Leiden« ihnen ungleich näher; das verspricht schon der Titel: Es handelt sich um Volker Brauns »Unvollendete Geschichte«, die 1975 in »Sinn und Form« veröffentlicht wurde. Volker Braun lotet die möglichen Probleme und Konflikte, die im Thema enthalten sind, wesentlich gründlicher aus als Joho und Schneider, und er findet auch wieder zurück zu dem Zentralproblem, das die beiden anderen Autoren versteckt hatten: dem Verhältnis von Individuum und Gesellschaft. Vordergründig geht es in der Geschichte darum, daß die Protagonistin, Karin, sich von ihrem Freund Frank wegen dessen krimineller Vergangenheit und angeblicher Republikfluchtpläne trennen soll – so fordern es Partei und Eltern. Hieran entzünden sich die Konflikte, die weit über den Bereich individueller Probleme hinausreichen. Karin, ursprünglich überzeugte Verteidigerin der sozialistischen Gesellschaft, wird skeptischer gegenüber deren Erscheinungsformen, je mehr sie durch eigene Erfahrung Einblick in ihre Unzulänglichkeiten gewinnt. Der Bericht einer Arbeiterin über ihre Lebensbedingungen macht sie auf erste Widersprüche aufmerksam: »Hatte sie das je so formuliert in der Zeitung gefunden? Und dieser rücksichtslose Bericht neben all den anderen! Das fiel ja auf! Das waren zwei Welten, in demselben Land.«[152] Anschließend macht sie selbst die Erfahrung, daß die Welt, in der sie gelebt hatte und in der »immer alles glatt gegangen war«[153], nur die eine Seite der Wirklichkeit darstellt. Die andere Seite sind Konflikte mit der Gesellschaft, die dort programmiert sind, wo Karin versucht, ihr eigenes Leben gegen die gesellschaftlichen Ansprüche durchzusetzen. Das führt notwendig zur kritischen Frage nach den Gründen für diese Diskrepanz zwischen dem einzelnen und der Gesellschaft. Karin fragt danach, »was dahinter war, was geschah denn da? *In* der Gesellschaft? daß es soweit kam? Wie konnte man das durchschaun, wie, wie? Geschweige denn damit fertigwerden?«[154]

Diese letzte Frage bleibt unbeantwortet, wie auch die Geschichte unvollendet bleiben muß. Dennoch gibt sie sich nicht damit zufrieden, einfach abzubrechen; die Möglichkeit einer Perspektive wird angedeutet, auch wenn offenbleibt, wie sie aussehen könnte. Die Kraft zur Veränderung kann, das ist die vage Hoffnung der »Unvollendeten Geschichte«, nur von unten kommen: von den Arbeitern, nicht vom Staat und nicht von den Funktionären der Partei. Mit ihnen rechnet Karin in einem Fiebertraum ab; an die Stelle der Funktionärsherrschaft tritt die Gleichberechtigung: »Es herrschte unter allen Gleichheit. Dieses Wort erschien Karin wie eine Erleuchtung, wie die Lösung aus alten Verstrickungen. Sie taumelte durch den Saal und drehte sich, glücklich über ihre Entdeckung, um sich selbst und lachte so schrill, daß alle angesteckt wurden und lachten, brüllend lachten.«[155] Diese Gleichheit aller ist freilich in der »Unvollendeten Geschichte« nur ein Traum; ob und wie er sich realisieren lassen könnte, bleibt unentschieden. Die Hoffnung wird jedoch nicht aufgegeben.

Brauns Geschichte ist in Personenkonstellation, Handlungsverlauf und Sprache kaum an Plenzdorfs »Neue Leiden« angelegt. Dennoch bezieht sie sich an einer Stelle ausdrücklich auf sie und hebt damit hervor, daß sie das gleiche Thema auf eigene Weise problematisieren will. Karin sieht »das Buch« bei ihrem Bruder liegen: »In der Zeitung hatte gestanden, der Verfasser versuche, seine eigenen Leiden der Gesellschaft ›aufzuoktroyieren‹. Das wäre, dachte sie jetzt, immerhin neu, daß das Leid des einzelnen die Gesellschaft stören würde. Da mußte der einzelne allerhand in ihr bedeuten.«[156] Aber die Darstellung des damit angeschnittenen Problems geht ihr in den »Neuen Leiden« nicht tief genug: »W. stieß sich an allem Äußeren, das war lustig, und ging per Zufall über den Jordan. [...] Und doch war auch in all dem Äußeren ein Inneres, W. drang nur nicht hinein, ein tieferer Widerspruch – den man finden müßte! Wie würde ein Buch sein – und auf sie wirken, in dem einer heute an den Riß kam... in den er stürzen mußte.«[157] Die Kritik an den »Neuen Leiden« geht in eine andere Richtung als bei Joho und Schneider. Diese versuchen, gerade die Auflösbarkeit der von Plenzdorf in der Schwebe gehaltenen Konflikte zu zeigen, während Braun moniert, daß die »Neuen Leiden« gar nicht bis zum Grund dieser Konflikte vordringen. Die »Unvollendete Geschichte« erscheint in ihrem politischen Gehalt radikaler als die »Neuen Leiden«. Beide Texte sind bemüht, sich gleichermaßen auf die Grundlagen der sozialistischen Gesellschaft zu berufen und deren Mängel zu kritisieren; bei beiden wird die Korrektur dieser Mängel auch nicht literarisch vorweggenommen wie bei Joho und Schneider. Nachdem das Terrain für diese Diskussion durch die »Neuen Leiden« bereitet war, geht Braun noch einen Schritt weiter als Plenzdorf. Er fragt mit Büchner: »Was ist denn nun das für ein gewaltiges Ding: der Staat?«[158] Diese Frage wird zum Ausgangspunkt der Kritik staatlicher Omnipotenzansprüche und implicite auch zur Aufforderung, sich gegen sie zu wehren, wie Karin es in ihrem phantasmagorischen Traum vorwegnimmt. Damit geht Braun über den individualistischen Protestgestus Edgar Wibeaus, der sich um den von Braun anvisierten grundlegenden »Riß« kaum kümmert, hinaus und erreicht eine neue Stufe literarischer Auseinandersetzung mit gesellschaftlichen Problemen.

Weitere literarische Arbeiten Plenzdorfs

Das grundlegende Problem des Verhältnisses von Individuum und Gesellschaft hat auch Plenzdorf selbst in seinen anderen Arbeiten aufgegriffen und in verschiedenen Variationen behandelt. Bei diesen Arbeiten handelt es sich, mit der Ausnahme von »kein runter kein fern«, um Filmszenarien oder, im Falle der »Legende vom Glück ohne Ende«, um einen Roman, der auf einem

Filmszenarium basiert und es weiterführt. Die meisten der Szenarien basieren auf den Romanen oder Erzählungen anderer Autoren; das nie realisierte, aber gedruckte Szenarium »Karla«, das 1964 unter der Mitarbeit des Regisseurs Herman Zschoche entstand, stützt sich dagegen – ebenso wie »Paul und Paula«, die Vorlage für die »Legende vom Glück ohne Ende« – nicht auf eine literarische Vorlage. In »Karla« ist das Thema der »Neuen Leiden« schon vage angedeutet, wenn es auch hier formal und inhaltlich auf eine ganz andere und eher konventionelle Weise durchgeführt wird.

Das Szenarium schildert die Konfrontation einer jungen idealistischen Lehrerin mit den verhärteten schulischen Institutionen. Diese Konfrontation ist vorprogrammiert durch Karlas Versuch, absolute Ehrlichkeit in ihrem beruflichen Leben durchzusetzen, während die offizielle Position da etwas zurückhaltender ist: »Auch die Ehrlichkeit«, so hält die Schulrätin Karla entgegen, »muß einen Sinn haben. Fragen Sie immer, nützt es der Gesellschaft oder könnte es ihr schaden?«[159] Karlas eigene Erfahrungen bestätigen ihr, daß diese abwägende Position etwas für sich hat; es wird ihr bewußt, daß ihr eigener Übereifer beim Aussprechen der Wahrheit sie im Falle der vermeintlichen faschistischen Vergangenheit des Direktors zu einer Ungerechtigkeit geführt hat. Karla zieht sich zunächst etwas zurück: »Ich muß genauer hinsehen, wenn ich etwas anfasse. Ich muß vorsichtig sein. Mit dem Kopf kann man nicht durch die Wand.«[160] Das trägt ihr prompt eine Belobigung ein; dadurch wird ihr aber bewußt, daß sie etwas falsch gemacht hat und sie sich entgegen ihren ursprünglichen Absichten hat vereinnahmen lassen. Sie kommt sich vor wie eine *»ausgezeichnete* Leiche«, die an der »Vorsicht und aus Angst, es könnte etwas passieren«, gestorben ist.[161] Karla findet ansatzweise zurück zu ihren alten Idealen, die sie auch in ihrer Schulklasse durchzusetzen versucht. Das Drehbuch spielt den Konflikt nicht konsequent bis zum Ende durch; eine Entscheidung zwischen den divergierenden Standpunkten Karlas und der Schulleitung wird nicht gefällt. Karla muß die Schule zwar verlassen; der auslösende Impuls ist jedoch nicht ihr Versuch, ihre Ideale durchzusetzen, sondern die Liebesgeschichte mit einem Schüler. Durch dieses Abbiegen des Konflikts, das freilich etwas aufgesetzt wirkt, erhält die Geschichte ein offenes Ende. Die Frage bleibt unbeantwortet, ob die Repräsentanten der Gesellschaft oder Karla recht haben.

Nach »Karla« und den »Neuen Leiden« hat Plenzdorf das kurze Prosastück »kein runter kein fern« geschrieben, das 1973 entstand und 1978 den Ingeborg-Bachmann-Preis der Stadt Klagenfurt erhielt. Die Erzählung ist der innere Monolog eines zehnjährigen Jungen, in den der Radio-Kommentar zur 20-Jahr-Feier der DDR eingeblendet wird. Im Verlauf des inneren Monologs wird die Situation des Jungen erhellt: Er besucht die Hilfsschule, aber sein Vater will ihn zwingen, durch gute schulische Leistungen eine bessere gesellschaftliche Position zu erringen, während er selbst am liebsten – und seiner Begabung entsprechend – Tischler werden würde. Die Lage ist aussichtslos; der ganze Monolog ist ein hilfloser Wachtraum über die Befreiung aus den gesellschaftlichen, vor allem durch die Familie vermittelten, Zwängen, denen der Junge ausgesetzt ist. Dabei spielt der Westen eine Rolle als Wunschbild, das gegen die repressive Erziehung durch den Vater und damit auch indirekt gegen die Gesellschaft der DDR gerichtet ist: »und ER muß aufhörn damit, daß in der wohnung nichts aus WESTN sein darf und daß der WESTN uns aufrolln will MICK will kein aufrollen und Bill und die und Jonn und ER muß jedn tag dreimal laut sagn, in WESTN kann man hinfahrn, wo man will, in WESTN kann man kaufn, was man will, in WESTN sind sie frei MAMA IST IN WESTN –«.[162] Aber die Wünsche bleiben unerfüllt. Die »Rolling Stones«, von denen es geheißen hatte, daß sie in West-Berlin für die DDR-Jugendlichen spielen würden und die der Junge hatte hören wollen, treten nicht auf, die Versammlung der Jugendlichen an der Mauer wird am Ende von der Polizei aufgelöst. »kein runter kein fern« stellt den Konflikt zwischen Individuum und Gesellschaft – über den das Individuum in diesem besonderen Fall freilich kaum zu reflektieren in der Lage ist – schärfer dar als die »Neuen Leiden«. Eine Versöhnung ist, allerdings auch bedingt durch die spezifische Situation des »gestörten« zehnjährigen Jungen, kaum denkbar; schon die strikte Trennung zweier Sprachebenen, der individuellen und der »staatlichen« des Rundfunkkommentars, zeigt Schranken auf, die kaum zu überwinden sein dürften.

Auf eine ganz andere Weise wird das Thema in der »Legende vom Glück ohne Ende« durchgeführt, die in der DDR einen den »Neuen Leiden« vergleichbaren Erfolg hatte – 1981 wurde sie in der »Romanzeitung« mit einer Auflage von 100 000 Stück ein zweites Mal veröffentlicht. Erzählt wird die Geschichte einer außerordentlichen Liebe in der DDR. Paul, mit einer ehemaligen Schaustellerin verheiratet, bemüht sich zunächst, das Musterbild eines Funktionärs abzugeben: »Und mich selbst hatte ich auf jungen, aufstrebenden, bei aller Dynamik und Kritikfreudigkeit doch prinzipienfesten Kader gedrillt, der die besten Hoffnungen rechtfertigte und seinem Chef unentbehrlich war.«[163] Dieses äußere Erscheinungsbild gerät zusehends ins Wanken, als er sich in Paula verliebt. Paula erwidert die Liebe zwar, aber nachdem Paul nicht bereit ist, um ihretwillen seine »Verpflichtungen« aufzugeben, entzieht sie sich ihm. Danach nimmt die Geschichte märchenhafte Züge an: Paul lagert sich, unter großer Anteilnahme der Berliner Bevölkerung, vor Paulas Tür, »und da ist er den ganzen Sommer über sitzengeblieben«.[164] Er vernachlässigt seine beruflichen »Verpflichtungen« und seine Familie, setzt seine gesellschaftliche Stellung aufs Spiel, und am Ende kommt es, wie es kommen muß: Paula verzichtet, nach diesen Liebesbeweisen, auf die projektierte Zweckheirat mit dem Reifenhändler Saft, und nachdem Paul ihre Tür mit einem Beil aufgeschlagen hat, finden die beiden wieder zusammen: »Sie sind von Stund an unzertrennlich gewesen.«[165]

Die Liebesgeschichte nimmt jedoch ein tragisches Ende: Paula stirbt bei der Geburt eines Kindes; das ist auch der Schluß der Filmfassung von »Paul und Paula«. Die Buchfassung jedoch erzählt die Geschichte weiter: Nach dem Tod Paulas ist Paul völlig gebrochen; seine Lebensgeister erwachen jedoch wieder, als er glaubt, daß Paula in der Gestalt Lauras zurückgekehrt sei. Laura ist Paula zwar äußerlich vollkommen ähnlich; aber mit ihrer realistischeren Einstellung zum Leben unterscheidet sie sich doch nachhaltig von ihr. Mit der Zeit sieht auch Paul, daß sie nicht identisch ist mit Paula; und als ihm das bewußt wird, erleidet er einen Unfall, nach dem er querschnittsgelähmt ist. Am Ende verschwindet Paul spurlos: Auch diese Geschichte kommt zu keinem definitiven Ergebnis.

In ihrem Verlauf sind jedoch Ansätze vorhanden, die auf ein mögliches Ergebnis verweisen. Gerade die Legendenform mit ihren märchenhaften Abweichungen von der Realität erlaubt es, bestimmte Haltungen des Individuums gegenüber dieser Realität, wenn auch unverbindlich, durchzuspielen und die Möglichkeit erzählerisch zu erörtern, wie das Individuum seinen Glücksanspruch in der Gesellschaft realisieren könnte. Davon sind auch staatliche Einrichtungen in der DDR betroffen. So stellt der Roman etwa die Frage, wie es wohl wäre, wenn man – wie Paul mit seinem Rollstuhl – den Grenzübergang in der Invalidenstraße einfach überqueren könnte. Das sähe dann so aus: »Und der Posten winkt ab und lächelt kurz und winkt Paul auf die Spur für Busse und Paul lächelt zurück und fährt weiter.«[166] So einfach ist das in der Realität nicht.

Der Roman reflektiert aber auch auf grundsätzlichere Probleme; vor allem Paula gelingt es in ihrer Naivität leicht, den Widerspruch zwischen Anspruch und Wirklichkeit in der sozialistischen Gesellschaft aufzudecken. So beanstandet sie, daß die Realisierung der Ideale immer weiter in die Zukunft verschoben wird: »Das heißt, welche fangen schon mit dem Kommunismus an, und andere müssen eben noch warten.«[167] Damit überzeugt sie letztlich auch Paul, der ihr gegenüber zunächst die Parteilinie in dieser Frage vertreten hat, aber später, im Rückblick, eingesteht, daß die Realisierung der Ideale in der Tat immer verschoben wird; und daß es darauf ankomme, die »richtige Anwendung des Noch« zu finden.[168] Die »Legende« treibt, wie es der Gattung zukommt, ein Spiel mit der Wirklichkeit, verliert sie aber nie aus den Augen; immer ist die Frage gestellt, ob und wie diese Wirklichkeit sich verbessern ließe.

Pessimistischer wird die Auseinandersetzung zwischen Staatsmacht und Individuum in Plenzdorfs bisher letzter Arbeit dargestellt: dem Drehbuch zu dem Film »Der König und sein Narr«, das nach dem 1975 in der DDR erschienenen gleichnamigen Roman von Martin Stade für den Sender Freies Berlin geschrieben wurde; der Film wurde vom DDR-Regisseur Frank Beyer inszeniert und am 9. September 1981 vom SFB ausgestrahlt. Buch wie Film behandeln den authentischen Fall des Professors Jakob Paul von Gundling, der unter dem brandenburgischen »Soldatenkönig« Friedrich Wilhelm I. sein trauriges Dasein fristen mußte.

Das Leben Gundlings ist eine Parabel über das Verhältnis des Intellektuellen zur Macht. Der nur auf sein Militär bedachte König stellt nach seiner Machtübernahme abrupt die Förderung jeder unnützen Kunst und Wissenschaft ein. Gundling sieht sich gezwungen, beim König zu antichambrieren und ihm allerlei nützliche Tätigkeiten, die Förderung der ökonomischen Lage des Landes betreffend, zu offerieren. Er bleibt im Staatsdienst, aber unter entwürdigenden Umständen. Immer wieder keimt in ihm die Hoffnung auf, daß er beim König Aufklärerisches bewirken könne, und immer wieder muß er einsehen, daß er sich selbst betrügt. Zweimal flieht er aus dem Land. Beim erstenmal kehrt er freiwillig zurück, weil er unter dem König, trotz aller Demütigungen, doch bequemer leben kann als in der Fremde, wo man einen stellungslosen, zumal aufklärerischen und atheistischen Professor ebenfalls nicht brauchen kann. Beim zweitenmal wird er gewaltsam zurückgeholt. Gundling unterwirft sich zusehends der Macht; auch als der König an ihn das Ansinnen stellt, ein Edikt gegen die »Voltaires« im Lande – und damit letztlich gegen sich selbst – zu entwerfen, fügt er sich widerspruchslos: »›Das sind alles schlimme Kunden. Ihre Bücher sind mit Prinzipien angefüllt, die nur dazu geeignet sind, Zweifel an der Obrigkeit zu nähren. Man muß ein Edikt publizieren gegen diese Sudeleien und Ihr werdet es sein, der den Entwurf dazu liefert, Kammerherr.‹ Gundling blickt auf. Er kann es noch nicht fassen, was ihm hier zugemutet wird.«[169] Auch wenn er sich am Ende widerstandslos unterwirft, bleibt ihm immer das Bewußtsein seiner entwürdigenden Lage. Als gegen Ende des Films Christian Günther, mit dem er vordem in einem Breslauer Bierkeller revolutionäre Lieder gesungen hatte, ihn um einen Unterschlupf angeht, komplimentiert er ihn, voll schlechten Gewissens, hinaus: Der Aufklärer hat vor der Macht kapituliert.

Den Gründen für diese Kapitulation versuchen Buch wie Film nachzugehen. Sie demonstrieren dabei, daß der Intellektuelle nicht einfach durch die Macht korrumpiert wird – auch wenn das eine wichtige Rolle spielt –, sondern daß eine gegenseitige Haßliebe zwischen Gundling und dem König besteht. Der König will, bei aller Borniertheit, das Beste für sein Volk, und Gundling erkennt das an: »Wie oft hatte er« – nämlich Friedrich Wilhelm – »gesagt, was ihm die Menschen bedeuteten. Sie waren das Blut, das den Staat erst zum Leben erwecken konnte. Jetzt liefen ihm diese Menschen davon, obwohl er doch wollte, daß sie ihn nicht fürchteten, sondern liebten.«[170] Umgekehrt akzeptiert Friedrich Wilhelm den kritischen Geist Gundlings, versucht aber dennoch immer wieder, ihn zu brechen, wo er seinen eigenen Intentionen entgegensteht. Aus diesem ambivalenten Verhältnis ergibt sich der Wechsel zwischen Erhöhungen und Erniedrigungen, denen sich

Gundling ausgesetzt sieht; er wirft dem König vor: »Ihr erhöht mich nur, um mich erniedrigen zu können.«[171] Dennoch gibt es Situationen, in denen Gundling, eigentlich wider besseres Wissen, seine Vertrautheit mit dem König verspürt: »Ich vertraute ihm sofort, dieser Stimme vertraute ich, diesen Versprechungen vertraute ich, und ich vergaß für einen kurzen Augenblick die unermüdliche Stimme in mir, die mich warnte und die mich aufforderte, vorsichtig zu sein. Sie wurde übertönt von einem freudigen Gefühl in mir, von jenem Gefühl, aufs neue vertraut zu sein mit dem mächtigsten Mann in Brandenburg-Preußen.«[172]

Die Gestaltung der Thematik zeigt, daß Buch und Film mehr sein wollen und auch mehr sind als bloßes Historienspiel. Optische und verbale Anspielungen im Film verweisen auf die Aktualität: Wenn gezeigt wird, wie Grenzbeamte die Unterseite des Wagens kontrollieren, unter dem hängend Gundling aus dem Land flüchtet, dann erinnert das an entsprechende Praktiken an der DDR-Grenze; und wenn andererseits der König seine fliehenden Grenadiere und ihren Verteidiger Gundling mit der Invektive bedenkt: »Alles das Gleiche. Schmeißfliegen das. Ungeziefer und Rattengezücht«[173], dann ist das eine Reminiszenz an eine Diskussion in der Bundesrepublik über den Status des Intellektuellen im Staat.

Tatsächlich zeigt das Leben Gundlings in der literarischen Bearbeitung von Stade und Plenzdorf, daß sich seit der Zeit des Soldatenkönigs nichts Wesentliches geändert hat und die Problematik nach wie vor aktuell ist. Die Hoffnung auf eine Verbesserung des Verhältnisses zwischen Individuum und Staat oder Gesellschaft, die in den »Neuen Leiden« als Möglichkeit offengeblieben war, hat sich eher verringert als vergrößert; und das gilt, wie der Film andeutet, für beide deutsche Staaten.

Anmerkungen

1 Walter Ulbricht, Einige Probleme der Kulturrevolution, in: Dokumente zur Kunst-, Literatur- und Kulturpolitik der SED, hg. v. Elimar Schubbe, Stuttgart 1972 (künftig zitiert als »Dokumente«), S. 535 f. (Zuerst in: Neues Deutschland v. 12. 7. 1958.) Die wichtige

Dokumentation Schubbes wird fortgeführt von: Dokumente zur Kunst-, Literatur- und Kulturpolitik der SED 1971-1974, hg. von Gisela Rüß, Stuttgart 1976.

2 Walter Ulbricht, Fragen der Entwicklung der sozialistischen Literatur und Kultur, in: Dokumente, S. 558. (Zuerst in: Neues Deutschland v. 15. 5. 1959.)

3 Vgl. Alfred Kurella, Vom neuen Lebensstil, in: Greif zur Feder Kumpel. Protokoll der Autorenkonferenz des Mitteldeutschen Verlages Halle (Saale) am 24. April 1959 im Kulturpalast des Elektrochemischen Kombinats Bitterfeld, Halle 1959, S. 17.

4 Walter Ulbricht, Fragen der Entwicklung der sozialistischen Literatur und Kultur, a. a. O., S. 562.

5 Ebd., S. 553. Vgl. auch Alfred Kurella, Vom neuen Lebensstil, a. a. O., S. 12.

6 Vgl. Therese Hörnigk, Die erste Bitterfelder Konferenz. Programm und Praxis der sozialistischen Kulturrevolution am Ende der Übergangsperiode, in: Literarisches Leben in der DDR 1945 bis 1960. Literaturkonzepte und Leseprogramme, von einem Autorenkollektiv unter der Leitung von Ingeborg Münz-Koenen, Berlin/DDR [2]1980, S. 238 f.

7 Walter Ulbricht, Fragen der Entwicklung der sozialistischen Literatur und Kultur, a. a. O., S. 557.

8 Programmerklärung des Ministeriums für Kultur über den Aufbau einer Volkskultur in der Deutschen Demokratischen Republik, in: Dokumente, S. 345. (Zuerst in: Sonntag v. 17. 10. 1954.)

9 Kulturpolitisches Wörterbuch, Berlin/DDR 1970, s. v. »Realismus, sozialistischer«, S. 449.

10 Erwin Strittmatter, Unser Weg ist richtig, in: Dokumente, S. 729. (Zuerst in: Neues Deutschland v. 28. 5. 1961.)

11 Walter Ulbricht, Über die Entwicklung einer volksverbundenen sozialistischen Nationalkultur, in: Neues Deutschland v. 28. 4. 1964, S. 3.

12 Ebd., S. 5.

13 Ebd., S. 6.

14 Hermann Kant, Unsere Worte wirken in der Klassenauseinandersetzung, in: Neue deutsche Literatur 22 (1974), H. 2, S. 36. Vgl. zum Bitterfelder Weg auch Gerd Eversberg, Die Bewegung schreibender Arbeiter in der DDR, in: Ästhetik und Kommunikation 4 (1973), H. 13, S. 36-46; Ingeborg Gerlach, Bitterfeld. Arbeiterliteratur und Literatur der Arbeitswelt in der DDR, Kronberg/Ts. 1974; Gottfried Pareigis, Kritische Analyse der Realitätsdarstellung in ausgewählten Werken des »Bitterfelder Weges« (K.-H. Jakobs: Beschreibung des [!] Sommers; E. Neutsch: Spur der Steine; H. Kant: Die Aula; Christa Wolf: Der geteilte Himmel), Kronberg/Ts. 1974.

15 Kurt Hager, Parteilichkeit und Volksverbundenheit unserer Literatur und Kunst, in: Dokumente, S. 861. (Zuerst in: Neues Deutschland v. 30. 3. 1963.)

16 Hans Koch, Fünf Jahre nach Bitterfeld, in: Neue deutsche Literatur 12 (1964), H. 4, S. 9.

17 Dieter Schlenstedt, Ankunft und Anspruch. Zum neueren Roman in der DDR, in: Sinn und Form 17 (1966), S. 827.

18 Vgl. Werner Bröll, Die Wirtschaft der DDR. Lage und Aussichten, München/Wien, 2., überarb. Aufl. 1973, S. 73-78; DDR-Wirtschaft. Eine Bestandsaufnahme, hg. v. Deutschen Institut für Wirtschaftsforschung, Frankfurt a. M. 1974, S. 116 ff.

19 Gesetz über den Fünfjahrplan für die Entwicklung der Volkswirtschaft der DDR 1971 bis 1975, in: Neues Deutschland v. 21. 12. 1971, S. 5.

20 Vgl. Rüdiger Thomas, Modell DDR. Die kalkulierte Emanzipation, München 1972, S. 62-65; Werner Bröll, Die Wirtschaft der DDR, a. a. O., S. 84.

21 Vgl. auch die Darstellung bei Peter Weisbrod, Literarischer Wandel in der DDR. Untersuchungen zur Entwicklung der Erzählliteratur in den siebziger Jahren, Heidelberg 1980, S. 169-177.

22 Bericht des Zentralkomitees an den VIII. Parteitag der Sozialistischen Einheitspartei Deutschlands. Berichterstatter: Genosse Erich Honekker, in: Protokoll der Verhandlungen des VIII. Parteitages der Sozialistischen Einheitspartei Deutschlands. 15. bis 19. Juni 1971 in der Werner-Seelenbinder-Halle zu Berlin, Bd. I, Berlin/DDR 1971, S. 95.

23 Kurt Hager, Die entwickelte sozialistische Gesellschaft. Aufgaben der Gesellschaftswissenschaften nach dem VIII. Parteitag der SED. Referat auf der Tagung der Gesellschaftswissenschaftler am 14. Oktober 1971 in Berlin, Berlin/DDR 1972, S. 88. Zur Existenz von Klassen in der »entwickelten sozialistischen Gesellschaft« vgl. auch Kleines politisches Wörterbuch, Berlin/DDR, 3., überarb. Aufl. 1978, s. v. »Sozialismus«, S. 806 f.

24 Helmut Sakowski, Diskussionsbeitrag, in: Protokoll der Verhandlungen des VIII. Parteitages der Sozialistischen Einheitspartei Deutschlands, Bd. I, a. a. O., S. 293.

25 Zu den Tendenzverschiebungen durch die verschiedenen Bearbeitungen des Stücks vgl. Wolfgang Schivelbusch, Sozialistisches Drama nach Brecht. Drei Modelle: Peter Hacks – Heiner Müller – Hartmut Lange, Darmstadt/Neuwied 1974, S. 51-54.

26 Christa Wolf, Nachdenken über Christa T., Darmstadt/Neuwied 1971, S. 71.

27 Erklärung der Delegierten des VI. Deutschen Schriftstellerkongresses, in: Neue deutsche Literatur 17 (1969), H. 9, S. 15.

28 Hans Koch, Vor neuen Schaffensproblemen, in: Neue deutsche Literatur 17 (1969), H. 9, S. 124.
29 Tschingis Aitmatov, Verantwortung gegenüber der Zukunft, in: Sinn und Form 20 (1968), S. 1231.
30 Zu aktuellen Fragen bei der Verwirklichung der Beschlüsse unseres VIII. Parteitages. Aus dem Schlußwort des Ersten Sekretärs des ZK der SED, Genossen Erich Honecker, in: Neues Deutschland v. 18. 12. 1971, S. 5.
31 Diskussion um Plenzdorf, im vorl. Bd. S. 178.
32 Ebd. S. 151 f.
33 Karl Hoche, Johann Wolfgang Goethe (einer strebsamen Jugend zugeeignet), Info-Paper, in: ders., Das Hoche Lied, Satiren und Parodien, München/Zürich 1978, S. 84-87.
34 Vgl. Süddeutsche Zeitung v. 23. 4. 1981.
35 Vgl. die Pressemitteilung des Niedersächsischen Kultusministers Dr. Werner Remmers v. 15. 5. 1981; Remmers hat sich im übrigen die Vorstellungen der empörten Eltern nicht zu eigen gemacht.
36 Anton Ackermann, Freiheit der Wissenschaft und Kunst (aus einem Vortrag »Unsere kulturpolitische Sendung« auf der ersten Zentral-Kulturtagung 1946), in: Neues Deutschland v. 23. 4. 1948, S. 5. Auf den Zusammenhang der Invektiven Kauls gegen Plenzdorf mit Ackermanns Ausführungen hat auch schon hingewiesen Jürgen Scharfschwerdt, Die Klassik-Ideologie in der Kultur-, Wissenschafts- und Literaturpolitik, in: Einführung in Theorie, Geschichte und Funktion der DDR-Literatur, hg. v. Hans-Jürgen Schmitt, Stuttgart 1975 (= Literaturwissenschaft und Sozialwissenschaften 6), S. 118.
37 Wilhelm Pieck, Um die Erneuerung der deutschen Kultur. Rede auf der Ersten Zentralen Kulturtagung der KPD in Berlin am 3. Februar 1946, in: ders., Reden und Aufsätze. Auswahl aus den Jahren 1908 bis 1950, Bd. II, Berlin/DDR 1950, S. 44.
38 Ebd., S. 46.
39 Vgl. etwa Die Funktion der Erbeaneignung bei der Entwicklung der sozialistischen Kultur, in: Weimarer Beiträge 16 (1970), H. 9, S. 10 f.; Manfred Naumann, Zum Begriff des Erbes bei Lenin, in: Weimarer Beiträge 16 (1970), H. 7, S. 132 f.
40 Arbeiterbewegung und Klassik. Ausstellung im Goethe- und Schiller-Archiv der Nationalen Forschungs- und Gedenkstätten der klassischen deutschen Literatur in Weimar 1964-1966, Weimar 1964, S. 236.
41 N. Orlow, Wege und Irrwege der modernen Kunst, in: Tägliche Rundschau v. 21. 1. 1951, S. 4. »N. Orlow« dürfte ein Pseudonym sein, hinter dem sich die offizielle Parteimeinung verbirgt, vgl. Fritz J. Raddatz, Traditionen und Tendenzen. Materialien zur Literatur der DDR. Erweiterte Ausgabe, Frankfurt a. M. 1976, S. 47.
42 Goethe und die schreibenden Arbeiter, in: Neues Deutschland v. 5. 2.

1961, S. 2.

43 Walter Ulbricht, Fragen der Entwicklung der sozialistischen Literatur und Kultur, a. a. O., S. 553.

44 Therese Hörnigk, Die erste Bitterfelder Konferenz, a. a. O., S. 228.

45 Vgl. Jürgen Scharfschwerdt, Die Klassik-Ideologie in der Kultur-, Wissenschafts- und Literaturpolitik, a. a. O., S. 137 f. Vgl. auch Wolfram Schlenker, Das »Kulturelle Erbe« in der DDR. Gesellschaftliche Entwicklung und Kulturpolitik 1945–1965, Stuttgart 1977, S. 187-195.

46 Kurt Hager, Zu Fragen der Kulturpolitik der SED, Berlin/DDR 1972, S. 57; vgl. auch die kritischen Bemerkungen zur früheren Erbe-Auffassung in der DDR bei Hans-Dietrich Dahnke, Sozialismus und deutsche Klassik, in: Sinn und Form 25 (1973), S. 1086-1093.

47 Vgl. Klaus Dautel, Zur Theorie des literarischen Erbes in der »entwickelten sozialistischen Gesellschaft« der DDR: Rezeptionsvorgabe und Identitätsangebot, Stuttgart 1980, S. 64 f.

48 Wolfgang Harich, Der entlaufene Dingo, das vergessene Floß. Aus Anlaß der »Macbeth«-Bearbeitung von Heiner Müller, in: Sinn und Form 25 (1973), S. 216.

49 Jürgen Holtz, Der Dingo und die Flasche, in: Sinn und Form 25 (1973), S. 831; vgl. auch Friedrich Dieckmann, Antwort an Wolfgang Harich, in: Sinn und Form 25 (1973), S. 683.

50 Ulrich Plenzdorf, Die neuen Leiden des jungen W., Frankfurt a. M. [14]1980, S. 36. – Den folgenden Untersuchungen wird in der Regel diese Romanfassung der »Neuen Leiden« zugrunde gelegt; die übrigen Fassungen werden bei wichtigen Abweichungen ebenfalls herangezogen.

51 Ebd., S. 37.

52 Ebd., S. 51.

53 Vgl. ebd., S. 57.

54 Ebd., S. 78.

55 Ebd., S. 124.

56 Ebd., S. 147. Vgl. dazu auch Gerd Labroisse, Überlegungen zur Interpretationsproblematik von DDR-Literatur an Hand von Plenzdorfs *Die neuen Leiden des jungen W.*, in: Amsterdamer Beiträge zur Neueren Germanistik 4 (1975), S. 164.

57 Vgl. dazu Hans Robert Jauß, Ästhetische Erfahrung als Verjüngung des Vergangenen. (Klassik – wieder modern?), in: Sprache und Welterfahrung, hg. v. Jörg Zimmermann, München 1978, S. 321. Vgl. auch Robert Weimann, Goethe in der Figurenperspektive, im vorl. Bd. S. 162

58 Diskussion um Plenzdorf, im vorl. Bd. S. 178.

59 Vgl. Plenzdorf, Die neuen Leiden des jungen W., S. 75; Johann Wolfgang Goethe, Die Leiden des jungen Werther, Berliner Ausgabe,

Bd. 9, Berlin/Weimar ²1972, S. 130 (Brief v. 26. 5.). Plenzdorf zitiert, mit gelegentlichen kleineren Abweichungen, in der Buchfassung der »Neuen Leiden« Goethes Roman nach der zweiten Fassung von 1787; die Zitate in der »Sinn-und-Form«-Fassung weisen größere, aber keine sinnentstellenden Abweichungen von der Vorlage auf.

60 Vgl. Ulrich Plenzdorf, Die neuen Leiden des jungen W., S. 101; Johann Wolfgang Goethe, Die Leiden des jungen Werther, S. 181 (Brief v. 24. 12.).

61 Ulrich Plenzdorf, Die neuen Leiden des jungen W., S. 56 und S. 100; Johann Wolfgang Goethe, Die Leiden des jungen Werther, S. 126 (Brief v. 17. 5.).

62 Vgl. Johann Wolfgang Goethe, Die Leiden des jungen Werther, S. 186 ff. (Brief v. 15. 3.).

63 Vgl. die Dokumentation der zeitgenössischen Rezeption des Romans bei Kurt Rothmann (Hg.), Johann Wolfgang Goethe, Die Leiden des jungen Werthers. Erläuterungen und Dokumente, Stuttgart 1971, S. 121-135.

64 Vgl. Peter Wapnewski, Zweihundert Jahre Werthers Leiden oder: Dem war nicht zu helfen, im vorl. Bd. S. 334; Fritz J. Raddatz, Ulrich Plenzdorfs Flucht nach innen, im vorl. Bd. S. 306 f; Franz Peter Waiblinger, Zitierte Kritik. Zu den *Werther*-Zitaten in Ulrich Plenzdorfs *Die neuen Leiden des jungen W.*, in: Poetica 8 (1976), S. 86 ff.

65 Vgl. Hans-Dietrich Dahnke, Sozialismus und deutsche Klassik, a. a. O., S. 1084 f.

66 Johann Wolfgang Goethe, Die Leiden des jungen Werther, a. a. O., S. 144 (Brief v. 21. 6.).

67 Albert empfindet Werthers Liebe zu Lotte mit Grund als einen »Eingriff in seine Rechte« (ebd., S. 215), und Lotte betrachtet sich entsprechend als »Eigentum eines andern« (ebd., S. 223). Die ursprüngliche Harmonie der Dreierbeziehung wird am Ende durch solche Erwägungen völlig zerstört.

68 Ulrich Plenzdorf, Die neuen Leiden des jungen W., a. a. O., S. 36.

69 Ebd., S. 58; Johann Wolfgang Goethe, Die Leiden des jungen Werther, a. a. O., S. 154 f. (Briefe v. 13. und 16. 7.).

70 Vgl. Franz Peter Waiblinger, Zitierte Kritik, a. a. O., S. 84; vgl. auch den Kontext S. 81-85.

71 Ulrich Plenzdorf, Die neuen Leiden des jungen W., a. a. O., S. 134.

72 Ebd.

73 Ulrich Plenzdorf, Die neuen Leiden des jungen W. (Urfassung), im vorl. Bd. S. 135.

74 So sieht es Franz Peter Waiblinger, Zitierte Kritik, a. a. O., S. 78.

75 Robert Weimann, Goethe in der Figurenperspektive, im vorl. Bd. S. 161.

76 Ulrich Plenzdorf, Die neuen Leiden des jungen W., a. a. O., S. 15.
77 Johann Wolfgang Goethe, Wilhelm Meisters Lehrjahre, Berliner Ausgabe, Bd. 10, Berlin/Weimar 21971, S. 302.
78 Ulrich Plenzdorf, Die neuen Leiden des jungen W., a. a. O., S. 22 f.
79 Vgl. ebd., S. 9.
80 Ebd., S. 15.
81 Diskussion um Plenzdorf, im vorl. Bd. S. 180.
82 Vgl. Der neue Werther. Ein Gespräch, in: Neue deutsche Literatur 21 (1973), H. 3, S. 139-149; Gabriele Herzog, Maßstab Publikum, im vorl. Bd. S. 221–223.
83 Vgl. Erich Kaiser/Georg Pilz, Lernziel: Wertungskompetenz. Ein Unterrichtsversuch mit Ulrich Plenzdorfs »Die neuen Leiden des jungen W.«, in: Der Deutschunterricht 31 (1979), H. 4, S. 85 ff.
84 Vgl. die, unnötig pedantische, Zusammenstellung bei Ilse H. Reis, Ulrich Plenzdorfs Gegen-Entwurf zu Goethes »Werther«, Bern/München 1977, S. 96 f. Vgl. zu Edgars Sprache auch Gisela Brinker-Gabler, »Ich weiß nicht, ob mich einer versteht, Leute.« Funktions- und Wirkungspotential von Teenagersprache und Werther-Zitat in Ulrich Plenzdorfs *Die neuen Leiden des jungen W.*, in: Literatur in Wissenschaft und Unterricht 11 (1978), S. 82-86.
85 Vgl. Ulrich Plenzdorf, Die neuen Leiden des jungen W., a. a. O., S. 33.
86 Aleksandar Flaker, Modelle der Jeans Prosa. Zur literarischen Opposition bei Plenzdorf im osteuropäischen Romankontext, Kronberg/Ts. 1975, S. 22.
87 Vgl. Ulrich Plenzdorf, Die neuen Leiden des jungen W., a. a. O., S. 35.
88 Ebd., S. 33.
89 Vgl. Jerome D. Salinger, Der Fänger im Roggen, Reinbek 131973, S. 127.
90 Ulrich Plenzdorf, Die neuen Leiden des jungen W., a. a. O., S. 28 f.
91 Vgl. hierzu Mireille Tabah, Die neuen Leiden des jungen W. Ulrich Plenzdorf entre Goethe et Salinger, in: Etudes Germaniques 30 (1975), S. 341.
92 Ulrich Plenzdorf, Die neuen Leiden des jungen W., a. a. O., S. 66.
93 Ebd., S. 86 f.
94 Ulrich Plenzdorf, Die neuen Leiden des jungen W., (Hörspiel), Typoskr. S. 34.
95 Friedrich Plate, »Neue Leiden« ohne Standpunkt, im vorl. Bd. S. 227.
96 Ebd.; vgl. auch Peter Biele, Nochmals – »Die neuen Leiden...«, im vorl. Bd. S. 210.
97 Rainer Kerndl, Junger Werther in Blue Jeans, in: Neues Deutschland v. 8. 6. 1972.
98 Ulrich Plenzdorf, Die neuen Leiden des jungen W., a. a. O., S. 39 ff.
99 Vgl. Aleksandar Flaker, Modelle der Jeans Prosa, a. a. O., S. 30 ff.
100 Dieter Schlenstedt, Ankunft und Anspruch, a. a. O., S. 816 f.

101 Dieses »Prinzip der *Infragestellung*« einer literarischen Tradition erscheint Flaker als eines der konstituierenden Momente der »Jeans Prosa«; vgl. Aleksandar Flaker, Modelle der Jeans Prosa, a. a. O., S. 33 f.

102 Ulrich Plenzdorf, Die neuen Leiden des jungen W., a. a. O., S. 19; Johann Wolfgang Goethe, Die Leiden des jungen Werther, a. a. O., S. 128 (Brief v. 22. 5.). Das Zitat kommt in den »Neuen Leiden« im übrigen nur bei der Zusammenstellung aller »Tonbandbriefe« zu Beginn des Textes vor und wird nicht, wie die anderen Zitate aus dieser Zusammenstellung, im späteren Text wiederholt. Auch dies mag ein Hinweis darauf sein, daß Edgar sich mit ihm weniger identifiziert als mit den anderen Goethe-Stellen.

103 Fritz J. Raddatz, Ulrich Plenzdorfs Flucht nach innen, im vorl. Bd. S. 306.

104 Friedrich Plate, »Neue Leiden« ohne Standpunkt, im vorl. Bd. S. 226.

105 Ebd., S. 229.

106 Hans Koch, Der einzelne und die Gesellschaft, in: Kritik in der Zeit. Literaturkritik der DDR 1945–1975. Zweiter Band 1966–1975, Halle/Leipzig o. J., S. 309.

107 Friedrich Plate, »Neue Leiden« ohne Standpunkt, im vorl. Bd. S. 228.

108 Ulrich Plenzdorf, Die neuen Leiden des jungen W., a. a. O., S. 66; in der Hörspielfassung wird diese rechtfertigende Argumentation auf den Satz »Ich mußte an Charlie dranbleiben« reduziert; Typoskr. S. 15.

109 Ulrich Plenzdorf, Die neuen Leiden des jungen W., Stück in zwei Teilen, in: Spectaculum 20, Frankfurt a. M. 1974, S. 283.

110 Ulrich Plenzdorf/Heiner Carow, Die neuen Leiden des jungen W., Literarisches Drehbuch, vervielfältigtes Typoskr. 1973, S. 42.

111 Das hat auch schon Weimann festgestellt; vgl. Robert Weimann, Goethe in der Figurenperspektive, im vorl. Bd. S. 162.

112 Ulrich Plenzdorf, Die neuen Leiden des jungen W., a. a. O., S. 80 f.

113 Werner Neubert, Niete in Hosen – oder ...?, im vorl. Bd. S. 217.

114 Vgl. Fritz Rumler, »Dem Menschen seinen Stolz lassen«, in: Der Spiegel v. 14. 5. 1973, S. 166.

115 Ulrich Plenzdorf, Die neuen Leiden des jungen W., in: Sinn und Form 24 (1972), S. 310.

116 Ulrich Plenzdorf, Die neuen Leiden des jungen W., Frankfurt a. M. [14]1980, S. 148.

117 Vgl. ebd., S. 96.

118 Robert Weimann, Goethe in der Figurenperspektive, im vorl. Bd. S. 167.

119 Ulrich Plenzdorf, Die neuen Leiden des jungen W., a. a. O., S. 109.

120 Ebd., S. 147. Das hebt auch Koch in seiner kritischen Auseinanderset-

zung mit den »Neuen Leiden« hervor, deren Ende ihm als Ausdruck von »Ratlosigkeit« erscheint; vgl. Hans Koch, Der einzelne und die Gesellschaft, a. a. O., S. 311.

121 Ulrich Plenzdorf, Die neuen Leiden des jungen W., a. a. O., S. 147.

122 Ebd., S. 95.

123 Ebd., S. 148.

124 Vgl. etwa Gerda Kohlmey, Stimmen zu den »Neuen Leiden des jungen W.«, in: Sinn und Form 25 (1973), S. 849; Christa Fischer, Der nie jemand Ärger gemacht, in: Forum 26 (1973), Nr. 8, S. 14.

125 Die Erörterung der gelegentlich aufgeworfenen Frage, ob es sich um einen Selbstmord oder einen Unfall handele, ist müßig: Für einen Selbstmord gibt der Text keine stichhaltigen Anhaltspunkte. Edgar erwägt die Möglichkeit nur für den Fall, daß er aus dem Scheitern seines Experiments noch eine Konsequenz hätte ziehen können – aber eben diese Entscheidung wird ihm abgenommen.

126 Fritz J. Raddatz, Ulrich Plenzdorfs Flucht nach innen, im vorl. Bd. S. 308; ein »Versagen der Gesellschaft« sieht Gerhard R. Kaiser, Parteiliche Wahrheit – Wahrheit der Partei? Zu Inhalt, Form und Funktion der DDR-Dramatik, in: Einführung in Geschichte und Funktion der DDR-Literatur, a. a. O., S. 230.

127 Wilhelm Girnus, Lachen über Wibeau ... aber wie?, im vorl. Bd. S. 194.

128 Peter Biele, Nochmals – »Die neuen Leiden ...«, im vorl. Bd. S. 207.

129 Herbert Paul, [Kritik an Erwin Strittmatters Roman »Ole Bienkopp«], in: Dokumente, S. 913. (Zuerst in: Sonntag, 1964, Heft 4.)

130 Vgl. Dshingis Aitmatov, Der weiße Dampfer, in: Sinn und Form 23 (1971), S. 64-108; S. 882-949. Auf den Zusammenhang der »Neuen Leiden« mit Aitmatovs Erzählung verweisen schon Heinz Plavius, Freuden an Leiden, in: Sinn und Form 25 (1973), S. 450 und Helmut Fischbeck, Ulrich Plenzdorf: Die neuen Leiden des jungen W. Zur Literaturproduktion und -rezeption in der DDR, in: Diskussion Deutsch 5 (1974), S. 343. Eine interessante Unterscheidung zwischen dem Tod in der bürgerlichen »kritisch-realistischen Literatur«, wo er als »Synonym lebensbedrohender [...] gesellschaftlicher Kräfte« erscheint, und der sozialistischen Literatur, in der selbst die »Elementargewalt des Todes« nichts ausrichten kann gegen das von der Entfremdung befreite Werk des Menschen, liefert der Aufsatz von Willi Beitz/Helga Conrad/Günther Warm, Die Sowjetliteratur als Grundmodell für die Entwicklung der sozialistischen Literatur in der DDR, in: Weimarer Beiträge 16 (1970), S. 82.

131 Einen Überblick über die Diskussion um das Stück geben die Aufsätze von Albert R. Schmitt, Ulrich Plenzdorfs *Die neuen Leiden des jungen W.* im Spiegel der Kritik, in: Views and Reviews of Modern German Literature. Festschrift for Adolf D. Klarmann, hg. v. Karl S. Weimar,

München 1974, S. 257-276 und Heinz Klunker, Der W.-Effekt, in: Neues Hochland 66 (1974), S. 451-465.

132 Diskussion um Plenzdorf, im vorl. Bd. S. 178.

133 Hans Koch, Der einzelne und die Gesellschaft, a. a. O., S. 310.

134 Wenn Klien die »Neuen Leiden« dennoch für den »sozialistischen Realismus« reklamiert, weil Edgar sich auf Anschauungen hinbewege, die zumindest grundsätzlich nicht mit sozialistischen Vorstellungen im Widerspruch stünden (vgl. Edwin Klien, Die literarische Gestaltung der Adoleszenz in Ulrich Plenzdorfs »Die neuen Leiden des jungen W.«, phil. Diss. Innsbruck 1977, S. 271 f.), so beruht diese Argumentation auf einem falschen Verständnis des »sozialistischen Realismus«: Es reicht eben nicht, nur nicht im Widerspruch zu stehen mit sozialistischen Vorstellungen – wie das für Edgar sicherlich gilt –, gefordert ist vielmehr »Parteilichkeit«, als die »bewußte Übereinstimmung der Künstler mit dem Kampf der Partei als der führenden Kraft des sozialistischen Aufbaus«. Kleines politisches Wörterbuch, a. a. O., s. v. »Parteilichkeit«, S. 680.

135 Zu diesen Entwicklungen vgl. Hans-Dietrich Sander, Polarisierungen nach dem Kurswechsel. Kulturpolitische Diskussionen 1972, in: Deutschland Archiv 6 (1973), S. 58-65; ders., Honeckers kulturpolitischer Umfall, in: Deutschland Archiv 6 (1973), S. 745 ff.

136 Kurt Hager, Zu Fragen der Kulturpolitik der SED, a. a. O., S. 34. Die in der DDR-Literaturdiskussion immer wieder abwertend verwendete Formel vom »Realismus ohne Ufer« – sie taucht auch in Hans Kochs Auseinandersetzung mit Plenzdorf auf – bezieht sich auf Roger Garaudys 1963 in Paris erschienene Essaysammlung »D'un Réalisme sans Rivages«. Roger Garaudy, damals noch Politbüromitglied der KPF, hatte in diesem Buch den Realismusbegriff auf »modernistische« Kunst und Literatur, etwa Kafka und Picasso, ausgedehnt. Spätestens nachdem er 1970 die KPF verlassen hatte, wurden seine politischen und ästhetischen Positionen als »Revisionismus« verworfen.

137 Ebd., S. 41.

138 Erich Honecker, Zügig voran bei der weiteren Verwirklichung der Beschlüsse des VIII. Parteitages der SED. Aus dem Bericht des Politbüros an die 9. Tagung des Zentralkomitees, in: Neues Deutschland v. 29. 5. 1973, S. 6.

139 Wilhelm Girnus, Lachen über Wibeau ... aber wie?, im vorl. Bd. S. 199.

140 Vgl. dazu Hans-Dietrich Sander, Der VII. Schriftsteller-Kongreß als kulturpolitische Zäsur, in: Deutschland Archiv 6 (1973), S. 1233-1241; Jochen Staadt, Konfliktbewußtsein und sozialistischer Anspruch in der DDR-Literatur. Zur Darstellung gesellschaftlicher Widersprüche in Romanen nach dem VIII. Parteitag der SED 1971, Berlin 1977, S. 40-60.

141 Helmut Sakowski, Unsere Kunst – lebendiger Teil unserer Ideologie, in: Neue deutsche Literatur 22 (1974), H. 2, S. 54.
142 Hermann Kant, Unsere Worte wirken in der Klassenauseinandersetzung, a. a. O., S. 32.
143 Wolfgang Joho, Der Sohn. Nachrichten aus der Bender-Welt, Berlin/Weimar [2]1974, S. 57.
144 Ebd., S. 160.
145 Ebd., S. 83; vgl. auch S. 167.
146 Erkundungen und Auskünfte. Gespräch mit Wolfgang Joho, in: Neue deutsche Literatur 21 (1973), H. 3, S. 10. In demselben Interview stimmt Joho auch der Feststellung seiner Interviewerin zu: »Ich habe den Eindruck, daß du ziemlich souverän gesellschaftliche Aufträge und Bedürfnisse ›bedienen‹ kannst.« Ebd., S. 7.
147 Zur Kritik an den konservativen Ordnungsvorstellungen Johos, wie sie sich in diesem Roman manifestieren, vgl. Jochen Staadt, Konfliktbewußtsein und sozialistischer Anspruch in der DDR-Literatur, a. a. O., S. 179-186.
148 Rolf Schneider, Die Reise nach Jaroslaw, Darmstadt/Neuwied [4]1981, S. 39.
149 Ebd., S. 76.
150 Ebd., S. 190.
151 Ebd., S. 198.
152 Volker Braun, Unvollendete Geschichte, in: Sinn und Form 27 (1975), S. 948.
153 Ebd., S. 944.
154 Ebd., S. 969.
155 Ebd., S. 975.
156 Ebd., S. 956.
157 Ebd., S. 957.
158 Ebd., S. 971. Vgl. dazu auch Jochen Staadt, Konfliktbewußtsein und sozialistischer Anspruch in der DDR-Literatur, a. a. O., S. 200.
159 Ulrich Plenzdorf, Karla, in: ders., Karla. Der alte Mann, das Pferd, die Straße. Texte zu Filmen, Frankfurt a. M. 1980, S. 23.
160 Ebd., S. 77.
161 Ebd., S. 90 f.
162 Ulrich Plenzdorf, kein runter kein fern, in: Klagenfurter Texte. Zum Ingeborg-Bachmann-Preis 1978, hg. v. Hubert Fink/Marcel Reich-Ranicki/Ernst Willner, München 1978, S. 16.
163 Ulrich Plenzdorf, Legende vom Glück ohne Ende, Frankfurt a. M. 1979, S. 19.
164 Ebd., S. 84.
165 Ebd., S. 144.
166 Ebd., S. 309.
167 Ebd., S. 35.

168 Ebd., S. 36.

169 Ulrich Plenzdorf, Der König und sein Narr (Drehbuch 1980), Typoskr. S. 83. Es gibt im übrigen auch eine Dramatisierung des Gundling-Themas von Heiner Müller, Leben Gundlings Friedrich von Preußen Lessings Schlaf Traum Schrei. Ein Greuelmärchen, in: Spectaculum 26, Frankfurt a. M. 1977, S. 149-168.

170 Martin Stade, Der König und sein Narr, Stuttgart 1977, S. 114.

171 Ulrich Plenzdorf, Der König und sein Narr, a. a. O., S. 86.

172 Martin Stade, Der König und sein Narr, a. a. O., S. 236.

173 Ulrich Plenzdorf, Der König und sein Narr, a. a. O., S. 98 f. Zu der Diskussion um diese Begrifflichkeit, die 1978 in der Bundesrepublik geführt wurde, vgl. Gert Heidenreich, Die ungeliebten Dichter. Die Ratten- und Schmeißfliegen-Affäre. Eine Dokumentation, Frankfurt a. M. 1981.

II

Ulrich Plenzdorf

Die neuen Leiden des jungen W.

(Urfassung)

[1] Bilder dieser völlig uncharakteristischen Stadt auf dem flachen Lande bei Berlin: der ruhige Bahnhof, der blitzsaubere, aber völlig leere Marktplatz, der Stadtpark, das Werk vor der Stadt. Und dann wieder der Bahnhof, wieder der Marktplatz, wieder der Stadtpark, wieder das Werk.

Mehr ist hier eben nicht.

[2] In diesem Werk.

Der Komplex ist sicher aus einer »kleinen Bude« entstanden, und zwar erst nach dem Krieg. Die ersten Schuppen stehen vielleicht noch, sind vielleicht sogar noch in Benutzung. Der Großteil der Bauten ist aber modern bis sehr modern. Es wird sich um ein Zulieferwerk handeln, Hydrauliken aller Art werden hier gebaut.

Arbeitsanfang.

Sehr viele kommen mit Rädern, auch Mopeds und Motorrädern. Plötzlich gibt es einen Stau am Betriebstor und dann großes, wenn auch verständnisloses Grinsen bei allen: eine Truppe von Lehrlingen, alles Jungs, marschieren im Gänsemarsch am Pförtner vorbei. Aber gegrinst wird deshalb, weil sie alle in Miniröcken sind. Zwar in Pullovern und Schuhen oder Sandalen und mit ihren diversen Aktentaschen oder Frühstücksbeuteln, aber in Miniröcken. Dazu geben sie sich Mühe, die Hüften zu drehen und auch sonst möglichst mädchenhaft zu tun.

So paradieren sie praktisch vor dem halben Betrieb. Niemand schreitet ein.

[3] Im selben Aufzug tauchen sie in der Lehrlingswerkstatt auf und stellen sich an ihre Kratzböcke.

Der Lehrausbilder ist zunächst völlig sprachlos, dann verlangt er sofort:

Hört sofort mit dem Blödsinn auf! Wenn ihr nicht sofort mit dem Blödsinn aufhört, mach ich Meldung bei der Betriebsleitung! Zieht sofort die Röcke aus.

Er macht keinen sehr beholfenen Eindruck. Es werden dreißig Jahre sein, die ihn von seinen Lehrlingen trennen. Die Jungs scheinen ihn nicht zu hören.

Nur der Anführer sagt im Baß:

Das sagen Sie man lieber denen!

Gemeint sind die Lehrlingsmädchen, die gerade erst in die Werkstatt kommen und in einem Haufen stehenbleiben. Tatsächlich haben die meisten davon Röcke an zum Arbeiten.

Der Lehrausbilder fährt jetzt sie an:

Raus mit euch! x-mal hab ich gesagt: zur Arbeit gibts keine Röcke. Und wer in fünf Minuten nicht in Hosen wieder da ist, der gilt als unentschuldigt!

Die Mädchen maulen:

Wieso denn...! Bloß weil die Affen...! Meine sind in der Wäsche!

Der Lehrausbilder:

Also jetzt macht mir doch keinen Ärger, Kinder! Wir sind doch immer gut zusammen ausgekommen...?

Er schlägt den weichen Ton an, aber ohne Erfolg. Die Mädchen rührn sich nicht vom Fleck, und die Jungs feilen eifrig, aber in Röcken...

Da packt es den Lehrausbilder, und er rennt aus der Halle. Damit es nicht so sehr nach Flucht aussieht, stößt er die allgemeine Drohung aus: Ihr werdet schon sehen!

Auch das hinterläßt keinen Eindruck.

Trotzdem fahren alle zusammen, als gleich danach die Tür wieder aufgeht.

Aber es ist nicht der Lehrausbilder mit Verstärkung, sondern weitere zwei Lehrlinge, Edgar und Willi. Sie nicht in Röcken. Ob sie nun davon wußten oder nicht, beide verstehen die Situation sofort. Willi ist sichtlich voll Sympathie für die Aktion, aber nach einem Blick auf Edgar weiß er, was die Losung ist: müdes Interesse.

Trotzdem fragt er den Anführer der Sache:

Warum habt ihrn uns nichts gesagt?

Der Anführer:

Weil ihr sowieso dagegen gewesen wärt.

Und ein anderer:

Musterknabe und Muttersöhnchen.

Willi sieht Edgar an: sollen sie sich das gefallen lassen? Aber Edgar ignoriert den Angriff völlig.

Er fragt nur:

Und *das* soll nun was sein?!

Der Anführer:

Na, bitte!

Die andern sind völlig seiner Meinung.

Willi erklärt, bevor er sich wie Edgar an seinen Arbeitsplatz begibt:

Die sehn wir doch überhaupt nicht.

Gemeint sind die Mädchen.

Eine von ihnen:

Dein Glück, daß du nicht an meine Sachen gegangen bist!

Sie meint Willi. Willi tötet sie mit einem Blick.

[4] Am Werktor, bei Schichtwechsel.

Hier wartet Edgars Mutter, eine selbstbewußte Frau von schon über vierzig, sachlich gekleidet. Auffallend ist, daß sie von vielen aus dem Werk gegrüßt, also gekannt wird. Nach der Herzlichkeit vieler Grüße, auch von Männern, dürfte sie außerdem geschätzt sein. Ein Platz im Auto wird ihr angeboten, sie lehnt ab, mit einem Witz vielleicht:

Du fährst mir zu scharf, Egon!

Dann kommt, auf wen sie wartet: Edgar. Bei ihm Willi. Auch andere Lehrlinge, jetzt wieder normal angezogen. Die Sache dürfte beigelegt sein.

Sie begrüßt ihren Sohn vor aller Augen. Edgar läßt sich nicht anmerken, ob ihm das recht ist.

Erste Frage seiner Mutter:

Warst du etwa auch bei dem Unsinn dabei?

Aber sie weiß schon die Antwort.

Edgar verneint.

Seine Mutter nimmt seinen Arm.

Willi verabschiedet sich.

Als nächstes meint Edgars Mutter:

Mindestens Morgen mußt du zum Friseur.

Edgar:

Wieso denn?

Er will nicht.

Aber seine Mutter geht gar nicht auf ihn ein. Für sie steht außer Frage, daß er zum Friseur gehen wird.

Seine Mutter weiter:

Und heute abend machen wir uns was Schnuddliges!
Was sagst du zu Eierkuchen?

Edgar sagt gar nichts. Wozu auch? Es wird Eierkuchen geben, ob er dafür ist oder nicht. Lehrlingskumpels überholen sie.

Mindestens zwei Kofferheulen versüßen ihnen den Heimweg und dann wahrscheinlich doch auch den Feierabend.

[5] Edgar und seine Mutter bewohnen eine Etage in einem Zweifamilienhaus.

Edgars Mutter in der Küche beim Abwasch.
Edgar ist im Begriff, an der offenen Küchentür vorbei aus der Wohnung zu gehen.
Obenhin erklärt er: Geh nochn bißchen runter.
Seine Mutter: Oder rauf.
Edgar: Nein, runter.
Seine Mutter: Dann nimm doch gleich mal den Mülleimer mit.

Edgar tut es.
<Den geleerten Mülleimer bringt er aber nicht wieder in die Wohnung, sondern stellt ihn leise vor die Wohnungstür.>
Seine Mutter lächelt zufrieden.
Nachdem Edgar den leeren Mülleimer wieder hingestellt hat, denkt er, jetzt kann er gehen.

Aber seine Mutter: Die Hände!

Sie sagt es sehr sanft.
Edgar wäscht sich die Hände.
Es ist ihm kaum anzusehen, wie ihn gerade diese Sanftheit aufbringt.
Dann will er endgültig gehen.

Seine Mutter: Ich dachte eigentlich, weil ich heute abend mal nicht weg muß . . .

Edgar: Bleib ja nurn Moment.

Seine Mutter: Dann schreib ich eben Briefe, muß ja auch sein. Du mußt dann nur unterschreiben. Oder vielleicht schreibst du selbst an Tante Karla?!

Edgar: Ja.

Trotzdem will er gehen.
Seine Mutter sieht ihn an.

Edgar: Ich machs oben.

Beide meinen, wenn sie von oben reden, etwas zu ihren Köpfen.
Edgars Mutter ist gegen diese Absicht, hat aber wohl kein rechtes Argument.
Jetzt könnte Edgar gehen, hat aber seinerseits noch ein Anliegen: Warum hast du mir die nicht gezeigt.

Er hält ihr eine dieser Cinemaskop-Ansichtskarten hin; hat sie zwischen Hemd und Haut gehabt.

Seine Mutter: Ach so.

Sie erkennt die Karte sofort, ohne groß hinzusehen. Offensichtlich hat sie in dem Punkt ein schlechtes Gewissen.

Edgar: Drei Monate!
Seine Mutter: Ist es denn *so* wichtig?!

[6] Auf dem Dachboden hat Edgar sich eine Art Atelier eingerichtet. Hier sitzt er und malt mit Öl Bilder, die eine Mischung sind aus Malerei der Primitiven und technischer Zeichnung. Dazu läuft gedämpft harte Musik aus seinem Taschentonbandgerät. Auf der Straße pfeift es. Edgar legt ohne hinzusehen seine Handfläche ans Fenster zum Zeichen, daß er da ist.

Im Atelier sitzt Willi.
Er fragt laut und rhetorisch: Hätte gar nicht gewußt, wo ich mir son Rock besorgen soll.

Er ist mit seinen Gedanken noch am Vormittag.
Edgar: Was ist?
Es ist nicht wahr, daß er Willi nicht verstanden hat.
Es soll nur heißen: das ist kein Thema mehr.
Willi: Nichts. – Bist gut vorangekommen.

Er meint das »Werk«, an dem Edgar arbeitet und das er bewundert.
Edgar: Fang an.
Und Willi setzt sich vor seine Staffelei und konzentriert sich. Soviel zu sehen ist, ist er ein ausgesprochener Epigone von Edgar...
Aber Edgar selbst stört ihn. Er

gibt ihm diese Ansichtskarte.
Willi nimmt sie und orientiert sich auf der Rückseite. Er stellt sofort fest: Drei Monate alt. Wieder unterschlagen?!

Edgar: Vergessen!
Willi: Jugoslawien diesmal!
Edgar: Adria!
Beide betrachten die Karte.

[7] Die Adriaküste bei Dubrovnik.

An der leeren, grellen Felsenküste sitzt ein verwegen angezogener, vollbärtiger Mann. Er sitzt vor einer Staffelei, meditiert, hebt die Hand mit dem Pinsel nur sehr selten und auch nur sehr kurz. Ein glücklicher, bedürfnisloser Mann. Seine Gedanken sind heiter. Wahrscheinlich ist das Malen nur ein Vorwand für ihn.

Dann wendet er sich von See und Staffelei ab und der Kamera zu, verkneift ein Auge und macht eine Kopfbewegung des Sinnes: Kopf hoch, Alter!

Das ist Edgars Vater, der Plein-air-Maler Wibeau.

[8] Berufsschule.

Edgar und Willi nebeneinander.

Der Mathematiklehrer doziert an der Tafel. Er spricht schnell und versiert. Das Ganze hat viel von einer Hochschule, schon äußerlich. Die Bankreihen steigen wie in einem Hörsaal an. Der Lehrer hat das Problem gestellt, jetzt wartet er auf einen Kandidaten, der es löst.

Zwischendurch nickt er Edgars Mutter zu, die seinem Unterricht hospitiert.

Es findet sich kein Kandidat. Jeder versucht sich so klein als möglich zu machen.

Der Lehrer fixiert die Reihen, dann fragt er:

Also, Meister Wiebau?

Edgar zuckt zusammen beim Wort »Wiebau«, geht dann zur Tafel.

Ihm ist nicht wohl bei diesem Gang. Vorn an der Tafel zögert er mit dem Hinschreiben der Lösung, aber nicht, weil er sie nicht weiß – er sieht die Aufgabe nicht mal an –, sondern weil er nicht weiß, ob er sie wissen sollte. Da ist seine Mutter, der er wohl auch vorgeführt werden soll, da ist Willi und da sind die Kumpels, von denen er ahnt, wie sie reagieren werden, wenn er funktioniert. Trotzdem kritzelt er schließlich die Lösung hin, in kleinsten Zeichen und geht sofort wieder zu Willi.

Der Lehrer:

Ja, natürlich. x eins kann nur 42 Millimy sein und x zwei entsprechend siebenundfünfzig. Aber warum so klein, so klein?!

Er schreibt es groß an die Tafel.

Dies allen ins Stammbuch, die Bemerkungen über das überhöhte Niveau dieses Unterrichts machen.

Edgar registriert alle Blicke seiner Kumpels nicht. Seine Mutter nickt dem Lehrer zu. Sie ist völlig mit ihm einverstanden.

[9] Lehrlingswerkstatt.

Die Lehrlinge arbeiten jeder am gleichen Werkstück. Offensichtlich kommt es darauf an, mit der Feile bestimmte Maße in sehr engen Toleranzen zu erreichen.

Der Lehrausbilder geht von Bank zu Bank und mißt immer wieder nach. Bis jetzt hat er noch jedem sein Werkstück zur Weiterarbeit zurückgegeben.

Ganz merkwürdig arbeitet Willi. Er hat zwar sein Stück in den Schraubstock geklemmt und feilt auch, aber nicht an dem Stück, sondern am Schraubstock.

Als der Ausbilder zu ihm kommt und Willis Produkt nachzumessen anfängt, gibt es sofort allgemeine Aufmerksamkeit. Der Ausbilder mißt und mißt und kann keinen Fehler feststellen. Er geht ans Licht, schiebt die Brille hoch – das alte Ergebnis. Alles ist so, wie es sein soll.

Er starrt das Werkstück an, riecht förmlich daran und stellt dann fest:

Das ist aus der Maschine.

Willi fragt heuchlerisch:
Aus was für 'ner Maschine?
Der Ausbilder:
Aus dem Automaten in Halle zwei.
Willi, wie vorher:
Ach, da steht ein Automat?!
Der Ausbilder starrt ihn an.
Willi:
Das kann ich doch gar nicht wissen, Meister. Da drin warn wir zum letzten Mal vor zwei Jahren, bei der Einstellung, und da haben wir die Automaten noch für ... Eierlegemaschinen gehalten.
Und jetzt Edgar, wie auf Stichwort:
Also nehmen wir an, da steht ein Automat, kann ja sein. Da fragt man sich doch, warum wir hier die Dinger mit der Feile zurechtschruppen müssen, im letzten Lehrjahr.
Der Ausbilder, während völlige Stille in der Werkstatt herrscht, keiner schruppt mehr:
Was hab ich euch gesagt, am Anfang? Hier habt ihr ein Stück Eisen! Und wenn ihr daraus eine Uhr gemacht habt, dann habt ihr ausgelernt. Und dabei bleibts!
Übrigens sieht man diesem Mann an, daß er selbst tatsächlich zu diesem Kunststück fähig ist.
Edgar:
Uhrmacher wollten wir aber eigentlich schon damals nicht werden.
Erst jetzt merkt der Ausbilder, daß hier ein Stein ins Rollen kommt, wenn nicht schon ins Rollen gekommen ist.
Im selben Moment fängt eine Lautsprecherstimme an:
Kollegen! Und nun zum Punkt Berufsausbildung. Was haben wir im letzten Jahr zur Verwirklichung der von der Volkskammer beschlossenen Grundsätze zur Weiterentwicklung der Berufsausbildung getan? ...
Um es gleich zu sagen: es handelt sich hier um einen jetzt ablaufenden Mitschnitt aus einer Gewerkschaftsversammlung, den Edgar seinerzeit nicht ganz legal »gefahren« hat.
Weiter der Text, während der Ausbilder langsam aufhört, das Tonband zu suchen und zu begreifen, was hier gespielt wird.
Die Lehrlinge von heute werden in den siebziger und achtziger Jahren als Facharbeiter, Ingenieure und Leiter

mit modernsten Technologien und automatisierten Produktionsprozessen zu tun haben. Sie werden in Betrieben arbeiten, die vom entwickelten System des Sozialismus geprägt sind...

[10] Versammlungssaal im Werk.

Am Rednerpult der Vertreter der Gewerkschaft:

Den Jugendlichen eine gute, zukunftsorientierte Ausbildung zu geben, ist daher vor allem ein Problem wissenschaftlicher Leitungstätigkeit. Ich frage daher die Werkleitung: ist bei uns wirklich schon der Zustand, daß die Lehrlinge von Anfang an mit der modernen Technik vertraut gemacht werden? Eine Forderung, die weiß Gott nicht erst heute auf den Tisch kommt...

Unmittelbar vor dem Rednerpult Edgar und Willi. Willi bedient in seiner Aktentasche das Tonband nach Edgars Regieanweisungen, während Edgar das Mikro in der hohlen Hand hält.

Oder müssen wir nicht immer noch befürchten, daß unsere Lehrlinge nach Abschluß der Lehre einen Sonderlehrgang besuchen müssen, um nun endlich die Automaten und so weiter beherrschen zu lernen?

Er redet mit ungewöhnlich viel Feuer und rhetorisch einwandfrei, weiß seine Mittel einzusetzen...

Ich denke, darauf können wir sofort eine Antwort erwarten.

Edgar und Willi rücken möglichst unauffällig in der ohnehin freien ersten Reihe weiter nach rechts, vor den Platz des Mannes aus der Werkleitung im Präsidium.

Der Leiter:

Diese Fragestellung besteht zu Recht. Und wenn die Werkleitung in der Hinsicht auch nicht tatenlos gewesen ist, so muß doch auch gesagt werden, daß da noch viel zu tun bleibt...

Der Mann hat eine sehr vertrauenerweckende, joviale und, da es sich um Lehrlingsprobleme handelt, fast väterliche Art zu reden. Die Frage ist nur, ob ihm die Sache *wirklich* am Herzen liegt oder ob er nicht überhäuft ist mit einer ganzen Reihe ihm wichtigerer Probleme.

Über die Versammlung ist noch folgendes zu sagen:
Im Präsidium sitzt auch Edgars Mutter, vielleicht lächelt sie ihm ahnungslos zu, als er mit Willi den Platz wechselt. Und die Kleidung aller und was durch die Fenster von draußen zu sehen ist, deutet auf Winter hin.

[11] Lehrlingswerkstatt.

Der Text aus dem Tonband:

Und um es gleich zu sagen: Die berechtigte Forderung unserer Lehrlinge, der Zukunft unseres Betriebes, wenn ich mal so sagen darf, endlich Zugang zur modernen Technik zu erhalten, findet bei uns offene Türen. Endlich Zugang zur modernen Technik zu erhalten, findet bei uns offene Türen. Endlich Zugang zur modernen Technik zu erhalten, findet bei uns offene Türen.

Das ist ein Einfall von Edgar.
Bei der dritten Wiederholung rennt der Ausbilder aus der Werkstatt.
Vorher sagt er noch:

Gerade du, Wiebau! Von dir hätte ich das am allerwenigsten erwartet. <bei deiner Mutter!>

Auch diesmal zuckt Edgar beim Wort Wiebau zusammen.
Im übrigen denken alle anderen genauso wie er, nur unter anderem Vorzeichen. Bis auf einige Ausnahmen, die weiterfeilen, weil ihnen die »Muffe geht«. Alle anderen sammeln sich um Edgars Werkbank. Am stolzesten ist vielleicht Willi. Edgar greift ungerührt zu seiner Milchtüte unter der Bank, beißt eine Ecke ab und trinkt. Eins der Mädchen verlangt:

Gib mir maln Schluck.

Edgar gibt ihr die Tüte, aber ohne sich nach ihr umzusehen. Dabei lohnte das Hinsehen.

Über den Werkhof kommt der Ausbilder auf die Lehrlingswerkstatt zu. Er ist allein.
In der Werkstatt sehen ihm die Lehrlinge hochgespannt entgegen. Was kommt jetzt?
Der Ausbilder:

Ausspannen!

Er meint die Werkstücke.
Die Lehrlinge tun es.
Der Ausbilder:

Mitkommen!

Die Lehrlinge folgen ihm ohne ein Wort.

Sie marschieren hinter dem Ausbilder über das Werksgelände, direkt auf das Verwaltungsgebäude zu.
Damit ist ihnen schon klar, was die Glocke geschlagen hat. Aber der Ausbilder geht an der Verwaltung vorbei.
Er geht geradewegs auf die großen, modernen Hallen zu. Die Lehrlinge können es nicht glauben. So schnell, so reibungslos sollen sie sich durchgesetzt haben?!
Als der Ausbilder auch an den Hallen vorbeigeht, wissen sie nicht mehr, was gespielt wird.
Jetzt sehen sie auch, daß noch andere aus dem Betrieb in die gleiche Richtung wie sie gehen.
Dann sind sie am Ziel, irgendwo im noch unbebauten Betriebsgelände.
Hier führt die Betriebsfeuerwehr angesichts der herrschenden Trockenheit eine Belehrung über den Gebrauch der verschiedensten Feuerlöscher mit praktischen Beispielen durch.
Das wirft alle um.
Der Ausbilder bemerkt:

Daß nichts weiter passiert, habt ihr nur eurer Jugend zu verdanken!

Alle sehen Edgar an. Was wird er machen?
Edgar sagt nur:

Aha.

Das wollte er nur wissen. Ansonsten ist die Sache für ihn äußerlich passé.
Willi fragt ihn durch die Zähne:

Variante zwei?

Edgar senkt die Augenlider.
Willi:

Uhrenvergleich!

Sie vergleichen unauffällig ihre Uhren und stellen sie nach.

[12] In den Bahnhof der Stadt fährt ein Personenzug ein. Der Dienstvorsteher steht pflichtgemäß auf seinem Platz, während eine Mädchenstimme aus dem Lautsprecher ansagt:

Es hat Einfahrt der P 112 aus Polzow, über Karow, Neu-Kunow, Liebow, Krampow, Neu-Chikago nach Bad Rosenow. Planmäßige Ankunftszeit 8 Uhr 33. Weiterfahrt 8 Uhr 34. Zurücktreten von der Bahnsteigkante!

Alles wie auf einem großen Bahnhof. Allerdings sind um diese Zeit nicht viele da, die zurücktreten können.

[13] Zu Hause bei Wibeaus.

Edgar sitzt am Tisch in der Wohnstube. Er hat nichts weiter vor. Verfolgt nur seine Mutter, die in der Stube hin und her wirtschaftet. Er scheint etwas Bestimmtes zu erwarten von ihr, das aber nicht eintritt.

Seine Mutter sieht ihn ab und zu an, sieht, daß er wartet, scheint aber nicht zu wissen, worauf, oder will es nicht wissen.

Schließlich fragt sie:

Ist was?

Edgar verneint.

Und nach einer Weile sagt sie milde:

Unser rasender Reporter Edgar Wiebau.

Und das soll wohl ihr ganzer Kommentar sein.

Edgar:

Wieboh.

Er ist ohne Übergang gereizt.

Seine Mutter:

Bitte?

Edgar:

Da ist noch ein e vor dem au. Wir heißen Wibeau! Du sagst ja auch nicht Nivau!

Seine Mutter:

Wenns weiter nichts ist! – Übrigens nennen sie mich schon jahrelang so, und ich lebe auch noch. Und unter dem Namen bin *ich* in unserm Werk das geworden, was ich heute bin. Wenns auch nicht mein eigener ist.

Edgar sagt nichts. Er sieht nur auf seine Uhr.

[14] Den Bahnhof der Kreisstadt verläßt der Saßnitzer Expreß. Am Bahnsteigende winkende Leute.

[15] Berufsschule.

Der Unterricht läuft, aber Edgars und Willis Platz ist leer.

[16] Edgar und Willi im Atelier.

Sie packen Edgars Werke zusammen, und zwar nach Angaben Willis, der sehr genau vorgeht. Eigentlich möchte er sie alle verpacken, aber es sind zuviele. Sie verständigen sich stumm über das Mitzunehmende, sind überhaupt leise, obwohl es doch Vormittag ist. Im übrigen drängt die Zeit.

Als Edgars Bilder verpackt sind, sollen Willis an die Reihe kommen. Aber Willi meint:

Laß man. Der Zug fährt. Außerdem, die nehmen *mich* nie.

Edgar besteht nicht lange auf dem Einpacken. An sich ist er der gleichen Meinung wie Willi. Um ihn zu trösten, sagt er:

Vielleicht nächstes Jahr. Dann weiß ich, wie der Hase läuft an so 'ner Schule. Kann vielleicht auch'n Wort einlegen.

Willi ist einverstanden. Er regt an:

Geld, Ausweis, Papiere, Schuhe?

Edgar:

Wieso Schuhe?

Willi:

Schuhe sind wichtig. Sieh dir mal Fleming seine an und du weißt alles ... Sandalen müßtest du haben, diese nur mit Riemen.

Die sind es, die Edgar noch fehlen, sonst sieht er aus wie sein Maler-Vater am Adriastrand.

Edgar:

Gibts doch nicht hier.

Sie sehen sich noch einmal um im Atelier, hätten beinah das Tonband vergessen, dann gehen sie.

[17] Berlin. S-Bahnhof Greifswalder Straße.
Ein Zug fährt ein.

[18] Willi und Edgar irgendwo in Berlin.
Hinter ihnen Hochhäuser, vor ihnen eine verlassene Laubenkolonie, ein Bahndamm, dahinter Altbauten. Willi führt, er kennt sich hier aus.
Bei einem Grundstück mit einer ziemlich festen und früher mal gut gepflegten Laube hält er an, und da das Zauntor verschlossen ist, schließt er es auf.
Willi:

Vater hätt sich deswegen beinah nicht versetzen lassen. Großer Familienkrach seinerzeit.

<Edgar:

Gut, daß du den Schlüssel hast.

In dem Satz steckt eine Frage.
Willi:

Dachte, falls es länger dauert.

Er sucht und findet den Schlüssel zur Laube in seinem Versteck.>
Innen ist die Laube eingerichtet, wie das meistens der Fall ist, mit den ausrangierten Wohnungsmöbeln der Besitzer. Zwei Räume. Küche und Zimmer mit Schlafgelegenheit.
Willi findet auf den ersten Griff ein paar alte Sandalen, die auch Edgars vollen Beifall finden. Er zieht sie an die Füße und ist damit komplett.

[19] Vor der Kunsthochschule Weißensee.

Edgar geht mit Willi ohne weiter zu zögern auf den Haupteingang der Schule zu, und zwar haargenau auf der Mitte des Wegs, wie programmiert, und äußerlich völlig gelassen.
Wer hier aufgeregt ist, ist Willi.

[20] Adriastrand.

Der Maler zwinkert und nickt uns zu.

[21] In der Kunsthochschule.

Edgars Werke sind in einem Zimmer aufgebaut. Vor ihnen steht ein Mann in weißem Kittel, der ebensogut Buchhalter oder Kellner wie Dozent oder Professor sein könnte. Edgar vergibt sich nach wie vor nichts. Er sieht nicht auf seine Bilder, er sieht aus dem Fenster – aber in Wahrheit überwacht er genau das Gesicht dieses Mannes. Auf jede Regung darin reagiert er wie ein Seismograph. Und das Schlimmste, was er registrieren könnte, wäre ein gewisses Lächeln...

Und gerade damit hat der Mann zu kämpfen. Er versucht, es hinter sachlichen Fragen zu verstecken:

Seit wann machen Sie das?

Edgar:

Weiß nicht. Schon lange.

Er antwortet nur aus Höflichkeit. Die Fragen selbst hält er für völlig überflüssig.

Der Mann:

Haben Sie einen Beruf?

Edgar:

Nicht daß ich wüßte. Wozu auch.

Der Mann hat mit einem Anfall zu kämpfen, gewinnt aber den Kampf, scharf bewacht von Edgar.

Er fragt weiter, als er wieder kann:

Hat das eine Ordnung, ich meine, was ist das letzte, was das erste?

Edgar:

Die frühen Sachen sind links.

Er hat es leicht, das zu erkennen. Aber für jeden anderen sieht eins wie das andere aus. Allenfalls unterscheiden sie sich im Format.

Die »frühen Sachen« sind ein Tiefschlag für den Mann im Kittel. Er *muß* sich abwenden. Wenigstens versucht er, sich dabei die Pose tiefen Nachdenkens zu geben.

Dann fragt er:

Wie alt sind Sie?

Zum Glück gelingt es ihm dabei, den Ton sachlich zu halten, sonst würde Edgar jetzt wahrscheinlich aufstehen und gehen. Auch so antwortet er nur sehr spröde:

Siebzehn Jahre.

Sein Ton ist der eines, der weiterhin jede Aussage verweigern wird.

Der Mann:

Ja. Also Fantasie haben Sie, das ist keine Frage, überhaupt keine. Und zeichnen können Sie auch. Wenn Sie einen Beruf hätten, würde ich sogar sagen, Sie sind technischer Zeichner...

Er hat sich genau überlegt, was er sagt, und sieht, Edgar hat es auch verstanden...

...was nichts Abwertendes heißen soll. Aber ich kann mich auch irren. Würden Sie uns Ihre Sachen für ein paar Tage hierlassen. Vier oder sechs Augen sehen bekanntlich mehr als zwei...

Aber Edgar fängt schon an einzupacken.

Der Mann:

Ein anderer Gedanke wäre, daß Sie sich zunächst einem Volkskunstzirkel anschließen. Ich würde Ihnen da behilflich sein. Und wir sprechen uns dann in einem Jahr wieder?

Aber auch das ändert an Edgars Haltung nichts. Er hat genug und vor allem genau gehört.

[22] Der Mann im Kittel wankt in ein anstoßendes Zimmer. So, wie die anderen hier auf sein Kommen reagieren, scheint er wirklich ein Chef zu sein.

Sie haben geredet, statt zu arbeiten, und wollen das vertuschen.

Aber der Chef meint bloß:

Weitermachen, weitermachen. Mensch, Kinder, warum ist denn nicht mal einer von euch reingekommen!...

Er läßt sich auf einen Hocker fallen...

Den Kerl durftet ihr euch nicht entgehen lassen! Wibeau zwo! Habt ihr schon mal was von Wibeau eins gehört?! Seine »frühen Sachen«! Beruf? Wozu? Aber vielleicht sehn wir ihn nochmal wieder! Irgendwas war dran. Bei solchen Kerlen weiß man sowieso nie...

Er wird abrupt nachdenklich, wahrscheinlich wegen Edgar.

[23] Edgar und Willi auf dem Weg zur S-Bahn.

Edgar sagt kein Wort, und Willi wagt keine Frage.

<Abgesehen davon, daß die Sache offensichtlich schlecht ausgegangen ist.>

Schließlich, als Edgar immer noch nichts sagt, fängt er selbst an:

> Ist ja eigentlich bekannt, daß die hier keine Ahnung haben. Das ist so 'ne Art Hort der Scholastik hier.

Edgar reagiert nicht.

Willi:

> Was kommt hier schon raus? Abgebrühte Erfolgsmaler!

Edgar starrt immer noch auf einen Punkt am Straßenende.

Willi:

> Und überhaupt: Wer von uns ist schon gleich anerkannt worden? Nimm Picasso, Van Gogh, Chagall! Alles Außenseiter! Die mußten alle Brötchen verdienen.

Jetzt Edgar:

> Gogh nie. – Bürokraten sind das. Weil ich noch nicht achtzehn bin.

Das ist seine Theorie inzwischen, die den Vorteil hat, daß sie sein Gesicht wahrt und ihn zu keinen Schlußfolgerungen zwingt.

Willi:

> Gibt ja auch noch andere Schulen.

Edgar:

> Bürokraten sind überall.

Inzwischen sind sie auf dem S-Bahnhof. Willi hatte für beide Karten gekauft, gelocht und Edgar auf den Bahnsteig gelotst. Aber in den einfahrenden Zug läßt Edgar sich nicht lotsen.

Willi sieht ihn an.

Edgar:

> Fahr allein.

Willi:

> Variante drei?

Edgar bestätigt es. Willi nimmt es hin, ganz glücklich ist er darüber nicht.

[24] Edgars Mutter, zu Hause, schon unruhig.

Sie steht in Edgars Atelier, bemerkt die fehlenden Bilder, aber darüber hinaus sagt ihr ihr Instinkt, daß hier etwas nicht normal ist...

[25] In der Laube.

Edgar legt seine Sachen ab, aber Willi kommen wieder Bedenken.

Er meint:

Dach ist hinüber natürlich.

Edgar interessiert das nicht. Er probiert das alte Sofa aus.

Willi:

Die Decke hat einer geklaut.

Aber da irrt er sich, sie liegt daneben auf einem Hocker.

Willi:

Die ist auf Abriß zu verkaufen, aber nicht zum Drin-Wohnen!

Edgar dreht versuchsweise am Lichtschalter – und siehe da: es wird hell.

Damit ist Willi im Grunde geschlagen. Edgar steckt seinen Kopf in den anderen Raum.

Willi:

Die Küche. Aber ohne Kühlschrank.

Edgar:

Bleib doch hier. Wir kommen durch!

Willi wird still. Er hat eine Anfechtung, kann sich ganz gut vorstellen, wie großartig das sein könnte. Dann siegt wie immer die Vernunft bei ihm.

Er faßt in die Hose und legt alles Geld auf den Tisch, was er hat. Dann nimmt er davon zwei Mark zurück und verlangt:

Gib mal deine Rückfahrkarte, die ist ja nicht benutzt, dann.

Edgar gibt sie ihm und steckt seinerseits das Geld ein, ohne ein Wort. Anders ist das bei ihnen nicht üblich.

Dann geben sie sich mit steifen Armen die Hand.

Edgar:

Und: ich lebe und damit gut.

Willi sieht ihn bloß an.

Edgar bringt ihn vor die Tür.

Draußen sagt Willi:

Laß von dir hören.

Diesmal sieht Edgar ihn bloß an.

[26] Wieder in der Laube, stellt Edgar fest, daß es Zeit ist, schlafen zu gehen.

Er zieht sich aus. Legt seine Sachen hübsch ordentlich zusammen, wie Mutter es ihn gelehrt hat – aber rechtzeitig genug fällt ihm ein, daß er ja jetzt sein eigener Herr ist, daß er tun und lassen kann, was er will!

Folglich greift er die Sachen wieder und verstreut sie systematisch im Raum. Als Clou legt er die Socken auf den Tisch.

Was jetzt?

Er ist in Stimmung gekommen, greift das Tonband und das Mikro und legt los in der Manier eines Disk-Jockeys:

> Damen und Herren. Kumpels und Kumpelinen. Gerechte und Ungerechte. Fdjotler und Pioniere! Entspannt euch! Scheucht eure kleinen Geschwister ins Kino! Sperrt eure Eltern in die Speisekammer! Hier ist wieder euer Eddie, der Unverwüstliche, der ...

Er hört auf. Ihm fällt nichts weiter ein. Die Stimmung ist doch nicht so großartig, wie er gedacht hatte.

Dann kommt ihm die Idee, zu lesen. Aber was?

Er durchkramt alles mögliche, auch die Küche – ohne Erfolg.

[27] Das Klo ist aus Brettern und steht in der äußersten Ecke des Gartens, neben dem Komposthaufen, auf dem ein Kürbis verfault.

Hier hat Edgar etwas Lesbares gefunden, ein Buch, genauer gesagt ein Reclamheft, und ganz genau gesagt: einen Stapel fliegender Blätter. Bloß entziffern kann er hier draußen nichts. Also wieder rein in die Bude.

[28] In der Bude will er sich auf die Lektüre stürzen, als die sanfte Stimme seiner Mutter sagt:

> Die Hände!

Er will automatisch zur Wasserleitung, pfeift sich aber noch rechtzeitig zurück. Nur das nicht mehr!

Jetzt also lesen. Die Titelseite fehlt. Macht nichts. Der Anfang gefällt ihm nicht, auch die Mitte nicht. Er wird langsam ungeduldig, stöhnt über das Gelesene. Dann reicht es ihm. Er krümmt sich wie im Krampf und japst vor Ironie:

Jetzt hör dir das an: Kurz und gut, Wilhelm, ich habe eine Bekanntschaft gemacht, die mein Herz näher angeht. Einen Engel! Und doch bin ich nicht in der Lage, dir zu sagen, wie vollkommen sie ist...

Selbstredend und ganz automatisch hat er wieder das Tonband laufen lassen, aber jetzt kann er nicht weiter zitieren:

Wie vollkommen. Ach du Scheiße!

Er schießt das Heft in die nächste Ecke, beruhigt sich langsam, überlegt und diktiert dann ins Mikro:

Fühle mich großartig. Beschließe, morgen die ersten Schritte zu unternehmen. Variante drei läuft. Ende.

Dann packt er sich aufs Sofa und zieht sich die Decke über den Kopf.

29] Edgars Mutter auf dem Weg durch die dunkle Stadt zum VP-Revier.

Je näher sie ihrem Ziel kommt, desto langsamer wird sie allerdings. Und als sie vor dem Revier steht, gibt sie ihren Plan ganz auf und macht kehrt.

30] Die Laube im Garten.

Eine Horde Kindergartenkinder spielt im Garten. Es scheint sich um Indianer zu handeln. Die Laube dürfte das Fort der Weißen sein, daß zu beschleichen und zu stürmen ist. Die Kinder betrachten den Garten offensichtlich als ihr Territorium, was in der verlassenen Laubenkolonie nur nahe liegt, und außerdem ist das Nachbargrundstück der Spielplatz ihres Kindergartens, mit Schaukeln, Buddelkasten und so weiter. Dort ist auch ihre Kindergärtnerin, eine wache, ganze junge Frau.

Sie läßt ihrer Truppe den Auslauf, behält sie aber genau im Auge. Nebenbei kann sie noch lesen...

Für alle plötzlich steht Edgar in der Laubentür, die Haare noch durcheinander, aber ansonsten frisch. In Hüfthöhe hält er zwei schußbereite imaginäre Colts.

Er verkündet im Baß:

Kommt ran, verdammte schlitzäugige Chiropäden und ihr sollt erleben, wie ein weißer Mann weißen Käse aus euch macht, so wahr mir Gott helfe, Amen!

Die Kinder starren ihn an, begreifen aber wahrscheinlich schnell, daß Edgar mitspielt.

Ein Mädchen verlangt:

Laß die Pistolen fallen. Wir sind mehr!

Aber im selben Moment ist die Kindergärtnerin zur Stelle und schickt die Kinder auf den Spielplatz. Edgar betrachtet sie sehr kritisch. Offensichtlich macht sie sich ihren eigenen Vers auf ihn und sein Übernachten in der herrenlosen Laube, und keinen für Edgar sehr schmeichelhaften.

Edgar kennt solche Blicke und Gedanken und haßt sie.

Seine Reaktion ist, daß er sich eine möglichst pennerhafte Haltung gibt und sie frech anstarrt.

[31] Edgar mitten in Berlin.

Ihm ist ausgesprochen wohl in dem Betrieb. Sonderlich imponieren läßt er sich natürlich nicht, aber immerhin: darüber läßt sich schon reden. Scharfe Autos zum Beispiel.

Zu anderen Sachen hat er keine so gute Meinung: Ein Bildfries an einem Hochhaus im Zentrum...

Interessant findet er manche Schaufenster, und in einem davon sieht er eine Aktentasche, die der Inbegriff ihrer Art ist, echt Leder, männlich, dezent, weltläufig, auch so dekoriert, mit Schirm, Handschuhen und Melone. Kein Preis.

Er ist noch nicht lange in dem Laden, da holt ihm die Verkäuferin die Tasche aus dem Fenster, sie tut es nicht sehr gern, die Dekoration ist damit ruiniert, aber sie tut es.

Weiter geht Edgar mit der Tasche.

Im übrigen hat er ein Ziel.

Das Ziel heißt: Künstlerbedarf.

Hier deckt er sich gründlich mit Pinseln, Farben usw. ein. Das kommt alles in die neue Tasche.

32] Edgar in seinem Garten. Er malt, oder sitzt jedenfalls vor einer improvisierten Staffelei. <Innerlich ist er noch ganz unter dem Eindruck der letzten Nacht, möglicherweise ist er auch noch nicht ganz ausgeschlafen, oder beides. Im übrigen ist sein Aufzug ganz der seines Malervaters an der Adria . . .>

Er bleibt nicht lange allein. Die Chirokesen sind eingetroffen und beschleichen ihn systematisch. Edgar bemerkt sie sehr gut, hält aber still und sieht dann, sie verwandeln sich in gewöhnliche furchtbar neugierige Kinder, als sie sehen, was er da macht oder vielmehr nicht macht.

Unter diesem Eindruck fängt Edgar an zu pinseln, allerdings mit einem Auge lauernd, was die Kindergärtnerin tun wird, ob sie kommen wird.

Sie kommt auch und auch in der alten Haltung zu ihm, die sie aber immer mehr abbaut, je näher sie kommt und je besser sie sieht, daß Edgar ein Maler ist.

Das ändert für sie alles. Jetzt versteht sie auch seinen Aufzug. Und sie reagiert exakt so wie ihre Kinder.

Ist still und sieht Edgar über die Schulter.

Edgar scheint sie nicht zu bemerken, er arbeitet konzentriert.

An dem Punkt kommt die erste Kinderfrage, wahrscheinlich nach dem »Inhalt« – sofort legt die Kindergärtnerin die Hand auf den entsprechenden Mund. Nicht stören!

Aber Edgar antwortet:

Vielleichtn Baum, mal sehn.

Und sofort setzt ein Disput mit den Kindern ein, die vielleicht auch einen Baum darin sehen, oder im Gegenteil, und möglicherweise stolpert auch einer über Edgars: Vielleicht?

Darauf würde Edgar antworten:

Na, ja. Es kommt darauf an, was heute morgen hier drin ist. Kann mans wissen?

Er meint seinen Arm, die Hand, den Pinsel.

Die Kinder wären amüsiert davon, aber ihre Kindergärtnerin würde pädagogisch und ganz auf den Meister eingehend erklären:

Ein Maler muß sich, bevor er richtig anfängt, locker malen, ja?! Sonst wird der Baum oder was zu steif, nicht!

Edgar sieht sie an. Auf die Antwort wäre er vielleicht nicht mal selbst gekommen . . .

Die Kindergärtnerin will anschließend weg mit den Kindern, sie sollen nicht weiter stören. Ziemlich sicher wird es da Protest geben, und wenn Edgar dann auch noch zu verstehen gibt, daß er überhaupt nicht zu stören ist, dann wird sie nachgeben und sich zuletzt selbst in seiner Nähe niederlassen.

Garantiert sind dann beide in Kürze relativ allein, denn Edgars Improvisationen sind auf die Dauer nicht so interessant für die Kinder, einfach, weil nichts Handfestes herauskommt. Der Kindergärtnerin geht es ähnlich, sie sieht jetzt ziemlich kritisch auf Edgars Pinsel, sagt aber vorläufig nichts dazu. Fragt vielmehr:

Wohnen Sie jetzt hier?!

Die Laube sieht sie ähnlich kritisch an.

Edgar:

In *der* Jahreszeit?

Natürlich erst nach zwei, drei Strichen. Es ist immer noch nicht zu erkennen, was da nun werden soll.

Die Kindergärtnerin:

Bei uns im Kindergarten haben wir eine lange, kahle Wand, richtig öd, wie geschaffen für ein Fresco.

Edgar wartet ab.

Sie wird deutlicher:

Ich meine, wenn Sie gelegentlich Zeit hätten ... und wenn Sie sich locker gemalt haben.

Die Provokation ist unüberhörbar und sie ist nicht mal mit Koketterie gemacht worden, sondern sehr nüchtern, als Urteil über Edgars Tun, aber andererseits nicht herablassend. Es ist eher eine Herausforderung, zu zeigen, was in ihm steckt. Edgar sieht sie über die Schulter an und sieht, sie meint es genau so, wie sie es gesagt hat.

Edgar macht sich fertig, etwas möglichst Schlagfertiges und Überlegenes zu sagen, als in der Nähe unter den Kindern ein Streit aufkommt und er den Satz hört:

Ich sags Tante Charlotte!

Die Kindergärtnerin:

Ich weiß nicht, was wir dafür zahlen könnten, würde aber mal mit der Chefin reden.

Edgar macht automatisch eine Geste des Verzichts, darauf sie sofort:

Wieso denn?! *So* arm sind wir nicht, und so besonders *reich* sind Sie doch auch nicht!

Zu dem Schluß ist sie inzwischen gekommen.

Zu antworten braucht Edgar nicht. Die Kinder sind da und es geht los:

Tante Charlotte, der Frank Posemann gibt mir nicht den Filzbogen!

Die Kindergärtnerin:

Frank, du gibst der Sabine nicht den *Filz*bogen?

Nun kommt es ganz auf den Jungen an, wie er unter dem Blick und der Stimme dieser Kindergärtnerin reagiert. Vielleicht sagt er:

Nee, weil es Flitzbogen heißt.

Oder: Ist ja meiner.

Oder er gibt den Flitzbogen stumm und möglichst lässig heraus...

33] Edgar im Kindergarten.

Er sitzt vor der bewußten kahlen Wand mit seinem Werkzeug, hinter sich die absolut stummen Kinder, Charlotte und wohl auch die Chefin.

Jetzt muß er es beweisen. Er konzentriert sich. Dann kommt er auf die Idee zu fragen:

Und welches Thema denn bitte?

Charlotte sofort:

Gott, was heute so drin ist, nicht?!

Die Kinder sind sofort dafür. Edgar sieht sie an. Er fragt:

Sind Pinsel da?

34] Edgar und die Kinder bei der Arbeit.

Es sind mehr die Kinder, die arbeiten. Edgar kümmert sich lediglich um den Hintergrund. Viel Platz ist nicht mehr auf der Wand. Jeder hat gemalt, was ihm grade einfiel. Es ist auch passiert, daß einer vom andern abgemalt hat...

Charlotte sieht zu und ist schon deswegen von der Sache angetan, weil es ›ihre‹ Kinder sind.

Sie fragt die Chefin mit den Augen nach deren Meinung.

Die Chefin:

Gott, viel zu verderben war an der Wand sowieso nicht.

Edgar überwacht beide sehr genau, aber Charlotte gibt ihm zu verstehen, daß alles gut ist, auch wenn sie selbst noch lange nicht im reinen ist mit diesem Menschen. Sie weiß immer noch nicht: kann ers nun oder kann ers nun nicht?!

[35] Edgar kriegt Mittagessen im Kindergarten. Charlotte bewirtet ihn, sieht ihm zu beim Essen...

[36] Edgar wieder in der Laube. Er weiß nicht wohin mit sich vor lauter Wohlsein, stellt das Tonband an.

Scharfe Musik kommt, er setzt sie sofort in Tanz um.

Dann bricht die Musik ab und er hört seine eigene Stimme:

> Kurz und gut, Wilhelm, ich habe eine Bekanntschaft gemacht, die mein Herz näher angeht. Einen Engel. Und doch bin ich nicht in der Lage, dir zu sagen, wie sie vollkommen ist. Wie vollkommen. Ach, du Scheiße.

Er schaltet ab. Es fällt ihm wie Schuppen von den Augen... Wo ist das Heft? Er findet es, wahrscheinlich ist es inzwischen wieder auf dem Bretterklo, und wirft sich, alles vergessend, auf das Sofa und fängt an zu lesen.

Vielleicht hat es schon lange mehr keinen so gierigen Leser von Werthers Leiden gegeben (auch wenn das Titelblatt nach wie vor fehlt).

Edgar auf dem Rücken, das Heft vor sich.

Edgar wieder auf dem Bauch.

Edgar am Tisch.

Edgar wieder auf dem Sofa. Er ist fertig mit dem Heft. Es ist das beste Buch seines Lebens. Er legt es sorgfältig zusammen und steckt es unters Hemd, nimmt es nochmal vor und liest die letzten Sätze:

> Man fürchtete für Lottes Leben. Handwerker trugen ihn. Kein Geistlicher hat ihn begleitet.

[37] Edgar in einem Raum, der eingerichtet ist wie die Laube, aber in einem Turm liegen muß; er ist rund und hat rundum Fenster. Er

sitzt am Tisch, vor sich das Mikro, in das er soeben wahrscheinlich seine letzten Worte gesprochen hat, denn er hat sich eine altmodische Vorderladerpistole an die Schläfe gesetzt und hat die Hand am Hahn.

Wichtiges Detail: Das Blatt vom Abreißkalender zeigt die Zahl vierundzwanzig, umrahmt von Tannenzweigen und Kerzen.

[38] Ein alter Friedhof.

Edgar in einem offenen Sarg, so wie er ist, in Hemd und Hose, aber offensichtlich tot. Die Hände über der Brust gefaltet, dazwischen das Reclamheft. Zu Füßen die neue Tasche. Der Sarg wird von vier Männern getragen, von denen anzunehmen ist, daß sie Handwerker sind. Jedenfalls sehen sie so aus, wie gerade von der Arbeit gekommen. Zwei Maler, ein Tischler – der vierte ist jener Lehrausbilder.

Dem Sarg folgt eine junge Frau, sie aber im Charlotte-<Biedermeier->kostüm – die Kindergärtnerin von Edgars Nachbargrundstück, blaß und selbst halb tot.

[39] Edgar auf dem Rücken auf seinem Sofa. Er diktiert dem Band in voller Euphorie:

> Kurz und gut, Wilhelm, ich habe eine Bekanntschaft gemacht, die mein Herz näher angeht. Einen Engel. Und doch bin ich nicht in der Lage …

Er verliert den Faden. Das ärgert ihn kurz. Aber da ist das Heft und da ist der Text:

> … dir zu sagen, wie sie vollkommen ist, warum sie vollkommen ist, genug, sie hat allen meinen Sinn gefangengenommen.

[40] Es klopft ans Laubenfenster. Edgar denkt, er sieht nicht recht. Charlotte, von der er eben noch geträumt hat.

Sie fragt:

> Stör ich?! Ich bring nur das Geld, ja?

Edgar:

Keine Spur.

Er frißt sie mit den Augen, aber das Geld nimmt er nicht. Charlotte legt das Geld auf den Tisch.

Edgar:

Wieso denn?! Ich hab doch nichts getan!

Dieser Meinung ist sie an sich auch, und deswegen kommt sie eigentlich, weil sie herausfinden muß, was Edgar für eine Existenz ist. Außerdem spürt sie, daß Edgar auf irgendeine Art Hilfe braucht, und das ist ihr Fall. Sie ist nicht umsonst Kindergärtnerin. Und natürlich entgeht ihr nicht, daß sie Edgar etwas sein kann, und das wirkt auf sie (und wenn er dreimal jünger ist als sie), ob es ihr nun bewußt ist oder nicht.

Charlotte:

Trotzdem. – Aber ohne Ihre Anleitung wärs nie was geworden.

Das ist Essig und Honig für Edgar.

Er sagt ihr auf den Kopf zu:

Das ist doch Ihr eigenes Geld!

Charlotte sieht ihn an. Sie hat ihn unterschätzt. Dann gibt sie zu:

Schon. Aber ich kriegs wieder. Muß eben erst genehmigt werden von oben.

Aber als sie Edgars Gesicht sieht, steckt sie das Geld wieder weg.

Eigentlich müßte sie nun gehn. Trotzdem fängt sie an, sich im Raum umzusehen, der inzwischen tatsächlich ziemlich malermäßig aussieht, vor allem durch Edgars Werke, die an der Wand hängen oder lehnen. Diese Bilder geben ihr nur noch mehr zu denken. Edgar beobachtet genau ihre Reaktionen, das ist sehr wichtig für ihn.

Charlotte sieht ihn an, dann verlangt sie:

Malen Sie mich! Bloß spaßeshalber, ja?

Denn Edgar soll möglichst nicht begreifen, daß dies eine Art Prüfung ist.

Da unterschätzt sie Edgar allerdings oder spielt nicht gut genug, Spielen liegt ihr im Grunde ohnehin nicht. Edgar begreift alles.

[41] Edgar hat Charlotte zwischen Fenster und Tisch in einen alten Sessel plaziert. Er steht vor ihr und versucht, in sie einzudringen.

Es scheint ihm nicht zu gelingen. Er richtet ihren Kopf anders und er greift nicht mal besonders zart zu dabei. Charlotte muß sich das gefallen lassen, auch als sich alles wiederholt. Edgar weiß erstens einfach noch nicht, wie er sich aus der Affäre ziehen soll, und zweitens nutzt er die Situation aus. Beide belauern sich, wenn man so will, wobei Charlotte nicht entgeht, daß zum Beispiel Edgars Hemd dringend in die Wäsche müßte.

Dann hat Edgar endlich einen Einfall.

Er macht die Fensterläden zu, postiert eine Kerze auf der Fensterbank und projiziert Charlottes Kopf auf sein Papier. Charlotte will protestieren, aber Edgar ordnet an:

Stillhalten!

Charlotte hält still.

Als Edgar fast fertig ist, was unmöglich lange dauern kann, verlangt sie:

Geben Sies mir! Für meinen Verlobten!? Zur Zeit bei der Armee, ja?!

Edgar:

Stillhalten, ja?!

Das mit dem ›ja‹, einer Angewohnheit von ihr, macht er bewußt. Dann ist er eigentlich völlig fertig, denkt aber nicht daran, ihr den Schattenriß zu geben. Er erklärt:

Ist noch zu roh, lebt noch nicht...

(Als wenn da noch Leben reinzukriegen wäre)

Charlotte betrachtet ihn, dann sagt sie ihm ihrerseits auf den Kopf zu:

Sie können gar nicht malen, jedenfalls nicht richtig. Das ist alles eine Ausrede vor irgendwas. Sie sind auch nicht aus Berlin, das hör ich. Eine richtige Arbeit haben Sie nicht, und damit verdienen Sie jedenfalls kein Geld.

Edgar überlegt einen Moment, dann antwortet er so:

Es ist ein einförmig Ding um das Menschengeschlecht. Die meisten verarbeiten den größten Teil ihrer Zeit, um zu leben und das bißchen, was ihnen noch bleibt von der Freiheit, ängstigt sie so, daß sie alle Mittel aufsuchen, ums loszuwerden.

Charlotte:

Unsinn! Wer sagt denn das?

Aber sie wird es nicht los. Weiß nicht, wo sie diese Sätze hinstecken soll. Nur, daß sie nicht von Edgar sind, ist ihr klar.

Edgar hebt nur die Schultern auf ihre Frage.

Charlotte:

Wie alt bist du eigentlich?!

Daß sie zum du übergeht, hat deutlich die Ursache, daß sie ihn ab jetzt nicht mehr ganz für voll zu nehmen gedenkt. Trotzdem behält Edgar die Ruhe, wahrscheinlich weil er sieht, daß sie nicht ganz fertig wird mit ihm und sich sogar etwas ärgert darüber. Er sagt bloß:

Dreitausendzweihundertundsiebenundneunzig Jahre... oder warns sechsundneunzig, verwechsel das dies Jahr immer.

Charlotte weiß im Moment nicht, was sie sagen soll, will aber auch nicht gehen.

Aber Edgar gibt ihr zu verstehen, daß er allein gelassen werden will, er ist förmlich ungeduldig.

[42] Charlotte vor der Laubentür. Sie hat zwar ein schlechtes Gewissen, aber sie lauscht trotzdem, was jetzt Edgar macht.

Sie hört ihn sprechen, versteht ihn nicht, möchte die Tür wieder aufmachen, hat dann doch Hemmungen.

[43] Edgar auf dem Sofa.

Triumphierend diktiert er dem Tonband:

Nein, ich betrüge mich nicht. Ich sehe in ihren schwarzen Augen...

[44] Willi allein im elterlichen Wohnzimmer vor einem Riesending von Stereo-Phono-Tele-Truhe.

Er hört gedämpft Edgars Stimme:

...ihren schwarzen Augen echte Anteilnahme an mir und meinem Schicksal. Sie ist mir heilig. Alle Begierde schweigt in ihrer Nähe.

Willi stöhnt. Damit kommt er nicht klar. Aber er muß antworten.

Er rückt sein Mikro zurecht, räuspert sich und will loslegen:

Bester Freund!...

Soweit so gut. Und weiter? Das ist so gar nicht der Stil, den er gewohnt ist.

Dann weiter:

Hier am Orte ist alles beim alten, ich meine: in der Bude...

Das muß er natürlich löschen. Er kommt ins Schwitzen. Schließlich diktiert er etwas gequält:

Eddie! So geht es nicht. Gib mir den neuen Code. Welches Buch, welche Seite, welche Zeile. Ende! Was macht Variante drei?!

[45] Edgar muß nicht schlecht grinsen über diesen Text. Er liegt auf dem Rücken im Gras vom Kinderspielplatz, faktisch zu Füßen Charlottes.

Charlotte fragt ihn mißtrauisch:

Ist was, ja!?

Edgar:

Nee.

Charlotte glaubt ihm nicht.

Edgar:

Mußte bloß an was denken.

Das macht sie erst recht mißtrauisch.

Dies alles sieht wie ein Idyll aus: Edgar zu Füßen Charlottes, umspielt von den Kindergartenkindern, für die Edgar schon zum Inventar gehört. Auch wird er für Spielzeugreparaturen zuständig sein, fürs Aufblasen von Luftballons und so weiter.

Anläßlich von einem solchen Aufblasen wird ihm schwindlig und für eine Sekunde schwarz vor Augen.

Charlotte glaubt ihm erst nicht, kriegt dann doch einen Schreck und kümmert sich sofort um ihn. Edgar ist an sich sehr schnell wieder bei Bewußtsein, verheimlicht es aber noch eine ganze Weile, damit sie ihm noch länger den Kopf hält, das Hemd aufmacht und was sie sonst von Erster Hilfe weiß.

Als er wieder ›da‹ ist, fährt sie ihn an:

Wenn ich Hunger hätte, würde ich was essen, ja?!

Edgar:

Kommt bloß vom Aufblasen.

Charlotte:

Wenn ich nichts zu essen hätte, würde ich mir was kaufen.

Edgar macht bloß wie sie:

Ja?!

Charlotte:

Wenn ich kein Geld hätte, würde ich was arbeiten!

Edgar:

Wer nicht ißt, soll auch nicht arbeiten.

Und dann hat er noch einen Einfall. Er rafft sich auf, ein Schritt, und er ist in seinem Garten, vielleicht nicht mal ein Schritt, möglicherweise muß er nur nach hinten greifen, um zu haben, was er will: einen wild wachsenden Weißkohlkopf aus seinem Garten.

Den fängt er an zu entblättern und zu kauen, sofort sind natürlich die Kinder da. Viel bleibt für Edgar nicht von dem Kohl übrig, aber es war für ihn ohnehin nur Anlaß, folgendes von sich zu geben:

Wie wohl ist mirs, daß mein Herz die simple Wonne des Menschen fühlen kann, der ein Krauthaupt auf seinen Tisch bringt, daß er selbst gezogen.

Er macht das so gut, daß Charlotte fast lachen muß.

Sie sagt so pädagogisch sie im Moment kann:

Von wegen selbst gezogen, du Spinner, ja?!

Edgar läßt sich wieder auf den Rücken fallen. Ihm ist sauwohl. Dummerweise rutscht ihm dabei das Reclamheft aus dem Hemd. Charlotte fragt ihn:

Was istn das?

Möglicherweise nimmt sie es sogar in die Hand.

Aber Edgar meistert die Situation, indem er es ihr sogar läßt und gleichgültig erklärt:

Klopapier.

Worauf es ihm Charlotte natürlich zuwirft und er es wieder ins Hemd stecken kann. Die Hand zittert ihm dabei, aber das sieht Charlotte nicht.

Edgar nach wie vor auf dem Rücken, alle viere von sich gestreckt und an jeder Extremität mindestens zwei Kinder, die ihn mit Triumph am Boden festnageln.

Charlotte wie meist bei einem Buch, schließlich sind die Kinder beschäftigt ... – als die Kindergartenchefin kommt. Sie ist ziemlich außer Atem und hat sichtlich etwas Wichtiges auf dem Herzen.

Edgar denkt schon, es ist seinetwegen, aber die Chefin sieht ihn gar nicht.

Sie teilt Charlotte mit:

Mach Schluß für heute. Ich mach weiter für dich.

Charlotte begreift nichts.

Die Chefin läßt sie noch ein bißchen zappeln, dann sagt sie es:

Dieter ist da.

Charlotte wird blaß.

Die Chefin:

Er wartet!

Charlotte:

Ich denke erst nächsten... oder hab ichs vergessen?!

Auch das hält sie in dem Moment für möglich, und sie weiß auch gleich, warum. Wegen Edgar, der den ganzen Vorgang zu verstehen sucht.

Dann rennt Charlotte los.

Die Chefin erklärt Edgar:

Ihr Verlobter, von der Armee zurück.

Edgar:

Ich weiß.

Er bleibt liegen, wie er liegt.

[46] Dieter, in Anzug, Schlips und Kragen, mit zwei Koffern und Blumenstrauß, außerdem noch ein Luftgewehr in der Hülle, ist Charlotte entgegengekommen. Er ist merklich älter als Charlotte. Als er sie sieht, läßt er beide Koffer usw. stehen und rennt auf sie zu – allerdings nur drei Schritte, dann besinnt er sich auf seinen Rang als Reserveunterleutnant. Er wickelt bloß die Blumen aus, sehr teuere. Auch Charlotte hört auf zu rennen.

Und obwohl hier weit und breit kein Mensch zu sehen ist, begrüßen sich beide lediglich mit Handschlag.

Charlotte kriegt die Blumen und ist trotzdem, und wenn auch nur kaum zu merken, enttäuscht.

[47] Im Wohnzimmer bei Willi sitzen Willi, Willis Mutter und Edgars Mutter.

Aus der Musiktruhe kommt Edgars tragische Stimme:

Genug, Wilhelm, der Bräutigam ist da! Glücklicherweise war ich nicht bei dem Empfange, das hätte mir das Herz zerrissen.

Die Versammelten sehen sich an. Willi ist ratlos. Er dürfte der Initiator der Beratung sein, weil er nicht mehr schlau wird aus Edgar. Willis Mutter ist insgeheim amüsiert. Sie nimmt die Sache halb so tragisch.

Edgars Mutter begreift überhaupt nichts. Sie ist nur verzweifelt. Sie bittet Willi förmlich:

Sag mir doch, wo er ist. Du weißt es doch. Er ist doch krank!

Willi ist für einen Moment beunruhigt, denkt aber nicht daran, Edgar zu verraten.

Edgars Mutter sieht Willis Mutter an. Diese weiß auch kein Mittel, ihren Sohn zum Reden zu bringen.

Edgars Mutter:

Ich schwöre, daß ich nicht zu ihm hinfahre. Ich schick ihm nur Wäsche, die braucht er doch. Er hat doch nichts mit. Und Geld.

Willi denkt nach.

Seine Mutter:

Ist ja nicht kalt weiter, zum Glück. Und Arbeit gibts überall genug.

Jetzt Willi:

Wäsche könnte ich schicken. Aber kein Geld.

Edgars Mutter:

Du sagst, es ist von dir.

Willi:

Ich und Geld?! Krank ist er jedenfalls nicht, jedenfalls nicht in dem Sinn. Ich dachte bloß, er hätte mal als Kind ... irgend 'n Buch gelesen, oder was.

Edgars Mutter:

Ich weiß genau, was er gelesen hat! Sowas nicht.

Willi und seine Mutter sehen sich an.

Edgars Mutter:

Das heißt ... *so* genau ... ich weiß eigentlich überhaupt nichts mehr. Arbeitet er denn wenigstens?

Das weiß Willi auch nicht.

Edgars Mutter:

Vielleicht könnte *ich* ein paar Worte ...?

Willi, nachdem er überlegt hat:

Besser nicht.

Und da ist nichts zu machen. Er ist der Chef hier.

[48] In Edgars Laube Charlotte, Edgar und Dieter.

Vermutlich hat Charlotte ihn hierhergebracht, damit er ihr hilft, Licht in die für sie immer noch recht dunkle Existenz Edgars zu bringen, und um zum Beispiel auch die Frage zu beantworten: kann er denn nun malen oder kann er denn nun nicht malen?

Dieter widmet sich denn auch dieser Aufgabe mit aller ihm zur Verfügung stehenden Gründlichkeit, und das ist eine ganze Menge. Im übrigen hält er alles für analysierbar. Trotzdem scheint er schon ziemlich lange vor Edgars Werken zu stehen, gespannt beobachtet von Charlotte. Edgar selbst legt neuerdings gar nicht mehr soviel Wert auf seine Werke und deren Beurteilung. Ihn interessiert vor allem, wie das so zwischen Charlotte und Dieter aussieht...

Dieter ist zu einem Urteil gekommen:

> Ich meine, es würde ihm nicht schaden, wenn er sich in Zukunft mehr auf das Leben orientieren würde, das Leben der Bauarbeiter zum Beispiel. Er hat sie ja hier vor der Tür. Und dann natürlich gibt es hierbei wie überall gewisse Regeln, die er einfach kennen *muß:* Perspektive, Proportionen. Vordergrund, Hintergrund.

Ende der Rezension, die Dieter vor allem für Charlotte gegeben hat, die aufmerksam zuhört.

Edgar überlegt eine Sekunde, dann sagt er in aller Ruhe und um so eindrucksvoller, die Hand auf der Stelle unter dem Hemd, wo das Reclamheft steckt:

> Man kann zum Vorteile der Regeln viel sagen, ungefähr was man zum Lobe der bürgerlichen Gesellschaft sagen kann. Ein Mensch, der sich nach ihnen bildet, wird nie etwas Abgeschmacktes hervorbringen, dagegen wird aber auch alle Regel, man rede was man wolle, das *wahre* Gefühl von Natur und den *wahren* Ausdruck derselben zerstören.

Und jetzt will er sehn, was Dieter *damit* anfängt!

Auch Charlotte will das dringend wissen.

Dieter ist etwas erschlagen. Was er davon hält, ist offensichtlich, aber er lächelt geduldig wie bei einem Schwerkranken, den man schonen muß.

Nach einem weiteren Blick auf die Bilder setzt er noch, wahrscheinlich Charlotte zuliebe, hinzu:

> Zwar originell ist das schon und dekorativ auch.
> Im übrigen möchte er nunmehr aufbrechen.

Charlotte seufzt. Viel Neues hat sie eigentlich nicht von Dieter gehört. Bei der Gelegenheit gibt sie ihren Platz auf, und Dieter entdeckt hinter ihr den Schattenriß.

Charlotte sagt etwas hastig:

Das sollte für dich sein.

Sie erwartet von Edgar, daß er das bestätigt.

Edgar denkt nicht daran.

Charlotte:

Er hats bloß nicht rausgerückt.

Dieter meint nett:

Ich hab dich ja in Natura.

Edgar sieht er überhaupt nicht an dabei. Er und Charlotte wollen jetzt gehen.

[49] Vor der Laube hält Charlotte Dieter zurück.

Sie ist überzeugt, Edgar wird wieder Selbstgespräche führen, oder was das immer ist – und sie hat recht.

Beide hören Edgar deutlich reden, ohne ihn zu verstehen. Charlotte hat plötzlich einen Einfall:

Vielleicht ein Funkgerät!

Dieter:

Was?!

Für eine Sekunde ist auch seine Wachsamkeit da, dann erklärt er ihr:

Der ist doch völlig harmlos.

Charlotte:

Aber eigentlich ganz nett, ja?!

Dieter gibt ihr das zu. Wenn Charlotte glaubt, ihn noch nachträglich ein bißchen wenigstens eifersüchtig zu machen, hat sie sich verrechnet.

[50] Charlotte und Dieter, Arm in Arm, sind noch gar nicht weit von der Laube entfernt, als Edgar sie einholt. Er erklärt:

Ich bring euch noch, ja?!

Dieter scheint ihn kaum zu bemerken.

Charlotte nimmt auch Edgars Arm.

[51] In Dieters Zimmer in der Wohnung von seinen Eltern benimmt sich Edgar schlechthin unverschämt. Er besieht alles aufs Genaueste und mokiert sich unverhohlen, wenn auch ohne Worte.

Er beäugt die unpersönliche Nullachtfünfzehn-Einrichtung des Zimmers.

Charlotte:

Das wird alles anders. Laß uns erst mal heiraten, ja?!

Dann sind die vorhandenen Bilder dran.

Charlotte:

Die stammen noch aus seiner Schulzeit.

Als nächstes nimmt Edgar die vielen und dicken Bücher vor, die offenbar alle durchgearbeitet sind.

Charlotte:

Dieter wird Literatur studieren. Er hat eine Menge nachzuholen. Andere, die nicht so lange bei der Armee waren, sind längst Dozenten heute!

Bei alldem ist Dieter anwesend. Charlotte erwartet eigentlich, daß er ein Wort sagt. Aber Dieter nimmt Edgars Tun nur mit großer Gelassenheit hin.

Zuletzt entdeckt Edgar das Luftgewehr. Er nimmt es ohne zu fragen aus der Hülle und fängt an, damit zu spielen. Richtet es auf Dieter. Das läßt sich Dieter noch gefallen. Edgar hält es auf Charlotte, da dreht Dieter den Lauf weg.

Edgar:

Geladen?

Dieter:

Trotzdem. Ist schon zuviel vorgekommen.

Jetzt setzt sich Edgar den Lauf an den Kopf und drückt ab. Diesmal nimmt ihm Dieter das Gewehr weg.

Dieter:

Das ist kein Spielzeug. *Soviel* Grips wirst du doch haben!

Er nimmt ihm das Gewehr weg.

Edgar, wie aus der Pistole geschossen:

Mein Freund, der Mensch ist Mensch, und das bißchen Verstand, das einer haben mag, kommt wenig oder nicht in Anschlag, wenn Leidenschaft wütet und die Grenzen der Menschheit einen drängen! – Aber ein andermal mehr davon.

Er will gehen.

Charlotte:

Ich mach uns noch was zu schnabulieren, ja?!

Sie will keinen Bruch.

Dieter:

Von mir aus. Aber ich hab noch zu tun.

Er meint seine Bücher.

Edgar versteht den Wink.

Charlotte:

Er hat in drei Tagen Aufnahmeprüfung.

Sie kann es einfach nicht unterlassen, Dieter vor Edgar zu verteidigen. Das reizt Dieter.

Er sagt unbeherrscht:

Kannst ihm ja unterwegs noch was erzählen!

Charlotte sieht ihn entsetzt an.

Edgar ist sehr zufrieden über das, was er da angerichtet hat.

[52] Vor der Haustür legt er aus Trost seinen Arm um Charlottes Schulter. Er ist voll Mitleid für sich und sie.

Charlotte schüttelt ihn und seinen Arm aber ab.

Sie fährt ihn an:

Bist du noch normal, ja?!

Dann geht sie allein.

Edgar sieht ihr nach. Er nickt. So mußte es kommen.

[53] Erweiterte Ratssitzung bei Willi zu Hause, der Lehrausbilder ist dazugekommen.

Aus der Musiktruhe Edgars Stimme:

Er will mir wohl, und ich vermute, das ist Lottens Werk, denn darin sind die Weiber alle fein und haben recht; wenn sie zwei Verehrer in gutem Einvernehmen miteinander erhalten können, ist der Vorteil immer ihr, so selten es auch angeht...

Der Lehrausbilder reißt die Augen auf.

Willi erklärt ihm:

Es geht um den Bräutigam.

Dann wieder eine neue Nachricht von Edgar:

Das war eine Nacht, Wilhelm! Nun übersteh ich alles. Ich

werde sie nicht wiedersehen. Hier sitz ich und schnappe nach Luft, suche mich zu beruhigen, erwarte den Morgen, und mit Sonnenaufgang sind die Pferde...

Allgemeines Schweigen. Das Band war nicht länger.

Der Lehrausbilder lauscht Edgar noch nach. Es sind Töne aus einer andern Welt für ihn.

Edgars Mutter:

Er *ist* krank!

Willis Mutter:

Jedenfalls hat er was vor. Er will weg da.

Edgars Mutter:

Meinen Sie?! Aber die Pferde!

Willi erklärt:

Pferde ist ein anderes Wort für Moped oder Motorrad bei uns.

Soviel glaubt er immerhin preisgeben zu können.

Edgars Mutter durchdenkt diese Erklärung. Sie scheint ihr hoffnungsvoll. Sie verlangt von Willi das Mikro – und Willi kann nicht anders. Er muß es ihr diesmal geben.

Edgars Mutter ins Mikro:

Lieber Edgar. Ich weiß nicht, wo du bist. Aber wenn du jetzt zurückkommen willst, der Schlüssel liegt an der alten Stelle, wenn ich nicht da bin. Ich werde dich nichts fragen. Und zu dem Moped gebe ich was dazu – wenn du willst. Und ab jetzt kannst du nach Hause kommen, wann du willst. Und wenn du deine Lehre in einem andern Betrieb als bei mir zu Ende machen willst, auch...

Der Lehrausbilder wirft ein:

Das kann er gar nicht!

Willi weist ihn mit einem Blick in die Schranken.

Edgars Mutter weiter:

Hauptsache, du gehst arbeiten und gammelst nicht rum.

In dem Moment entzieht ihr Willi das Mikro.

Anschließend gibt er allen zu verstehen, daß *er* jetzt sprechen will, und allein.

Als er allein ist:

Salute, Eddie! Was Flemmig sagt, ist natürlich Quatsch. Aber deine Mutter ist ganz schön am Boden, ich hab sie einfach nicht abwimmeln *können,* tut mir leid. Sie wollte mir sogar Geld geben.

[54] Edgar vor einem Berliner Zeitungsverlag.

Ehe er durch die Tür geht, beobachtet er unauffällig, was für Leute hier ein- und ausgehen...

Nicht zu übersehen ist am Eingang die Tafel:

Gesucht werden aus der nichtarbeitenden Bevölkerung: Heizer, Boten, Raumpflegerinnen, Betriebsschlosser.

Darüber Willis Stimme:

Für dich. – Aber denk mal an Modigliani, was der alles machen mußte, um am Leben zu bleiben und arbeiten zu können. Ende.

[55] Im Verlag. Anzeigenannahme.

Edgar diktiert der Frau, die die Anzeigen annimmt, ohne lange zu überlegen:

Junger Maler und Grafiker, begabt, vielseitig, gewandt, ledig, Atheist, kann noch Aufträge annehmen. Garantiert billig und zuverlässig. Eventuell auch feste Anstellung.

Die Frau gibt ihm den Text zur Kontrolle.

Edgar:

Aber alles ausschreiben.

Sie:

Macht dann aber sechsunddreißig Mark.

Edgar:

Dann streichen Sie: gewandt, ledig, Atheist.

Sie:

Macht siebenundzwanzig. Und wenn ich *doch* abkürze, Moment, vierzehn?

Edgar:

Und ohne billig und zuverlässig?

Sie nennt den neuen Preis. Edgar legt alles Geld, was er hat, auf den Tisch, zuletzt fehlt ein Pfennig, aber auf den verzichtet die Frau nachsichtig.

[56] In Verlagen und Redaktionen, bei der DEVAG und beim Fernsehen, durch halboffene Türen, Glaswände oder mit der längsten Brennweite über Lichtschächte in offene Fenster, bietet sich uns ein im Prinzip schon bekanntes Bild:

Die Kollektion von Edgars Bildern, davor der jeweilige, gutwillige Betrachter oder die Betrachterin, die alle mehr oder weniger erfolgreich mit demselben Lächeln zu kämpfen haben, dabei der seriös auftretende Edgar, der aber auch charmant sein kann, der viel reden kann, der jedesmal viel stiller wird, wenn die unausbleibliche Frage kommt:

> Haben Sie einen Beruf?

oder:

> Ist das Ihr Beruf, haben Sie das gelernt.

Und dann, wenn er vage bejaht:

> Haben Sie darüber einen Beleg.

Einen Beleg hat er nicht, und dann kommt immer die Frage nach seinem Alter, die ihn tötet.

Im Effekt, zuletzt, beim Fernsehen sagt er von vornherein, schon ohne Hoffnung auf Erfolg:

> Ich komme auf Ihren Brief an die Berliner Zeitung. Habe aber weder einen Schein als Maler noch als Gebrauchs-, Werbe- oder sonstiger Grafiker, noch überhaupt einen Schein. Wünsche weder als Niederdruckheizer noch als Elektrokarrenfahrer, Tellerwäscher, Kaderinstrukteur, Hausmeister und Raumpflegerin eingestellt zu werden, auch nicht im Fall von Qualifizierungsmöglichkeiten einschließlich Staatsexamen mit anschließender Aspirantur.

Der Mann vom Fernsehen:

> Sehr gut! Dann zeigen Sie mal her...

Edgar schöpft Hoffnung und breitet seine Werke aus – aber er sieht schon, der Effekt ist auch hier kein anderer.

Nur, daß dieser Mensch das Verfahren entschieden abkürzt. Er fragt:

> Wie alt sind Sie?

Da brüllt ihn Edgar an:

> Dreitausendsiebenhundertundvierundsechzig Jahre!

57] Edgar sitzt hinter dem Tisch in der Laube, er speist fürstlich, wie von zu Hause gewohnt, ein reichliches Abendbrot steht vor ihm...

Aber das ist Halluzination. In Wirklichkeit ist der Tisch absolut leer, und Edgar sitzt ziemlich klein auf dem Sofa und knabbert an einer Mohrrübe aus dem Garten. Es ist auch keiner da, mit dem er reden könnte. Sein einziger Trost – das Tonband. Er stellt es an und diktiert, halb aus dem Kopf, halb aus dem Heft:

> O meine Freunde! Warum der Strom des Genies so selten ausbricht, so selten in hohen Fluten hereinbraust und eure staunende Seele erschüttert? – Liebe Freunde, da wohnen die gelaßnen Herren an beiden Seiten des Ufers, denen ihre Gartenhäuschen, Tulpenbeete und Krautfelder zugrunde gehen würden ...
> Das alles, Wilhelm, macht mich stumm. Ich kehre in mich selbst zurück und finde eine Welt ...

[58] Edgar vor einer Front Berliner Altbauten, die offensichtlich innen und außen, oben und unten komplett rekonstruiert werden. Mindestens fünf Gewerke sind hier zugange. Möglicherweise hängt eine Fahne vom Gerüst.

Edgar weiß sichtlich nicht, wohin er sich wenden soll, fragt aber keinen von denen, die in der Nähe sind und die eigentlich auf eine Frage warten, schon aus Neugierde. Sie wissen nicht, wohin sie diesen Menschen stecken sollen, mit seiner bekleckststen Hose einerseits und andererseits der seriösen Diplomatentasche.

Edgar geht ins Haus. Seine Haltung dabei ist: also schön, wenn ihr meint!

[59] Edgar im Haus.

Er geht in die Wohnung, in der es am meisten nach Malern riecht, vor der die meisten Eimer und Büchsen stehen und in der gesungen wird.

[60] In der Wohnung ist eine Truppe Maler am Schaffen, alles junge Leute, keiner über vierundzwanzig, bis auf einen, der ist allerdings schon im Rentenalter.

Edgar sieht sich den Betrieb hier an, wartet, daß ihn einer anspricht.

Die Maler sehen sich Edgar an, warten, daß *er* ein Wort sagt. Schließlich geht Edgar auf den Alten zu, aber der schickt ihn schon nach dem ersten Schritt zu einem der Jungen.

Edgar gibt ihm einen Zettel. Der liest den Zettel, steckt ihn weg und sieht Edgar an. Edgar weicht ihm nicht aus.

Schließlich sagt der Mann:

Morgen sagt man, wenn man reinkommt.

Und gleich daran:

Berliner!

Und hält Edgar die Hand hin.

Edgar:

Desgleichen.

Sofort allgemeines Grinsen und die Erklärung:

Der heißt so!

Wieder ist einer auf diesen Scherz hereingefallen!

Edgar sagt mit müder Ironie:

A – ha.

Die Truppe hört das sehr wohl. Keiner arbeitet mehr, bis auf den Alten.

Der Junge erklärt mit einem Blick auf den Alten und versöhnlich:

Ansonsten Addie. Hast du schon mal sowas in der Hand gehabt?

Er hält ihm eine Rolle hin.

Edgar hat nicht.

Dann hält ihm Addie einen Pinsel hin.

Edgar:

Gelegentlich.

Addie:

Dann geh erst mal zu Zar, vorstreichen.

Gemeint ist der Alte.

Edgar geht zu ihm, der die Fenster bearbeitet.

Der Alte stellt sich vor:

Zar – remba!

Edgar begreift und sagt seinerseits:

Wibó.

Der Zar:

Gewerkschaft?!

Edgar bestätigt das.

Der Zar:

Kassiert?

Edgar bestätigt auch das, aber der Alte will trotzdem sein Buch sehen. Edgar holt es aus der Diplomatentasche.

Der Alte blättert es nicht nur durch, er studiert es. Es scheint sehr interessant zu sein, jedenfalls sagt es ihm einiges über Edgar. Ansonsten verlangt er:

September ist fällig, hast dus hinter dir, no?

Er zückt gleich eine Blechschachtel, in der er alles Kassiererzubehör hat, sieht aber schon: Edgar ist nicht bei Kasse (und die andern sehns auch) und wollte das im Prinzip auch nur wissen...

Er weist Edgar das andere Fenster zu ohne weitere Erklärung. Er will sehen, wie Edgar sich anstellt.

Zaremba ist siebzig und mehr, aber beweglich wie nur einer. Klein, drahtig, verfilzte und verfärbte Augenbrauen, abgefressene Haare undefinierbarer Farbe. Schweinsäuglein.

Auf dem Arm Tätowierungen, aber mehr weltanschaulicher Art, Fahnen und Sterne, Hammer und Amboß oder Hammer und Sichel. Auf jeden Fall hat er Narben am Körper und ein Glasauge.

In diesem Moment fängt der Sänger der Truppe an:

Auf meinem Konto steht das Komma zu weit links...

Er hat eine gute Stimme, singt aber nicht weiter.

Addie:

Weiter!

Der Sänger:

Geht nicht. Für mehr als fünf Takte mußt du die Rechte bezahlen.

Statt seiner fängt der Zar an:

<Was glänzt dort vom Walde im Sonnenschein? Hörs näher und näher brausen!
Es zieht sich herunter in düsteren Reihn>
Auf Sozialisten schließt die Reihen! Die Trommel ruft, die Banner wehn! Es gilt die Arbeit zu befreien...

Wer das und wer so singt, kann seinerzeit nur im Arbeitergesangverein gewesen sein.

Edgar denkt, er hört nicht recht, aber die andern der Truppe fallen ein:

Es gilt der Arbeit auferstehn...

Sie singen bis zum Schluß durch, interessiert, ob Edgar mitsingt und natürlich auch, wie er überhaupt arbeitet. Edgar arbeitet ruhig und lässig und tropft mit der Farbe. Ans Mitsingen denkt er nicht.

Alle sehen es, keiner sagt etwas, auch Addie nicht, obwohl es ihm schwerfällt, aber er hat einen Blick vom Zar aufgefangen...

Aber als Edgar anfängt und zwar daraufhin anfängt, auch noch das Fensterglas zu beschmaddern, meint Addie:

Ich würde das *ganze* Fenster zuschmieren!

[61] Edgar kommt morgens in die Wohnung, als alle schon da und am Schaffen sind, inzwischen sicher in der Küche. Er sagt leutselig:

Morjen, Morjen.

Dann will er sich gemächlich an das Küchenfenster machen, aber Addie fragt ihn:

Gelegentlich mit Gips zu tun gehabt?

Edgar läßt es offen.

Addie:

Dann sieh dir mal die Wand an!

Die Wand ist rissig, der Putz schadhaft.

Addie:

Da steht Gips.

Edgar ist auch das recht. Er macht sich an den Gips. Addie sieht über die Schulter zu, immer selbst arbeitend (man sieht ihn nie bei einer Pause, und er arbeitet exakt bis zur Akribie).

Edgar geht wie immer lässig zu Werke, nimmt erst zuwenig Wasser, dann zuviel Gips...

Addie:

Ich würde den *ganzen* Eimer nehmen!

Er ist gereizt.

Edgar gehorcht sofort aufs Wort.

Addie ist kurz vor dem Explodieren, also da, wo ihn Edgar hinhaben will, aber da ist Zaremba, und Zaremba fängt an zu singen:

Eines Morgens in aller Frühe, bella ciao, bella ciao bella ciao, ciao, ciao.

Eines Morgens, in aller Frühe, trafen wir auf unsern Feind.

Alle andern in der Wohnung fallen ein, sie sehen ja nicht, was in der Küche vorgeht.

Partisanen, nehmt mich mit euch, denn ich fühls, der Tod ist nah...

Und Addie schluckt und weist Edgar dann beherrscht an:

Nimm dirn Besen und feg die Stube hinten, damit wir an den Fußboden können.

Edgar nimmt einen Besen. Auch das ist ihm recht.

Zaremba zu Addie:

Mußt ruhiger werden, Kerl! Viel ruhiger!

<Edgar läßt fallen – er hat für beide überraschend mitgehört:

Die menschliche Natur hat ihre Grenzen: sie kann Freude, Leid, Schmerzen bis auf einen gewissen Grad ertragen und geht zugrunde, sobald der überstiegen ist.

Dann geht er endgültig mit dem Besen ab, vollauf zufrieden mit der Wirkung, die er erzielt hat.>

Addie:

Sag mir mal, was der bei uns will? Bloß Geld verdienen auf unsere Knochen!

Zaremba:

No...?!

Er zieht den Kopf in die Schultern. So ganz schlüssig ist er sich auch noch nicht über Edgar, der übrigens ungesehen von beiden zuhört und in dem Moment erklärt:

Genau!

Dann erst geht er mit seinem Besen ab, zufrieden über die Wirkung, die er erzielt hat.

[62] Edgar erscheint in der Wohnung, alle arbeiten, für ihn scheint nichts zu tun zu sein. Jedenfalls denkt Addie nicht daran, ihm irgendwas zu tun zu geben. Edgar richtet sich auf Warten ein. *Er* hat Zeit...

Zaremba winkt ihn ran, er ist in der Toilette.

Er drückt Edgar eine Rolle in die Hand und erklärt ihm:

Paneel, bis zur Decke, verstehst?!

Edgar versteht.

[63] Die Malertruppe steht halb in halb vor der Toilette.

Alle sehen nach oben.

Da steht Edgar auf der Leiter und hat das Paneel mit der Rolle auf sehr individuelle Weise gestaltet – in fantasievollen und artistisch untereinander verschlungenen Wellenlinien.

Addie und die anderen sehen auf Zaremba. Was wird er tun?

Zaremba kneift ein Auge zu und sagt:

No...

Diesmal sehr gedehnt.

[64] Der Arbeitswagen von Addie Berliners Leuten ist einer von der modernen Sorte, schon fast ein Campingwagen.

Unter anderm sind hier die verschiedenen Trophäen aufbewahrt: Freundschaftswimpel, Auszeichnungsurkunden... Unter den Urkunden ist Addies Stammplatz, auch beim Essen. Übrigens liest er beim Essen, wahrscheinlich ein Fachbuch. Keiner hält sich darüber auf, im Gegenteil, die Unterhaltung wird nur flüsternd geführt, wenn überhaupt.

Edgar sitzt dabei ohne dazuzugehören. Er kaut an einer trockenen Schrippe und als ihm einer Brause oder Milch anbietet, lehnt er ab:

Nicht jetzt.

[65] Hinter dem Wohnwagen, auf dem Weg wieder an die Arbeit, stolpert Edgar fast über ein Gestell oder ein Gerät, das er noch nie gesehen hat und dessen Funktion er sich auch nicht erklären kann.

Zaremba erklärt ihm ungefragt:

Hast du noch nicht gesehen, no? Kannst du auch noch nicht gesehn haben. Ist einmalig. Diese Farbenspritze versprüht Farben jeder Art auf der Erde, im Wasser und in der Luft, schafft soviel wie drei Maler am Tag in drei Stunden, arbeitet *ohne* diesen Farbnebel von jenen Spritzpistolen und ist damit allen vergleichbaren Sachen auf dem Weltmarkt überlegen, selbst amerikanischen, herich. – Wenn sie erst funktioniert, verstehst?

Er wischt ein bißchen Staub auf der Spritze, seufzt.

Zaremba:

Es ist nicht unsere erste Erfindung, aber unsere beste, no.

Er will bei alldem auch ein wenig provozieren, denn mittlerweile sind fast alle Maler da und hören ihm zu, leicht betreten, einschließlich Addie.

Edgar:

Die Maschine wird *ihn* nie ersetzen!

Er hält einen Pinsel hoch, mit dem er schon die ganze Zeit gespielt hat, »Lockerungsübungen« gemacht hat.

Addie, in aller Ruhe diesmal, der Zar braucht ihm gar nicht die Hand auf den Arm zu legen:

Hör mal zu, mein Freund. Alles schön und gut. Ich weiß nicht, was du fürn Spleen hast, aber irgendeinen hast du. Einwandfrei, interessiert mich nicht. Aber wir sind hier eine Truppe und keine schlechte, und du gehörst nun mal dazu, und es wird dir auf die Dauer nicht viel übrig bleiben, als dich da einzufügen und mitzuziehen. Und glaub nicht, du wärst unser erster Fall. Wir haben schon ganz andere hingebogen. Frag Jonas! ...

Jonas sagt prompt:

... einwandfrei.

Addie:

Jedenfalls, der muß erst noch kommen, der uns auf den Durchschnitt zieht.

Das wars.

Zaremba nimmt sein Glasauge heraus, um es zu putzen und mit diesem für Edgar neuen Effekt den Eindruck von Addies Rede etwas abzuschwächen. Dazu macht er:

No ...

Diesmal beruhigend.

Dann folgt er, das Auge wieder an seinem Platz, mit Edgar dem Haufen, genauer gesagt, er zieht Edgar mit sich, der eigentlich hier Schluß machen möchte.

Zaremba:

Malst zu Hause, no? Öl? Viel? Gut?

Edgar starrt ihn an. Kann der Mann hellsehen?

Zaremba ist schon ein Thema weiter:

Mußt ihn verstehen. Er ist verantwortlich, und die Spritze, Jesus! Nicht dran rühren. Entweder es wird *der* Knüller, oder *der* Reinfall, no. Sein erster!

[66] Auf dem Hof des Hauses.

Zwei Fachleute begutachten die Spritze, Addie gibt Erläuterungen, umstanden von seinen Leuten, einschließlich Edgar, der betont ungläubig lächelt. Addie kümmert sich gar nicht um ihn und um die anderen Skeptiker von den anderen Gewerken, die die

Zuschauerkulisse bilden.

Die Fachleute, die der Sache durchaus loyal gegenüberstehen, haben zwei Spezialdüsen mitgebracht, die sie kameradschaftlich zur Verfügung stellen. Sie machen vorher die Runde durch alle interessierten Hände, bevor die erste davon eingesetzt wird und Addie auf den Knopf drücken kann.

Alle Skeptiker gehen betont vorsichtig in Deckung, die Maler bleiben eisern stehen, Edgar mehr aus Fairneß. Die Spritze läuft und schießt einen zu dicken Strahl auf das Ziel, einen alten Schuppen. Addie verstellt die Düse – und sofort tritt der bekannte Farbnebel auf.

Addie verändert wieder, und diesmal geht etwas in die Brüche und die Farbe überspritzt die Maler und die Fachleute und auch Edgar.

Der Heiterkeitserfolg bei den Zuschauern ist großartig, was die Maler übersehen.

Die Fachleute meinen:

> Laßt man. Uns ist das nicht besser gegangen, und wir haben alles. Nichts zu machen, technisch nicht lösbar, jedenfalls heute noch nicht. Das liegt nicht an den Düsen.

Es tut ihnen selbst leid. Sie hätten es den Malern gegönnt.

Genau in diesem Moment sagt Edgar und ist seiner Wirkung völlig sicher diesmal:

> Es ist ein einförmig Ding um das Menschengeschlecht. Die meisten verarbeiten den größten Teil der Zeit, um zu leben, und das bißchen, das ihnen von der Freiheit bleibt, ängstigt sie so, daß sie alle Mittel suchen, ums loszuwerden.

Die Fachleute denken, das ist der Spaßvogel unter den Malern, und sind bereit, zu lachen – nicht so die Maler. Sie wenden sich wie ein Mann gegen Edgar, und Addie sagt kalt:

> Hau ab. Hau bloß ab, sonst garantier ich für nichts, du.

Edgar steht stolz und gelassen da, sieht aber trotzdem, daß der Zar ihm zu verstehen gibt: hau ab, es ist das Beste im Moment.

Edgar scharf:

> Er ist der pünktlichste Narr, dens nur geben kann. Schritt vor Schritt umständlich wie eine Base. Ein Mensch, der nie mit sich zufrieden ist und dems daher niemand zu Dank machen kann!

Zaremba:

> No!

Und diesmal sehr scharf.

Zaremba:

Das sag *du* nicht laut!

[67] Edgar läßt sich auf sein Sofa sinken, das Mikro vor sich.

Edgar:

Und daran seid ihr schuld, die ihr mich in das Joch schwatztet und mir von Aktivität vorgesungen habt. Aktivität! Ich habe meine Entlassung verlangt!... Bring das meiner Mutter in einem Säftchen bei! Ende!

Ansonsten ist ihm kalt. Das Wetter ist umgeschlagen. Er müßte den Ofen heizen, ist aber zu träge oder vielmehr: Es ist ihm gerade recht so, daß er friert.

Dann probiert er, ob seine Hand Lust hat zum Malen, sie hat natürlich nicht, ist viel zu klamm.

Bis dahin hat er ein schmales Couvert übersehen, das auf dem Tisch liegt, jetzt macht er es auf, liest die inliegende Klappkarte:

Wir haben geheiratet.

Charlotte und Dieter Schumann.

Edgar läßt die Karte fallen.

Als nächstes nimmt er Charlottens Schattenriß von der Wand und zerreißt ihn langsam und theatralisch.

Und dabei überkommt ihn zu seiner großen Freude ein regelrecht tuberkulöser Husten. Sofort fängt er an, ihn zu kultivieren...

[68] Edgar bei völlig unerklärlichen Tätigkeiten.

Er streift durch das leere, nasse Laubengelände, visitiert die Grundstücke und schleppt geradezu alles, was nicht niet- und nagelfest ist, zu seiner Laube: eine alte Waschmaschine aus Holz, eine Jauchepumpe, Draht, Rohre. Zum Transport dient ihm ein noch recht intakter Kinderwagen. Man könnte glauben, er sammelt Altmaterial fürs Rumpelmännchen, aber dann könnte er es doch *vor* der Laube stapeln. Er bringt aber alles *in* die Laube, und was nicht durch die Tür geht, schiebt er durchs Küchenfenster.

Und Heizmaterial dürfte es auch nicht sein, denn dann müßte der Schornstein rauchen, und es müßte mehr Holz sein, nicht soviel Metall.

Und dabei immer dieser prachtvolle Husten...

[69] Edgar in voller Aktion, jedenfalls ist das zu vermuten. Aus der Küchentür ragt in das »Wohnzimmer« eine rostige Rohrleitung, an der Edgar in der Küche wahrscheinlich sägt, oder biegt, oder beides.

[70] Addie und seine Leute im Laubengelände. Sie stehen ohne Regung. Zaremba hat etwas gehört oder gerochen in der Richtung, aus der sie gekommen sind. Auf seinen Wink machen alle kehrt und folgen ihm.

[71] Edgar auf seinem Sofa, notdürftig bedeckt mit seiner Jacke. Die Tür zur Küche ist zu und verstellt. Als die Gartentür knarrt, fängt er unterdrückt an zu husten.

[72] Die Maler lauschen.

Zaremba verteilt die Jungs im Garten, zur Umstellung der Laube, dann schiebt er Addie vor sich her, auf die Laube zu.

[73] Edgar sieht ihnen schwach entgegen, macht gleich wieder die Augen zu, versucht, seinen Husten zu unterdrücken, es ›gelingt ihm nicht‹.

Zaremba:

Ahoi! Hast auch schon besser gehustet, no?

Edgar lächelt schwach.

Zaremba sieht Addie dringend an und wendet sich dann dem Interieur zu, also Edgars Werken und so weiter. Interessant genug ist es für ihn.

Addie:

Was ich sagen wollte, ich bin vielleicht manchmal 'n bißchen geradezu, ist so meine Art, einwandfrei. Müßten wir beide dran denken, in Zukunft.

Das war schon das Schwerste. Wie wird Edgar reagieren? Edgar nickt. Zarembas Spitzohren sieht man an, daß er alles mithört. Inzwischen sind auch die Maler in die Laube getröpfelt, sie sind viel zu neugierig, und es passierte ja nichts. Nachdem sie Edgar die Hand gedrückt haben, sehen sie sich um...

Addie:

Und in Zukunft haben wir ja jetzt auch mehr Zeit für ...

Zaremba macht warnend:

No!

Addie:

... für anderes, ich meine, weil die Spritze ja jetzt passé ist. Der Zug ist durch, einwandfrei.

Jonas:

Könntst dich bei mir spezialisieren, auf Fußböden. Geht auch mit Rolle eins a.

Addie:

Am Wochenende sind wir meistens draußen, kegeln.

Zaremba, der findet, daß es jetzt reicht:

Was ist hier?

Er steht vor der Küchentür.

Edgar:

Bloß 'ne Art Küche.

Zaremba gibt sich vorläufig zufrieden damit, aber noch bevor sie dann aus der Laube gehen, probiert er ungesehen die Klinke. Edgar hat zugeschlossen.

Zaremba:

Willst du hier überwintern?

Die andern, jetzt auch Addie, versuchen immer noch, sich einen Vers auf Edgars Werke zu machen. Auf jeden Fall nötigt ihnen schon die Masse Respekt ab.

Edgar:

Kaum.

Zaremba:

Zu Hause, no?

Edgar will, aber kann nicht antworten, der Husten ›quält‹ ihn wieder.

[74] Die Maler beim Kegeln unter freiem Himmel.

Sie betreiben es sportlich, in Jerseys und Keglerschuhen, vorneweg Zaremba. Bier fließt nur in Maßen.

Edgar sitzt dabei, er toleriert das Treiben seiner Kollegen, macht auch mal einen Stoß, wenn sie ihn auffordern. Viel richtet er nicht aus unter den Kegeln, hat auch überhaupt nicht den Ehrgeiz dazu, läßt sich aber geduldig die Ratschläge Addies und Korrekturen an seiner Haltung gefallen ...

Als er wieder vor seinem Bier sitzt, es muß längst schal sein, kritzelt er unauffällig und fast ohne hinzusehen auf die Rückseite von einem Rechnungszettel oder von der Speisekarte ein paar Sätze, zwischendurch leutselig einen Neunerstoß von Addie bewundernd.

[75] Dieter an seinem Schreibtisch. Er exzerpiert einen dicken Wälzer ...

Charlotte kommt ins Zimmer. Sie stört ihn ungern, aber was sie da hat, muß sie loswerden. Ein Brief.

Sie liest vor:

> Schnitzel, zweifünfzig, Bouletten einsdreißig, Bockwurst achtzig. Wenn Sie mich sähen, meine Beste, im Schwall von Zerstreuung. Wie ausgetrocknet meine Sinne werden; nicht eine selige Stunde! Nichts! Nichts!

Dieter:

> Von wem?

Charlotte:

> Von *wem?!*

Dieter:

> Jetzt ist er völlig übergeschnappt.

Der Meinung ist Charlotte auch, trotzdem fragt sie:

> Möchte bloß wissen, *woher* er das hat, dann könnte man ... was machen dagegen, aber so, ja? Von sich doch nicht!

Aber sie sieht schon – Dieter ist längst wieder bei seiner Arbeit.

Sie macht noch einen Versuch:

> Du studierst doch nun Literatur!

Es hat keinen Zweck. Sie geht aus dem Zimmer, nicht ganz so leise, wie sie gekommen ist.

Erst nach einer ganzen Weile sagt Dieter aus dem Unterbewußtsein heraus:

> Ja, aber das ist ... wer weiß was. Da sind wir noch nicht. Wir sind erst bei der germanischen Dichtung als Gefäß des Gemeinschaftswissens. Rätselpoesie. Merkdichtung.

Er seufzt regelrecht. Das alles scheint nicht so sein Fall zu sein ...

[76] Zaremba im Arbeitswagen der Maler. Es muß lange nach Feierabend sein, trotzdem ist er noch hier. Er ist nämlich nicht allein. Bei ihm ist eine ansehnliche Mitfünfzigerin, der seine Tätowierungen sichtlich gefallen, und etwas Trinkbares steht auch auf dem Tisch. Sie hat nur *eine* Unvollkommenheit – eine Zahnlücke, die sie ständig mit der Hand zu verdecken sucht.

Zaremba, indem er ihr die Hand aus dem Gesicht nimmt:

No, welcher Mensch ist schon vollkommen!

Und dann nimmt er sein Glasauge heraus, um es zu putzen.

Das alles verfehlt nicht seine Wirkung auf sie – aber Zaremba wird plötzlich starr. Er hat etwas gehört oder gerochen, ein Geräusch.

Er tut das Glasauge an seinen Platz und greift zu einem bereitliegenden Beil.

Er luchst durchs Fenster nach draußen und sieht keinen anderen als Edgar, der etwas unter dem Wagen herauszieht, die technisch unlösbare Farbspritze, und einen Teil davon demontiert.

Zaremba macht:

No.

Diesmal zweifelhaft. Er weiß nicht, was tun. Rausgehen oder bleiben. Dann entscheidet er sich für bleiben ...

[77] Edgar in der Küche vor einer fantastischen Konstruktion aus Draht, Röhren, der Jauchepumpe, der alten Holzwaschmaschine und dergleichen mehr. Das Ding füllt schon fast die ganze Küche aus. Nur ganz entfernt erinnert es an die Farbenspritze Addies und der Maler.

Edgar sitzt davor. Ursprünglich wollte er das demontierte Stück einfügen, aber das machte Schwierigkeiten, und jetzt träumt er. Wovon, dürfte nach allem nicht schwer zu erraten sein – aber wenn es doch gezeigt werden soll, müßte Edgars fertige Spritze zu sehen sein am Tag ihrer öffentlichen Vorführung oder ihre Abnahme, und es müßten alle handelnden Personen, Charlotte und Dieter eingeschlossen, auch seine Mutter und der Lehrausbilder natürlich, anwesend sein, und die Spritze müßte glänzend funktionieren und Edgar der bescheidene Held des Tages sein ...

[78] Es klingelt bei Charlotte, und vor ihr steht Edgar, gehemmt. Charlotte holt ihn sofort rein.

Edgar:

Wollte bloß fragen, ob ihr vielleicht 'ne Rohrzange habt.

Charlotte:

Komm doch erst mal rein, ja?!

Edgar ziert sich.

Im Zimmer fragt sie Dieter, genauer Dieters Rücken, denn er sitzt an seinem Schreibtisch wie festgeschmiedet:

Haben wir eine Rohrzange?

Dieter, nach angemessener Pause und ohne sich umzusehen:

Wozu brauchst du 'ne Rohrzange?

Charlotte fragt Edgar:

Hast du Rohrbruch?

Edgar:

Kann man so sagen.

Jetzt dreht sich Dieter um.

Edgar geht freundlich auf ihn zu und streckt ihm die Hand hin.

Dieter:

Na?!

Edgar:

Nichts. Wollt bloß mal fragen, ob ihr 'ne Rohrzange habt.

Zugleich fällt ihm auf, wieviel sich hier im Zimmer verändert hat und wieviel zum Guten. Neue Bilder, neue und schöne Gardinen, neue und originelle Lampen, die Bücher anders geordnet, nicht mehr gestapelt, die Luftflinte dekorativ an der Wand.

Edgar:

Alle Achtung! Nee, ehrlich.

Charlotte:

Was denn?!

Sie spielt bescheiden und spielt wie immer herzlich schlecht. In Wahrheit gefällt ihr selbst, was sie hier gemacht hat, und sie lechzt geradezu nach gründlichem Lob.

Und Edgar tut ihr den Gefallen und macht mit ihr zusammen einen Zimmerrundgang, von Stück zu Stück und befühlt, besieht und beriecht alles nach Gebühr.

Am Schluß gibt es kaum noch etwas, das sie Edgar abschlagen könnte, so wohl hat ihr das getan. Und erst am Schluß merken beide, daß Dieter überhaupt nicht teilgenommen hat. Von ihm ist längst nur noch der Rücken zu sehn.

Charlotte bietet Edgar Platz an und bedeutet ihm, fein leise zu sein.

Nichts ist Edgar lieber als das. So kann er sitzen und nur eins machen – Charlotte ansehen, und sie kann nichts dagegen tun. Schließlich hält sie es nicht mehr aus und winkt ihn raus.

[79] Auf dem Vorplatz hält sie ihm eine Rohrzange hin.

Charlotte:

Ist das eine? Ja?

Edgar:

Exakt.

Charlotte:

Du kannst sie solange behalten, wie du willst. Kannst sie aber auch morgen wiederbringen, vormittags am besten.

Edgar hat vollauf verstanden. Er will noch ins Zimmer, sich von Dieter verabschieden, aber Charlotte:

Laß ihn. Der braucht jede Minute.

Edgar versteht.

Charlotte:

Was macht unser Spielplatz? Ich war lange nicht mehr da. Dieter soll erst richtig in Schwung sein, dann fang ich wieder an. Solange ... hab ich eigentlich viel Zeit. Und bei dir? Arbeitest du?

Edgar:

Klar!

Er kann auch sehr treuherzig sein. Charlotte fällt ein Stein vom Herzen. Edgar gefällt ihr eigentlich so gut wie nie, in der reifen und vernünftigen Art, die er jetzt hat. Und daß er sie nach wie vor anschwärmt, dagegen kann sie ohnehin nichts machen.

Edgar ist schon mit einem Fuß auf der Treppe.

Charlotte:

Du mußt ihn verstehn, ja? Er ist *völlig* raus durch die lange Armeezeit. Er ist wohl der Älteste in seinem Seminar da ...

... Und ich glaube, er weiß noch gar nicht, ob gerade diese Literatur jetzt das richtige ist, ich meine: für ihn.

Charlotte flüstert fast.

Edgar versteht alles.

[80] Edgar auf der Stehleiter bei Charlotte. Er fummelt irgendwas am

Baldachin der Deckenlampe, der nicht richtig sitzt, aber es gelingt ihm nicht.

Charlotte:

Laß mich mal, ja?! Aber halt die Leiter.

Sie wechseln die Plätze.

Charlotte, während sie am Baldachin dreht:

Gut so? Jetzt?!

Sie schafft es.

In der Tür steht Dieter. Edgar sofort:

Werd ich man gehen.

Dieter:

War was?!

Charlotte, die sich beeilt, von der Leiter zu kommen:

Nein, nichts. Schon gut. Willst du essen?

Dieter ist schon auf dem Weg zu seinem Schreibtisch:

Ja, sicher, später.

Aus irgendeinem Grund, wahrscheinlich hat er ihn sich einfach angewöhnt, produziert Edgar in dem Moment seinen Husten.

Charlotte fragt sofort:

Du willst doch nicht in der Laube überwintern?

Edgar:

Denke wohl nicht...

Er hat sich zum Luftgewehr gespielt, rückt daran.

Dieter, während er seine Bücher und Schnellhefter aus der Kollegmappe auf den Schreibtisch stapelt und zurechtlegt:

Kannst sie haben. Hab jetzt sowieso keine Zeit dafür. Aber putzen!

Edgar:

Dank dir!

Er nimmt ehrfürchtig die Flinte vom Nagel.

Charlotte:

Vorschlag, Männer, ja?! Wir gehn zusammen schießen, jetzt! – Oder hast du dafür keine Zeit, beibringen wolltst dus mir schon immer!

Sie geht Dieter an.

Edgar beobachtet genau, was jetzt kommt.

Dieter windet sich innerlich, dann sagt er:

Kein Büchsenlicht eigentlich, aber schön.

Charlotte müßte sich nun eigentlich freuen, sie hat ihren Willen und sie tut auch, was sie kann...

[81] Beim Schießen dann, am Bahndamm auf ein altes Verkehrsschild, hält sie sich ganz an Edgar, unübersehbar für Dieter, der die Zielanzeige übernommen hat.

Edgar ist ganz bei der Sache. Was ihn vor allem interessiert ist:

Damit könnte man doch glatt einen töten, oder?

Dieter:

Aber nicht aus der Entfernung und dann auch nur mit viel Glück. Viel zu kleine V Null.

Edgar:

Wenn mans sich aber nun genau auf die Schläfe setzt?

Dieter:

Da mußt du dich außerdem noch irgendwo anhängen und dich übern Abgrund stellen oder 'ne Brücke.

Charlotte:

Habt ihr kein anderes Thema, ja?!

Und ab jetzt sagt Edgar kein Wort mehr, sondern korrigiert nur noch die Haltung ihres Arms, ihres Kopfes, ihre Fußstellung. Dieter ist völlig überflüssig, er sieht es, aber es scheint ihn kalt zu lassen. Höchstens, daß er nach einem Fehlschuß von Charlotte sagt:

Gestrichen Korn hab ich gesagt.

Ansonsten tut es ihm wohl um die verlorene Zeit leid.

Daß Charlotte die Hacken zusammenreißt und schreit:

Jawohl, Genosse Unterleutnant der Reserve

nötigt ihm kaum noch ein Lächeln ab, obwohl sie ihn damit nur aufheitern will, sie versteht ihn ja gut ... und sie bricht denn auch das Schießen ab.

[82] Dieter an der Schreibmaschine. Er schwitzt, und er beherrscht nur das Zweifingersystem, aber er schreibt. Außerdem schreibt er nicht ab, sondern aus dem Kopf. Er muß denken, und wie schnell die verdammten Gedanken kommen, ist am jeweiligen Tempo seines Schreibens abzulesen. Meistens tröpfelt es nur, wie das so ist. Verschiedenes muß er auch wieder ausixen, und leider gelingt es ihm diesmal nicht, Charlotte und Dieter zu übersehen, die hinter ihm warten, Edgar nur halb in der Stube, beide wettergerecht (vor allem Charlotte) und zum Wegfahren angezogen. Es regnet oder kann doch jedenfalls regnen.

Schließlich sagt Charlotte sanft:

Du kannst es doch nicht *zwingen!*

Dieter macht sich steif.

Charlotte:

Komm! Laß doch mal alles stehn und liegen, ja?! Das wirkt manchmal wunder!

Sie verlangt von Edgar Unterstützung, aber Edgar hält sich fein zurück.

Dieter:

Bei dem Wetter mit 'nem Boot.

Charlotte:

Dann nicht mit Boot. Nur 'n paar Runden ums Karree.

Dieter schwankt, aber sein Pflichtgefühl siegt. Er fängt wieder an zu tippen.

Charlotte:

Außerdem sind wir nicht aus Zucker, ja?!

Dieter:

Fahrt doch!

Charlotte:

Du hast fest versprochen...

Dieter:

Ich sag doch: fahrt!

Charlotte:

Wir fahrn auch!

Bleibt aber vorläufig noch sitzen.

Dieter:

Na, ja doch!

Jetzt kann keiner von beiden mehr zurück.

Edgar zieht sich in diesem Moment diskret zurück.

[83] Edgar mit wissendem Lächeln auf dem Vorplatz, während im Zimmer die Auseinandersetzung erst richtig anfängt. Er lauscht nicht, wozu?

Am Kleiderständer hängen Sachen von Charlotte, er betrachtet sie, atmet ihren Geruch ein und macht zuletzt in aller Ruhe eine Schleife von einem Kleid ab, das noch vom Sommer hängen geblieben ist. Steckt sie zu sich, unters Hemd, wo immer das Heft war oder vielleicht noch ist, und wenn ja, dann legt er die Schleife zwischen die Seiten.

Charlotte kommt schnell aus dem Zimmer, und wenn sie jetzt Augen hätte dafür, hätte sie ihn ertappt.

Sie sagt:

Komm!

Edgar kommt.

Charlotte:

Warte!

Edgar wartet. Charlotte gibt ihm vom Kleiderständer eine Regenpelerine, die Dieter von der Armee mitgebracht haben dürfte.

Charlotte:

Kannst du Motorboot fahren?

Edgar sieht sie an. Charlotte sieht förmlich gefährlich aus.

Edgar:

Weiß mans?

Charlotte:

Hab dich was gefragt, ja?!

Edgar:

Klar.

[84] Bootsausleihstelle der Jugend.

Das sieht hier alles schon winterfest aus. Auf Charlottes Klingeln reagiert keiner, aber irgendwo findet Charlotte einen Durchgang durch den Zaun, und wenn es nur ein Loch ist. Sie hat sich vorgenommen, Boot zu fahren, und sie *wird* Boot fahren, und wenn alle Stränge reißen!

Edgar braucht ihr bloß zu folgen.

Das Grundstück sieht trostlos aus im Regen, noch trostloser der Bootssteg. Bis auf einen abgesoffenen Angelkahn nichts von Booten zu sehen.

Charlotte gibt nicht auf. Beharrliches Klopfen ans Fenster holt schließlich den Objektleiter aus dem Haus und pausenloses Einreden auf ihn und Lächeln und Augenaufschläge und Köpfchenschieflegen, Flunschziehen und schweres Seufzen und eine echte Träne – es ist beängstigend – bringen ihn tatsächlich dazu, daß er mit ihr und Edgar zum Bootshaus geht.

Sekunden später schießt ein offenes Boot mit Edgar und Charlotte auf die Spree raus, viel zu schnell gleich, dem Objektleiter bleibt das Herz stehen. Er weiß jetzt sowieso nicht mehr, warum er sich hat breitschlagen lassen.

[85] Edgar kriegt das Boot wieder in die Hand, und es gelingt ihm auch, es in die Kurve zu legen. Dann haben sie die fast gerade Spree vor sich, und Charlotte will Tempo, die Rückfronten der Berliner Industriebetriebe sind ohnehin uninteressant. Sie kraucht mit unter Edgars Pelerine – oder vielmehr Dieters –, und Edgar gibt Gas.

[86] Das Boot auf der Spree.

Edgar scheint langsam vertraut damit zu werden und Mut zu kriegen. Er wagt Kurven, obwohl keine Notwendigkeit dazu besteht.

Charlotte ist es genau recht so.

[87] Woltersdorfer Schleuse.

Das Boot im Schleusenbecken. Außer dem Schleusenwärter kein Mensch weit und breit.

Edgar und Charlotte sind wahrscheinlich längst klatschnaß. Edgar bringt das Boot geschickt an einen Steg.

Charlotte bewahrt immer noch ihre gute Laune, oder wie man das nennen will.

Edgar sieht sie an. Sie wollten doch aussteigen?

Ihm jedenfalls geht es glänzend.

Charlotte fragt ihn plötzlich:

> Willst du 'n Kuß von mir, ja?! Willst du was mit Ka von mir?

Edgar schluckt.

Charlotte küßt ihn, fast wütend.

Dann klettert sie entschlossen an Land.

Charlotte:

> Ich muß nämlich mal.

[88] Edgar am Waldrand. Er steht vor einem Rohr, das aus der Erde kommt und aus dem Wasser kommt; eine befestigte Quelle, die »Liebesquelle«. Darüber folgender Zweizeiler:*

* [Fehlt in der Vorlage.]

Charlotte, die plötzlich hinter Edgar ist, liest ihn vielleicht vor.

Beide haben die gleiche Idee: trinken. Aber es ist nur *ein* Strahl und jeder will zuerst und auf die Art hat Edgar die Chance, sich zu revanchieren. Er läßt ihren Kopf gar nicht wieder los, obwohl Charlotte von einem Punkt an nicht mehr will.

Edgar:

Was denn?

Charlotte:

Wir fahren.

Sie will jetzt weg, nach Hause, zu Dieter. Das ist nicht mehr der Edgar von vor ein paar Wochen und überhaupt...

Charlotte:

Denkst du, ich... *was* denkst du dir denn?!

Sie ist ziemlich durcheinander.

Edgar sagt zunächst nichts. Er fängt bloß an zu husten, während er ihr nach zum Boot zurückgeht.

Charlotte:

Laß das blöde Husten, ja?!

Edgar ›unterdrückt mannhaft‹ seinen Husten, fängt dafür aber an zu reden:

Ist schon klar... alles klar... Unterleutnant ist eben Unterleutnant... unsereins ist nichts, Anstreicher... aber es ist schon viel vorgekommen... nachher werden Millionen bezahlt, für was er so angestrichen hat, posthum... kann einem ja was zustoßen, Unfall... auf der Straße... oder beim Waffenreinigen...

Jetzt reicht es Charlotte:

Du spinnst doch, ja?! Du hast doch einen laufen!

Sie will endlich ins Boot. Plötzlich geht ihr auch der Regen auf die Nerven...

[89] Edgar steht an seinem Tisch; das Tonband läuft:

Zieht ihn nicht jedes Geschäft mehr an als die teure, köstliche Frau? Sattigkeit ists und Gleichgültigkeit!

Er schaltet um und sagt gefaßt:

Sie hat mir Exzesse vorgeworfen. Ende.

Er sieht zu seinem Abreißkalender: der 15. Dezember. Neben dem Kalender lehnt die Luftdruckflinte.

Später steht er in der Küche vor seiner unfertigen Spritze.

Am Morgen weckt ihn Motorenlärm. Es ist kalt. Er will nicht aufstehen, schließlich muß er. Er sucht Papier zusammen, wie meistens ohne Erfolg. Der Lärm wird immer lauter...

[90] Ein Bulldozer vom Wohnungsbaukombinat fährt mit Bravour das Bretterklo ein und will mit kleiner Kursänderung auf die Laube zu, als Edgar aus der Tür kommt.

Der Bulldozer stoppt. Fahrer und Edgar starren sich an.

Der Fahrer:

Bist du wahnsinnig! Menschenskind, hier noch zu wohnen oder was! 'Ne Sekunde später und du warst ein Brei! Und ich war im Zet!

Er hat eigentlich Lust, Edgar zu verdreschen, aber ihm werden plötzlich die Knie weich. Er muß sich setzen. Als er sich erholt hat, erklärt er Edgar:

Drei Tage und du bist hier runter, sonst...!

Er setzt sich hinter sein Rad und gibt Gas.

Edgar:

Kommen Sie Weihnachten. Dann bin ich auf jeden Fall nicht mehr da.

Er sagt es so groß und ruhig, daß der Fahrer nur stumm nicken kann.

[91] Edgar arbeitet an der Spritze, mit ganzer Kraft und mit allen Mitteln, die ihm zur Verfügung stehen, ohne zu essen, ohne zu schlafen, Tag und Nacht. Das Ding droht ihm unter all seinen fantastischen Improvisationen über den Kopf zu wachsen, und es ist nicht mal ungefährlich.

Gelegentlich verbindet er zwei Leitungen falsch, und es gibt einen Kurzschluß, der ihn für eine Zeit völlig lahmlegt. Natürlich hat er keine neuen Sicherungen, also muß er die alten reparieren, und als ihm dazu die Geduld fehlt, den Sicherungskasten überbrücken...

Schließlich ist er soweit, daß er die Farbe in den Bottich der alten Holzwaschmaschine füllen kann.

Um die Zeit ist er erheblich vom Fleisch gefallen, und der Bart ist ihm gewachsen. Das ist am vierundzwanzigsten. Er wäscht sich, rasiert sich oder lieber doch nicht, baut seine etwas vernachlässigten Werke sorgfältig auf, legt das Tonbandgerät dazu.

Dann überprüft er die Funktionstüchtigkeit folgender Einrichtung, die er nebenbei noch aufgebaut hat:

Das Luftgewehr auf einem Lattenstativ befestigt, der Hahn mit einer Art Reißleine auszulösen.

In der Decke einen Haken eingeschraubt, mit einer Seilschlinge sich um den Hals zu legen. Ein Hocker, um sich daraufzustellen.

Genügend Kugeln sind im Magazin. Der Haken sitzt fest. Der Knoten läßt sich zuziehen. Der Hocker steht fest. Jetzt kommt es drauf an: wird die Spritze funktionieren oder nicht. Einigermaßen feierlich tritt Edgar an das Schaltpult – eine abgewrackte Schreibmaschine.

[92] Er drückt auf eine Taste – es knistert, aber nichts passiert. Er drückt wieder – derselbe Effekt.

Edgar schluckt. Er drückt zum drittenmal – nichts.

In einer Art Koller drückt er alle Tasten nacheinander – immer noch nichts.

Es hilft alles nichts – er muß auf den Hocker.

Leicht fällt es ihm nicht.

Er legt sich die Schlinge um den Hals, macht die Augen zu und zieht die Reißleine.

Die Flinte schießt zwar, aber in die Decke, er hat zu stark gezogen. Der Hocker fällt auch um, aber der Haken reißt aus der Decke, und Edgar fällt, und zwar mit dem Hinterkopf auf die Tasten der Schreibmaschine.

Parong! Aus. Schwarzfilm.

[93] Handwerker tragen Edgar.

Zaremba, Addie, Jonas und ein vierter.

Sie tragen ihn auf einer Bahre zum Wagen der Schnellhilfe.

Der Wagen arbeitet sich mit Sirene und Blaulicht aus der Laubenkolonie.

[94] Die Maler in dem, was von der Laube, vor allem der Küche, noch da ist. Sie stehen unter freiem Himmel, das Dach ist nicht mehr vorhanden. Farbe trieft überall von den Wänden, gleichzeitig kokelt etwas. Zaremba tritt es aus.

Addie kramt mit dem Fuß in den Trümmern von Edgars Konstruktion. Was er dann in der Hand hält, kennen alle: eine Düse von ihrer Farbspritze. Alle sehen Zaremba an.

Zaremba macht:

No...

Diesmal schuldbewußt.

Jetzt fängt ein allgemeines Kramen in den Trümmern und ein Rekonstruieren von Edgars Gerät an. Keiner weiß viel mit den einzelnen Teilen anzufangen, aber zuletzt liegt doch etwas da, was von allem Unwesentlichen befreit eine Spritze ergibt. Nur etwas ist noch übrig, etwas Längliches...

Jonas meint:

'N Stoßdämpfer?

Zaremba steuert bei:

Da, wo er her ist, haben sie auch Stoßdämpfer gemacht.

Alle sehen auf Addi, wenn der es nicht weiß, weiß es keiner.

Addie denkt scharf nach und dann kommt es:

Wißt ihr, was das ist? Das ist kein Stoßdämpfer, das ist eher das Gegenteil, das ist das Kernstück, damit hat er den Druck gemacht...

er sieht zum weggeflogenen Dach...

damit, und nicht mit Luft, wie wir, einwandfrei und auf *die* Art...

[95] Im Krankenhaus.

Edgar ist völlig weiß vor Binden und Gips. Nur Ohren, etwas Nase, Mund und ein Auge sind frei, aber er hat es nicht offen. Um sein Bett stehen die Maler, in Kopfhöhe sitzt seine Mutter.

Endlich fängt Addie an:

Edgar?! Kannst du uns sehen oder hören?! Mach doch kein Quatsch! Hör zu! Folgendes:

Auf seinen Wink halten die Maler Edgar mehrere Tafeln und große Fotografien hin.

Addie fängt an, mit einem Zeigestock zu erklären:

Also folgendes: Der Mangel unserer Spritze war der

Luftdruck, klar. Das *mußte* diesen Nebel geben. *Dein* Gerät arbeitet hydraulisch und das ist natürlich der Stein der Weisen, einwandfrei. Ist bloß keiner drauf gekommen, außer dir...

Das letztere fällt ihm keineswegs leicht.

In Edgar ist Leben gekommen, oder besser: er hat Leben in sich kommen lassen. Er nimmt die Tafeln mit den schematischen Konstruktionszeichnungen auf, und die Fotografien der fertigen und offenbar funktionierenden Spritze, und was er ab jetzt aus Addies Mund hört, ist nur noch Musik, herrliche Musik, Weihnachtsmusik. Pauken und Flöten und auch Trompeten. Nur zwei Worte sind immer wieder da: Patent und international. Seine Mutter schwitzt vor Stolz.

Musik aus.

Charlotte ist da, mit Blumen und in großer Sorge.

Sie legt sie Edgar auf die Brust.

Edgar sieht sie für eine Sekunde an, dann kommt wieder die Musik, und Edgar will die Tafeln näher, daß er besser sehen kann. Charlotte steht noch ein bißchen rum, dann geht sie, wie man so geht, wenn man nicht mehr gefragt ist.

[96] Edgars Kleinstadt.

Am Werktor empfangen ihn die Lehrlinge, die jüngsten nunmehr, zum Chor aufgebaut, mit einem frohen Lied. Dirigent: der Lehrausbilder.

Edgar selbst ist in nagelneuem Anzug, ansonsten aber noch recht gerupft. Kaum Haare und über einem Auge eine schwarze Klappe.

[97] Edgar vor seinem ehemaligen Arbeitsplatz.

Er ist mit Grün umkränzt, einschließlich seinem Bild darüber. Der Lehrausbilder glänzt vor Wohlwollen und Aufregung. Er will mit aufs Bild, das hier von Edgar gemacht wird. Die Mädchen himmeln Edgar an, wollen Autogramme, die Edgar großmütig und geduldig gibt.

[98] Edgar zu Hause.

Er sitzt am Tisch, vor ihm sein Lieblingsessen wahrscheinlich. Seine Mutter steht. *Sie* ißt nicht, sie steht auf dem Sprung, jeden von Edgars Wünschen zu erfüllen.

Sie sieht sehr gut, daß Edgars Hände nicht die allersaubersten sind, sagt aber nichts, und als Edgar es auch sieht und aufstehen will, um sie sich zu waschen, sagt sie sogar:

Laß doch. Macht doch nichts.

Edgar läßt es, und da er sieht, wie *jetzt* der Hase läuft, gibt er ihr zu verstehen: ihn dürstet.

Frau Wibeau läuft sofort zum Kühlschrank und kommt zurück mit Saft, aber Edgar will etwas anderes.

Frau Wibeau:

Ich hol schnell Bier, ja!

Aber Edgar winkt großmütig ab. Dann steht er auf, die Hälfte des Essens ist noch auf dem Tisch.

Seine Mutter:

Willst du nach oben?

Edgar:

Iwo.

Sein Atelier kann ihm offensichtlich nichts sein.

Frau Wibeau seufzt auf.

Als Edgar schon in der Tür ist, fragt sie ihn:

Machst du nun deine Lehre zu Ende?!

Edgar:

Mal sehen.

Dann nimmt er die Schlüssel vom Brett und geht.

[99] Mannhafte, von Edgars Seite etwas herablassende Begrüßung zwischen Willi und Edgar. Das alles in Willis Wohnzimmer.

Edgar:

Komm!

Willi:

Wohin denn?

Edgar weiß das nicht genau, er will unter die Leute, bummeln, sich sehn lassen ...

Willi ist einverstanden.

Da hängt eine Zeichnung an der Wand, gerahmt. Edgar sieht Willi an: von ihm?

Willi winkt ab. Er will aus dem Zimmer.
Edgar:
Noch mehr davon?
Willi ziert sich.

[100] Willi und Edgar vor einer Ausstellung von Willis letzten Zeichnungen im Wohnzimmer.

Das sind Sachen aus dem täglichen Leben, aus dem Werk, ein Mädchenporträt. Das alles hat nichts mehr mit dem zu tun, was Willi in Edgars Atelier gemacht hat.

Und im Prinzip ist alles gekonnt und hat etwas eigenes ...

Edgar:
Wie alt bist du jetzt?!
Willi ist befremdet.
Edgar:
Pack ein. Damit mußt du nach Berlin.
Willi:
Quatsch! Das hat Zeit ...
Er denkt: gleich.
Edgar:
Gelegentlich!
Willi:
Mal sehn.

[101] Edgar und Willi in der Stadt, auf dem ›Corso‹.

Edgar fühlt sich wohl hier, besonders, wenn sich jemand nach ihm umsieht, obwohl ansonsten alles ein bißchen lütt ist.

Und Willi fühlt sich wohl in Gesellschaft von Edgar.

III

Die Rezeption der »Neuen Leiden« in der DDR

Manfred Nössig

Plenzdorf und die Bühne »Die neuen Leiden des jungen W.« in Halle uraufgeführt

Eins ist zuerst und vor allem festzuhalten – Autor, Theater und Publikum sind an diesem Abend in voller Übereinstimmung: Das ist ein Stück unseres Lebens, daran teilzunehmen bewegt, macht Freude – es popt (und keineswegs nur bei den »Teens« und »Twens«). Höchstes Interesse, Stimmung, häufiger Szenenapplaus.

Ulrich Plenzdorf berichtet – beim Ende beginnend – über die letzten Lebensmonate des 17jährigen Edgar Wibeau, einer jener unruhigen, im Haus des Sozialismus noch unbehausten Jugendlichen. Beim einzelgängerischen Experimentieren ist er in einer auf Abriß stehenden Berliner Laube tödlich verunglückt. Zwei riesige Tafeln mit den Todesanzeigen – vom Betrieb und von der Mutter – werden auf die Bühne geschoben. Ein Mann auf der Vorbühne (der Vater, der schon lange nicht mehr bei der Familie lebt) nimmt die Unglücksnachricht aus einer Zeitung zur Kenntnis, spricht mit einer Frau (der Mutter) über die Ursachen; da tritt ein junger Mann mit üppigem Haar und wildwucherndem Bärtchen, mit Jeans und romantischem Phantasiejackett zwischen die Anzeigen (Edgar): »Hier hat niemand schuld, nur ich.« Das ist Wahrheit und Provokation zugleich.

Über die väterlichen Nachforschungen reihen sich charakteristische Episoden, die dem Unfall voraufgingen, aneinander: Die Auseinandersetzung mit dem sicher recht tüchtigen, aber altväterlichen Lehrausbilder irgendwo in der Republik, die Edgar auch von zu Hause weglaufen läßt, wo die Mutter, eine vorbildliche Leiterin, nichts als einen »anständigen Jungen« aus ihm machen wollte; die Bewerbung an der Berliner Kunsthochschule und die freundliche Behandlung, aber vertröstend-ablehnende Bescheidung eines unsicheren Talents; das Sich-Einrichten in einer alten Laube, auf deren Klo er ein Reclambändchen mit »Werthers Leiden« entdeckt, das ihm die Zitate liefert, die er als Tonbandbriefe an seinen Freund in den Heimatort schickt. Er kann darin – für einen Außenstehenden völlig unverständlich – berichten über seine große Liebe zu der Kindergärtnerin Charlotte (oder Charly), und er beginnt wieder zu arbeiten: in einer Malerbrigade, eckt an beim Brigadier Addi, der ihn ganz zu einem der ihren machen will, und findet ein Vorbild in dem lebenserfahrenen Proletarier Zaremba, aber zieht sich »krank« zurück, als seine Vorschläge zur Konstruktion einer neuartigen Farb-Spritzmaschine kein Gehör finden, um seine Idee allein und mit primitiven Mitteln zu realisieren. Er trifft Charly wieder, die inzwischen mit dem in ständige Studienarbeit vertieften Dieter verheiratet ist, erlebt mit ihr eine romantische Bootsfahrt im Regen und die Erfüllung seiner Liebe, will – da die Mutter sein Laubenversteck erfuhr – die Erfindung in Eile abschließen und stirbt beim Erproben an 380 Volt.

Plenzdorf schildert diese Vorgänge in einer Filmerzählung (Sinn und Form 2/1972) mit unerhörter Lebenskenntnis, was die einzelnen Konfliktsituationen betrifft (sie erwachsen nie aus einem Antagonismus, sondern stets aus den »kleinen«, von den Älteren gar nicht wahrgenommenen Einschränkungen eines totalen – doch nicht total realisierbaren – Lebensanspruchs) und was selbst winzige Nuancen an den Gedanken, Äußerungen, Haltungen eines großen Teils unserer Jugend anlangt. Vor allem jedoch findet Plenzdorf eine sprachliche Form, in der jugendlicher »Sound« zu bewegender Literatur wird. Sicher ist in dieser Sprache nicht die Lebenserfahrung eines ganzen Volkes eingefangen, wohl aber der differenzierte Reichtum der Empfindungs- und Gedankenwelt eines wichtigen Teils von ihm. Über die literarische Formulierung vermag er alle zu erreichen, zu berühren, zu beunruhigen, und das macht vielleicht den größten Reiz dieses Stücks Prosa und auch des danach gefertigten Theaterspiels aus.

Über die Sprache offenbaren sich zugleich wesentliche Berührungspunkte zwischen Goethes Briefroman und Plenzdorfs Filmerzählung und Spielvorlage – das Anknüpfen an die Interessen und Ausdrucksformen einer selbstbewußt suchenden jungen Generation. Sicher gibt es kaum einen größeren Gegensatz als den zwischen Charlottes schwarzen Augen und Charlys Scheinwerfern, zwischen einem »Sie ist mir heilig« und »Ich werde fast nicht wieder, Leute«, sicher aber auch in letzter Zeit wenige Versuche, den Literaturwert eines Zeit»jargons« zu entdecken – und zu formulieren. Das gelang hier nicht zuletzt, weil dem anspruchsvoll benutzten und relativierten Vorbild eine eigene poetische Idee der Übereinstimmung und Abgrenzung entgegengestellt wurde. Der Kampf um Selbstverwirklichung und Selbstentdeckung wird mit seinen durchaus tragischen Möglichkeiten als eine Menschheitsproblematik assoziierbar gemacht; aber er endet bei Goethe mit dem Selbstmord, der bewußten Absage an eine Gesellschaftskonvention, bei Plenzdorf mit einem Unfall bei dem Versuch, der sozialistischen Gesellschaft seine Leistungsfähigkeit, die sie ihm gern nur in bestimmten Normen abverlangen möchte, außergewöhnlich zu beweisen.

Wir wollen über diesem schönen, realistischen Stück Literatur die Probleme nicht übersehen. Mir scheint, daß die Symptome der Ereignisse zwingender erfaßt sind als der ganze widersprüchliche Prozeß, der ihnen zugrundeliegt. (Das mag nicht zuletzt auch mit Einflüssen der zweiten – oder ersten! – Plenzdorf-Quelle, dem Roman »The Catcher in the Rye« des Amerikaners J. D. Salinger, zusammenhängen, obwohl mit dessen allgemeinhumanistischer Protesthaltung im ganzen ständig polemisiert wird.)

Auch im Programmheft abgedruckte authentische Schicksale deuten da auf größere (noch unerforschte, fast gesetzmäßige) Widersprüche im Leben der jungen Generation, als sie Plenzdorfs Geschichte erschließt. Damit soll kein »Mangel« dieser Arbeit konstatiert werden. Ja, wir haben in letzter Zeit mit einer Reihe solcher »Symptom«-Stücke unterschiedlichster Handschrift besondere Erfolge im Theater erzielt. Indem sie Erscheinungen, die wir aus dem Alltag kennen, über die Bühne »öffentlich« machen, regen sie die Diskussionen an – weniger die über die Machart des Stücks als die über das Leben selbst. Hier wird ein Nerv des zeitgenössischen sozialistischen Theaterbesuchers getroffen. Und wir sollten froh sein, wenn uns Theaterabende dieser Art, zumal auf einer so qualitätvollen, unschematischen literarischen Grundlage wie hier, öfter ins Haus stünden. Aber wir sollten den »richtigen« dramatischen Konflikt, der uns in die ganze Wesenstiefe der vorgestellten Geschehnisse eindringen läßt, die Vielfalt allseitig erfaßter Charaktere als Aufgabe, die es noch zu lösen gilt, nicht aus den Augen lassen.

Hier hatte es das Theater zweifellos nicht leicht, den Erzählungstext auf die Bühne zu bringen, neben dem Reiz am Ungewohnten auch den dramaturgischen Gesetzen des Aufbaus von Fabel, Konflikt, Charakteren – als Formen, in denen sich neben der parteilichen Schilderung auch die künstlerische Deutung von Wirklichkeit realisiert – Geltung zu verschaffen. Man hat in Halle gemeinsam mit dem Autor bei der Bühneneinrichtung einen »operativen« Weg beschritten: Die Brisanz der behandelten Probleme und ihre Darstellung mit größeren Jugendgruppen beraten, rasch einen Bühnentext hergestellt, der mit wenig Ausnahmen eine Dialogfassung der Erzählung gibt und den Rest – die phantasievolle Präsentation – dem Theater überträgt.

Der Erfolg der Aufführung beweist die Legitimität, die Nützlichkeit dieses Vorgehens: das Theater greift so rasch als möglich – ohne auf die langwierige, möglicherweise sogar scheiternde »eigentliche« Bühnenadaption zu warten – in die geistigen Prozesse unseres Lebens ein, befriedigt latente, fördert neue Bedürfnisse des vergnüglichen Disputs über uns selbst. Da mag man bedauern, daß sich ein zentraler Konflikt (wenn man Edgars Kollisionen mit seiner Umwelt nicht schon als solchen nehmen will) nicht aufbaut, daß viele Figuren Demonstrationsobjekte bleiben. Ich halte das für müßig; aber ich hielte es auch für falsch, aus solchen Operativlösungen eine neue Dramaturgie abzuleiten.

Denn wenn es in diesem Falle zu einem Bombenerfolg wurde, dann kommen drei Sachen zusammen, die man nicht alle Tage unter einen Hut kriegt: Der zündende Text des Autors Ulrich Plenzdorf, der Fantasiereichtum des Regisseurs Horst Schönemann und das leidenschaftliche Engagement des Darstellerensembles, vor allem der Interpreten der beiden größeren und neben Addi und Zaremba überhaupt einzigen dramatisch gestalteten Rollen – des Edgar und der Charlotte. Hinzu kommt die Beat-Musik von Jan Spitzer für eine 4-Mann-Band, die zünftig-laut (in den Vokalparts über den Verstärker schwer verständlich) im wesentlichen stimmungverstärkend wirkt.

In Joachim Bobers funktionsgerechten, sparsam die Handlungsorte charakterisierenden, fließenden Szenenwechsel ermöglichenden Dekorationen hinter der »halbhohen« Gardine läßt Schönemann mit vielfältigen, vor allem den einfachsten – den schauspielerischen –, immer wieder aufs Publikum gerichteten Mitteln agieren. Da kommt vor allem dem aussagestarken und die heitere, optimistische Erzählform der ernsten Geschichte betonenden Arrangement eine große Bedeutung zu: besonders beredt die Gruppierung (und ihre Veränderung), wenn Edgar Charlys Scherenschnitt anfertigt; besonders poetisch das Zusammenfinden der beiden zu ihrer Liebesvereinigung im Regen – choreografisch fast und ohne Prüderie oder Peinlichkeit in der sich verdunkelnden Bühne und unter Musik »verschwimmend«. Da sind die Haltungen der Figuren kräftig betont (mit der Gefahr allerdings, daß u. a. das Vater-Spielen des jungen Jürgen Reuter zum Chargieren wird). Da schälen sich kleine Etüden heraus: das Gipsrühren in der Brigadeszene oder das Fensterstreichen mit »vorgestellten Gegenständen«, in dem sich unterschiedliches Können und Gegensätzlichkeit des Charakters von Edgar und Addi vergnüglich ablesen lassen. Da gibt es die »Regenpantomime« des Bootsverleihers oder die rokokohaften Schattenspiele zum Tonbandabspiel von Edgars Werther-Zitat-Briefen. Nirgends wird einfach Konzeption, immer bildkräftiges Theater gespielt.

Dabei wird Schönemann besonders von seinen beiden Protagonisten kräftig unterstützt. Reinhard Straube, zwei Jahre am Theater, spielt den Edgar Wibeau – eine Rolle, die man vom Umfang und von der Auftrittsökonomie fast mit dem Peer Gynt vergleichen könnte. Seine gestische, artistische Spielweise, gern zum Schlaksigen, Clownesken neigend, prägt allerdings viel (nicht alles: kaum den Arbeiterjungen, der bewußt seinen Platz sucht) für diese Figur vor: Er brilliert nicht nur mit Wort-, sondern auch mit Haltungswitzen, ohne daß er die Figur etwa zum Spaßmacher diskreditierte. Im Gegenteil, er hat es nicht leicht, den kritischen Akzent, den er anlegt, mit der Aureole des Unwiderstehlichen in ständiger Spannung zu halten. Da wird manche selbstkritische Rechenschaft, die er ja in dieser eigenen theatralischen Lebensretrospektive ablegt, kleiner als der Spaß an der extravaganten Figur und ihren überlegenswert-provokativen Aperçus (weil »Conference« und »innerer Monolog« nicht unterschieden sind). Noch tiefer in das Wesen dieser Figur, ihre Widersprüche einzudringen, könnte eine Aufgabe in der sicher langen Laufzeit dieser Inszenierung sein. Und Straube recht bald in einer großen klassischen Charakterrolle zu besetzen, wäre ein Ratschlag, den man dem Theater geben möchte – wenn man an die Entwicklung dieses begabten jungen Schauspielers denkt.

Die Durchleuchtung des ganzen komplizierten menschlichen

Beziehungsfelds, das sich in den Szenen und in den Figuren auftut, wäre überhaupt sicher eine Möglichkeit gewesen, in der gesamten Inszenierung das dichterische Angebot an Problemtiefe – auch neben der heiteren Grundhaltung – noch konsequenter zu nutzen. »Schuld ist da niemand. Das soll vorkommen«, meint der Autor im – übrigens außerordentlich anregenden – Programmheft. »Wir wollten das Stück spielen als Warnung an alle, die es angeht, so mit Edgar und seinesgleichen umzugehen«, läßt sich das Theater am gleichen Ort vernehmen. Ist da in der Absicht, alles in erster Linie auf die Zentralfigur, ihr Daseinsrecht hin anzulegen, nicht doch etwas von der konkreten Widersprüchlichkeit der Vorgänge, deren Abbildung Signale setzt, aber keineswegs immer einen einfachen Schuldspruch zuläßt, zurückgedrängt worden? Und wird nicht auch manchmal eine Figur mehr so geführt, wie es zur Erläuterung der jeweiligen Befindlichkeit des Helden günstig war, weniger auch, um deren eigenes Wesen selbst im Skizzenhaften ganz zu erschließen?

Ein solcher Eindruck drängte sich mir u. a. bei der Rolle der Charlotte auf. Vielleicht gerade, weil Ursula Werner für mich die schönste, die reifste Leistung des Abends brachte. Wo – auch bei Straube – manches deutlich gezeigt war, gewann man bei ihr immer den Eindruck der totalen Rollenverkörperung bis in die unbeabsichtigte Nuance des realistischen Körperspiels, das diese Darstellerin meisterhaft beherrscht. Aber zwischen der zurückhaltenden Frische am Anfang und der ziellosen Ausgelassenheit in ihrer letzten Szene war so wenig Verbindendes, daß man streckenweise fast zwei Figuren gesehen zu haben glaubte.

Theater der Zeit 27 (1972), H. 8, S. 16, 19 und 40.

Fragen an Horst Schönemann

THEATER DER ZEIT Weshalb hat das Theater für seine Uraufführungsinszenierung auf eine Filmerzählung zurückgegriffen? Schreiben unsere Dramatiker gegenwärtig nicht die für die Hallenser Theaterkonzeption brauchbaren Bühnenstücke?

SCHÖNEMANN Es ist in Halle eine seit »Aula«, »Anregung« und »Zeitgenossen«, also eine mehr als einmal geübte Praxis, aus Romanen, Erzählungen, Drehbüchern, Zeitungsartikeln, Wissenschaftlermeinungen Vorlagen fürs Theater zu erarbeiten. Und zwar immer dann, wenn Anliegen, Problematik, Inhalt, Sprache, Figuren, wenn die Haltung des Autors für unsere Theaterabsichten, für unseren Zuschauer also, ergiebig schienen. So auch in diesem Fall. Auch beim Stück von Plenzdorf spielte das Medium zunächst keine vorrangige Rolle für uns. Das ist kein Mißtrauensantrag gegen unsere Dramatiker. Entscheidend war vielmehr für uns, daß von ihnen, außer der Arbeit an der Bühnenfassung von Heiduczeks »Marc Aurel«, gegenwärtig kein Stück vorlag, das sich so spezifisch mit den von unseren jugendlichen Zuschauern (das sind immerhin 50 Prozent unserer Besucher) dringend geforderten Problemen ihrer Persönlichkeitsentwicklung befaßt. Dazu kam der glückliche Umstand, daß der Autor sich bereit fand, in sehr kurzer Zeit das von uns so dringend benötigte Stück, den Stoff, dessen ganz gegenwärtige Brauchbarkeit wir in Vorgesprächen mit Jugendlichen und Wissenschaftlern getestet hatten, ganz operativ im Stil unseres Hauses ohne Verzögerung für die Bühne zu bearbeiten. Während der bisherigen Vorstellungen und in Gesprächen mit unserem Publikum hat sich herausgestellt, daß die Eigenart, Besonderheit dieser Textvorlage, ihre oft anscheinend sich »normalen« Theaterbedingungen widersetzende Sprödigkeit, die daraus resultierenden Schwierigkeiten für das Theater, dem Zuschauer gerade als etwas Unübliches, Anregendes auffallen, das sein Unterhaltungsbedürfnis besonders gut befriedigen kann.

THEATER DER ZEIT Was erscheint neu an Plenzdorfs Sicht auf unsere Wirklichkeit, an seinen Figuren, Konflikten, seiner Stückstruktur?

SCHÖNEMANN Ich weiß nicht, ob seine Sicht »neu« ist. Wir

finden, sie ist gut, ist realistisch. Sein Blick zeugt vor allem, und gerade das haben ja nicht zuletzt unsere zahlreichen Gespräche mit Jugendlichen immer wieder bestätigt, von ausgezeichneter Wirklichkeitskenntnis der Sehnsüchte und Sorgen junger Menschen. Ganz wesentlich dabei ist die Meisterung der Sprache, die außerordentlich heutig, jung ist, im Alltag entdeckt und zu hervorragender literarischer Qualität, poetisch und lakonisch zugleich, geformt wurde. Wichtig erscheint mir weiterhin seine Figurensicht, deren große Qualitäten, vor allem die der Hauptfiguren Edgar, Charlie, Addi und Zaremba. Es ist ungewöhnlich und sicher erstaunlich, wie der Autor, damit die vielschichtige Großaufnahme dieses so fähigen, so produktiven Jungen ganz auf den Zuschauer wirken kann, die übrigen Figuren in der Unschärfe läßt. Wie diese Figuren in drei, vier Sätzen, in holzschnittartiger Eindeutigkeit in der Lage sein müssen, vor dem Publikum zu erstehen, um die Gedankenwelt und die Begegnungen dieses Jungen mit seiner Umwelt zu realisieren. Eigentlich geht auch der Theaterabend – wenngleich in anderen Strukturen als die Filmerzählung – aus von dem großen Monolog, der Mitteilung, der großen Begegnung eines zeitgenössischen jungen Menschen mit seiner Umwelt, repräsentiert durch die 800 Menschen im Zuschauerraum. Dieser Edgar, der sich ständig im Konflikt mit sich, seinem Wissen, seinen Emotionen, aber sich vor allem im Konflikt mit seiner Umwelt befindet, teilt sich dem Zuschauer mit, und dieser sich ihm, weil sie Bekanntes miteinander verbindet: z. B. der Konflikt mit der Mutter, die als Leiterin in unserer Gesellschaft darauf drängen muß, sich ständig vorbildlich zu verhalten, der Konflikt mit den »mittelalterlichen« Lehrmethoden des Meisters Flemming, der Konflikt mit der Brigade, deren Kameraderie noch nicht viel gemein hat mit echtem Kollektivgeist, und nicht zuletzt der moralische Konflikt, in den er mit der an Dieter gebundenen Charlie gerät.

Wir schätzen weiterhin am Stück, daß der Autor in ihm zur konsequenten Zuspitzung des Falles Edgar Wibeau bereit ist. Er läßt seinen Helden durch einen Unfall ums Leben kommen. Dieser schmerzliche, entsetzliche Verlust eines so reichen jungen Lebens zwingt uns alle, die jüngeren wie die älteren Zuschauer, stärker über unsere Verantwortung der Jugend gegenüber nachzudenken, er fordert auf eine sehr emotionelle Weise das Nachdenken über das Verhältnis der Generationen untereinander heraus. Dabei wirkt der Umstand von Edgars Tod niemals deprimierend, weil Plenzdorf vom legitimen Recht des Theaters Gebrauch macht, den Toten lebendig werden zu lassen. Das reiche Bühnenleben seines Helden läßt so einerseits den Tod nicht ständig als gegenwärtig erscheinen, aber ihn andererseits gerade durch den Reichtum der Figur als deutliche Aufforderung empfinden. Dazu kommt der glänzende Einfall, daß der verstorbene Edgar dem noch lebenden selbstkritisch wertend auf den Scheitel gucken kann. Dadurch wird die Figur nicht nur präsentiert, wie sie sich in ihrer realen Lebenssituation verhielt, sondern sie wird veranlaßt zu einer Reihe kluger Reflexionen, die ihr und damit dem Stück eine Weisheit verleihen, die – fern von aller Altklugheit – von ihrer Veränderung zeugen, und damit auch die jugendlichen Zuschauer nicht nur in ihren Forderungen bestätigen, sondern sie auch zur Überprüfung ihres Verhaltens zur Umwelt anregen. Das alles sind Haltungen und Qualitäten des Stücks, die wir uns nicht nur allein während des Erarbeitungsprozesses, sondern die uns vor allem immer wieder unsere mitarbeitenden Zuschauer bestätigten.

THEATER DER ZEIT Welche neuen Aufgaben stellt die Schreibweise dieses Autors ans Theater und was ist durch sie als Gewinn für die Aufgaben der Regisseure und Schauspieler zu verbuchen?

SCHÖNEMANN Die größte Entdeckung für uns war das Vertrauen, das der Autor der Regie- und Schauspielkunst entgegenbringt. Er hält in naiver Weise – und wir haben ihn während des Bearbeitungsprozesses immer wieder darin bestärkt – alles für möglich auf dem Theater. Er provoziert von Szene zu Szene unterschiedliche Ausdrucksmittel, neue Interpretationsmöglichkeiten für die Widersprüche seiner Figuren, für die Spannweite von Tragik und Komik, die oft Satz an Satz, Situation neben Situation steht. So konnte nicht ein sogenannter einheitlicher Inszenierungsstil das Anliegen sein, sondern vielmehr ein sehr differenziertes Erforschen der unterschiedlichen Vorgänge. Weiter sorgt Plenzdorf dafür, daß die Schauspieler genügend Gelegenheit bekommen, sich nicht nur redend dem Zuschauer mitzuteilen, sondern ganze Szenenkomplexe gestisch zu bewältigen haben. Das bringt den Schauspieler mächtig ins Spiel. Er wird aufgefordert, sich seiner »zweiten Sprache« zu bedienen und sich zu seiner »eigentlichen« Kunst zu bekennen. Darin sehen wir auch eine wichtige Anregung für unsere Theaterautoren, deren Stücke meist textlich überfrachtet sind, die zu sehr noch ausgehen von den Ausdrucksmöglichkeiten im Klartext.

(Gesprächspartner: Ingrid Seyfarth)

Theater der Zeit 27 (1972), H. 8, S. 18f.

Diskussion um Plenzdorf
Die neuen Leiden des jungen W.

»Sinn und Form« hatte in der Nr. 2 (1972) die jüngste Arbeit von Ulrich Plenzdorf veröffentlicht. Inzwischen fanden auch Aufführungen statt. Text und Theater erlebten einen ungewöhnlichen Widerhall. Wo finden sich die Gründe für diese bemerkenswerte Aufnahmebereitschaft der Öffentlichkeit? Hat *sie* sich gewandelt? Bietet die Konzeption dieser Arbeit die Möglichkeit, eine neue künstlerische Entwicklung zu markieren? Diese Fragen allein schon rechtfertigen eine Aussprache über Plenzdorfs Werk. Die Redaktion hatte daher bereits in Heft 4/72 wissen lassen, sie halte eine Diskussion über den Text für fruchtbar und notwendig.

Am 31. Oktober 1972 fand in der Akademie der Künste der DDR im Rahmen der Arbeitsgruppe »Literatur und Kritik« eine öffentliche Aussprache statt, an der Ulrich Plenzdorf teilnahm. Robert Weimann gab eine Einführung, die er der Redaktion in der erweiterten Form eines Essays unter dem Titel »Goethe in der Figurenperspektive« zur Verfügung stellte. Wir drucken diesen Beitrag sowie den Wortlaut der daran anschließenden Diskussion ab. Zu bedauern ist, daß auch hier die anwesenden Germanisten vorzogen zu schweigen.

Im allgemeinen sind »Die neuen Leiden des jungen W.« mit Zustimmung aufgenommen. Es wäre indessen anomal, wenn es nicht auch ablehnende Stimmen gäbe. In einem Brief an den Chefredakteur setzt Prof. Dr. F. K. Kaul seine Bedenken auseinander. Wir sind der Überzeugung, die Redaktion besitzt nicht das Recht, diese Bedenken unseren Lesern vorzuenthalten, da in ihnen sehr bestimmt und in gedrängter Form einige Gründe der Ablehnung ausgesprochen werden, die möglicherweise auch von diesem oder jenem Leser geteilt werden.

Der erste Punkt, der F. K. Kaul an der Arbeit von Ulrich Plenzdorf zu heftigem Widerspruch reizt, ist die parodistische Relation zwischen Goethes Werther und Plenzdorfs Hauptgestalt. In seinem Brief schreibt F. K. Kaul:

»Um mein Urteil knapp zu fassen: mich ekelt geradezu – um keinen anderen Ausdruck zu benutzen – die von einem unserer professionellen Theaterkritiker sogar noch ›mehr als ein hübscher Einfall‹ laudierte Inbezugsetzung eines verwahrlosten – der Fachmann würde sagen ›verhaltensgestörten‹ – Jugendlichen mit der Goetheschen Romanfigur an; von dem Fäkalien-Vokabular, in dem des langen und breiten über die innige Funktionsverbindung von Niere und Darm der Plenzdorfschen Figur abgehandelt wird, ganz zu schweigen.«

Ein zweiter Anlaß zu massiver Kritik ist für F. K. Kaul die Konzeption der Hauptgestalt und das Fehlen einer positiven Gegenfigur. Dazu bemerkt F. K. Kaul:

»Man komme nicht mit der Binsenwahrheit, daß es derart verhaltensgestörte Jugendliche bei uns gibt, worüber gerade ich durch Beruf und spezielles Fachinteresse besonders gut unterrichtet sein dürfte. Natürlich gibt es sie, und natürlich bin ich darüber unterrichtet! Aber dank der energischen Maßnahmen unseres Staates sind sie alles andere als repräsentativ für unsere Jugend! Herr Plenzdorf hätte nur in die Werkhallen unserer Betriebe, in die Hörsäle unserer Universitäten und Akademien, in Ateliers und Laboratorien, schlechthin an jeden Ort gehen können, wo gearbeitet wird, um das festzustellen!

Wie gesagt, dieser Brief wird nicht geschrieben, um mich mit Herrn Plenzdorf darüber auseinanderzusetzen, ... warum er seinen ›mehr als hübschen Einfall‹ der Inbeziehungsetzung des verhaltensgestörten Jugendlichen mit der Romanfigur Goethes nicht wenigstens mit dem sozial-politischen Gegengewicht versehen hat, das der Wirklichkeit unseres sozialistischen Seins und sozialistischen Wollens – ja, insbesondere diesem! – entspricht.«

Zum Schluß erhebt F. K. Kaul gegen die Zeitschrift und deren Leiter den Vorwurf, durch kommentarlose Veröffentlichung des Plenzdorf-Textes nicht verantwortungsbewußt gehandelt zu haben. Es heißt dazu in seinem Brief:

»Aber Dich frage ich – und das ist der Grund dieses Schreibens –, warum ›Sinn und Form‹, die repräsentativste Literaturzeitschrift unserer Republik, deren Leiter Du bist, diese Arbeit Plenzdorfs veröffentlicht, ohne wenigstens mit einem Wort des Kommentars auf diese gewichtmäßige Verfälschung unseres sozialistischen Seins und Werdens durch diese Arbeit hinzuweisen.

In der Bundesrepublik weiß man trotz der Menschenfeindlichkeit der ihr eigenen Gesellschaftsordnung nur zu gut ..., wodurch staatliche Verbundenheit – ich meine Verbundenheit zum Staat –

geschaffen wird. Die kommentarlose Veröffentlichung der Plenzdorfschen Prosa läßt vermuten, daß die Leitung von ›Sinn und Form‹, das – es scheint in diesem Zusammenhang erforderlich, daran zu erinnern – ursprünglich nach dem Wunsche seines Gründers Johannes R. Becher ›Maß und Wert‹ heißen sollte, hierüber nicht im klaren ist.

In alter Verbundenheit
12. Juni 1972 Friedrich Karl Kaul«

Die Redaktion geht von der Voraussetzung aus, daß die von F. K. Kaul formulierten Argumente einer dezidierten Überzeugung entspringen, daß sie prinzipielle Aspekte berühren und daher verdienen, ernst genommen zu werden. Das geschieht, indem auch sie zusammen mit dem Text von Ulrich Plenzdorf und den Gründen seiner positiven Beurteilung durch Leser und Theaterbesucher öffentlich zur Diskussion gestellt werden.

Die Redaktion hat sehr bestimmte Vorstellungen über Wert und Bedeutung dieses Textes – der kommentarlose Abdruck bietet bereits einen entsprechenden Hinweis –, sie wünscht aber nicht der öffentlichen Diskussion vorzugreifen. Sie behält sich aus diesem Grunde die Bekanntgabe ihrer Stellungnahme für den Abschluß des Meinungsaustauschs vor. Andererseits würde die Auseinandersetzung ihren Zweck verfehlen, würde man »Sinn und Form« als bloßen Abladeplatz für den Unmut gegen Inhalt und Form der Bedenken von F. K. Kaul betrachten.

Wir bitten die Teilnehmer, in diesem literarischen Streit bei der Sache zu bleiben. Aus den bisherigen Stellungnahmen glaubt die Redaktion entnehmen zu dürfen, daß folgende Fragen und Probleme in der Aussprache von Interesse sein können:

1. Wo finden sich die Ursachen für die ungewöhnliche Wirkung der Arbeit von U. Plenzdorf?

2. Wird Goethes Werk durch die Art des Rückbezugs auf ihn in Plenzdorfs Text abgewertet?

3. Welche Rolle spielt dieser Rückbezug auf Goethes Werther für Plenzdorfs künstlerische Konstruktion? Was wäre Plenzdorfs Arbeit ohne diesen Effekt?

4. Hat die Kunst nur das Recht, »repräsentative« Gestalten der Jugend der DDR (im Sinne mustergültiger Charaktere) darzustellen?

5. Wird durch die künstlerische Darstellung eines »verhaltensge-

störten« Jugendlichen zwangsläufig das positive Ideal negiert oder vernichtet?

6. Muß in einem Kunstwerk die Darstellung des sozialpolitischen »Gegengewichts« unbedingt in Gestalt eines vorbildhaften Gegenhelden erfolgen?

7. Was unterscheidet eine Dichtung von einem Tatsachenbericht über einen Kriminalfall?

Die Redaktion beabsichtigt nicht, die Aussprache auf diese Fragen zu beschränken. Sie begrüßt jeden auf die Sache gerichteten Diskussionsvorschlag und -beitrag.

Redaktion Sinn und Form
Wilhelm Girnus

Robert Weimann

Goethe in der Figurenperspektive

»Die neuen Leiden des jungen W.« haben Furore gemacht. Diese rasche Wirkung hat mancherlei Ursachen, vor allem aber die eine: daß widersprüchliche Haltungen in der jungen Generation, kunstvoll aufgezeichnet und konfliktreich zugespitzt, Aufnahme in unserer Literatur finden. Dabei geht es nicht um die Story eines Gammlers; dies ist die Geschichte eines Ausreißers, aber doch nicht eines Ausreißers aus dem Sozialismus: Der junge Arbeiter Edgar Wibeau, siebzehnjährig, Sohn der Betriebsleiterin, musisch begabt, »Chef in allen Fächern«, schmeißt die Arbeit, verläßt die Provinzstadt, geht nach Berlin und nistet sich in einer abrißreifen Laube ein. Alle dann folgenden Geschehnisse bestätigen diese Ausgangssituation: Persönliche Vorbildlichkeit und Flucht aus der gesellschaftlichen Verantwortung sind widersprüchlich zusammengerückt; unentwegtes Behütetsein und unbedachte Affekthandlung bedingen sich konflikthaft; tagträumendes Nichtstun und arbeitsbesessene Energie lösen einander ab. Die gesuchte Einsamkeit mündet in einer hektischen Bastelei am nebellosen Farbspritzgerät für die Baubrigade, der er fernbleibt, um mit dieser Erfindung einen triumphalen Beitrag zu leisten. Das durch Arbeit und Weltanschauung getragene Bekenntnis zur sozialistischen Gesellschaft (»Kein einigermaßen intelligenter Mensch kann heute etwas gegen den Kommunismus haben«) umschließt den Blue-Jeans-Song wie die Ansage des Disk-Jockey für »Gerechte und Ungerechte, FDJler und Pioniere«. Am Ende findet der halb hilflose, halb starke Neuerer die Lösung für das Brigadegerät: das war »kein gewöhnlicher Verbesserungsvorschlag mehr«, aber die mörderische Pfuscherei ohne Transformator führt zum Tod durch Stromschlag (»Ich Idiot wollte immer der Sieger sein.«).

Das alles wird rückblickend dargeboten in der Sprache, Haltung und Selbstkundgabe des Helden. Und eben diese Sprache zwischen Pubertät und Berufsschulabschluß wird für unsere Literatur entdeckt: Sie ist fix und schnoddrig, gefühlskarg und nüchtern und doch bildhaft. In ihr lebt das Bild der Großstadt (»Ich denke mich streift ein Bus«), die internationale Welt des Jazz und des Sports – und die behende Lässigkeit jugendlicher Gestik. Eben diese gestische Qualität wirkt stark: Wie der sprachliche sich im körperlichen Ausdruck wiegt, wie er aus der Hüfte federt, in den Knien wippt und schlakst, unter der Mähne schnoddert und lispelt, wie das im *understatement* flippt und im Paradox feixt – das alles ist treffend beobachtet und trefflich aufgezeichnet. Und es entspricht der Eigenart der intendierten Gattung; denn das Szenarium, das ein bewegtes Bild begleitet, betont den auf gestischen Ausdruck zielenden Rhythmus der Sprache und verzichtet auf das epische Medium einer beschreibenden Vermittlung. Die Figurenperspektive, und damit die Ausdrucks- und Empfindungsweise einer fiktiven Subjektivität, wird zum Schlüssel nicht nur der Aufzeichnung, sondern auch der Deutung der Wirklichkeit.

Diese Aufzeichnung wirkt unmittelbar, eindringlich und einfühlsam in ihrem subjektiven Erlebnisgehalt. Wird sie auch reflektiert oder verallgemeinert? Steht neben der Einfühlung in den Helden auch jener Prozeß bewußter künstlerischer Vergegenständlichung, in dem der Autor seine Phantasie vergibt, um seine Identität zu finden? Diese Fragen sind im Gespräch und dürfen – im Vokabular der jüngsten Diskussion – auch auf Plenzdorfs Arbeit bezogen werden. Im Zitat gefragt: Wird die Figurenperspektive des Helden zum Gegenstand einer »Kommunikation« oder zum Medium einer »Kommunion«? Folgt man der Diskussion, so scheint es zuweilen, als böte das Erlebnis der Subjektivität die wahre Rettung vor einer blassen Rationalität, die sich als fade Lehrhaftigkeit in unserer Kunst eingenistet hat. Kein Leser (und kein Künstler) will bevormundet werden, aber solche Subjektivität taugt kaum als blanke Kehrseite des literarischen Utilitarismus. Das bedeutende Werk (und nicht zuletzt »Die neuen Leiden des jungen W.«) verlangt den Maßstab der Dialektik: Unmittelbarkeit und Distanz, Einfühlung und Kritik, Darstellung und Perspektive, künstlerische Identität und gesellschaftliche Funktion sind in der Kunst keine Alternative.

In dieser Hinsicht bietet die jugendliche Figurenperspektive des Edgar Wibeau ein naives Medium der Einfühlung in einen Gegenstand, der – soviel »Einfühlung« alles jugendliche Verhalten verlangt – doch nicht durch Einfühlung (allein) erschlossen werden kann. Der Autor, so scheint es, weiß dies: Er unternimmt den ebenso faszinierenden wie problemreichen Versuch, die vehemente Unmittelbarkeit einer kaum gereiften Subjektivität im Spiegel der Handlung und des Zitats eines klassischen Werkes aufzufangen, zu reflektieren, zu verfremden und doch zugleich zu bewahren und zu steigern. Dieser Vorgang interessiert vor allem auch deswegen, weil hier ein Werk des humanistischen Erbes als Thema und Impuls in der sozialistischen Gegenwartsliteratur eigentümliche Wirkungen stiftet. Die Sprache und Empfindungsweise des jugendlichen Helden werden vermittelt und verfremdet durch *seine Lektüre* im »Werther«, der damit selbst ein Element im Aufbau der Figurenperspektive wird. Der in einem titellosen Reclamheft auf dem Grundstück gelesene Text wird zum Medium einer Kommunikation mit der Außenwelt, in der das Idiom des Briefschreibers Werther über Tonband und Gesprächszitat eine spezifische Form des gestörten und doch potenten Kontaktes mit der Gesellschaft abgibt. Bemerkenswert ist, daß das verfremdende Vokabular des »Werther« nicht nur einen Kommunikationseffekt abwirft, sondern den Vorgang einer Konfrontation mit einem Bildungsgut (sprich: Erbe) umschreibt, deren schließliche Funktion und deren mögliche Folgen nur aus dem gestalteten Ensemble der gesellschaftlichen Beziehungen und Verhältnisse des Helden verstanden werden können.

Noch einmal: das Wirklichkeitsbild dieser Fabel – wie ihre Wirkung in der Realität selbst – ist nicht primär (und schon gar nicht ausschließlich) aus der Funktion des Werther-Bezugs zu verstehen. Nur insofern dieser *spezielle Bezug* eingeht in das Gefüge des Werkes selbst, darf er (wie im folgenden) gesondert betrachtet und doch zugleich verallgemeinert werden. In seiner Besonderheit und in seiner Verallgemeinerung steht er dann zwar nicht stellvertretend für das Ganze – zu viele andere Momente blieben da am Rande –, weist aber dennoch in das Zentrum des weltanschaulichen Moments im Realismus dieser Erzählung. Mehr noch: dieser spezielle Bezug, der ein gut Teil der Neuartigkeit (und der Problematik) dieser Prosa mitbringt, stellt sie zugleich in den weiteren Zusammenhang übergreifender Entwicklungsprobleme und Prozesse der Literatur der siebziger Jahre, ist somit geeignet, einige neue, vielleicht sogar grundsätzliche Fragen der durch Erbe stimulierten sozialistischen Gegenwartsliteratur aufzuwerfen.

Dies sei der Ausgangspunkt: Das höchst widersprüchliche, konfliktreiche Verhältnis des Individuums Edgar Wibeau zu unserer gegenwärtigen Gesellschaft wird im Spiegel des »Werther«, das heißt im Gleichnis eines poetisch gestalteten Verhältnisses zu einer vergangenen Gesellschaft, näher bestimmt, präzisiert, vielleicht sogar verändert. Eine Interpretation, die diesen merkwürdigen Vorgang erfassen und in der möglichen Ergiebigkeit und in der möglichen Begrenztheit seiner Gestaltung herausarbeiten will, wird nicht beim Helden des Goetheschen Briefromans, sondern bei dessen Funktion im modernen Werk ansetzen und diese Funktion im Aufbau des jugendlichen Verhältnisses zur Gesellschaft, zur Arbeit, zur Geliebten, zum Freund im Brennpunkt von Weltanschauung und Formgebung begreifen. Unter diesem Gesichtspunkt erweist sich sogleich die Zweischichtigkeit des Werther-Bezugs: Er wirkt im Gefüge der durch Figuren bewegten *Handlung*, die eine gewisse, noch näher zu betrachtende Parallele mit dem Geschehen im klassischen Briefroman besitzt; und er wirkt auf der Ebene der durch *Goethe-Zitate* verschlüsselten Selbstaussage des Helden. Die Darstellung des zeitgenössischen Verhältnisses von Individuum und Gesellschaft wird daher zweifach vermittelt: durch das verbale Zitat *aus* und durch die strukturelle Parallele *mit* dem »Werther«. Diese zweifache Bezüglichkeit entspricht der Werther-Lektüre des Helden (und damit einer naiven Aneignung des Klassikers aus jugendlicher Sicht) und sie umschließt den Entwurf und den Ablauf der Handlung (und damit die gestaltete Bewußtheit in der Werther-Rezeption des Autors). Obschon die Werther-Lektüre des Helden gänzlich in seiner Figurenperspektive aufgeht, wird diese im Ablauf der Handlung durch die Perspektiven anderer Figuren durchkreuzt (und relativiert), aber doch nicht in ihrer Dominanz beeinträchtigt. Dennoch stehen beide Bezugsebenen, das Werther-Zitat und die Werther-Fabel, in einer bestimmten Wechselwirkung: Erst dort, wo als Resultat ihrer Wechselbeziehungen die Naivität der Figuren und die Bewußtheit der Gestaltung eins werden, können sich Kritik und Tradition in der Aneignung des Erbes verbinden und in ihrer Verbindung das tiefere Relief abstecken, vor dem sich weltanschaulicher Gehalt so ganz in sinnlich-figürlicher Gestalt verbildlicht.

Doch dies ist vorerst die allgemeine (und recht abstrakte) Formel, gemäß der sich das Werther-Zitat und die Werther-Fabel als naivbewußtes Medium der Darstellung eines widersprüchlichen Verhältnisses von jugendlichem Individuum und sozialistischer Gesellschaft bewähren (oder nicht bewähren). Solch eine verallgemeinernde Bestimmung vernachlässigt noch immer die konkreten künstlerischen Lösungen, innerhalb derer sich die Wirkung des »Werther« als konstituierendes Moment der einfühlenden *und* verfremdenden Gestaltung moderner Haltungen vollzieht. Denn als ein verbales und handlungsbestimmendes Element im Aufbau des Werkes ist der Werther-Bezug nur eine unter zumindest drei anderen strukturtragenden Schichten, die in der Reihenfolge ihrer Einblendung in das Szenarium etwa folgendermaßen zu unterscheiden sind:

Erstens die Tatsachenebene, dokumentarisch-knapp getragen von der vorangestellten Zeitungsnotiz und den drei Todesanzeigen, aus denen der dreifach gefächerte gesellschaftliche Aktionsraum des Helden programmatisch hervortritt.

Zweitens die szenisch-dialogisch objektivierten Erinnerungsperspektiven der Eltern und Arbeitskollegen, die in rückschauendem Klärungsversuch aus der relativen Beschränktheit ihres Wissens und Verstehens ein Mosaik der Motivierung und Verknüpfung ergeben.

Drittens der Jenseitskommentar des Helden, der nach seinem Tode spricht und der aus der ironischen Transzendierung seiner Selbstdarstellung den Ausgang des Geschehens vorwegnimmt und die Spontaneität seiner Ausbruchshaltung durch eine zuweilen selbstkritische und zusammenfassende, aber nach wie vor höchst subjektive selbstdarstellerische Deutung nachvollzieht.

Erst im Gefüge dieser mehrfachen Darstellungsebenen gewinnen nun viertens die Brechung und Verfremdung der gesellschaftlichen Beziehungen des Helden im Spiegel des Werther-Zitats und der Werther-Fabel eine erhebliche, aber auch wiederum nicht zu überschätzende Bedeutung.

Während die objektiv beschränkte Erinnerungsperspektive der Eltern und Arbeitskollegen mit dem subjektiv noch stärker begrenzten Jenseitskommentar des Helden in einer Weise kollidiert, daß sich beide wechselseitig erhellen, aber in Teilen auch so verunklaren, daß auftretende Widersprüche den Leser zu selbständiger Deutung herausfordern, erfüllt das vierte Strukturelement eine ganz andersartige Funktion. Indem es die Konfrontation einer naiv-jugendlichen Erfahrung unserer Welt mit einer poetischen Erfahrung aus der Geschichte der bürgerlichen Dichtung herbeiführt, betont und überhöht es die Gegenwartsqualität der Vorgänge. Sie pointiert die Gegenwärtigkeit des Verhaltens eines jugendlichen Individuums zur Gesellschaft, seine Problematik und seine Konflikte, aber auch die durch den Tod des Helden ironisch verschobene Greifbarkeit einer Lösung dieser Konflikte.

Das Verhältnis dieser vierten Dimension des Erbes zur Abbildung der Gegenwart gewinnt in diesem Sinne die Qualität einer metaphorischen Beziehung von Entsprechung und Nichtentsprechung. In dem Bezug auf das Werther-Zitat und das Werther-Modell wirkt eine Parallelität der Vorgänge, Empfindungen und Namen, die jedoch nur scheinbar ist, in Wirklichkeit kunstvoll eingeschränkt und abgewandelt wird. Entsprechungen zwischen Werther und Wibeau, Charlotte und Charlie, Albert und Dieter, Wilhelm und Willi sind zwar hier und da vorhanden, aber insgesamt so vermittelt, daß das ausgeschriebene Epitheton »neu« im Titel der Erzählung viel schwerer wiegt als das abgekürzte »W.«, das eben die *neuen* Leiden des jungen Wibeau auf das alte Modell des Werther bezieht. Der Bezug auf das literarische Erbe und die realistische Aneignung der Gegenwart stehen in einem Zusammenhang, der weder durch Kongruenz noch durch völlige Diskongruenz gekennzeichnet ist, sondern durch etwas Drittes, bei dem die naive Verarbeitung des »Werther« durch das Ausschöpfen seines Widerspruchs zur Gegenwart erfolgt.

Somit erweist sich der klassische Text nicht als Abbild, sondern als komplexe Metapher der dargestellten Wirklichkeit. Die scheinbare Parallelität der Figuren und Vorgänge birgt eine Dialektik von Entsprechung und Nichtentsprechung, die jegliche Identität der Leiden der zwei jungen »W.« ausschließt, vielmehr zur eigentümlichen Bestimmung der Gegenwart dient und dabei stets das nötige Moment der Analogie mit dem möglichen Dienst als Folie verbindet. Aus dieser metaphorischen Spannung von Analogie und Folie, Entsprechung und Nichtentsprechung, ist nun die spezifische Leistung des Erbebezugs für den Realismus dieser Gegenwartsprosa abzulesen. Diese Relation von zufälliger Ähnlichkeit und notwendigem Unterschied erscheint zwar nicht durchweg stimmig und nicht überall gleichermaßen bewältigt; insgesamt gesehen, bildet sie ein kritisches, doch produktives

Moment in der weltanschaulichen Selbstverständigung dieser Prosa und damit auch in der Bestimmung und Qualifizierung einer naiven Subjektivität. Im Vordergrund steht eben nicht der subjektiv-charakterisierende Effekt, sondern die bewußte und sinnliche Funktion einer komplexen Metapher, die ihren Gegenstand durch die Spannung von Ähnlichkeit und Unähnlichkeit bestimmt, dabei aber der Diskongruenz das stärkere Bild und das höhere Gewicht zumißt.

Doch wird diese Spannung (die zugleich ein Verhältnis von Originalität und Tradition markiert) nicht durchweg bewältigt. Die mangelnde Stimmigkeit in der Einheit von Entsprechung und Nichtentsprechung wird überall dort spürbar, wo diese Einheit entweder zugunsten der Analogie oder auf Kosten der Folie preisgegeben wird. Das letztere ist der Fall, wo die Tiefe des Goetheschen Entwurfs verflacht und mißverstanden wird, also auch dort, wo die naive Lesart (etwa daß Werther sich nur aus Schwäche »durchlöchert«) nicht im Gesamtwerk aufgehoben wird; das erstere tritt dort ein, wo die Analogie formalisiert wird und sich zum Beispiel die Parallelität der Gestalten Albert – Dieter verselbständigt (was eine unnötige Blässe in der Charakteristik des Dieter und eine entsprechende Steigerung in der unmittelbaren Subjektivität des Helden zur Folge hat). In ähnlicher Weise ist wohl auch der tödliche Ausgang des Geschehens kritisch zu sehen, insofern er eine Parallele zwischen Werther und Wibeau durch die Finalität ihres Untergangs oberflächlich bekräftigt, aber weder der Tragik Werthers noch dem komisch-satirischen Gestus der modernen Fabel gerecht wird, diese vielmehr tragisch überfrachtet und zugleich die künstlerische Wahrheit in der poetischen Verallgemeinerung des Schicksals eines jugendlichen Ausreißers bedenklich strapaziert. (Die im Rahmen des Gesamtgeschehens überschwere Lösung wird allerdings durch die vorangestellte Vorwegnahme des tödlichen Unfalls relativiert und durch die diesseitige Lebhaftigkeit in der Jenseitsperspektive des Helden wie selbstverständlich hintergangen. Es ist dies eine gleichsam *gegen* das tragische *dénouement* aufgebotene Wirkung, die denn auch eine unbeschwerte Reaktion des Lesers auf den Zufallstod des Helden wesentlich erleichtert.)

Neben diesen und anderen Unstimmigkeiten wird aber doch ein gut Teil von zeitgenössischer Wirkung gerade aus der metaphorischen Spannung von Entsprechung und Nichtentsprechung eingebracht. Hier wäre besonders das Moment der Flucht nach innen zu nennen, die Wibeau durch ein Werther-Zitat zu rechtfertigen glaubt, in Wirklichkeit aber unversehens überwindet: »Ich kehre in mich selbst zurück und finde eine Welt«. Edgar Wibeau findet eine Arbeitsaufgabe, die ihn fesselt und die er im tödlichen Alleingang forciert. Er ist weit davon entfernt, sich – wie der »ulkige Werther« – jemals aufzugeben, und »Kumpels hätte er eins zu tausend massenweise gefunden. Zum Beispiel Thomas Müntzer oder wen ...«

Hier wird deutlich, daß die Werther-Lektüre und die Werther-Fabel recht verschiedene Bedeutungsinhalte befördern: Während (an dieser Stelle!) die Lektüre in ihrer figürlichen Perspektive die Subjektivität des Helden (»Ich kehre in mich selbst zurück ...«) noch zu steigern scheint, wirkt der Bezug auf die Werther-Fabel in ganz anderer Richtung: Das Moment der Nichtentsprechung dominiert; an die Stelle der Selbstaufgabe tritt eine selbstgestellte Aufgabe, und die Subjektivität des Helden gewinnt vor der Folie der bürgerlichen Individualitätsproblematik den ganz andersartigen Inhalt einer produktiven Vergegenständlichung im Prozeß der Arbeit an seiner Erfindung.

Während die Handlung sich vom Werther-Modell abstößt und aus der Bewußtheit ihrer Komposition den klassischen Vorwurf stärker als Folie benutzt, bewahrt das Werther-Zitat als Parole des Helden stärker den Schein der Analogie und vollführt seine Funktion im Aufbau *und* in der Verfremdung der Subjektivität des Helden. Diese Funktion erfüllt sich ganz in der Unmittelbarkeit und Naivität der Figurenperspektive; sie ragt erst dort aus der einfühlsamen Abbildung einer jugendlichen Psyche heraus, wo sie ein bewußt gewordenes Mittel ihrer Veränderung (nicht nur ihrer Selbstbestätigung) wird. Dies geschieht nur in Ansätzen; aber wo es gelingt, wird es – wie noch zu zeigen ist – zum Index eines weltanschaulichen Wachstums des Helden. Indem Wibeau das vergangene Werk liest, versteht er sein gegenwärtiges Leben besser.

Salinger und die naive Lesart des Klassikers

Dieser Prozeß erfolgt unter bestimmten gesellschaftlichen Voraussetzungen, die er widerspiegelt, und er wird ermöglicht in einem weltliterarischen Zusammenhang von Einfluß, Nachahmung und

Originalität, der etwas näher zu betrachten ist, bevor die spezifischen Leistungen, aber auch die Grenzen dieses Erbes im Aufbau einer realistischen Einheit von Einfühlung und Kritik weiter verfolgt werden können. Hier bietet sich zunächst der Vergleich mit einem Roman an, der den Helden Wibeau wohl nicht weniger beeindruckt, als den Autor Plenzdorf beeinflußt hat: J. D. Salingers »Fänger im Roggen« ist – neben »Robinson Crusoe« – eines der zwei Bücher (mit Titelblatt), das Wibeau »so gut wie auswendig« kennt, wenngleich nicht in die Laube »mitgeschleppt« hat. »Ich dachte, ich wollte mich nicht mit Sachen aus der Vergangenheit belasten. Außerdem kannte ich die zwei Bücher so gut wie auswendig. Meine Meinung zu Büchern war: Alle Bücher kann kein Mensch lesen, nicht mal alle sehr guten. Folglich konzentrierte ich mich auf zwei. Sowieso sind meiner Meinung nach in jedem Buch fast *alle* Bücher. Ich weiß nicht, ob mich einer versteht. Ich meine, um ein Buch zu schreiben, muß einer ein paar Tausend Stück andere gelesen haben.«

Hier wird, inmitten einer naiven und sonderlich beschränkten Rezeption zweier Bücher, jene große Frage eingebracht, die der Autor des »Werther« mit den Worten umriß: »Es geht durch die ganze Kunst eine Filiation« (zu Eckermann, 4. Januar 1827). Damit gibt sich die literarische Selbstbestätigung des Helden in spontanem Bezug auf ein Traditionsbewußtsein zu erkennen, das von Defoe bis Salinger reicht. Insbesondere »Der Fänger im Roggen« gilt für Wibeau als ein Buch der Bücher, wenngleich der Autor jede bewußte Programmatik durch die Naivität kaschiert, kraft der Wibeau den Autor Salinger mit dessen Helden (Holden Caulfield) vermengt: »Dieser Salinger ist ein edler Kerl. Wie er da in diesem nassen New York rumkraucht und nicht nach Hause kann, weil er von dieser Schule abgehauen ist, wo sie ihn sowieso exen wollten, das ging mir immer ungeheuer an die Nieren.« Und so wie der Autor als Held, wird (rückläufig) die Fiktion als Wirklichkeit aufgenommen: »Wenn ich seine Adresse gewußt hätte, hätte ich ihm geschrieben, er soll zu uns rüberkommen. Er muß genau in meinem Alter gewesen sein.«

Doch Holden Caulfield (alias »Salinger«) ist nicht nur das unverblümte Objekt, sondern auch das unbelesene Subjekt einer naiven Rezeption. Im Verlauf seiner Odyssee »in diesem nassen New York« gerät Holden Caulfield in eine Sandwich-Bar, wo er von einer Nonne in Schwesterntracht in ein Gespräch über

Shakespeare verwickelt wird und in seiner Reaktion dabei selbst das Modell einer naiven Aufnahme des Klassikers vorwegnimmt:

»Ehrlich gesagt, war es eigentlich peinlich, mit ihr über *Romeo und Julia* zu sprechen. Ich meine, manche Stellen in diesem Stück sind doch ziemlich sexy, und sie war ja eine Nonne. Aber da sie mich fragte, erklärte ich es ihr näher. ›Ich bin überhaupt nicht übermäßig begeistert von Romeo und Julia‹, sagte ich. ›Natürlich gefallen sie mir, aber – ich weiß nicht. Manchmal ärgert man sich über die beiden. Ich meine, es hat mir viel mehr leid getan, daß Mercutio getötet wird, als daß Romeo und Julia sterben. Ich habe eben Romeo überhaupt nicht mehr so gern gehabt, nachdem Mercutio von diesem andern umgebracht wurde ... [Mercutio] war klug und unterhaltend und so ... Romeo und Julia waren jedenfalls selber schuld.‹«

Vielleicht hat Ulrich Plenzdorf bei Salinger auch dies entdecken können: daß man sich aus der Figurenperspektive so kritisch wie unbefangen zur großen Literatur der Vergangenheit verhält. Doch bei aller offensichtlichen Entsprechung im psychischen und sprachlichen Gestus solcher Erberezeption (»war klug und unterhaltend *und so*«) besteht zwischen der Werther-Lektüre des Edgar Wibeau und der Shakespeare-Rezeption des Holden Caulfield ein ganz wesentlicher, und zwar funktionaler Unterschied. In Salingers Werk bleibt die Beziehung des Helden zum Erbe statisch; sie ist in sich abgeschlossen und nicht entwicklungsfähig als Faktor und Reflex einer produktiven Bezüglichkeit von gesellschaftlicher Gegenwart und klassischer Literaturgeschichte. Wenn J. D. Salinger (wie uns ein Nachwort von Erwin Pracht versichert) als kritischer Realist und als »Anwalt des Humanismus« im heutigen Nordamerika gelten darf, so ist die Qualität seines Realismus und Humanismus doch von anderer und so begrenzter Art, daß darin das Erbe als Stimulans und Thema der Gegenwart wenig fruchtet.

In den »Neuen Leiden des jungen W.« wird diese Begrenzung überschritten: Hier ist die Beschäftigung mit dem Klassiker ein die weltanschauliche Perspektive des Werkes bewegender Prozeß. Angesichts dessen, was Plenzdorf dem »Fänger im Roggen« in der sprachlichen Fixierung jugendlicher Haltungen verdankt, muß dies besonders hervorgehoben werden: Auch bei Plenzdorf wirkt der hauptsächliche Impuls des Erbes aus der Figurenperspektive, aber er erschöpft sich darin nicht. Die Wirkung der klassischen Lektüre weist über die vollkommene Naivität des Vorgangs, in dem sie aufgeht, hinaus. Indem sie der Verhaltensweise des Jungen sowohl Analogie wie Folie verschafft, erlaubt sie beides: die Identifizierung *mit* und die Absetzung *von* dem bürgerlichen Stürmer und Dränger. Das steigert den Hang zur Subjektivität und stellt ihn doch zugleich in Frage: Auch Edgar kehrt in sich selbst zurück, aber nur um verstärkt eine Art von revolutionärer Solidarität zu empfinden (»Zum Beispiel Thomas Müntzer oder wen ...«). Vom Werther zum Müntzer ist *für ihn* kein gar so weiter Ritt. Wibeaus Schulwissen kann sich nicht mit Holden Caulfield messen, aber das Erbe des Klassikers weckt Assoziationen, die dem amerikanischen *college boy* verschlossen bleiben. Im Gegensatz zu Salinger zieht die klassische Lektüre gewisse Folgen nach sich; diese widerspiegeln die andersartigen Voraussetzungen der sozialistischen Gegenwart und die – darauf basierende und dadurch mögliche – Produktivität im Umgang mit dem Klassiker.

Vom Zitieren zum Begreifen

Der unmittelbare, sinnliche Vorgang der Werther-Lektüre begleitet und befördert das Werden des unfertigen Helden in einer widersprüchlichen, begrenzten, aber doch unverkennbaren Weise, die – in ihren produktiven Resultaten – eine Veranschaulichung durch Zitat verdient. Vergegenwärtigen wir uns noch einmal den durch schieres Unverständnis gekennzeichneten Ausgangspunkt nach erster Lektüre des soeben gefundenen Reclamheftes: »Das war nichts Reelles. Reiner Mist. Außerdem dieser Stil. Das wimmelte nur so von Herz und Seele und Glück und Tränen.... Der ganze Apparat bestand aus lauter Briefen, von diesem unmöglichen Werther an seinen Kumpel zu Hause.... Der das geschrieben hat, soll sich mal meinen Salinger durchlesen. *Das* ist echt, Leute!«

Aber dann hat Edgar »vielleicht die beste Idee zeitlebens«, und mit dem Buch, das ihm wenig sagt, beginnt er doch etwas anzufangen: »Ich hatte Zeit, und da hatte ich die *Idee.* Ich schoß in die Bude, warf den Recorder an und diktierte an Willi«. Die im Werther-Zitat verfremdete Botschaft geht an *»seinen* Kumpel zu Hause«, und Willi mag die ehemals an Wilhelm gerichteten Worte als Tonband-Depesche entschlüsseln. Da aber Edgar ein so fabelhaftes Gedächtnis hat, zitiert er nicht nur ins Mikrofon, sondern in die verwunderten Gesichter seiner Gesprächspartner. Dies zum Beispiel bekommt Charlie zu hören, die dem verbummelten Jungen eine »richtige Arbeit« empfiehlt: »Es ist ein einförmig Ding um das Menschengeschlecht! Die meisten verarbeiten die Zeit, um zu leben, und das bißchen, was ihnen noch von der Freiheit bleibt, ängstigt sie so, daß sie alle Mittel aufsuchen, um es loszuwerden.« Solche Aussage verfehlt ihre Wirkung nicht: »Das poppte. Charlie sagte gar nichts. Wahrscheinlich hatte sie kein Wort verstanden.« Später sagt Charlie darüber doch etwas: »Er redete Blech.... Ein dermaßen krauses Zeug. Vielleicht nicht sinnlos, aber völlig verschroben.... Damit wollte er einfach verblüffen, das war alles.«

Die aktuelle Sentenz im literarischen Deutsch verblüfft, und das, was auf diese Weise »poppt«, ist weder sogleich populär noch überhaupt verständlich. Doch der Knalleffekt der Verblüffung aus der unsichtbaren Mündung seiner stets geladenen »Werther-Pistole« läßt den Bluff-Schützen selbst aufmerken und in das eigene Zitat hineinhorchen. So führt der aus dem Buch herausgeholte Effekt der Verblüffung zu der den Helden selbst verblüffenden Erkenntnis vom möglichen Nutzen dieser Art Literatur: »Dieser Werther hatte sich wirklich nützliche Dinge aus den Fingern gesaugt.« Alsbald wird der »unmögliche Werther« (dieser »Kerl«) als »Old-Werther« apostrophiert: »*Der* Mann wußte Bescheid.« Aber Werther weiß Bescheid auf andere Weise als »dieser Salinger«, der da »mit seinen blöden sexuellen Problemen« in »diesem nassen New York rumkraucht«. Werther weiß Bescheid in großen Dingen: »Die Grenzen der Menschheit, unter denen machte es Old Werther nicht.« Und später (das bleibt das vorletzte Wort über den Briefroman): »Ich hätte nie im Leben gedacht, daß ich diesen ulkigen Werther mal so begreifen würde.«

Dieses »Begreifen« bildet ein wesentliches Thema und ein dynamisches Moment der Erzählung, das – wie die Aneignung des Klassikers, an dem es sich exemplifiziert – bei Salinger keine Entsprechung findet. Die wirkliche Entsprechung findet sich in dem rezipierten Werk selbst: Das naive, doch fortschreitende Begreifen des Edgar Wibeau bietet auf seine Weise eine Antwort, ja einen spontanen Gegenentwurf auf das im »Werther« gestaltete Problem des Verstehens und der Verständigung (das Victor Lange sogar »zum Hauptthema des Werther-Romans«, zu seinem »zentralen Gegenstand« erklären möchte). Die fortschreitende

Verständigung mit der im klassischen Kunstwerk geronnenen Erfahrung verkehrt das im »Werther« behandelte Thema auf charakteristische Weise: Während dort der Weg von Homer zu Ossian und »vom Reden zum Nicht-sprechen-können, vom Gespräch... zum Monolog und schließlich zum Schweigen« führt, ist für Wibeau, der nicht die Individualitätsproblematik des bürgerlichen Helden teilt, eher das Gegenteil kennzeichnend: eine Steigerung des geistigen und praktischen Ausdrucks seiner selbst. Sein Tod kennzeichnet nicht den erfüllten Endpunkt eines Schweigens, sondern erfolgt (durch Unfall) auf dem Höhepunkt einer praktischen Tätigkeit, deren abgeschlossenes Resultat (die Erfindung) zugleich beides: das Auffinden seiner Fähigkeiten und das Zurückfinden in die Gesellschaft, bedeutet hätte.

Der vergegenständlichte Inhalt dieser Subjektivität ist anders: Auf seine praktische und spontane Weise zieht er eine reale Schlußfolgerung aus der Humanität des Klassikers; aber eben dies schließt die Identifizierung mit dem tragischen Helden des Sturm und Drang aus. Ein wesentliches Teilergebnis der Lektüre (und vom Autorenstandpunkt: der Rezeption) des »Werther« ist *nicht* die Bestätigung oder gar die Wiederholung des weltanschaulichen Modells seiner gesellschaftlichen Erfahrung. Für den unbelesenen Helden bleibt Werther bis zum Ende eben der »ulkige Werther«. Gerade die aus der Figurenperspektive folgernde Naivität und Begrenztheit der Erberezeption reißt die extrem gelagerten Widersprüche zwischen der Entstehungsgeschichte und der Wirkungsgeschichte des klassischen Werkes auf. Das Erbe als naiver Impuls der Gegenwartsliteratur führt erst recht zu keinem Nachvollzug des klassischen Modells.

Das gilt selbst dort, wo Edgar Wibeaus neue Sorgen noch am ehesten an Werthers wirkliche Leiden erinnern: wo er auf seine Weise die sensible Verwirklichung seiner Begabung gefährdet sieht. Die Problematik des möglichen Verzichts auf höchste Ausbildung einiger seiner Fähigkeiten (erfaßt in der ambivalenten Pose des »verkannten Genies«) wird nicht aus dem utopischen Lebensanspruch des Werther, sondern im Spiegel der realen Möglichkeiten und Grenzen des Individuums in der sozialistischen Gesellschaft gestaltet. Im Angesicht seiner eigenen Widersprüche folgt Wibeau nicht der Humanitätsutopie der Klassik und ihrer Auflösung des Widerspruchs zwischen strebendem Individuum und hemmender Gesellschaft: *Sein* Selbsthelfertum bildet keine Lösung und zeigt keinen Ausweg, sondern bleibt ein problematisches Los, das selbst nach einem Ausweg verlangt und selbst zum Ausgangspunkt einer Lösung wird (die dann freilich nicht mehr utopische Züge trägt).

Und doch bleibt diese Lösung unbefriedigend. Am Ende der Erzählung, wo der Tod des Helden eine dichterische Öffnung auf ein größeres Ganzes verlangt, muß die Figurenperspektive unwiderruflich versagen. Die Stärke der Unmittelbarkeit der Erzählung wird hier zur schließlichen Quelle ihrer Beschränkung: Die jugendliche Psyche, aus der sich die widersprüchliche Haltung so glänzend inszeniert, weist auch in ihrem Untergang nicht über die Grenzen ihrer Subjektivität hinaus. Der Tod des Helden wird auch darin nicht bewältigt. So bleibt der Ausblick verschwommen: »Ich wollte die Spritze fertigmachen... und dann abdampfen nach Mittenberg und von mir aus die Lehre zu Ende machen...« Dann wieder: »Aber ich wär' doch nie nach Mittenberg zurückgegangen.« Das ist nicht die Unentschlossenheit des Handelnden, sondern die Unentschiedenheit der Handlung. Dahinter steht die Tendenz einer Schreibart, die den spontanen Gestus der jugendlichen Subjektivität, so brillant sie ihn aufzeichnet, zur schriftstellerischen Konzeption erhebt. Ähnliches gilt für die unentschiedenen Perspektiven auf Edgars »abstrakte« Malerei, obwohl diese aus dem Widerspruch zwischen Selbstbewußtheit und gesellschaftlicher Wertung noch einigermaßen motiviert sind. In jedem Fall liegt diese Unschärfe nicht in der künstlerischen Konsequenz der Figurenperspektive begründet, sondern in der schriftstellerischen Idee ihrer Funktion und Bedeutung.

So bleibt der Bezug auf Goethes »Werther« dort produktiv und zugleich originell, wo er die neue Subjektivität zu jenem Ausdruck ihrer selbst verhilft, der schon jenseits der bürgerlichen Beziehung von Individuum und Gesellschaft liegt. Ein solcher Bezug bleibt spontan, partiell und wohl auch unausgeschöpft; und doch verleiht er der Erzählung eben jenes Maß an Originalität, das ihm der Einfluß von Salinger gerade dort verweigert, wo der Bezug auf Holden Caulfield am stärksten ist. Die wirkliche Originalität des Helden wie die seines Autors werden dort sichtbar, wo Edgar Wibeau den »Salinger« und den »Werther« im hellen Lichte seiner eigenen Wirklichkeitserfahrung liest und wo der erlebte und verarbeitete Widerspruch vergangener und gegenwärtiger Erfahrung schöpferisch wird. Das ist der Fall, wo der Held die ungeahnte Potenz in der Veränderung seiner Persönlichkeit freigibt, welche der Bewegung eben jener gesellschaftlichen Verhältnisse entspricht, die das erklärte Ziel der Emanzipation der Individuen und der Herausbildung ihrer Persönlichkeiten als historischen Grund ihrer Selbstgestaltung zum Programm erhoben haben. Das freilich sind nicht die gesellschaftlichen Verhältnisse eines Salinger, und das ist auch nicht die gesellschaftliche Welt (und nicht einmal die utopische Vision) eines Werther.

In dem schöpferischen Verhältnis zu diesen Quellen – so inkonsequent und unterschiedlich es bleibt – liegt eine wesentliche Quelle der Originalität der Erzählung und zugleich des Realismus in der Erschließung einer neuen Wirklichkeit. Edgar Wibeau ist vielleicht zu Zeiten ein proletarischer Holden Caulfield, aber er ist kein Werther in Jeans. Plenzdorfs Verhältnis zu Salinger ist schlimmstenfalls durch Nachfolge, sein Verhältnis zum Werther bestenfalls durch einen Ansatz von Tradition bestimmt, der Originalität nicht ausschließt, sondern voraussetzt. Und das geschieht dort, wo sein künstlerisches *Bewußtsein* ganz in der *Naivität* eines sinnlichen Vorgangs *aufgeht*, in dessen Verlauf eine unvermittelte Subjektivität mit all ihren Widersprüchen am Text des »Werther« mehr Wachstum als Bestätigung findet.

Erbe als Impuls und Thema der Gegenwart

Gerade die Unmittelbarkeit der Aneignung des Klassikers aus der Figurenperspektive bringt eine neue Tonart in unsere Literatur. Ihre eigentümliche Bedeutung im literarischen Prozeß der sozialistischen Gesellschaft und ihrer Erberezeption ist bislang kaum erörtert worden. Und doch drängt sich diese verallgemeinernde und vergleichende Frage um so stärker auf, je mehr wir von der durch Kurt Hager geäußerten Erwartung ausgehen, daß – bei aller Priorität der Darstellung des Arbeiters – das Erbe der Geschichte (also auch der Literaturgeschichte) vom Bauernkrieg bis zum antifaschistischen Widerstand als Thema und Impuls gegenwärtiger Literatur an Bedeutung gewinnen wird.

Es bedarf gewiß keiner prognostischen Anstrengung, um diese Erwartung aus den großen geschichtlichen, aber auch spezifisch soziologischen und ästhetischen Bedürfnissen unserer Gesellschaft und ihrer Literatur zu verstehen. Auf eine allgemeine

Formel gebracht, die von allen internationalen Konstellationen der Entspannung und den gewandelten Formen des Klassenkampfes nur scheinbar abstrahiert, ließe sich das hier vorliegende gesellschaftliche und literarische Bedürfnis in Abwandlung des bekannten Wortes von Kurt Hager so umschreiben: Was Sozialismus ist und für den Menschen bedeutet, was also auch das sozialistische Bild des Menschen für die Literatur bedeutet, erschließt sich nur dem tief und dauerhaft, der auch mit den Erfahrungen und Zeugnissen der Geschichte lebt, also auch mit den Erfahrungen und Zeugnissen der Geschichte der Werke der Literatur und der Kunst. Die unvermeidliche Reife und Spannkraft im Menschenbild der modernen sozialistischen Gegenwartskunst sind untrennbar damit verbunden, daß das Bild des Menschen Momente einer historischen Dimension und geschichtliche Bezugspunkte gewinnt, ohne die eine wirkliche Modernität und ein entwickeltes Bewußtsein von der Gegenwärtigkeit unserer Gegenwart (ein Bewußtsein, das nur als geschichtliches Bewußtsein denkbar ist) unmöglich sind.

Vielleicht darf in diesem Zusammenhang vermutet werden, daß die Dimension der Geschichte und die gespeicherte Erfahrung vergangener Literaturen gerade der jüngeren und mittleren Generation, der Ulrich Plenzdorf angehört, werknotwendige Voraussetzung literarischer Vorwärtsbewegung ist. Der aus Oberschulen und Hörsälen kommende Schriftsteller der jüngsten Gegenwart verfügt nicht über ein Guthaben persönlicher Erfahrung auf dem geschichtlichen Konto der Zeitenwende, wie noch Becher, Brecht, Arnold Zweig oder Anna Seghers, und er vermag auch nicht, wie Marchwitza, Willi Bredel, Otto Gotsche oder auch Bruno Apitz, aus den Erfahrungen der proletarischen Arbeit oder des antifaschistischen Kampfes zu schöpfen. Nicht zufällig wird gerade jetzt, in den siebziger Jahren, die Frage nach dem Rang und der Funktion des sogenannten Allgemein-Menschlichen in unserer Kunst erhoben: In einem Augenblick, da das Thema der Menschlichkeit in der sowjetischen Literatur verstärkt als Parallele unserer eigenen Gesellschaftserfahrung ins Bild tritt, und zu einem Zeitpunkt, da das Allgemein-Menschliche in der spätbürgerlichen Kunst so oft als das allgemeine Unmenschliche auftritt, stellen Schriftsteller wie Helmut Baierl oder Wolfgang Kohlhaase erneut die Frage nach der Relevanz dieses allgemeinen Menschlichen – eine Frage, die doch zunächst die eine Antwort zuläßt, daß »der Kommunismus in seiner immer weiteren Entwicklung« selbst das Menschlichste erstrebt und also auch »das Allgemein-Menschliche, das Wirklich-Menschliche zu verwirklichen« (Alexander Abusch) sucht.

In dieser äußeren und inneren Situation unserer Literatur eröffnet gerade der bewußte und zugleich sinnlich-unmittelbare Bezug auf das Erbe ein nahezu unausschöpfbares Spektrum allgemeiner und doch historisch bestimmbarer menschlicher Handlungen und Haltungen. Er bietet künstlerische Erfahrungen, die ihre allgemeine Gültigkeit aber nicht durch Nachvollzug oder Wiederholung, sondern eben durch Abwandlung und Verarbeitung bestätigen. Mit dieser Einschränkung wäre auch Peter Hacks zuzustimmen, wenn er in seinem gedankenreichen Büchlein über »Das Poetische« schreibt, daß bestimmte Haltungen in der Kunst der vorausgehenden Jahrzehnte »sich erschöpft habe(n): erschöpft in Polemik, Enthüllung, Demontage; erschöpft auch in der Idylle des totalen Optimismus«. Und er fügt hinzu: »Die neue DDR-Gesellschaft stellt – zum ersten Mal seit der deutschen Klassik – eine andere Aufgabe: Wiederherstellung. Wiederherstellung nicht etwa der unrettbaren Hervorbringung der Bourgeoisie, sondern des Besten, was die besten Köpfe der Menschheit in deren besten geschichtlichen Augenblicken begonnen und entworfen haben.«

Weder die naive Gestaltung noch die bewußte Reflexion des Erbes führt zu seiner Wiederherstellung, aber zwischen dem objektiven Gehalt der Tradition und dem praktischen Vorgang ihrer Erneuerung (nicht nur bei Plenzdorf) harrt ein weites Feld voller Einfühlung und Distanzierung. Der Bezug auf die besten Köpfe der Menschheit wird das Menschliche um so allgemeiner und gültiger vermitteln, je stärker die Bedingungen der Entstehung *und* der Wirkung von Kunst als geschichtlich, also in veränderlichem Verhältnis befindlich, verstanden werden. Zwischen dem künstlerischen Abbild vergangener Wirklichkeit und seiner Aktion im gegenwärtigen Bewußtsein bestehen Momente der Einheit (der Bewahrung) und des Widerspruchs (der Ablehnung). Gerade darin wurzelt jene lebendige Kraft, ohne die jede Tradition erstarren muß: in dem sich historisch bewegenden Widerspruch von Vorbildern und Nachbildnern, von Rezipiertem und Rezipierenden, deren Verhältnis insofern wechselseitig ist, als wirkliche Tradition nicht nur die Aufnehmenden bereichert, sondern auch das Aufgenommene (das »Vorbild«) in einer stets neuen, gleichsam ungeahnten Wahrheit oder Möglichkeit, also reicher, erweist.

Das ist das *sine qua non* einer dialektischen Theorie der Tradition: Sie wird Tradition verstehen als ein historisches Produkt, das in das *lebendige* literarische Schaffen eingeht, und als ein produktives Moment der gegenwärtigen Kultur, das in der *Geschichte* wurzelt.

Das jüngste Schaffen so unterschiedlicher Künstler wie Volker Braun, Stephan Hermlin, Heiner Müller und Erwin Strittmatter beweist, daß die Bezugnahme auf das Erbe eine ganz bestimmte stimulierende und selbstverständigende Funktion besitzt. In diesem Prozeß ist es so unausbleiblich wie willkommen, daß der Vorgang dieses Stimulans und die Struktur dieser Bezugnahme vielfältiger, unmittelbarer, sinnlicher und naiver werden. Die großen Konzeptionen des Erbes bei Brecht wurden im Aufgreifen der alten Stoffe und im neuen Auslegen der alten Fabeln verwirklicht. Brecht, wie auch Heiner Müller und Peter Hacks, beginnen bei der klassischen Fabel, durch deren Veränderung und Verarbeitung erst die neue Wirklichkeit und die veränderte Wirkung eingebracht werden. Die Fabel in den »Neuen Leiden des jungen W.« geht vor allem den umgekehrten Weg: Sie beginnt bei der neuen Wirkung des alten Textes in der heutigen Wirklichkeit, und aus der Spontaneität und Unmittelbarkeit dieser Wirkung wird die Potenz des Erbes als eine entwicklungsfähige Größe in der sozialistischen Gesellschaft angedeutet.

Diese Methode der naiven Rezeption eines Erbes, das »poppt« (wie Edgar Wibeau sagt), umgeht die große weltanschauliche Debatte mit der Vergangenheit durch ihre Stilisierung in der Figurenperspektive. Sofern diese Perspektive eine noch so treffliche Einfühlung auf Kosten der Bewußtheit in der kritischen Aneignung hervorbringt, sind ihr ganz bestimmte Grenzen gesetzt. Erst dort, wo figürliche Unmittelbarkeit und schriftstellerische Konzeption im Umgang mit dem Erbe zusammenfallen, erfolgt weder eine Zurücknahme noch eine Wiederholung des humanistischen Entwurfs, sondern etwas Drittes, das *zwischen* Kritik und Wiederherstellung liegt und am besten durch eine naive Weise kritischer Aneignung bezeichnet wird. Das Produkt dieser Aneignung ist nicht die reproduzierte Summe der darin beschlossenen Teile und Möglichkeiten, sondern ein imaginäres Abbild der Wirkungsgeschichte des klassischen Werkes in einem bestimmten Augenblick *seiner* und *unserer* Geschichte. Es zeigt Wirkungen, die *von* diesem Werk ausgehen, die aber zugleich Wirkungen *gegen* die (bisherige) Aufnahme dieses Werkes kritisch auslösen und die Geschichte seiner Aufnahme eben dadurch verändern, daß sie diese auf neue und originelle Weise mitvollziehen.

Schließlich fordert dieser Vorgang die Literaturkritik und die Literaturgeschichte zu einem verstärkten Bewußtsein ihrer Wechselbeziehungen heraus, und er wirft Fragen auf, die über den Rahmen der vorliegenden Betrachtung schon dahingehend hinausweisen, daß sie eine erweiterte Basis und neuen Stoff für theoretische Verallgemeinerungen zur Funktion des Erbes im literarischen Prozeß selbst bieten. Nur soviel sei abschließend gesagt: Eine Theorie des Erbes und die wissenschaftlich begründete Idee einer Tradition werden die Kunst am ehesten dort bereichern können, wo sie von dem, was in der Literatur wirklich geschieht, ausgehen. Wie Ulrich Plenzdorf (und nicht nur er) beweist, ist das Verhältnis von Gegenwart und Erbe in Bewegung geraten. Eine Wissenschaft, die sich dieser Bewegung stellt, steht vor einer aktuellen Aufgabe: Sie wird die Grenzen der Literaturgeschichte und den Bereich der Literaturkritik in wechselseitiger Richtung durchdringen müssen. Das ist, unter anderem, auch eine methodologische Frage: Aus der Einheit von Literaturgeschichte und Literaturkritik erweist sich der Vorgang des Bewahrens und der Prozeß der Erneuerung als eins. Die Literatur vergangener Zeiten und das literarische Schaffen der Gegenwart begegnen sich im Zusammenhang ihrer gesellschaftlichen Funktion, die auch den alten Gegensatz von Literaturgeschichte und Literaturkritik mitten ins Herz trifft.

WIELAND HERZFELDE Ich bin hoffentlich nicht der einzige naive Teilnehmer an dieser Diskussion, bis auf den Umstand, daß ich den »Werther« und den Salinger kenne. Aber ich möchte gleich eine Frage aufwerfen: Stimmt es wirklich, daß das Verhältnis des Helden oder des Autors, der ziemlich identisch zu sein scheint für den Leser, zur Klassik oder zum Werther naiv sei? Ich möchte es umdrehen und behaupten, daß der »Werther« ein naives Buch ist, genauer ein primäres, insofern, als es eine primäre Reaktion auf erlebtes Leben seiner Zeit bedeutet. Das heißt, ein Großteil von Dichtung, speziell erzählender Dichtung, ist doch eine naive Reaktion nicht auf andere Produkte der Literatur, sondern einfach auf das, was einem selbst oder anderen Menschen widerfährt. Hier ist, glaube ich, eben das Umgekehrte der Fall, und da erhält dieser neue Werther, oder diese Werther-Paraphrase, eine erhebliche Bedeutung. Es ist sehr typisch für einen ganz großen Teil dessen, was wir heute Literatur nennen, daß es nicht eine naive, sondern eine – wie soll ich das nennen – abgeleitete Konfrontation mit dem Leben darstellt. Das heißt: Der Held dieses Buches erlebt natürlich allerhand, und manches davon erfährt man so vital, daß man sich freut, zum Beispiel wenn die Kinder auf seinem Grundstück herumtrampeln und dann wieder neugierig und ganz nett werden, als er zu malen beginnt. Diese Primärerlebnisse sind aber gemischt, sogar stark gemischt, nicht nur mit dem Werther-Erlebnis und mit dem Salinger-Erlebnis. Zur Wirklichkeit gehören eben nicht nur Äpfel oder Briketts, sondern auch vermittelte Wirklichkeit der Dinge und Lebewesen. Sei es die Wirklichkeit des produzierenden oder des rezeptiven Lebens in Büchern, Theatern, Kunstwerken, in Film, Fernsehen. Mir scheint, man kann bei dieser Erzählung nicht von naiv sprechen, sie ist typisch unnaiv und damit ist sie typisch für die Schwierigkeiten des Schriftstellers heute, die andere sind als die, die Goethe vorfand, und auch andere, wie ich sie in meiner Jugend vorfand, wo jener Prozeß zwar schon eingesetzt hatte: wo zum Beispiel die Entdeckungen gewisser Maler in Frankreich plötzlich auch auf die Literatur einen ungeheuren Einfluß ausübten, auf Dichter von Rimbaud bis Becher und Benn.

Es gibt eine ungeheure Dimension neuer Realität, die weder Goethe noch – beinahe hätte ich gesagt Brecht – zur Kenntnis genommen haben, eine Realität, wie sie erst kürzlich in einer Rede von Gromyko so außerordentlich konkret geäußert wurde wie von Politikern der Revolution bis dahin meines Wissens nicht. Da liest man zum Beispiel: »Die Existenz von Atomwaffen und ihre Aufhäufung haben die Vorstellung davon radikal geändert, welche Folgen militärische Konflikte für die Völker haben können ... Um eine atomare Katastrophe zu vermeiden, muß der Verzicht auf die Anwendung von Gewalt in den internationalen Beziehungen zum internationalen Gesetz erhoben und gleichzeitig der Einsatz von Kernwaffen verboten werden.« Ich glaube, diese Sätze hätten noch vor kurzer Zeit nicht geschrieben werden können.

Wir leben in einer Zeit, deren Jugend sehr vieles, sagen wir mal schnöde, als kalten Kaffee behandelt. Das gab es immer schon.

Es ist also ein erheblicher Teil neuer Welt entstanden, und diese Situation ist, soweit ich es weiß, erst sehr sehr in den Anfängen künstlerisch verarbeitet worden. Infolgedessen ist der Rest, der von früher bliebe, in Gefahr, lächerlich oder komisch, jedenfalls nicht im selben Licht gesehen zu werden wie jahrhundertelang, wo zum Beispiel der Untergang der Menschheit und der Tierwelt ernsthaft dargestellt wurde, nämlich als Sintflut: weil die Gefahr, daß die Menschengattung durch die Unmenschlichkeit von Menschen aus der Welt verschwindet, nicht existiert hat. Die ganze Klassik, auf die wir uns stützen, ist von diesem schrecklichen Schatten einer Welt, in der es vielleicht nicht mal mehr Pflanzen und Tiere gibt, geschweige Menschen, noch nicht überschattet. Aber heute leben wir in einer Welt, wo dieser Schatten, man denke nur an Vietnam, eine plastische und fast alltägliche Form angenommen hat. Die Schwierigkeit des Künstlers im allgemeinen und der Schriftsteller im besonderen, mit jener neuen Realität fertig zu werden, hat auch dem Erzähler Plenzdorf die Feder geführt. Wenn ich bei flüchtiger Bekanntschaft mit dieser Erzählung überhaupt etwas aussagen darf, so, daß dieser Widerspruch zwischen der klassischen Welt und der heutigen, dieses Lavieren zwischen einer Gegend, die man nur noch ungenügend kennt, oder einer, in der man sich noch nicht auskennt, das Charakteristische der Erzählung ist. Die starke Wirkung, die von ihr ausgeht, beruht unabhängig von den Leiden des W. auf den Leiden von A bis Z, mit denen sich heute jeder, der produziert, so oder so, auseinandersetzen muß, wehleidig, humoristisch, was weiß ich. Es gibt ja viele Methoden. Innerhalb der Erzählung sind einige Methoden, soweit ich es bemerkt habe, versucht worden, von der schnoddrigen Ironie bis fast zum Naturalismus: zum Beispiel, wo die Kinder dem Maler über die Schulter schauen. Das alles ist, glaube ich, der Grund, warum auf diese Erzählung so stark von den Lesern reagiert wird. Ob bejahend oder verneinend, jedenfalls nicht gleichgültig.

ERNST SCHUMACHER Professor Girnus hat die Frage aufgeworfen, wie sich die Wirkung gerade dieser Arbeit von Plenzdorf erklärt. Ich sage »Arbeit«, denn es liegen ja mehrere Fassungen des Stoffes, noch dazu für verschiedene Medien, vor: für den Film, für das Theater, für die Literatur. In unserer bisherigen Diskussion konnte man den Eindruck gewinnen, die Wirkung sei vor allem von der Veröffentlichung in »Sinn und Form« ausgegangen – ganz natürlich, wenn man hier im Kreis der Sektion »Literatur und Sprachpflege« diskutiert. Ich glaube demgegenüber, daß ein Großteil der Wirkung gerade von der Aufführung im Landestheater Halle ausgegangen ist. Und bei Analyse dieser Reaktion komme ich zu etwas anderen Ansichten, als sie sich in der ausgezeichneten Interpretation der Arbeit von Plenzdorf durch Robert Weimann darstellen. Aus dieser Interpretation könnte man fast den Eindruck gewinnen, daß das Interesse an Plenzdorfs Arbeit von der Kunstfertigkeit abhängt, mit der hier das Erbe (in der Form der »Leiden des jungen Werthers«) in individuelles Leben und Erleben eines jungen Menschen von heute eingegangen ist. Ich meine demgegenüber, daß das Interesse an Plenzdorfs Arbeit in viel stärkerem Maße dadurch bedingt und bestimmt ist, daß sich hier ein junger Mensch von hier und heute in der Sprache der heutigen jungen Generation artikuliert. Wenn ich die Reaktion der jungen Leute unter den Zuschauern der Aufführung des Landestheaters Halle untersuche und bewerte, so glaube ich mit einigem Recht sagen zu können, daß sie das Verhältnis des jungen Edgar Wibeau zu Werther und Lotte vor allem als amüsanten Einstieg in die Geschichte bzw. als amüsante Verfremdung nahmen, aber ihr Interesse war ungleich stärker auf jene Punkte gerichtet, wo sich dieser junge Mensch in der Sprache der heutigen jungen Generation zu hiesigen, sehr konkreten, sie in ihrem individuellen So-und-nicht-anders-Sein wie in ihrer gesellschaftlichen Existenz betreffenden Problemen äußert. Um es zugespitzt zu sagen: Diese vornehmlich jungen Zuschauer hat ungleich mehr interessiert, wie sich Edgar über Blue jeans und über die Beziehungen zum anderen Geschlecht und über seinen Lehrmeister, seine Mutter und seine Kollegen von der Malerbrigade ausläßt, als seine Kommentare zum »Werther«. Ich würde also sagen, der interessante und für mich wirklich poetische Einfall, Werthers Leiden gleichsam hiesig, heutig zu reproduzieren (wenn auch mit den Brechungen, wie sie hier von Weimann dargelegt wurden), spielte für die Wirkung, um nicht zu sagen die außerordentliche Anziehungskraft dieser Arbeit (zumindest in der Form der Theaterarbeit) gerade auf junge Leute nicht die Rolle, wie sie hier in der ausgezeichneten Analyse des Werkes durch Weimann zumindestens indirekt unterstellt ist – indirekt deshalb, weil er ja in seinen Ausführungen auf die von mir apostrophierten Wirkungsquanten keinen ausdrücklichen Bezug genommen hat. Mir will scheinen, daß man zumindest hier in diesem Rahmen, wo die Sektion »Literatur und Sprachpflege« der Akademie Gastgeber ist, ungleich mehr über die Sprache sagen müßte, die dieses Stück (oder diese Arbeit) von Plenzdorf auszeichnet. Gerade durch eine solche Analyse könnte man einen Zugang zur Wirkung dieser Arbeit auf Denken und Empfinden dieser jungen Leute gewinnen. Ich würde also vorschlagen, daß Robert Weimann ein erweitertes Exposé bzw. eine Erläuterung in dieser Richtung gibt. Und wenn man sich noch dazu überlegt, wie gerade die Transformation der Filmerzählung in die lebendige Sprache des Theaters, also in die Sprache, die von wirklichen Menschen, nicht von literarisch geronnenen Gestalten gesprochen wird, zu Veränderungen des Ausdrucks bzw. der Ausdrucksweise der Hauptfigur geführt haben, so bestünde noch mehr Grund, in diesem Rahmen über die Funktion der Sprache als Mittel, über personale Äußerung und Entäußerung Gesellschaftliches, Ideologisches nach außen zu bringen, zu reflektieren und zu streiten. Für mich ist es ein interessantes Phänomen, wie gerade das Umschreiben, Neuschreiben für eine Form der Darstellung auf dem Theater das Hier und Heute ans Tageslicht (in der Form des Bühnenlichts) gebracht hat. Wenn Wieland Herzfelde gesagt hat, die Wirklichkeit von hier und heute sei nicht durchdrungen, so stellt für mich Plenzdorfs Arbeit einen Ansatz zu einer solchen Durchdringung dar, und sie geschieht von seiner Seite aus mit dem Zustoß, dem Zugriff durch die Sprache, die sich zusammensetzt aus einer genauen Kenntnis des Jargons, des Idioms, des Argots, der »Blumensprache«, des Dialekts junger Leute von heute und ihrer raffinierten Verfeinerung durch den Schreibenden, die wiederum durch den Darsteller etwas Individuelles, Persönliches erhält und damit eine nochmalige Raffinerierung erfährt.

Ich fasse also zusammen: Was Horst Schönemann mit dem Stück in Halle gemacht hat, hat auf die jungen Leute nach meiner Meinung einen so starken Eindruck gemacht, weil sich der Held des Stückes so geäußert hat, wie sich eben Siebzehnjährige hierzulande äußern, und dabei Probleme angesprochen hat, die sie unmittelbar bewegen. Das Verhältnis zum Erbe spielte dabei eine geringere Rolle, als es in diesem Kreis bisher auf Grund des Referats von Weimann den Anschein haben kann. Das ist eine These.

WILHELM GIRNUS Ich glaube, wir würden Robert Weimann mißverstehen, wenn wir das, was er gesagt hat, so verstehen sollten, als wolle er die Beziehung zum Werther als das Kernproblem der ganzen Arbeit betrachtet wissen. Vielleicht kann Ulrich Plenzdorf etwas darüber sagen?

ULRICH PLENZDORF Zu Reaktionen auf den »Sinn und Form«-Text und auf die Hallesche und die Potsdamer Inszenierung. Sie sind für mich umwerfend heftig gewesen, auch deswegen, weil die ganze Sache ja ursprünglich für die Schublade geschrieben war. Ich hatte mir das nicht ausgerechnet und nicht träumen lassen. Der Grundton aller war Sympathie und mehr, bei Presse und Publikum, abgesehen von einem Verriß von Herrn Lewerenz.

Trotzdem halte ich es für zu früh, da zu verallgemeinern. Wie es weitergeht, werden die zwei Berliner Inszenierungen in allernächster Zeit zeigen und vor allem die Buchveröffentlichung bei Hinstorff im März 1973. Im Moment bin ich einfach in der Situation, dazusitzen und zu sammeln und glücklicherweise auch Dinge interpretiert zu hören, von denen ich nicht dachte, daß sie drinstehen.

WILHELM GIRNUS So etwas bringen Literaturwissenschaftler gelegentlich fertig.

ULRICH PLENZDORF Ich meine das ernster. Der Text ist bewußt auf Auslegbarkeit geschrieben. Ich meine auch mehr Publikumsreaktionen und weniger Professor Weimanns Analyse. Obschon er gerechterweise im Zusammenhang mit ›epigonal‹ und ›Salinger‹ auch den Namen Böll hätte nennen müssen, abgesehen davon, daß ich natürlich auch noch andere Autoren kenne.

WILHELM GIRNUS Die erste Lektüre des Werther fand noch während der Schulzeit statt?

ULRICH PLENZDORF Ja.

WILHELM GIRNUS Wie war die Wirkung?

ULRICH PLENZDORF Werther stand nie auf dem Lehrplan. Aber der Autor sprach einfach gegen sich selbst nach dem, wie einem in der Schule das Erbe ›nahe‹ gebracht wird. Die spätere Werther-Lektüre war dann mit Abstand und natürlich nicht mehr naiv, etwa 1968. Es ging mir da im Prinzip wie Edgar Wibeau. Zunächst sah ich nur die Aktualität bestimmter Textstellen, von denen ich dann einige verwendet habe, später mehr.

Ansonsten kann ich zur Geschichte der Geschichte nur soviel sagen, daß außer dem Werther und einem Zeitungsartikel, vielmehr: einem Satz daraus (des Sinnes, daß eine Brigade mit einem ihrer jungen Mitglieder nicht zurechtkam), die Hauptrolle äußerer Druck gespielt hat, will sagen, mehrere Jahre, in denen ich nie ganz das machen konnte, was ich wollte, und ebenso wiederholte Zurückweisungen des Stoffes.

WALTER LEWERENZ Es wurde von Professor Weimann gesagt, daß wir diese Art Aneignung des Erbes auch bei anderen Autoren beobachten. Von Volker Braun war die Rede. Ich glaube, das ist richtig. Auf vielfältige Weise geschieht die bewußte Aneignung solcher Vorbilder. Aber ich möchte auf etwas anderes hinweisen, was wir gleichfalls in der neueren Literatur der jüngeren Autoren beobachten und was mir sehr wichtig erscheint: Fünfunddreißigjährige wählen Zentralgestalten, die im jugendlichen Alter sind. Zwar ist deren sprachlicher Gestus bei anderen Autoren nicht so ausgeprägt wie hier; aber wir bemerken auch bei ihnen diese, ich möchte sagen, bewußte Simplizität. Es wird das Weltbild des Autors gleichsam auf einen einfachen Nenner gebracht, bewußt vereinfacht, und es wird versucht, schöpferische Unzufriedenheit mit bestimmten Erscheinungen unseres Lebens auf diese Weise auszudrücken. Meine Frage: Liegt darin nicht doch eine gewisse Inkonsequenz, das heißt, liegt hier nicht eine gewisse Zagheit vor? Was die Dreißig- bis Vierzigjährigen bewegt, wird noch nicht in aller Deutlichkeit ausgesprochen: Sie leihen sich jemanden aus, einen Jugendlichen, mit dem sie es zu sagen versuchen.

Das zweite wäre: Daß sie sich dem Werther, dem Sturm und Drang zuwenden, geschieht aus einer gesellschaftlich begründeten, als echt empfundenen Notwendigkeit, nämlich aus dem Gefühl, in einer dynamischen Gesellschaft zu leben, die allem Spießigen und Starren den Kampf angesagt hat. Und doch trauen sie sich nicht so recht, diesem Sturm-und-Drang-Gefühl in aller Klarheit Ausdruck zu geben, und nehmen es immer wieder ein bißchen zurück. Das schien mir gerade in der Erzählung der Fall zu sein. Wenn ich etwas kritisieren wollte, so würde ich sagen, daß der Werther nicht in der ganzen Konsequenz angeeignet wird, das heißt, daß ich den Werther, daß ich das, was Werther heute bedeutet, nicht in der Tiefe und in dem Beziehungsreichtum ausgeschöpft und umgesetzt finde, wie ich es in Anbetracht des Anspruchs, den Plenzdorf mit seinem Werther-Einfall erhebt, und in Anbetracht der tatsächlichen Konflikte und Möglichkeiten unserer Gesellschaft gewünscht hätte. (An dieser Stelle verliest Wilhelm Girnus den Brief von F. K. Kaul an die Redaktion von »Sinn und Form«.)

STEPHAN HERMLIN Ich halte die vorgelesene Zuschrift nicht für so ungeheuer interessant, daß man sich groß und breit damit auseinandersetzen müßte. Ein altes Argument wird vorgestellt, das immer aktiviert wird, wenn ein Stück neue Kunst irgendwo auftaucht, und hier geht es um ein authentisches Stück neue Kunst. Man argumentiert, daß das ja nicht typisch sei, sondern daß es eben nur irgendeine, in diesem Falle verhaltensgestörte Minderheit angeht, während man in den Werkhallen etwas ganz anderes erleben könnte. Verhaltensgestört, also krank, sind die anderen; man selber ist kerngesund.

Übrigens hält der Briefschreiber, den ich zufälligerweise kenne – von seinem gestörten Verhältnis zur Sprache will ich nicht reden –, sich gewöhnlich nicht in Werkhallen auf. Er hat gar keine Zeit dazu, da er eine große Praxis hat und außerdem sehr viele Kriminalhörspiele und Kriminalromane schreibt. Und so kann er auch nicht wissen, wie Arbeiterjugend denkt.

Das Wichtige an Plenzdorfs Stück ist, daß es vielleicht zum erstenmal, jedenfalls in der Prosa, authentisch die Gedanken, die Gefühle der DDR-Arbeiterjugend zeigt.

Auf den Brief würde ich nicht weiter eingehen, er ist belanglos.

HORST SCHÖNEMANN Vielleicht kann ich die Diskussion noch bereichern mit meinen Erfahrungen aus vielen Diskussionen, die ich in der Vorbereitung der Aufführung des Stückes, seit Beginn des Jahres 1972, geführt habe in Halle und jetzt in Berlin, wieder in Vorbereitungsgesprächen mit Berliner Jugendlichen und Erwachsenen und Probenbesuchern.

Für sie ist dieser riesige Monolog, dieses große Geständnis, die Mitteilung eines Siebzehnjährigen von der Bühne herab an vierhundert bis achthundert Zuschauer, Jugendliche und Erwachsene, vor allem eine politische Auseinandersetzung mit der Frage: Wie muß und wie kann in den 70er Jahren die Erziehung junger Menschen aussehen? Die erwachsenen Zuschauer bekunden immer wieder, daß sie nicht der Meinung sind, daß es sich nur um ein Stück für Jugendliche handelt, sondern sehr wohl auch um ein Stück für Erwachsene, weil über die Figuren der Mutter, des Vaters, des Lehrausbilders, des Professors, des Brigadiers, Dieters, die Frage an uns gerichtet wird: Wie werden wir unserer Verantwortung gerecht? Diese Frage wird gestellt, und wie denn in einer Gesellschaftsordnung wie der unsrigen, die auf Arbeitsteilung und Zusammenarbeit angewiesen ist, die komplizierte Dialektik zwischen Disziplin und notwendigem Schöpfertum zu realisieren ist, bis zur Frage der Selbstverwirklichung des Subjekts unter unseren objektiven Bedingungen. Auf die Frage: Wo kommt die Wirkung her?, möchte ich antworten: – Sie liegt in der Tatsache, daß hier politische, soziale Fragen gestellt werden, die herangereift sind, die wir beantworten müssen. Ich verstehe auch die Diskussion über ein neues Jugendgesetz so.

Edgar Wibeau schlägt sich mit der Frage seiner Erziehung herum, mit der Bevormundung, mit der Frage der Selbstverwirklichung, der Frage des persönlichen Spielraums, innerhalb dieser dichten Kette von Kindergartenbemutterung, Elternhausbemutterung, Schulbemutterung, Universitätsbemutterung und -führung; wo kriegt der junge Sozialist, der Mensch, der, in unseren Schulen hoch gebildet, reichlich informiert, heutzutage als Siebzehnjähriger schon eine anspruchsvolle Persönlichkeit ist, wie, wo kann er sich bewähren, um zu zeigen, wer er ist? Das will er doch, das soll er doch!

Das Stück wirft die Frage auf, welchen Typ eines jungen sozialistischen Menschen wollen wir: den, der sich gut einfügt, anpaßt, den, der uns Erwachsenen, Erziehern und Leitern gar keinen Ärger macht, der für uns der Bequeme ist, also Dieter im Stück etwa, oder brauchen wir für die weltweiten Kämpfe der Zukunft die kämpferische Persönlichkeit, die sich im sozialistischen Kollektiv zu optimieren gelernt hat?

Natürlich letzteres, und die Frage ist ja auch theoretisch längst beantwortet. Aber in der Praxis ergeben sich täglich Fragen zu diesem Thema.

Das Stück hat nach meiner Beobachtung gerade durch die sehr subjektiven Äußerungen der Hauptfigur die Diskussion dieser Problematik außerordentlich erfrischt.

In dem Zusammenhang stellen die Zuschauer die Frage: Ist Edgar Wibeau denn repräsentativ, ist er typisch? Sie geben auch die Antwort: Nein, aber seine »Leiden«, die er registriert und ausspricht, die viele, viele junge Menschen auch kennen, nicht immer aussprechen, diese »Leiden«, oder anders ausgedrückt, diese Probleme sind typisch, sie stehen an. Sie fragen auch, ob denn Edgar ein Vorbild sei, wenn er schon der Hauptheld ist. Und sie geben die richtige Antwort: »Edgar hat vorbildliche Züge und nicht vorbildliche Züge. Einen nur vorbildlichen Menschen kann es nicht geben. Seine Intelligenz, sein Fleiß, Durchschnitt 1,1, der beste Lehrling, seine Liebe zur Kunst, seine technischen Kenntnisse und Fähigkeiten, sein Einfallsreichtum, seine Phantasie, sein Können, seine Sensibilität, seine Bereitschaft zur Selbstkritik (auch wenn er tot ist, aber dafür ist's ja auch eine Theaterfigur), sein Interesse für unsere politischen Fragen, das alles macht ihn anziehend. Daß er flüchtet, daß er nicht richtig kämpft, weder mit seiner Mutter, mit dem Ausbilder, dem Brigadier, daß er nicht um Charlotte kämpft, das ist kritikwürdig. Aber die Wahrheit ist doch, wer macht schon immer alles richtig?«

Da das im Leben so ist, mögen die Zuschauer offenbar auf der Bühne keine Figuren, die sich immer nur so verhalten, wie's durchaus richtig wäre: Edgar könnte seine Probleme in der FDJ klären. Könnte er das? fragen die Zuschauer und streiten. Er könnte ins Zentrum junger Neuerer gehen, die von ihm erfundene Spritze zu bauen, ja. Aber jeder versteht auch den Ehrgeiz, endlich etwas ohne Hilfe zu machen, ganz alleine. Daß Edgar unvorsichtig wird und dadurch sterben muß, finden sie ärgerlich, aber begreifen auch, daß sein Tod uns zwingt, uns mit seinen Problemen ernsthaft zu beschäftigen. Mehr, als wenn er sich nur verletzt hätte. – Und ist es richtig, fragen sie, daß sich eine Figur so subjektiv äußert? Im Leben ja, auf der Bühne auch? Ist das nicht gefährlich? Gefährlich ist, sagen sie, wenn wir unsere Probleme nicht aussprechen und vor allem nicht lösen! Im Leben! Nicht an einem Theaterabend. Aber das Theater eben muß dabei helfen! Kann dies Stück helfen? Wir müssen lernen, uns den Problemen und auch Gefahren zu stellen! Sie uns vom Leibe zu halten, geht auf dieser Welt nicht mehr und haben wir nicht mehr nötig. Aber all das erfordert größtes Verantwortungsbewußtsein, Kampfbereitschaft, die Fähigkeit zu streiten. So ist das auch mit dem Stück, es hilft dabei. Natürlich, das ist auch neu, aber das große Interesse zeigt doch auch, wie sehr das Stück ins Zentrum der Interessen heutiger Zuschauer trifft. Das müssen wir doch ernst nehmen.

WOLFGANG KOHLHAASE Ich glaube, daß diese Geschichte einen für unsere Verhältnisse ungewöhnlichen Erfolg hat. Wir haben Grund, nach dem Warum eines solchen Erfolges zu fragen. Er kommt doch offensichtlich zustande einmal aus der Qualität, die in der Geschichte steckt, aus der Arbeit von Plenzdorf, aber offensichtlich auch, weil in einem gegebenen Moment diese Qualität auf ein ganz bestimmtes Bedürfnis trifft, das lange nicht befriedigt worden ist. Diese Geschichte scheint für viele Leser etwas zu liefern, was ihnen sehr lange nicht geliefert worden ist. Das scheint mir wichtig zu sein.

Ich glaube auch, um das zu unterstreichen, was Schumacher

sagte, der Haupteffekt der Geschichte liegt im gesellschaftlichen Bereich, nicht so sehr die Stellung zum Erbe, obwohl das ein sehr interessantes Motiv ist, sondern die Stellung, glaube ich, junger Leute zur Gesellschaft. Ich will das auch unterstreichen: die Funktion der Sprache in der Geschichte. Ich glaube, das ist viel mehr als ein Kunstgriff, mehr als die Möglichkeit, der sich natürlich Prosa immer bedienen kann, daß sie in die Alltagssprache geht, daß sie Jargon verarbeitet.

Mir scheint wichtig, daß Plenzdorf hinter den Sprechweisen den Denkweisen auf der Spur ist. Denkweisen und wohl auch Fühlweisen – das ist ein dummes Wort – verändern sich unmerklich; mit zwanzig ist man ein anderer Mensch als mit vierzig.

Wenn so etwas verdrängt wird, statt daß man es für ein normales Phänomen der Entwicklung hält, verhält man sich töricht. Insofern richtet sich diese Geschichte auf Fragen, die uns in unserer Beziehung zur Jugend ganz allgemein betreffen. Ich halte sie für einen öffentlichen Erfolg, nicht nur für einen literarischen, sie geht auf schwierige moralische Fragen ein. Und wenn Besorgnis am Platze wäre, so dürfte sie sich nicht auf ein Stück Literatur richten, sondern natürlich auf die Realität. Es ist ein Mißverständnis, wenn sich Besorgnis, die man aus einem gemeinsamen Verantwortungsbewußtsein hat, eher an die Beschreibung der Realität wendet statt an die Realität.

Ich glaube also, daß die Geschichte viele Fragen aufwirft, die über das Literarische hinausgehen, und sie ist von der glücklichen Art, daß sie in einem Moment erscheint, wo solche Dinge – man sagte das eben schon – uns wieder stärker ins Bewußtsein treten.

Zum Durchschnittlichen. Daß wir den durchschnittlichen Menschen zum Gegenstand der Literatur machen, davon geht doch keiner einen Zentimeter ab. Nur das Durchschnittliche kann ja im Ästhetischen nicht auftreten wie das Statische. Im Ästhetischen bedarf die Darstellung des Durchschnittlichen einer besonderen Überlegung. Mich bringt dieser Junge trotz seiner sehr undurchschnittlichen Geschichte, daß er in seiner Laube haust usw., auf sehr durchschnittliche Fragen, generelle Fragen – das unterstreicht ja auch der Erfolg, den die Sache hat. Und im übrigen würde ich sagen: Wir streben eine sehr vernünftige Welt an, aber wenn alles nach den Regeln der Vernunft ginge, würde nichts mehr passieren. Wenn jeder, bevor er etwas macht, sich an der richtigen Stelle erkundigte, wenn der Mann, den man fragen kann, im richtigen Moment auf den Plan träte, hätten wir eine ideal eingerichtete Welt, aber die haben wir ja leider nicht, und sie kann offensichtlich auch in der Beschreibung von Wirklichkeit nicht so sein.

Ich habe darüber nachgedacht, inwiefern die konsequente Beschränkung auf eine Perspektive der Geschichte dient oder nicht. Ich halte das für eine erlaubte Position. Man hat darüber immer mal gestritten, wie klug muß der Autor sein oder auf wieviel Positionen muß er sich stellen oder wieviel Perspektiven muß er in eine Sache einbringen. Ich behaupte nicht, daß die hier gewählte die einzige Möglichkeit sei, aber es ist offensichtlich eine Möglichkeit. In dieser subjektiven Entschiedenheit liegt ein poetischer Reiz und eine poetische Chance. Ich weiß nicht, ob etwas anderes schwerer oder leichter zu machen ist. Aber die poetische Geschlossenheit, die so in diesem Falle entsteht, macht ja die moralische Provokation, die in dieser Geschichte steckt, erst möglich. Und daß sie so geschlossen ist, hat sicherlich mit der Betonung der Hauptfigur zu tun, mit der Entschiedenheit, mit der sich Plenzdorf anscheinend auf die Position seines Helden begibt, jedenfalls in der ästhetischen Konstruktion. Das war hier wohl produktiver, als es ein mittleres Bescheidwissen gewesen wäre, als wenn Rede und Gegenrede verteilt gewesen wären: jeder hat mal recht und mal unrecht. Die Provokation, die in dieser Figur steckt, die Beunruhigung des Lesers, ist wichtig, jedenfalls denke ich, sie ist beabsichtigt.

Das war sehr unsortiert und drückt eigentlich nichts anderes aus als meine Sympathie mit diesem Unternehmen.

PETER ULLRICH Das ausgeprägt subjektive Verhältnis des Autors zu seinem Helden und seines Helden zur Welt scheint mir einer der Hauptgründe für den Erfolg der »Neuen Leiden des jungen W.« besonders bei jüngeren Lesern und Zuschauern zu sein.

Professor Weimann hat in seinem Referat die Fabel des Stückes sozusagen pur wiedergegeben. Diese Fabel könnte man auch – und das ist nicht nur eine Hypothese, sondern ist anhand von Beispielen aus unserer Literatur zu belegen – von einem Standpunkt erzählen, den man, überspitzt, ungefähr so bestimmen kann: Ich kenne die objektiven Gesetzmäßigkeiten der Entwicklung, ich kann alle Erscheinungen der Wirklichkeit einordnen, sie haben diesen oder jenen gesellschaftlichen Stellenwert, für alles gibt es, wie Horst Schönemann vorhin sagte, eine Schublade.

Ich glaube, vielen jungen Leuten, die im Theater sitzen oder Bücher lesen, graut es geradezu vor dieser Klugheit der Autoren, die alles wissen und alles schon von vornherein wissen. Diese Besserwisserei führt nicht nur zur Langenweile, sondern verhindert auch einen Erkenntnisprozeß. Gerade ein subjektiver Standpunkt, eine ganz persönliche Sicht – auch wenn die Subjektivität übertrieben ist – ist es, mit der man sich identifizieren kann oder von der man sich distanziert. Auf jeden Fall fordert sie zur geistigen Aktivität, zur Auseinandersetzung heraus. Natürlich trifft das nur auf ein Publikum zu, das einen eigenen Standpunkt zur Realität hat und nicht nachbetet, was man ihm vorsetzt.

Diese Rolle des Subjektiven im Kunstwerk scheint mir ein weiterer Punkt der Rezeption des »Sturm und Drang« zu sein, möglicherweise ist er für unsere Literaturentwicklung wesentlicher als die motivliche und verbale Analogie zum »Werther«.

Das emotional ungeheuer starke Bekenntnis zum Subjekt, der Geniekult, die Behauptung (bis Überschätzung) der eigenen Persönlichkeit – das sind einige der Punkte gewesen, die die Stürmer und Dränger der für sie rational überbetonten Aufklärung entgegensetzten. Und unsere heutigen jungen Menschen stehen in einem ähnlichen Verhältnis zur Realität. Vollgepfropft mit dem Wissen der Väter, suchen sie ihren eigenen, persönlichen Standpunkt zu sich und zur Welt. Dazu brauchen sie – besser sage ich, dazu brauchen wir – ganz starke subjektive Anregungen und nicht so sehr – und schon gar nicht in der Kunst – Lehrmeisterei und rationelle Aufklärung darüber, wie wir die Welt zu begreifen haben. Das äußert sich dann so wie bei Edgar Wibeau oder auch wie beim Kipper Paul Bauch, nur daß Volker Braun im Unterschied zu Plenzdorf die Figur von der Philosophie her aufbaut und sie sprachlich-poetisch auf einer ganz anderen Ebene ansiedelt. Aber auch Paul Bauch ist eine »Sturm-und-Drang«-Figur, wenn auch auf einer ganz anderen gesellschaftlichen Grundlage.

Der für den Zuschauer produktive Bezug liegt im Prozeß des Sich-selbst-Findens, des Sich-als-Persönlichkeit-Begreifens der Figuren und in der Übereinstimmung oder Nichtübereinstimmung der eigenen Entwicklung mit diesem Prozeß. Eigene Wünsche und Vorstellungen werden auf der Bühne formuliert, eigene Probleme ausgesprochen, die Selbsterkenntnis der Figur wird zur Selbsterkenntnis des Zuschauers.

Natürlich liegen in der Überbetonung der subjektiven Sicht und

Haltung zum Beispiel des Edgar auch Gefahrenmomente, aber diese Momente haben ihre Ursache nicht im Stück – Wolfgang Kohlhaase hat darauf hingewiesen –, sondern in der Realität. Wer sich unkritisch mit Edgar identifiziert, wer nicht gelernt hat, sich kritisch mit der Wirklichkeit und ihren Abbildern in der Kunst auseinanderzusetzen, für den wird dieses oder jenes zu einem falschen Verhalten oder zu einer falschen Meinung führen können. Aber wer mit beiden Beinen auf der Erde steht, wer weiß, welche Rolle zum Beispiel die Neuererbewegung spielt, wer selbst dabei mitarbeitet, den wird das Stück in keiner Weise irreführen können, und er wird auch die Stellen verdauen, an denen Edgars Bild von der Welt unvollständig oder schief ist. Selbsterkenntnis und Kritikbewußtsein, beides sind legitime Wirkungen der Kunst.

Nichts scheint mir schädlicher zu sein, als das starke Bedürfnis der Jugend nach Ausprägung ihrer Subjektivität oder auch ihre Sehnsucht nach Exotik und Romantik – beide Komponenten hängen eng zusammen – zu verurteilen oder sie in Gegensatz zu ihrer gesellschaftlichen Aufgabe und Leistung zu bringen. Natürlich umgibt diesen merkwürdigen, begabten Jungen, der sich in eine verlassene Gartenlaube zurückzieht und dort lebt, auch ein Hauch von Exotik und Abenteuer. Aber auch das ist ein legitimes Bedürfnis, denn es braucht schon eines sehr hohen Grades von Bewußtheit, um unser alltägliches Leben als das Abenteuer zu begreifen, das es ja tatsächlich ist. Und so wird jede Möglichkeit, zusammen mit der Kunst auf Abenteuersuche zu gehen, dankbar und begeistert aufgenommen, denken wir an den Erfolg der »Räuber« in der Volksbühne, aber auch an den Erfolg des Stückes von Plenzdorf, der das Leben des Edgar Wibeau als ein Abenteuer beschreibt, zu dem man erstmal naiv Stellung nimmt. Und ich habe keine Befürchtung, daß nach dieser ersten naiven Begegnung auch die gedankliche, die objektivierende Bewältigung des Gesehenen oder Gelesenen folgen wird.

PETER GUGISCH Ich habe Ulrich Plenzdorfs Geschichte zuerst im Manuskript kennengelernt, habe sie als Erzählung gelesen und fühlte mich dabei auf Schritt und Tritt zum Vergleich mit dem »Werther« herausgefordert. Dann habe ich die Geschichte wieder gelesen, um ihre Eignung für eine Hörspiel-Adaption zu prüfen, und merkte dabei, wie der »Werther« in den Hintergrund trat. Schließlich habe ich sie in Halle auf der Bühne erlebt, in einer ganz normalen Vorstellung mit einem sehr jungen Publikum, das ebenso begeistert war wie ich selbst. Was hier wirkte, was zum großen gemeinsamen Theatererlebnis wurde, das war die Geschichte eines jungen Mannes von heute, das war die Konfrontation mit einem Teil unserer eigenen Wirklichkeit. Ich glaube auch: das ist das Wichtige und Entscheidende an Plenzdorfs Werk.

Die produktivste Beziehung zwischen dem »Werther« und dem »jungen W.« scheint mir in dem zu liegen, was Wolfgang Kohlhaase hervorgehoben hat: in dem subjektiven Impetus, aus dem heraus beide Werke geschrieben sind. Werther und Edgar Wibeau verlauten sich mit ihrer Geschichte. Wobei aber ein wichtiger Unterschied darin besteht, daß die Erlebnisse des Edgar Wibeau von ihrem Ende her, also aus der Rückschau erzählt werden. Das hat – glaube ich – mit dem heutigen Standpunkt bei der Auseinandersetzung mit der Wirklichkeit zu tun. Plenzdorf benutzt die uralte Situation vom Aufbruch und Ausbruch des einzelnen aus dem Alltag. Doch indem er mit Edgars Tod beginnt, gibt er nicht nur ihm die Möglichkeit, sich selbst zu kommentieren, er fordert auch das kritische Vermögen des Lesers und Zuschauers heraus. Dieses Angebot, klüger sein zu dürfen als der Held, hat mit der Wirkung der Geschichte viel zu tun.

Ich wehre mich etwas gegen die hier aufgeworfene Frage, ob Plenzdorf den »Werther« wirklich ausschöpft. Offenbar ist es ihm darum gar nicht zu tun. Dringlicher scheint mir die Frage, was der Autor aus dem Werk nimmt, weil er es für seine Geschichte braucht. Also: Wieweit eigentlich »borgt« sich Plenzdorf für seine Hauptgestalt aus der Vergangenheit eine Größe, die er ihr in der Gegenwart – noch – nicht voll zu geben vermag? Inwieweit leiht er von der Werther-Gestalt eine Dimension, einen Ansatz zur Verallgemeinerung, der ihm zugute kommt? Wahrscheinlich müßte man daraufhin einmal untersuchen, wie der »Werther« im »jungen W.« auf sehr unterschiedliche Weise zum Tragen kommt. Für die Erzählweise. Für die Fabel. Für den Figurenaufbau. Ich stimme Robert Weimann zu, wenn er besonders die Gestalt des Dieter kritisiert. Hier habe ich den Eindruck, daß sie »falsch herum« konzipiert wurde: nicht aus der Realität heraus, sondern nach dem Vorbild des Goetheschen Albert. Hier gerät der Autor in die Gefahr, allegorisierend zu verfahren.

Hier wurde gar nicht von dem Teil der Geschichte gesprochen, in dem Edgar Wibeau – wie auch immer – in ein tätiges Kollektiv von Menschen kommt. Für die Aufführung spielte das eine enorme

Rolle. Dort hatte ich den Eindruck, der »Werther« sei entbehrlich geworden: er konnte der Geschichte keine neuen Anstöße mehr geben. Interessant aber, daß innerhalb der Malerbrigade wiederum jemand ist, der auf Edgar Wibeau einwirkt und der seine »Größe« wiederum aus der Vergangenheit holt: der einstige Spanienkämpfer Zaremba. Übrigens heißt es von Zaremba, daß er »der erste« war, »den dieses Althochdeutsch (nämlich der »Werther«-Zitate) nicht aus dem Sattel warf«.

Es gilt zu untersuchen, wo der Rückgriff auf das Erbe einen Zuwachs bedeutet; wo er entbehrlich ist (weil er artistisch bleibt); und wo er die Gegenwartsebene gar behindert.

(Ungekürzte Wiedergabe der Diskussion)

Sinn und Form 25 (1973), S. 219-252.

Wilhelm Girnus

Lachen über Wibeau ... aber wie?

»Zwischen Würde und Humor besteht kein Gegensatz. In den großen Zeiten schallte vom Olymp herab Gelächter.«

Bertolt Brecht

Daß »Sinn und Form« Plenzdorfs epischen Monolog »Die neuen Leiden des jungen W.« öffentlich zur Diskussion stellte, hat sich als richtig erwiesen. Die Probleme dieses Beitrags – wir sprechen hier nur über die *literarische* Fassung, wie sie »Sinn und Form« gebracht hat, ihre Umsetzung in Theater ist ein ganz anderes Feld – verlangten danach, öffentlich diskutiert zu werden: Die sozialistische Öffentlichkeit ist für sie zuständig, und daß sie sich dafür auch zuständig fühlt, das beweist die Diskussion, nicht zuletzt durch ihr Niveau, ihren Ernst und ihre kritischen Einwände. Ebensosehr aber war und ist es notwendig, die Art und Weise zur Aussprache zu stellen, wie Plenzdorf versucht, dieser Probleme künstlerisch Herr zu werden. Was in die Tiefe gedrückt wird, schwelt unter dem Rasen weiter, und das stets mit nachteiligen Folgen für Gesellschaft und Künste. Leider haben außer F. K. Kaul und Friedrich Plate gerade die in der Diskussion sich zum Schweigen verurteilt, die diesem Beitrag wenig gewogen waren. Schade. Sie haben eine schöne Gelegenheit verpaßt, das Gewicht ihrer Argumente geltend zu machen und damit Anlaß für weitere Vertiefung der Problematik zu geben. Dafür haben einige Schlaumeier der westdeutschen Meinungsindustrie gewähnt, ihre Stunde sei gekommen, massiv hineinzurühren, obwohl es sich ausschließlich um *unser* Problem handelt. Sie versuchten, sozusagen durchs Schlüsselloch mitzuspielen, und glaubten, sich ihres Auftrags besonders pfiffig zu entledigen, indem sie Edgar Wibeau zu *der* tragischen Gestalt unserer Jugend zu stilisieren sich alle denkbare Mühe gaben: Da habt ihr's drüben mit eurem Sozialismus! Ihr habt *auch* euer Jugendproblem. Bitte! Das gleiche wie wir, ein Generationsproblem. Bitte! Konvergenz im Bösen! Und ihr machtet bislang so, als gäbe es im Sozialismus mit der Jugend und für sie keine Probleme, weil es keine geben könne. – Gestatten die Herren, daß *wir* lachen. Von Viktor Rosows Stücken noch nie etwas gehört z. B.? Natürlich nicht. Stellen Sie sich vor: In der sozialistischen Gesellschaft gibt es – für keinen! – ein *gemütliches* Hineinwachsen in den Sozialismus. Die sozialistische Gesellschaft *steht.* Das ist seit langem eine geschichtlich unverrückbare Tatsache. Und offenbar hat sich etwas davon sogar bereits im Westen herumgesprochen. Trotz Strauß und Springer. Aber für den Sozialismus gilt ebensosehr, wie überall im Leben: Was du ererbt von deinen Vätern hast, erwirb es, um es zu besitzen. Stellen Sie sich vor, hochverehrte Gouvernanten, der Sozialismus ist für unsere Jugend bereits ein *Erbe!* Ein Erbe eben, das es zu *erwerben* gilt. Und das stets aufs neue. Das ist keine »Generations«-Frage (Was ist überhaupt eine Generation? Wird das Denken und Handeln der Menschen nicht durch *historisch-gesellschaftliche* Zäsuren gezeichnet? Durch Krisen, Kriege, Revolutionen . . . nicht aber durch biologische?); eine Forderung des Tages ist es, die sich jedem von uns ständig aufs neue stellt. Doch denen, die in diese Welt neu hineinwachsen, in besonderer Intensität, versteht sich. Ihr aber meßt die Welt mit eurem Maß, und wie könntet ihr anders. Bei euch sind die »dropouts«, die Hippies in der Tat tragische Gestalten einer todkranken Welt, gebrochen, verlassen, geschmäht, ohne Hoffnung, ohne Licht. So oder so, die Jugend bei euch fühlt, daß eure Welt den Keim des Todes in sich trägt, und wer nicht mit ihr untergehen will, wer über genügend Entschlossenheit verfügt, schlägt sich zu ihrem revolutionären Totengräber; wer aber nicht gegen sie anzutreten vermag, weil er schon zu müde ist oder seelisch gelähmt, der flieht in die »künstlichen Paradiese« mit LSD – oder Hasch, in die Auréovilles, in die Illusionen der Diogenes-Pose, in das Nirwana irgendeiner erkünstelten »unio mystica«, die ebenso schnell in sich zusammensinkt, wie sie aus dem geistigen Moder eurer Welt aufquillt. Warum sind sie, die sich so eifrig um die »Dechiffrierung« von Plenzdorfs Skizze als Tragödie besorgt geben, außerstande, die komische Grundsubstanz dieser in das Gewand der Parodie gehüllten Umkehrung der Werther-Tragödie zu erkennen? Ganz einfach, weil sie über Wibeau nicht lachen können. Wie Wibeau es vermag. Und wir. Und warum können sie's nicht, wenn sie selbst wollten? Weil Lachen über Wibeau hier an dieser Stelle besagt: Der Sozialismus siegt. Wie Lachen über den Bourgeois – Gentilhomme einst besagte: Die bürgerliche Welt siegt. Weinen über Wibeau, das könnte euch passen! Das nämlich hieße, eure Welt wäre die bessere. Wibeau ein Opfer. Lachen über Wibeau bedeutet, unsere Welt ist die bessere, unsere Welt ist vorn. Wibeau aber läuft hinter der Weltgeschichte her; nein, eigentlich ist er doch schon dort, wo er sein Hängenbleiben und sich selbst ironisiert. Es ist das Wesen des komischen »Helden«, daß er auf einem Nebengleis im Bummelzug sitzt, wo die Weltgeschichte längst im Expreß dahinjagt; sieht man erst einmal die Sache vom Standpunkt der geschichtlichen Dynamik. Subjektiv enthüllt sich die Komik darin, daß ihr »Held« vermeint, *er* sei der Geschichte voraus. Es ist das Wesen des tragischen Helden, der Geschichte voraussein zu müssen, für dieses Voraus mit dem Leben einzustehen, notfalls mit ihm zu zahlen. Edgar Wibeau ein tragischer Held? Wahrhaftig, ein Gipfel der Komik, das. Ja, aber Edgar segnet doch das Zeitliche! Gewiß! Und das nun wäre die Signatur des Tragischen? Corneille schon wußte es besser. Bestimmt sich das nicht aus der Funktion, aus der Bedeutung dieses Abscheidens im Ganzen des Werks? Übrigens, so ganz stimmt das nämlich gar nicht, daß dieser Wibeau am *Ende* abschwimmt! Er hat das Zeitliche bereits gesegnet, als die Geschichte sich literarisch in Szene setzt. Das eben schlägt das Grundmotiv der komischen Situation an: Daß er sich selbst persifliert, als er als *dieser* Wibeau gar nicht mehr da ist. Was also bedeutet dann dieser Tod? (offenbar eine Frage, die auch einige *unserer* Leser beunruhigt oder sogar irritiert hat, besonders jugendliche). Er ist Parodie, eben mit dem genau *umgekehrten* Sinn begabt wie im Werther. Werthers Tod bedeutet: Die Gesellschaft taugt nichts, der Werther durch ihn entflieht. Wibeaus Flucht liegt *vor* seinem sogenannten »Tod«. Sein »Tod« bedeutet: »Bin am Ende meiner Sackgasse, Leute! Halali. Grüß Euch, Leute.« Man komme hier nicht mit dem Einwand, Tod sei Tod. Das würde letztlich heißen, den Tod eines Mistkäfers mit dem eines Kosmonauten gleichzusetzen. Biologisch gesehen wäre das sogar beinahe richtig. Aber gerade um *den biologischen* Tod geht es nicht; und in der Kunst nie! Offenbar bedeutet Tod in einer Tragödie etwas ganz anderes, ja Gegensätzliches als in einem komischen Kontext. In einem von komisch-ironischem Pathos geprägten künstlerischen Spielfeld kann ein Held dreimal sterben und dreimal auferstehen, er kann in den verschiedensten Geschichtsepochen auftauchen und herumgeistern, ohne daß damit dem Gesetz des künstlerischen Realitätsbezugs, dem Realitäts- und Wahrheitsgehalt im geringsten Abbruch geschehe. Die primitiven Vorstellungen von Realismus, welche uns der Gegner unbeschwert durch ein besseres Wissen – oder Gewissen – immer wieder zumutet oder zumeist unterschiebt, gehören seit Jahrzehnten bereits zu den ranzigen Pfannkuchen aus der Bratküche der Königin »Meinungsmache« imperialistischer Observanz. Sie sind längst schon ungenießbar. Wibeaus Tod ist durch und durch untragisch, deshalb aber lange noch nicht bloß Gag oder Kunstgriff, er ist eben auch nicht *nur* parodistischer Kontrapunkt zu Werther, um die Gesamtstruktur und geschichtliche Konfiguration dieses Monologs aus dem Jenseits unter das Gesetz der Ironie zu zwingen – Ironie heißt zu deutsch »Verstellung« und ist in der Kunst durchaus legitim –, sondern er bedeutet zugleich, daß der Weg, in dem Wibeau sich versuchsweise engagiert hat, keinen freien Zugang zur Weltgeschichte unserer Epoche bietet, keine offene Tür zur sozialistischen Gesellschaft. Die ironische Distanz jedoch, die darin zugleich manifest wird, vor allem die Selbstironisierung Wibeaus, läßt erahnen, daß Wibeau *nicht* »verloren« ist. Edgar »ein tragischer Held«, gefallen im Kampf gegen die sozialistische Gesellschaft? Kaputtgegangen an unserer Realität? Das bedauernswerte Opfer des Kollektivismus? Das ist die typische Interpretationslinie der Konterrevolution. Nur notdürftig verbirgt sich hinter der Maske des Bedauerns die hämische Grimasse eines unfrommen Wunschtraums. Illusorisch freilich. Das gerade sagt diese Prosa. Jeder literarische Säugling bei uns vermag – spätestens ab Seite 262 – Satz für Satz, Punkt für Punkt, die ironische Struktur dieses sprachlichen Gestus zu entziffern und – zu genießen. Gleichzeitig offenbart sich hier übrigens mit einer ganz ungewöhnlichen Deutlichkeit, daß die Aufnahme von Kunst – gerade der komisch-satirischen auch – kategorisch durch die Klassenschranken des bürgerlichen Bewußtseins begrenzt wird. Objektiv und absolut. Bürgerliches Bewußtsein vermag diese Komik nicht zu genießen, es sei denn, ihm gelänge es, seine eigenen Klassenschranken zu überspringen. Mindestens in der Phantasie. Der ironische Ton also, dafür nur Indizien von Wibeau selbst über sich selbst: »Ein verkannteres Genie als mich hatte es noch nicht gegeben« (262). Der Komparativ ist hier der semantische Schlüssel für die Komik dieses Satzes. »Edgar, das ›verkannte Genie‹, bei der selbstlosen Arbeit an seiner neuesten Erfindung, die Lunge halb weggefressen, und er gibt nicht auf!« (294). Die Komik der Selbstentlarvung hier ähnlich wie in Petronius' Gastmahl des Trimalchio, als dieser die von ihm selbstverfaßte Inschrift der Grabtafel über sich verliest. »Hier wohnt das verkannte Genie Wibeau«. »Edgar Wibeau, der große Rhythmiker«. »Ich glaube, ich hatte an dem Tag soviel Charme wie nie« (278). Die Komik aller Selbstaufblähung; Modell etwa: Lukian, elftes Hetärengespräch zwischen Leontichos, Chemidas und Hymnis..., bei Wibeau allerdings bereits post festum gebrochen durch das ironische Prisma der Eigenanalyse. Daß seine Psalmodei auf die Blue jeans mit allem Tamtam herum purste Ironie ist, das haben fast alle Diskussionsteilnehmer betont. In der Tat, diesen Song als ernstgemeintes Loblied auf die Blue jeans aufzunehmen, dazu gehört schon eine brave Portion höchst komhafter Naivität. Wibeaus Diktion so zu lesen hieße, auch das Gespräch zwischen Gott und Mephisto im Prolog zu Faust für bare Münze nehmen oder Brechts Loblied auf den Bankraub in der »Dreigroschenoper« als Anleitung zum Handeln. Gleiches gilt für Wibeaus Lob auf Robinson. Auch die Sprache Wibeaus ist alles andere als ein naturalistischer Abklatsch. Sie ist vielmehr Moment der Ironisierung der Gestalt des Wibeau und, von einigen groben Vordergründigkeiten abgesehen, durchdacht und komponiert. Wer sie verwirft, was wollte der – so er konsequent ist – mit der Sprache eines Plautus anfangen? Mit der des Aristophanes und Petronius? Vor allem aber mit der von Rabelais, diesem grandiosesten Sprachkünstler der französischen Literatur? Gäbe Gott – ich bitte um Verzeihung, seit 52 Jahren bin ich streitbarer Atheist –, daß uns in deutscher Sprache eines Tages ein Dichter dieser Zeugungskraft beschert werde. Aber zugegeben, die Geschmäcker sind verschieden. Die spitze Nase Voltaires konnte den pantagruelischen Geruch dieses plebejischen Meisters der Lachlust auch nicht ausstehen. Na schön.

Situation und Diktion, Parodie und Argot sind eindeutig Determinanten eines ironischen Assoziationsfeldes, dem jedes einzelne Moment dieses Monologs rigoros untersteht. Auch die laufende Konfrontation mit Werther – hier scheint uns Robert Weimann zu einseitig literaturgeschichtlich vom Standpunkt der Rezeption Goethes aus der Figurenperspektive zu interpretieren – ist ein notwendiges Element der ironischen Absetzung nicht nur vom Tragischen, nicht auch nur von einer völlig anderen gesellschaftlichen Konfiguration und Epoche, sondern geschieht, um – angefangen vom Titel bis hin zum Schluß – mit dem Mittel einer ständig hinter den Kulissen mitwirkenden Parodie dieses ironische Assoziationsfeld unter Spannung zu halten, von dem aus dann jede Einzelheit ihre semantische Dimension bezieht. Werther wirkt sozusagen als der imaginierte Kontrast-Komplize Wibeaus. Ohne dieses assoziative Kontrastfeld würde Wibeau in der Tat hart in die Nähe einer Tragödie rutschen, und zwar einer ganz miserablen. Daß jedoch Wibeau sich in einem Disput aus dem Jenseits mit seiner Mutter – und mit uns – unterhält (in ironischer Distanz zu sich selbst als einem *untergegangenen* Individuum), ist nicht nur an sich bereits eine komische Situation, sondern läßt uns wissen, daß er in keiner Weise ein »Verhaltensgestörter« ist, sondern ein Unreifer, dem es noch nicht gelungen war, ein klares und ausgeglichenes Verhältnis zu seiner Umwelt zu gewinnen. Aus der ironischen Distanz zu sich selbst jedoch spricht bereits ein neuer Wibeau, dem diese seine eigene Vergangenheit schon Geschichte ist. Auf diese Weise bedeutet er uns, nicht Wibeau überhaupt ist gestorben, sondern *dieser* Wibeau in ihm, von dem er dann später selbst berichtet: »Immer nur die eigene Visage sehen, das macht garantiert blöd auf die Dauer. Man braucht Kumpels, man braucht Arbeit. Bloß so weit war ich noch nicht« (277). Dem Wörtchen *»noch«* kommt hier die entscheidende semantische Schlüsselposition zu. Dieses »noch nicht« zwingt zum Extrapolieren über den als vergangen geschilderten Zustand hinaus. Ohne dieses ironische Assoziationsfeld, in dem sich der Monolog Wibeaus über seine eigene Vergangenheit bewegt – seine ganze Rede steht im Imperfektum! –, wahrzunehmen, geht jede Interpretation dieses Stücks Prosa an seiner Substanz vorbei. Gerade darauf zielten die Suggestionsversuche westlicher »Interpreten«. Ihnen indessen gilt gleichermaßen das Wort, das Brecht zwar für das Theater formuliert hat, das aber ebensogut für Prosa steht: »Ein Theater, in dem man nicht lachen soll, ist ein Theater, über das man lachen soll. Humorlose Leute sind lächerlich.«

Das *Lachen,* das Wibeau herausfordert, ist nach dem Wort Gogols an die Kritiker seines »Revisor«, die in ihm den positiven Helden vermißten, eben dieser *positive* Held. Zu verlangen aber, daß in diesem komischen Kontext sich die fromme Helene irgendwie als Kontrapunkt vorstelle, hieße nach dem ironischen Rezept Goethes verfahren, nur eben umgestülpt.

Wollt ihr zugleich den Kündern der Welt und den Frommen gefallen?
Malet den Teufel – nur malet das Kruzifix noch dazu.

Auf der Bühne allerdings ist die ironische Bezugsebene dieses Monologs (der Disput aus dem Jenseits mit der Mutter und uns) nur schwer, wenn überhaupt darstellbar, denn da muß etwas durch die Gestalt Wibeaus *vergegenwärtigt* werden, was für ihn nur noch *Vergangenheit* ist. Damit aber geht gerade die entscheidende komische Dimension verloren. Nicht jede literarische Konstellation ist ohne Einbuße oder Umwertung spielbar. Freilich, ein Teufel ist Wibeau nicht. Dieser Vergleich bleibt rein metaphorisch. Nicht einmal ein »kleiner Deiwel« steckt in ihm. Seine Imponierkünste, die er an dem selbstkonstruierten Trapez für sich vorführt, betrachten wir mit einem erklecklichen Quentchen Wohlwollen. Wir wissen, er ist kein verlorenes Schaf, wiewohl er sich bis in die Selbstkarikatur hineinsteigert, um – koste es was es wolle – ein *schwarzes* Schaf zu sein. Nur hier eben bedrängt uns die Frage: Was fehlte dem Burschen? Warum sehnte er sich partout in einen Konflikt mit seiner Umwelt? Warum manipuliert er sich? Pubertäres Imponiergehabe? Unzweifelhaft, etwas davon spielt mit. Sich selbst etwas vorspielen: Wir sind auch wer, Leute! Alles immer mit viel Ausrufezeichen. Häutungsprozeß eines Syndroms von Minderwertigkeitsgefühlen? Auch das spielt hinein. Auf jeden Fall eine Krise. Keine schwere, keine tödliche. Eine Reinigungskrise, eine echte Reifungskrise. Krise des Hineinwachsens in die sozialistische Gesellschaft, die als festumrissenes – für ihn bereits *überliefertes* – Gefüge ihm mit dem Anspruch entgegentritt: Erwirb mich, um mich zu besitzen. Nun aber die Scheu, sich diesem Anspruch zu stellen; Zurückschrecken, Zurückweichen, das Gefühl, diesem Anspruch nicht gewachsen zu sein; »noch nicht«; dies aber wieder sich nicht offen eingestehen, das unter keinen Umständen! Ich weiß nicht, ob Plenzdorf dafür plädieren möchte, der Jugend Verständnis entgegenzubringen, die sich in einer psychischen Querlage dieser Art verfangen hat. Ich jedenfalls möchte dafür plädieren. Und wenn ich die Mehrzahl der Diskussionsbeiträge richtig lese, so plädieren auch sie dafür. Gibt es denn einen Jugendlichen, der vollkommen frei wäre von dieser Unruhe? Von dieser Bedrängnis des eigenen inneren Sich-Wandelns? Gerade unter den Studenten – die F. K. Kaul hier ausdrücklich als

Kronzeugen aufruft – bin ich kaum einem begegnet, der nicht so oder so, mehr oder weniger unsanft die innere Nötigung an sich verspürt habe, nun endlich aus eigenem Antrieb zu *der* Entscheidung seines Lebens vorzustoßen, die ihm niemand abzunehmen vermag, die aber natürlich für seine Eltern, seine Lehrer schon lange zu einer Selbstverständlichkeit geworden ist. Keineswegs aber deshalb auch schon für ihn. Manchem wird dieser historisch unabdingbare Entscheidungszwang zeitweilig sogar zur Qual. Seien wir doch nicht selbstgerechte Pharisäer; dies in Abrede zu stellen, wäre durch und durch unrealistisch. Der Sprung von der gläubig eingesogenen Muttermilch zum bewußten Ergreifen unserer sozialistischen Realität und zum Eingreifen in sie ist und bleibt stets zugleich ein tiefer Eingriff in die eigene Persönlichkeitsstruktur, der zwar durch weise – durch *weise!* – Pädagogik vorbereitet, niemals aber ersetzt werden kann. Es bedarf auf jeden Fall eines souveränen Willensaktes, ja eines Willensblitzes, einer energischen Initialzündung, um den Lebensmotor auf Touren zu bringen und dem Lebensschiff die Richtung zu geben, die das Individuum mit der großen historischen Geschehenslinie in angemessene Übereinstimmung bringt. Die sozialistische Gesellschaft tut alles, um dem einzelnen diese Entscheidung zu erleichtern, sie abnehmen aber kann auch sie nicht. Natürlich ist Wibeau, so wie er sich darstellt, keine reale Person. Kunst und Realität sind nicht identisch. Er ist eine mit stark karikierenden Strichen gezeichnete *Kunstgestalt.* Er ist erfunden. Daß indessen trotzdem so viele Jugendliche zunächst einmal rein spontan sich zum Kontakt mit dieser Kunstgestalt bewegt fühlten, wie anders wäre das zu erklären, als daß sie momentan das Gefühl hatten, in dieser Kunstgestalt auf amüsante Weise etwas künstlerisch für problemwürdig befunden zu erleben, was ihnen selbst gelegentlich im Kopf oder im Gemüt herumgeschwirrt haben mag. Von einer bedingungslosen Identifikation kann wohl kaum die Rede sein. Ohnehin beruht die Empfindung einer totalen Identifikation mit einer Kunstgestalt stets auf Selbsttäuschung. Persönlichkeit ist einmalig, folglich nicht auswechselbar.

Nicht hier ist der Ort, zu prüfen, inwiefern unser Theaterbesucher noch der Verfeinerung seiner ästhetischen Sinne bedarf, um solche Subtilitäten eines künstlerischen Textes ohne Schwierigkeit aufzunehmen. Manche zu beobachtende Reaktion legt nahe, darüber gründlicher nachzudenken. Erlag doch übrigens auch

Goethes Werther dem Schicksal höchst kontroverser Mißdeutung, zum Teil sogar recht bösartiger. Den Gutwilligen sagte der Dichter damals, vor Werthers Geschick warnend:

Sieh, dir winkt sein Geist aus seiner Höhle:
Sei ein Mann, und folge mir nicht nach.

Den dummdreist Bösartigen aber schrieb er – an Nicolai gewandt – sarkastisch ins Stammbuch:

Ein junger Mann – ich weiß nicht wie –
Verstarb an der Hypochondrie
Und war dann auch begraben.
Da kam ein schöner Geist herbei,
Der hatte seinen Stuhlgang frei,
Wie ihn so Leute haben.
Der setzt sich nieder auf das Grab
Und legt sein reinlich Häuflein ab,
Schaut mit Behagen seinen Dreck,
Geht wohl eratmend wieder weg
Und spricht zu sich bedächtiglich:
Der gute Mensch, er dauert mich,
Wie hat er sich verdorben!
Hätt er geschissen so wie ich,
Er wäre nicht gestorben.

Wär es nicht der große Goethe, dessen Feder die Verse niederschrieb, man könnte fast meinen, dies sei ein »fäkalisches« Vokabular.

Gewiß, Plenzdorf hat offenbar den Schwebezustand zwischen ironischer Abwehr und wohlwollendem Begleitschutz für den »Helden« stellenweise bewußt hochgetrieben, um den Leser zu fordern, ihn durch allzu grobe Didaktik nicht zu verprellen und ihm die Dechiffrierung der psychischen Konstellation als die Freiheitsmarge für seine eigene ästhetische Verwirklichungswilligkeit anzubieten. Trotzdem bleibt das Bedenken derer des Überdenkens wert, die meinen – so Werner Neubert (im vorl. Bd. S. 213–220) und Friedrich Plate (im vorl. Bd. S. 224–229) –, unter dieser vieldeutigen Hintergründigkeit habe die Deutlichkeit gelitten. Wenn vielleicht auch nicht dem *Leser* zuviel abverlangt worden sei, so mindestens dem Zuschauer. Ich lasse die Frage offen, da es auch genügend Leser gibt, die diesem listenreichen Versteckspiel mit Genuß zu folgen vermögen. Im Theater allerdings interpretiert der unbefangene Zuschauer primär immer die Interpretation der Regie, ohne sich darüber im einzelnen Rechenschaft abzulegen. Dies bleibt ebenfalls zu bedenken.

So weit, so gut. Aber hier nun setzte die Frage an und ein: Bleibe so das Ganze nicht allzusehr im Momentan-Symptomatischen befangen? Man wird nicht umhin können, Friedrich Plates Bemerkung als berechtigt anzuerkennen, wenn er in seiner Zuschrift konstatiert, es bleibe unverständlich, wie Wibeau in diesen Konflikt mit seiner Umwelt hineingeraten sei. Ebenfalls sinnvoll erscheint die Frage, wo denn nun die Elemente sichtbar werden, die zur Lösung dieser Spannung treiben, wenn unbestreitbar ist, daß Edgar diese seine Entwicklungsphase selbst bereits als überholt ironisiert. Für die Aufhellung der ersten Frage gibt Plenzdorf gewisse, freilich sehr mit Pastell hingewischte Andeutungen: Vater ein Windhund, also unausgeglichene Familiensituation, Freund, Kumpel, Mutter in nebulösen Schatten. Für das Verständnis der zweiten Frage vermag ich keine konkrete Kontur zu entdecken. Wir müssen glauben, wo wir wissen wollen. In seiner persönlichen Krisensituation erscheint er auf diese Weise zu sehr als isolierte Gestalt vor einem nur lau interpretierten gesellschaftlichen Hintergrund. Das dialektische Hin und Her zwischen Gesellschaft und Individuum wird künstlerisch kaum wirksam. Die Mittel künstlerischer Verdeutlichung erscheinen nicht ausgeschöpft. Vielleicht hat Plenzdorf zu sehr der spontanen Eingebung vertraut. Die Beherrschung der angemessenen Wechselwirkung zwischen künstlerischer Spontaneität und weltanschaulicher Bewußtheit im ästhetischen Schöpfungsakt ist von größtem Gewicht für das Wachstum einer sozialistischen Kunst. In der literarisch-ästhetischen Theorie verleitet die *Überschätzung* der Spontaneität im künstlerischen Schöpfungsakt allzu leicht zur Abkehr von den marxistisch-leninistischen Grundsätzen bewußter ästhetischer Durchdringung der Realität; die *Unterschätzung* der spontanen Dynamik des künstlerischen Zeugungsaktes andererseits zur Mißachtung der spezifisch ästhetischen Eigenheiten seines Ablaufs und zur Lähmung der schöpferischen Aktivität. Kunst ist nicht Dokumentation, nicht Geschichtsschreibung, nicht Journalistik, nicht Illustration zu ökonomischen, technischen, politischen, juristischen, philosophischen Vorgängen. In der Kunst ist vieles möglich, was niemals Wirklichkeit zu werden braucht, geschweige denn zu sein. Realistische Kunst spürt reale Möglichkeiten auf, auch solche, die vom Hauptstrom des Geschehens wegtreiben (z. B. in Komödie, Satire, Groteske, Karikatur usw.), die nichtsdestotrotz über ein gewisses – wenn auch historisch eng begrenztes – Maß an Verwirklichungsfähigkeit verfügen; aber auch das Unmögliche soll und kann realistische Kunst uns als das nicht Verwirklichungsfähige sinnlich greifbar machen; hier allerdings bedarf es dann schon sehr subtiler übertragener Mittel, um »im Bilde zu bleiben«. Das letzte freilich ist nicht das Problem in den »Neuen Leiden...«, wohl aber das einer eigentümlichen Undurchsichtigkeit im Widerspiel zwischen Wibeau und seiner Umgebung. Das eben war ja dann auch der Gegenstand der Kritik, die Kurt Hager auf dem 9. Plenum des ZK der SED aussprach. Ich fasse diese Kritik nicht als ein Verdammungsurteil über den Schriftsteller Plenzdorf auf, sondern als einen Wink, seinem Talent einen Stoß zu geben, um mit größerer Bewußtheit wirksame Kunstmittel aufzuspüren, die geeignet sind, ohne Einbuße an den bisher von Plenzdorf eroberten neuen künstlerischen Artikulationsmöglichkeiten die Verwurzelung dieser individuellen Vorgänge im gesellschaftlichen Lebensprozeß und deren Lösungsbedingungen tiefer zu sondieren und klarer ins Bild zu setzen. Eine Erwartung, die auch in der Mehrzahl unserer Diskussionsbeiträge aufklang und deren Berechtigung man sich nicht verschließen sollte. Die Insinuationen des Gegners indessen, diese Bemerkungen auf dem 9. Plenum stünden im Gegensatz zu denen des 6. zum gleichen Gegenstand, sind – gelinde gesagt – kompakter Blödsinn. Als ob nicht seit jeher für Marxisten das menschliche Individuum – und seine Individualität! – ein Gesellschaftswesen, ein Stück Gesellschaft gewesen sei, ohne sie schlechterdings nicht faßbar.

»Es gibt nichts, was nicht zur Sache der Gesellschaft gehört.« (Bertolt Brecht in Schriften zum Theater 5, S. 103.)

Wie aber könnte man nun nach den leisen, allzu leisen Signalen Plenzdorfs die Genesis dieser Krise im Prägeprozeß der Persönlichkeit verstehen, die dem Maß unserer Epoche als gewachsen sich erweisen soll. Bei uns wird doch so viel für die Jugend getan, da kann doch gar nichts schräg gehen; so werden möglicherweise viele denken. Wenn das wirklich so einfach wäre! Gewiß, der Vordersatz stimmt. Aber da stellen sich Familienprobleme sehr verschiedener Art: da ist das sehr ernste Problem, daß neu gegründete junge Familien jahrelang auf eine eigene Wohnung warten müssen; und andere Schwierigkeiten, für deren befriedigende Lösung wir aus objektiven Gründen mehr Zeit benötigen, als uns lieb wäre. Daraus erwachsen oft sehr komplizierte Situationen. Wir, die wir seit langem wohl installiert in einem warmen Nest sitzen, sollten darüber nicht überheblich mit souveräner Miene hinwegsehen. Doch das alles trifft nicht *unseren* »Fall«. Auch wohl nicht Vokabeln wie »Muttersöhnchen«, »Niete«, »Außenseiter« u. a. m. Mir scheint, Konstantin M. Simonow trifft etwas Wesentliches auch im Werdegang Wibeaus, wenn er in seinem Gespräch über das Reifen des jungen Menschen sagt – abgedruckt in »Sinn und Form« 1973/714 –: »Ich meine, daß jeder menschliche Charakter immer dann erzogen wird, wenn er moralische Prüfungen erfährt. Wobei moralische Prüfungen sehr verschieden sein können. Es gibt die sogenannte schwere Kindheit, und es gibt die sogenannte leichte oder – wie man sie manchmal nennt – glückliche Kindheit, wenn das Kind – später der Junge – satt ist, man es umsorgt, fernhält von materiellen Sorgen, wenn es in der Familie in einer Atmosphäre des Wohlwollens aufwächst oder am Ende sogar vergöttert wird. Und trotzdem ist auch eine solche Kindheit eine moralische Prüfung, und keine leichte. Nach einer solchen Kindheit moralisch nicht verdorben oder geschwächt zu sein für den bevorstehenden Lebenskampf, ist nicht so einfach.

Ich gebe zu, daß ich nicht ganz zum Thema geantwortet habe, doch ich wollte damit betonen, daß der Charakter erzogen – ich ergänze –, manchmal aber auch verdorben wird, nicht allein durch offensichtliche und schwere Prüfungen, wie zum Beispiel den Krieg, sondern auch durch die verschiedensten, manchmal für das bloße Auge unsichtbaren Prüfungen, ähnlich ›feinen Drähten‹, sogenannten ›fast unsichtbaren Hindernissen‹, die manchmal im Krieg verwendet wurden und die trotz ihrer scheinbaren Harmlosigkeit einen Menschen, der sich in ihnen verfangen hatte, umwerfen oder ein Auto schlagartig zum Stehen bringen konnten, da sie sich um die Achsen gewickelt hatten. Solche ›fast unsichtbaren Hindernisse‹ gibt es im Leben viele. Ich möchte betonen, daß der Charakter durch sie erzogen wird, genauer gesagt durch ihre Überwindung, und das manchmal nicht weniger als durch Überwinden offen sichtbarer Hindernisse«.

Dieser Edgar also! Der Bursche ist lausig begabt. Er jongliert mit seinen Begabungen. Zwar zu Hause in seiner Familie war offenbar ein Webfehler, vielleicht nur ein kleiner. Immerhin, Mutter stand immer gütig, immer barmherzig, immer besorgt hinter ihrem »Einzigen«. Das ist sie, diese Atmosphäre, von der Simonow spricht: glückliche Kindheit, fern von materiellen Sorgen, immer umsorgt. Atmosphäre des Wohlwollens. Ich frage mich, wann ist dieser Bursche einmal wirklich gefordert worden? So, daß es für seine Fähigkeiten wirklich eine Anstrengung bedeutet hätte! Ohne die Möglichkeit des Ausweichens! Schule und Umwelt waren notwendigerweise auf ein mittleres Maß geeicht, damit die Schwachen nicht hängenbleiben. Er hat nur mitgespielt. Welcher moralischen Bewährungsprobe hätte er sich schon stellen müssen oder können? – Ich erinnere mich eines Erlebnisses meiner Kindheit: Meine Tante auf dem Lande hielt ein Rehkitz im Garten, es hatte wohl die Mutter verloren und war sehr zutraulich geworden. Als der Winter kam, erhielt es ein kleines warmes Plätzchen im Stall. Im Frühling starb es. Todesursache: Tuberkulose. »Hätten Sie es man draußen gelassen«, sagte barsch der alte bärtige Veterinär, ein passionierter Jäger. »Ach, unser süßer kleiner Matz sollte es doch gut haben bei uns, besser als die da draußen, er sollte doch nicht frieren!« Tantchens »Liebe« hatte gesiegt, und das junge Reh war auf der Strecke geblieben. – Noch ein Beispiel fällt mir ein: Wer hätte sich nicht begeistert an den Bildern, die das Fernsehen uns über die schwebende Existenz der Astronauten im schwerelosen Zustand gezeigt hat. Wer hätte nicht längst schon einmal – lange bevor der erste irdische Körper in den Weltraum geschossen wurde – diesen Zustand selbst erlebt, glückhaft, im Traum – versteht sich! Wer aber hätte je geahnt, welche ungeheuren Gefahren in diesem schwerelosen Schweben für den menschlichen Organismus lauern! So schwere, daß die Astronauten eines *anstrengenden Trainings* während ihrer kosmischen Exkursion bedürfen, um sich später auf der Erde wieder einigermaßen passabel bewegen zu können! Und gilt eben dies nicht für alle menschlichen Vermögen? Nicht nur für Herz und Muskel? Sondern ebensogut für Intellekt und Affekt, Trieb und Wille, Moral und Tat, Kunst und Genuß? Menschliche Energien, die nicht gefordert werden, verduften ganz einfach. Gerade mechanischer Drill ist ihr Tod, weil die Eigenverantwortung nicht beansprucht wird. Mit dem Einsatz einer kanonischen »Formel« werden die Probleme nicht gelöst. Selbst in der Mathematik hat diese Methode nur sehr bedingten Wert. Jedenfalls für die Entschlüsselung ganz neuer Konstellationen. Das aber gerade ist die Situation unseres Lebens: Nur der verdient sich Freiheit wie das Leben, der täglich sie erobern muß. Wer denn nun hat diesen Wibeau in dieser Weise je gefordert? Offenbar liegt hier der Haken! Gerade diese Burschen, die alles sozusagen aus dem Ärmel schütteln, wollen gefordert sein! Sie *wollen* es. Fordert die Gesellschaft sie nicht, fühlen sie sich nicht für voll genommen. Und sind sie es dann? Sie fangen an, sich zu langweilen. Das Problem, das in der persönlichen Krise von Wibeau bohrt, ist also – ganz unabhängig vom einzelnen »Fall« – durchaus real. Zwar ist Wibeau deshalb noch lange kein typischer Repräsentant unserer Jugend, wohl aber trägt das Problem, das sich dahinter versteckt, weithin gültige Züge. Dies nicht zu sehen hieße blind sein. Wir wollen hoffen, daß unsere Literatur hier am Ball bleibt.

Vieles einzelne aus der Diskussion – Überzeugendes, auch weniger Überzeugendes – bleibe hier unerwähnt. Unseren Lesern trauen wir zu, daß sie selbst zu entscheiden vermögen. Eines Spaßes jedoch sei gedacht! Spaßeshalber: Friedrich Plate (im vorl. Bd. S. 227) und Günter Striegler finden keine Erklärung dafür, daß diese »lebenslustige«, »ehrliche« Charlie sich an diesen »Stiesel«, diesen »Trottel« von Dieter bindet. Ich auch nicht! Nur hat sich mir als Beobachter von Ehen diese Frage leider schon mehr als hundertmal im wirklichen Leben aufgedrängt. Natürlich auch in der umgekehrten Form der beiden Seiten dieser Gleichung. Wenn unsere Diskussionsteilnehmer bisher von ihr verschont blieben, kann ich sie nur beglückwünschen. Mich tröstet immer, daß nicht ich damit fertig zu werden habe, sondern die Betroffenen. Der Liebe Ratschlüsse scheinen halt unerforschlich.

Kritik hat es am Stil der Diskussion gegeben. In den Zuschriften diskret, wenn auch deutlich genug, um so kräftiger aber mündlich. Warum sollten wir das verschweigen. In den Diskussionen hat es ziemlich persönliche Töne gegeben, allzupersönliche. Das stimmt. Wir sind überzeugt, sie werden sich nach und nach mäßigen. Wir hatten es vorausgesagt (II/1972). Der Stil der kontroversen Diskussion zwischen Sozialisten bedarf zu seiner Ausformung der Übung. Wie alles im Leben. Ein Kosmetik-Salon allerdings ist die Redaktion nicht, darauf verpflichtet, alle Mitesser, Warzen, Runzeln, Pickel, Narben und Falten der Diskussionsteilnehmer für deren öffentlichen Auftritt wegzuschminken. Cui bono? Um ein Beispiel zu nennen (mit der Sache selbst werden wir uns in den nächsten Heften noch ausführlicher befassen): Vielleicht – vielleicht! – wäre es der Redaktion gelungen, Wolfgang Harich zu überreden – gewiß nicht, zu überzeugen –, auf die sonderbare Theorie von der innengeleiteten und außengeleiteten Persönlichkeit zu verzichten. (Was wäre da übrigens Wibeau?) Uns erscheint diese – im übrigen durch H. übernommene – metaphysische Charakterologie weder materialistisch noch dialektisch. Was aber wäre damit gewonnen gewesen? Die Redaktion hätte dem Leser ein völlig anderes Bild von der Mentalität eines Diskussionspartners vorgestellt, als sie selbst von ihm hat. Was soll derartige publizistische Schizophrenie? So jedenfalls weiß jetzt der Leser, welcher Art der Diskussionsgegner ist, mit dem er die Klinge zu kreuzen wünscht. Echte Diskussion ist kein Versteckspiel. Je mehr Klarheit, desto kürzer der Weg zur Wahrheit. Ganz vereinzelt wurde die Stimmung laut – nicht in »Sinn und Form« –, die Redaktion müsse jede Meinung, mit der sie nicht übereinstimmt, unverzüglich rüffeln. Das jedoch hieße, ein literarisches Diskussionsforum wie ein Strafverfahren abzuwickeln, mit Ankläger und Angeklagten (den Autoren und Diskussionspartnern natürlich), Verhör und Zurechtweisung, Schuldspruch und Buße, mildernden und erschwerenden Umständen usf. Ih nein doch, liebste Ratgeberchen, das wollen wir man lieber nicht so machen. – Die Redaktion besitzt nicht den Ehrgeiz, die Deutsche Demokratische Republik, zu der sie sich stolz bekennt, durch die Erfüllung solcher frommen Wunschträume vor der ganzen fortschrittlichen Welt lächerlich zu machen. Sie wird Ratschläge dieser Art auch in Zukunft ignorieren. Überdies würde das vorgeschlagene Verfahren jede kontroverse Diskussion bereits im Keim ersticken. Oder sollte das die Absicht sein? Der große Vorzug des öffentlichen Meinungsstreits über Literatur besteht nicht allein darin, daß er jedem die Möglichkeit bietet, daran teilzunehmen und so aktiv mitzuwirken am Werden und Wirken neuer Literatur, er zwingt auch, sich zwischen kontroversen und z. T. sehr subjektiven Meinungsäußerungen eine eigene Meinung zu bilden. Gerade dieser Zwang zur Meinungsbildung ist ein schöpferisches und darum ein unerläßliches Element zur Formung einer allgemeinen ästhetischen Kultur sozialistischer Prägung. Auch im Ästhetischen will bei uns der Mensch gefordert sein! Wer fordert, fördert. Die Redaktion verheimlicht *ihre* Meinung ohnehin nicht.

Wir danken deshalb allen Diskussionspartnern sehr herzlich für die freimütige Äußerung ihrer Meinungen. Sie stellen einen fruchtbaren Beitrag zur Belebung des literarischen Lebens in der Deutschen Demokratischen Republik dar. Wir würden uns über ihre Teilnahme auch zu anderen Themen freuen. In der nächsten Zeit wollen wir uns auf Probleme konzentrieren, die mit dem Titel umschrieben werden können: Weltliterarische Hinterlassenschaft und sozialistisches Literaturverständnis. Werner Mittenzwei, Helmut Holtzhauer, Wolfgang Harich, Robert Weimann, Fritz Mierau, Jürgen Holtz, Hans-Heinrich Reuter, Hans-Dietrich Dahnke haben dazu bereits gesprochen. Ihre Meinungen stehen ebenfalls zur Diskussion. Die Redaktion selbst wird sich zu einigen theoretischen Aspekten dieses Gegenstandes in einem der nächsten Hefte ausführlich äußern.

Wir geben der Erwartung Ausdruck, daß die Diskussion in Zukunft weniger persönlich sein wird, dafür aber tiefer in die Sache eindringt.

Sinn und Form 25 (1973), S. 1277-1288.

Peter Biele

Nochmals – »Die neuen Leiden ...«

Edgar Wibeau macht nach einem Jahr in Halle noch immer ausverkaufte Häuser, Berlin braucht gleich zwei Inszenierungen und »Sinn und Form« 2/72 liegt hin und wieder als zerfledderter Schmöker anstelle von Schulbüchern auf Aktentaschen in der Straßenbahn. Indessen sind die Wellen der Begeisterung gebrochen und immer mehr kritische Stimmen melden sich zu Wort. Verschiedentlich steht Edgar Wibeau bereits exemplarisch für kleinbürgerlichen Individualismus.

Es ist nun zu prüfen, ob mit Edgar tatsächlich ein kleinbürgerliches Heldenideal geschaffen wurde oder ob der »auf Auslegbarkeit geschriebene Text« lediglich durch die Deutung entweder als Alibi für kleinbürgerliche Haltungen oder als deren Kritik verstanden wird.

Ich bin auf Zeichen der Kritik des Autors an seinem Helden gestoßen, die ich für eindeutig halte. Dadurch befinde ich mich in verschiedenen Fragen im Widerspruch zu Hans Koch. Ich meine, daß die Serie von Edgars Haltungen, schon vom Text her, nicht kritiklos vorgestellt wird und daß der Tod Edgars sehr wohl tragische Konsequenz einer bestimmten Lebenshaltung ist. (Nur dadurch wird er zum wirkungsvollen Gag.) Ich unternehme den Versuch einer produktiven Aneignung, um meine bei der Uraufführung bezogene Position zu überprüfen. Ich lege die von »Sinn und Form« gestellten Fragen zugrunde.

1. Wo finden sich die Ursachen für die ungewöhnliche Wirkung der Arbeit von U. Plenzdorf?

Die ungewöhnliche Wirkung der »Neuen Leiden« wird in der Diskussion immer wieder damit erklärt, daß die Jugend sich »endlich« angesprochen fühlt und ihre Probleme wiedererkennt.

Gut. Wenn es so ist.

Es ist aber nicht so, daß Plenzdorfs Arbeit allein steht; sie ist einzuordnen in eine Linie der »Außenseiter«-Dramatik, die sich – um bei Beispielen aus dem Hallenser Spielplan zu bleiben – von Salomons »Lorbaß« über Neutschs »Haut oder Hemd« und

Stolpers »Himmelfahrt zur Erde« (nach Antonows »Zerrissenem Rubel«) bis zu Plenzdorf verfolgen läßt, ohne daß nun die »Neuen Leiden« als das in jeder Hinsicht meisterhafte Endprodukt dieser Linie anzusehen sind.

Diese Stücke machten ebenfalls volle Häuser, nur war ihr Erfolg alltäglicher, nicht so spektakulär. Ich sehe Plenzdorfs Arbeit im Zuge einer kontinuierlichen Reihe von Versuchen, die, Schritt um Schritt, das jugendliche Publikum gewann.

Plenzdorfs besonderer Erfolg scheint mir darin begründet zu sein, daß er zur Problematik eines heutigen Jugendlichen Assoziationsfreiheit bietet und daß er der »jugendlichen Subkultur« nicht nur – wie Wolfgang David schreibt – loyal gegenübertritt, sondern sich ihrer, nicht zaghaft, sondern schamlos bedient. So schamlos, daß sie nicht mehr ernst zu nehmen ist, selbst von den Jugendlichen nicht. Wer da jubelt, nimmt sich schon selbst auf den Arm. Und das gerade scheint mir ein Bedürfnis der Jugend zu sein. Sich selbst zum besten halten, das gehört zu den Mitteln, sich in der Konfrontation mit der Lebensproblematik heiter zu lösen. »Entspannt euch!« Diese Aufforderung ist gewiß sehr ernst gemeint, und sie genügt wohl kaum, um Hippie-Ideologie zu installieren.

Wenn aber Edgar, gleich nach seinem Erscheinen, von frühen Erfolgen spricht und sich selbst kommentiert: »... wenn man bedenkt, daß ich noch nicht meinen vollen Charme hatte und nicht dieses ausgeprägte Kinn«, so ist das nicht nur ein Ironiezeichen des Autors, sondern auch der Figur. Man kann diese Ironiezeichen durch das ganze Stück verfolgen. Plenzdorf setzt sie ziemlich dick; der ganze Jeans-Song ist eins, und wer ihn, für sich, noch ernst nehmen will, der soll sich von seinen Eltern in die Speisekammer sperren lassen.

Nun steht da aber auch dieser fatale Satz, daß Jeans keine Hosen, sondern eine Einstellung sind. Ebenfalls Ironie, könnten wir sagen. Aber wenn Edgar uns mit Verschwörer-Blinzeln zuraunt: »Wer echter Jeans-Träger ist, weiß, welche ich meine«, dann hört die Ironie auf. Die Jeans werden zum Politikum, denn die Bekenntnisse zu Thomas Müntzer und Vietnam bleiben abstrakt. Und die Aufforderung an diesen Salinger, zu uns rüberzukommen, die Überzeugung, daß er sich bei uns hervorragend erholt hätte, gehen sie ebenfalls im Jeans-Rausch unter?

In der Uraufführung gab es während der Anfangspassagen viele kundige Lacher. Die Aufführung, die ich ein Jahr später sah, verzichtete auf solche »Anreißer«. Straube eilte über die fragwürdigen Passagen hinweg, als wollte er schnell zur Sache kommen. Das Publikum (im Gegensatz zur Uraufführung fast ausschließlich Jugendliche) reagierte kaum und ging erst mit, als die Handlung mit Charlie begann. Von da ab hatte die Aufführung ungebrochene Resonanz; es gab nicht einen »falschen« Lacher. Der Schwerpunkt der Inszenierung verlagerte sich nach dem Schluß hin, und das war gut so. Sie wurde dadurch alltäglicher.

Dies, wie die Gespräche über Edgar, auch die in »Sinn und Form« veröffentlichte Zuschrift einer Siebzehnjährigen, zeigt, daß die Jugend ihren Edgar kritisch und in der richtigen Richtung weiterdichtet. Die qualitativen Unterschiede, die es dabei gibt (s. Analyse des »Sonntag«), weisen nachdrücklich darauf hin, daß die Jugend keine homogene Masse ist und daß der Wirklichkeitsbezug eines Lehrlings anderer Art ist als der eines Schülers der Erweiterten Oberschule. Ich habe jedoch noch keine Stimme gehört, die sich mit dem Tod Edgars abgefunden hätte.

Der Tod des Edgar ist eine weitere Ursache für die besondere Wirkung der »Neuen Leiden«. So wenig überzeugend der Tod der Titelheldin in der »Legende von Paul und Paula« für mich war, so notwendig erscheint er mir hier: als letzte Konsequenz des Einzelgängertums.

Allerdings wird eines nicht klar: war es Unfall oder Selbstmord? Bei Werther war *das* keine Frage – obwohl sein Autor das Geheimnis zum Wesen der Poesie zählte.

2. Wird Goethes Werk durch die Art des Rückbezugs auf ihn in Plenzdorfs Text abgewertet?

Plenzdorf wertet Goethe nicht ab. Selbst wenn er sich aufgemacht hätte, den Werther zurückzunehmen, wäre ihm das, objektiv, nicht gelungen. Diese Annahme stützen verschiedene Unternehmungen der humanistischen Literatur des Spätbürgertums, deren Helden eine Zurücknahme klassischer Ideale vorführten. Es ging dabei immer nur um den Versuch einer Zurücknahme in der Figurenperspektive. Objektiv wurde das Bekenntnis zu den klassischen Werten bekräftigt. Nicht anders bei Plenzdorf. Werther wird zu Edgars Bundesgenossen.

Plenzdorf führt vor, daß Goethes Text – auf welch abenteuerliche oder alltägliche Weise man auch an ihn gelangt – heute noch rezipierbar ist, ja, daß der Leser sich dem Zwang zur Stellungnahme nicht entziehen kann; zu welchem Ende allerdings, das sei dahingestellt. Aber auch hier müssen wir die objektive Wirkung im Auge behalten.

3. Welche Rolle spielt dieser Rückbezug auf Goethes Werther für Plenzdorfs künstlerische Konstruktion? Was wäre Plenzdorfs Arbeit ohne diesen Effekt?

Plenzdorf wertet seinen Text mit Hilfe Goethes auf. Die Begegnung des ollen Eddie mit Werthern schafft ein poetisches Spannungsfeld, ohne das (selbst wenn Werther anonym Modell gestanden hätte) Eddies Geschichte vielleicht noch spannender geworden, aber sicher viel schneller wieder vergessen worden wäre – wie so manche spannende Geschichte.

Plenzdorfs Rückbezug macht deutlich, daß jeder, auch wenn er, wie Edgar, nichts davon weiß, ein Erbe klassischer Helden ist und, wenn er leben will, in ihrem Sinn zu leben hat.

Dieser Allgemeinplatz scheint gerade im Hinblick auf Werther fragwürdig zu sein, denn mit Werther war ja offensichtlich nur zu sterben.

Es erweist sich aber, daß Edgar jenseits des Jordan den Tod seines Ahnen, wie auch den eigenen, als absurd, als reinen bzw. echten Mist empfindet. Der Erbe Werthers brauchte nicht zu sterben, denn er hatte seine Kumpel, und auch Werther hätte sie haben können, »massenweise«, wenn er nur gewollt hätte. Soweit Edgars Einsicht. Mag er in bezug auf Werther recht haben oder nicht: sie umreißt Edgars Position, und ich entscheide mich für die Unfallvariante, um des besseren Weiterdichtens willen. Edgar ist nicht an der Gesellschaft zugrundegegangen, sondern allenfalls an seinem gestörten Verhältnis zu ihr. Er hätte sich in Übereinstimmung bringen können. Das erkennt er. Leider zu spät.

Dieses *Zu Spät* halte ich für ein ungemein aktivierendes Moment.

4. Hat die Kunst nur das Recht, »repräsentative Gestalten der Jugend der DDR« (im Sinne mustergültiger Charaktere) darzustellen?

Wollte die Kunst nur mustergültige Charaktere darstellen, dann würde sie jeden Konflikt eliminieren und aufhören, ein Lebensmittel (im Sinne Bechers) zu sein. Sie würde ihren Sinn verlieren und wäre keine Kunst mehr.

Ein mustergültiger Charakter bleibt Abstraktion und würde den

Verbraucher nur langweilen, weil er sich so etwas nicht leisten kann. Wie etwa wäre Edgars Begegnung mit einer mustergültigen Charlie verlaufen? – Gleichwie, sie wäre für beide ohne Bedeutung gewesen!

Der Begriff des mustergültigen Charakters kommt dem des Ideals nahe. Seine Wesenszüge bestimmt die Realität. Ich halte es aber nicht für möglich, einen mustergültigen Charakter mit den Mitteln des Theaters darzustellen; in unserem Fall einen mustergültigen Sozialisten, der zugleich mustergültiger Lehrling, Liebhaber und Sohn sein müßte. Das sozialistische Menschenbild kann sich erst im Zusammenwirken aller Figuren herstellen.

Trotzdem werden einzelne Figuren zu Vorbildgestalten. Ich bin überzeugt, daß viele Jugendliche Edgar zum Vorbild nehmen, weil er ihrer Abenteuerlust, ihren Bedürfnissen und ihren Schwächen nahe ist, und weil sie mit ihm ihre Schwierigkeiten leichter überwinden werden. Ein Vorbild zu haben bedeutet doch nicht, seine Verhaltensweisen unkritisch zu übernehmen. Wo bliebe denn da die eigene Freiheit, zu entscheiden, zu handeln? Die Jugendlichen werden mit Edgar seine Fehler einsehen und ihr kritisches Selbstverständnis wird sie vor ähnlichem bewahren. (Die Zuschrift von Regina Laurich deutet einen solchen Prozeß an.) Was kann ein Kunstwerk besseres erreichen?

5. Wird durch die künstlerische Darstellung eines »verhaltensgestörten« Jugendlichen zwangsläufig das positive Ideal negiert oder vernichtet?

Ich nehme Edgar nicht für verhaltensgestört – es sei denn, wir räumen ein, daß alle Jugendlichen im Zuge der Pubertät mehr oder weniger verhaltensgestört sind. Machen nicht alle Jugendlichen Phasen des Sich-Absonderns durch? Diese dienen dem Sich-Finden und -Einordnen ebenso wie die Phasen der Hinwendung zum Kollektiv.

Das positive Ideal wird durch die Darstellung des Edgar weder negiert noch vernichtet, im Gegenteil, es wird mit ihrer Hilfe aufgebaut. Es versammelt sich um Edgar herum, in Gestalt von Trägern einzelner (oder mehrerer) Wesenszüge. Edgar selbst trägt zumindest einen solchen Wesenszug: seinen Drang, etwas zu schaffen. (Daß es ihm dabei zunächst um Selbstbestätigung geht, halte ich für normal.)

6. Muß in einem Kunstwerk die Darstellung des sozial-politischen »Gegengewichts« unbedingt in Gestalt eines vorbildhaften Gegenhelden erfolgen?

Da ich die Darstellung eines mustergültigen Charakters auf dem Theater für unmöglich halte, glaube ich auch nicht an seine Erscheinung als Gegenheld. Mir ist keine Gestalt bekannt, die, gemessen am jeweiligen Ideal, in jeder Hinsicht positiv oder negativ wäre. Also kann es sich in der Darstellung immer nur um Gegengewichte zu widerspruchsvollen Gestalten handeln, die notwendigerweise ebenfalls in sich widerspruchsvoll sind. Die Antipoden können, wie bei Faust und Mephisto, jeweils in *einer* Person versammelt werden, meist aber wird das Gegengewicht durch ein Kollektiv getragen. (Denken wir an den Einzelgänger Tell und die Rütli-Versammlung.)

Das Gegengewicht muß jedoch, um als Ideal wirksam zu werden, nicht unbedingt personifiziert sein. Wo wäre denn das etwa im »Clavigo« der Fall, einzeln oder im Kollektiv? – Trotzdem ist es da, das positive Ideal, dank dem Autor, der es jenseits (oder vielmehr diesseits) der Gestalten unterbringt und der nun der Mithilfe des Publikums bedarf, um es hervortreten zu lassen.

Plenzdorf macht es seinem Publikum vergleichsweise einfach. Er bietet ihm ein Ensemble von Idealträgern, fordert aber wiederum seine Aktivität, indem es die Gestalten, einschließlich Edgars (mit Ausnahme einiger objektiver Passagen von Mutter, Vater und Charlie), erst aus der subjektiven Optik Edgars befreien muß.

So nehme ich z. B. diesen Dieter für einen vernünftigen Menschen, der durchaus der richtige Mann für Charlie sein kann. (Daß ihn Edgar nicht dafür hält, ist seine Sache.) Die beiden versuchen, sich im Alltag aufeinander einzuspielen; das macht Schwierigkeiten. Da der Alltag noch nicht so ist, wie sich's das Mädchen Charlie vorgestellt hat, bricht sie aus – und Dieter spielt nicht verrückt. Dort, wo er im Hinblick auf sein Verhältnis zu Charlie falsch handelt (indem er stur am Tisch sitzenbleibt, wo nur ein Ausflug helfen kann), wird er bestraft durch den, der in diesem Fall für ihn richtig handelt, durch Edgar. Wir dürfen es uns mit Edgar nicht zu leicht machen. Er ist kein negativer Held, der durch ein Gegengewicht aufzuwiegen wäre. In ihm wirken die Impulse fort – solche und solche –, die er von seinen Partnern erhält. Also ist das Verhältnis von Kraft und Gegenkraft ein sehr dynamisches.

Wo Edgars Partner sich unvernünftig verhalten (die Mutter, indem sie ihm den Vater vorenthält; Meister Flemming, indem er ihn eine sinnlose Arbeit verrichten läßt), erhalten sie ihre Quittung. Edgar bricht aus.

Wo Edgar unvernünftig handelt, bekommt *er* die entsprechende Lehre. Auch die Brigade wird belehrt, wo sie zu schwach war. Da sie den Einzelgänger nicht rechtzeitig integrieren konnte, sind wir versucht, sie als moralisches Gegengewicht zu disqualifizieren. Das ist ungerecht. Sie provoziert Edgars Arbeitseifer, sie ist, wie er und durch ihn, in Bewegung und schließlich nur ein Teil des kollektiven Gegengewichtes zum Einzelgänger.

Da ist z. B. auch noch der Vater, dieses heruntergekommene Subjekt. Wie ein leibhaftiges Menetekel schleicht er den Spuren seines Sohnes nach, Menetekel dessen, was aus Edgar hätte werden können, wenn er ohne »Gegengewichte« weitergegammelt hätte. Diese Figur hat mir den Zugang der »Neuen Leiden« erschlossen. Ich war bereit, mich mit ihrem Anliegen zu identifizieren. Der Vater macht sich auf den Weg, um seinen Sohn zu verstehen. Wenn er für Edgar auch zu spät kommt, so ist er wenigstens in Bewegung gekommen und jung genug, sich noch zu fassen.

Ich verstehe die Vater-Figur als Paraphrase des Themas. Sie reiht die Edgar-Episoden zur Geschichte.

7. Was unterscheidet eine Dichtung von einem Tatsachenbericht über einen Kriminalfall?

Wäre anstelle des Vaters ein Kriminalkommissar, würde ein geringerer Verdichtungsgrad erreicht. Wäre nun ein Fall Edgar W. nur dokumentarisch zu belegen, dann müßten derart strukturierende Figuren überhaupt entfallen. Edgar wäre ein Kriminalfall und als solcher nicht repräsentativ für unsere Jugend.

Die Dichtung darf sich eine Zuspitzung des Falles bis zum Delikt leisten, ohne daß der Held dadurch zum kriminellen oder klinischen Sonderfall wird. Wie wäre sonst Faust, der gemordet hat, zu unserem humanistischen Ideal geworden? Im Fall Edgar war es durch die Zuspitzung möglich, viele unserer Jugend gemeinsame Züge in einer Person zu versammeln.

Ich habe die Unterschiede zwischen Druckfassung und Aufführung nicht herausgestellt, weil ich glaube, daß der Plenzdorfsche Text für die Darstellung geschrieben ist.

Jede Aufführung ist eine Deutung. Der auf Auslegbarkeit

geschriebene Text wird durch die Interpretation in bezug auf die Vielfalt der Assoziationsmöglichkeiten eingeschränkt, d. h. er wird durch die Haltungen der Darsteller festgelegt. Gleichzeitig hilft die Interpretation, den Reichtum der oft nur skizzenhaft angelegten Figuren zu entfalten.

(Die freundschaftliche Kopfnuß, die der Brigadier dem ehemaligen Strafgefangenen gibt, erzählt etwas über das Klima in der Brigade; wenn Vater und Sohn die Bierflaschen ansetzen, in gleicher Haltung, klingen die verlorenen Möglichkeiten eines Vater-Sohn-Verhältnisses an usf.)

Die Verantwortung von Regisseur und Darstellern vor dem Text ist sehr groß. Doch auch beim Publikum liegt Verantwortung. Das haben die unterschiedlichen Reaktionen in zwei Vorstellungen der gleichen Inszenierung gezeigt.

Die »Neuen Leiden« haben eine unterschiedliche Aufnahme gefunden. Ich meine, daß bereits der Autor eindeutige Zeichen für eine kritische Wertung des Helden gesetzt hat.

Sinn und Form 25 (1973), S. 1288-1293.

Werner Neubert

Niete in Hosen – oder ...?

Die Rezeption des Plenzdorf-Stückes beziehungsweise der gleichzeitigen Prosaskizze ist ein Jahr alt. Selten hat eine literarische Arbeit der letzten Jahrzehnte unter der Jugend in so kurzer Zeit eine solche Breitenwirkung erzielt, zu Diskussionen herausgefordert, Emotionen bewegt, reale Gesellschaftsprobleme sozusagen »knallhart« auf den Tisch gebracht.

Was ist geschehen? Ulrich Plenzdorf, dessen literarische Diktion und Komposition überaus stark vom Film geprägt ist, hat eine Gestalt in die Literatur eingebracht, die vielleicht nicht so sehr durch ihre Neuheit, sondern vor allem durch ihre *neue Deutlichkeit* überrascht. Tatsächlich hat es in den vergangenen fünf Jahren nicht an Versuchen gefehlt, in der Literatur auch einer Art des Außenseiters oder Noch-Außenseiters bei uns habhaft zu werden, doch die dabei zitierten Typen blieben immer überzeugbar, mithin rettbar im Ideologischen, Psychischen und Physischen.

Nun dieser Wibeau, bei dem man immer versucht ist, ihn hinten lieber mit o (oder vielleicht mit oh!) zu schreiben, damit man von dem Boxer in Nietenhosen nicht unversehens einen Haken bekommt, denn Edgar legt Wert auf seine hugenottische Abstammung und den hieraus folgenden Anspruch auf französische Aussprache seines Namens. Immerhin können wir heute sagen: Als Edgar Wibeau in unserer Literatur erschien, sagten alle oh, manche mit kurzer, manche mit langer Betonung. Möglicherweise trat Edgar auch auf Zehen, er selbst aber ging keinesfalls auf Zehen. Die größere *Deutlichkeit* Edgars im Vergleich zu seinen Vorgängern hat ihn auf jeden Fall in ungleich stärkerem Maße zu einem Typus gemacht, und das heißt, daß man über ihn und die damit zusammenhängenden gesellschaftlichen Probleme auch viel *deutlicher* reden kann.

Die Wibeau-Gestalt war für ihr Erscheinen in der Literatur reif und überreif. Dem realistischen Ins-Auge-Sehen der Probleme und Konflikte, dem überlegten Lösen von Widersprüchen, wie es für unsere gesellschaftliche Gegenwart in der DDR kennzeichnend ist, entspricht folgerichtig die *literarische* Reflexion solcher

Fragen und Antworten. Darüber braucht keiner zu erschrecken; bedenklich wäre nur das Ausbleiben von Literatur als der künstlerisch-schöpferischen Entsprechung dieses realen Prozesses. Gleichzeitig muß sich Edgar natürlich auf Fragen verschiedener Art gefaßt machen, denn so »ohne« geht es nicht ab. Hat er schon Glück gehabt, daß der Abschnittsbevollmächtigte ihn wegen Nichtanmeldung, unerlaubten Aufenthalts, fahrlässiger Selbstgefährdung nicht ins Gespräch zog, so tut es – wie man allenthalben sehen, hören, lesen kann – nun das zumeist junge Publikum und die Literaturwissenschaft um so mehr, und das ist kein Fehler, sondern ein Gewinn. Kunstdiskussionen sind etwas Großartiges, aber künstliche Diskussionen etwas Gräßliches, und man sollte sie sich sparen.

Nun: Ist Edgar ein Typ? – Wir haben es gesagt. Aber ist Edgar »typisch«? Es sollte – um bekannten Mißverständnissen vorzubeugen – festgestellt werden, wofür er nicht typisch ist und nicht sein kann. Zum Beispiel für die ganze junge Generation in der DDR. Aber er ist typisch für einen Teil, über dessen Prozentsatz unsere Soziologie in der DDR ziemlich exakt informiert ist, während der Klassengegner sich hier ziemliche Illusionen macht. (Mag er!) Vor allem aber ist er typisch in bezug auf sich selbst; das heißt hier: Die Umstände, Details, Wesenszüge, geistig-physiognomischen Elemente stimmen weitgehend. Und diese Stimmigkeit wird von den Lesern, Zuschauern, Disputierenden gefühlt und erkannt, mehr noch: sie wird anerkannt als Beitrag zur Wahrheitsfindung und Problemlösung. Plenzdorf hat das Verdienst, etwas Bekanntes durch Literatur kenntlicher gemacht zu haben. Worum es sich hier handelt, ist nicht *das* Jugendproblem der DDR, sondern es geht um eine *Teilfrage* innerhalb dieser sozialistischen Daueraufgabe. Wir könnten hier wieder einmal sagen: »Und wenn's nur einer wäre . . .!« Nicht die Zahl macht also das Problem, sondern die Tatsache, daß wir noch längst nicht alle Kräfte nutzen, um Leben in sozialistisches, also qualitativ neues Leben zu wandeln.

Der ideologische Gegner hielt Plenzdorfs Stück für ein »gefundenes Fressen«; er suche zur Sensation zu steigern, was vom Ansatz her keine ist, wie es sich hier auch um keine »Zäsur« in der DDR-Literatur handelt. Unsere Literatur ist – wie man sieht – auf Vielfalt orientiert, sie sieht demzufolge *viele* Stoffe und Probleme, *viele* menschliche Charaktere und Stufen des Bewußtseins, *viele* Vorschläge für das individuelle und kollektive Leben im Sozialismus. In diesem Ensemble nehmen »Die neuen Leiden des jungen W.« ihren Platz ein. Im Augenblick ist dieser Platz überaus prononciert, seitens vieler – vor allem junger Menschen – privilegiert, überprivilegiert. Das ist die normale und gewollte Wirkung von Literatur, die auf aktuelle Fragen stößt. Indes gehen Leben und Literatur weiter. Wenn die Literatur dabei auf das Leben mit im verändernden, verbessernden Sinne eingewirkt hat, so ist einem solchen Werk Anerkennung zu zollen. Mit den »Neuen Leiden des jungen W.« geht es eben nicht um das Etablieren einer massenhaften Edgar-Nachfolge in unserem Lande, sondern um das Stimulieren möglichst vieler ideologischer, moralischer und pädagogischer Initiativen, um den gelegentlichen Boden, worauf die Edgars ihre mehr vegetative Existenz gründen, gleichfalls sozialistisch zu kultivieren. Statt Aufgeben – eine Aufgabe! Stück und Prosa Plenzdorfs sind der bisher wirksamste Versuch, eine Gestalt in unsere neue Literatur hereinzuholen, die wohl lange Zeit schon um ihr reales Dasein in der Gesellschaft wußte, aber bislang »draußen vor der Tür« blieb, weil sie ihrer eigenen literarischen Substanz und dem Gesellschaftsverständnis noch nicht recht traute.

Eine Frage könnte darin bestehen, ob es dem Autor gelungen ist, seinem Stück oder seiner Prosa jene kritische Kraft einzuverleiben, die im Kopf des Lesers oder Zuschauers dann als objektivierende Distanzierung in Aktion tritt. Distanzierung ist ja nicht ohne weiteres Verwerfung, sondern sie wird hier gedacht als gesteigerte geistige Produktivität dessen, der dem Werk gegenübertritt und es verarbeitet. Wie solche kritische Aktivierung zustande kommt, dafür gibt es eine fast unendliche Zahl von Beispielen und Möglichkeiten. Die eigentlich unmögliche Möglichkeit, die indes keineswegs ungeläufig ist, stellt die vordergründige, didaktische dar. Sie ist leicht zu haben, garantiert mitunter noch schnelles Lob, aber die Wirkung solcher Verfahren ist schlimmer als Null, denn sie greift an das ästhetische Wesen der Kunst und ist daher in bezug auf sie ruinös. Die eigentlich kunstgemäße Lösung liegt daher prinzipiell in der Eigenart des jeweiligen künstlerischen Entwurfs. Daß Edgars individuelles Leben mit einer Katastrophe endet, ist eine gewisse, ja der Natur nach sogar definitive, weil tödliche Antwort. Tatsächlich könnte man diese letzte Fabelaussage scholastisch darauf hinquälen, daß Edgar zugrunde geht, *weil* er ein Individualist ist. So wäre der Distanzierungs- und Belehrungseffekt herrlich gerettet, aber was dann sofort verlorengeht, ist das weiterpochende Problem.

Wer die Fabelaussage didaktisch trimmt: »Bemüht euch, keine Individualisten zu sein, denkt an Edgar Wibeau!«, macht sich die Sache zu leicht. Geht es denn nicht vielmehr um die ganzen ernsten Einzelbeträge, welche am Ende die negative Summe bei Edgar machen? Bleiben wir im Bilde, so sind es *zwei* Reihen, die einander negativ aufrechnen, nämlich das punktuelle Versagen letzlich gesellschaftlicher Faktoren (Vater, Schule, Lehrlingsausbilder, Brigade mit Ausnahme des alten, sympathischen Zaremba) und Edgars eigener subjektiver Charakter – diese Mischung aus Lebensangst und Lebenserwartung, sozialer Selbsterniedrigung und gleichzeitigem Exklusiv-Tick (Hugenotte und adlig), Bärenhäuterei und schöpferischer Unrast. Kein Wort sei gesagt gegen diese von Plenzdorf gesetzte Hochspannungs-Dialektik eines Charakters! Die Dinge liegen oft wirklich so dicht beieinander, aber Edgars *eigene* negative Reihe funkt im Stück und in der Prosaausgabe nicht ausreichend. Die ausgelöste, individuelle Sympathie überlagert zu leicht die objektive Urteilsbereitschaft. Es gibt Stimmen, welche diesen Umstand der Sprache zuschreiben, die durch ihren Naturalton auch die Rundschließung der Kommunikation/Identifikation zwischen Wibeau und Teilen des Publikums beschleunigt. Wibeau hochdeutsch sprechen zu lassen, hieße aber auf ein wesentliches Charakterisierungselement zu verzichten, vor einer aktuellen Erscheinung die Augen und vor allem die Ohren zu verschließen. Was hier verschenkt worden ist, ist aber zum Beispiel der behutsame künstlerische Griff nach dem Komischen und seiner ästhetischen Tastatur vergnügter Distanzierung, also die überlegene Ausleuchtung des sprachlich Aufgepfropften, des verbalen und intellektuellen Reinfalls, dem Wibeau in seinem Drange nach Anpassung an gewisse Westmodelle unterliegt. Hier liegt dann auch der ungehobene Schatz zunächst denkbarer heilsamer Rückwirkung auf die Rezipierenden bestimmter Altersklassen und gesellschaftlicher Bewußtseinsstufen. Es wäre ein Irrtum, anzunehmen, ein ernstes Thema (mit dem Tod am Ende der Geschichte) vertrüge die ästhetischen Wertungselemente des Komischen nicht. Zwischen dem Komischen und Tragischen gibt es Durchdringungen, Affinitäten, Beziehungen vielfältigster Art. Es ist natürlich zutreffend, daß der komische Rahmen bei Plenzdorf nicht fehlt. Die Text- und Handlungskommunikation zu Goethes »Leiden des jungen Werther« bildet hier die Einfassung, aber sie parodiert mehr den *objektiven geschichtlichen Kontrast* zwischen Wibeau und Werther, wobei Edgar als lachender Sieger hervorgeht.

Sicherlich steckt in dem Klassikbezug noch manches drin, was nicht recht zum Vorschein kommt, nämlich Wibeaus Ahnung, daß er mit dem Goetheschen Werther eine Sache vor sich hat, in der bei aller wunderlichen Verschrobenheit die Rede von der Vermenschlichung des Menschen ist. Sobald aber solche Probleme auftauchen, werden sie von Plenzdorf wieder untergespült, so zum Beispiel, wenn es in der Buchausgabe des Hinstorff Verlags heißt: »Ich hatte nichts gegen Lenin und die. Ich hatte auch nichts gegen den Kommunismus und das, die Abschaffung der Ausbeutung auf der ganzen Welt. Dagegen war ich nicht. Aber gegen alles andere ... Zum Dafürsein gehört kein Mut. Mutig will aber jeder sein. Folglich ist er dagegen. Das ist es.«

Wir wollen zugeben, daß solche Scheinlogik manchem eingeht, und Plenzdorf ist kein Vorwurf zu machen, daß er hier auffängt, was mitunter gedacht und gesagt wird. Auch das eigene Urteilsvermögen der Leser und Zuhörer ist hier ohne Kleinmut in Rechnung zu stellen, doch kann man sich des Eindrucks nicht erwehren, daß der Autor – sicherlich in guter Absicht – solchen Sentenzen Edgars nur in der etwas billigen Art eines »Ideologie-Haushalts« zu begegnen weiß, indem er Negativaussagen mit »positiven Spontaneitäten« kopuliert: »Ich hatte nichts gegen die Armee. Ich war zwar Pazifist, vor allem wenn ich an die unvermeidlichen achtzehn Monate dachte. Dann war ich ein hervorragender Pazifist. Ich durfte bloß keine Vietnambilder sehen und das. Dann wurde mir rot vor den Augen. Wenn dann einer gekommen wäre, hätte ich mich als Soldat auf Lebenszeit verpflichtet. Im Ernst.« – Das ist spontan gesagt und so auch zu bewerten, aber hier stimmt die ideologische Verfassung Wibeaus nicht, hier wird durch den Autor seine Auslotung bis zu Ende abgebrochen. Wer sich auskennt – und Plenzdorf kennt sich doch aus! –, weiß auch, daß die Reaktionen in diesem Zusammenhang meist anders verlaufen, nämlich in Richtung des Solidarisierens mit gewissen *äußeren* Attributen der Friedensbewegung in westlichen Ländern. Was anders bedeuten bei uns gelegentliche Abzeichen der Ostermarschbewegung auf Jacken und Hemden oder das dröhnende Abspielen von Protestsongs gegen die Aggression in Vietnam?

Hier liegt zunächst die Denk- und Handlungs*logik* des Wibeau-Charakters, was natürlich nicht heißen soll, daß der Rezensent Plenzdorf genau eine solche Lösung aufreden will. Hier ist nun auch der Vorwurf an eben diesen Rezensenten zu erwarten, er wolle Edgar ideologisch wohl noch weiter zurückstufen, zurückstoßen... Nein, nicht darum geht es, sondern um den ganzen, unverkürzten Realismus sowohl des gesellschaftlichen Problems als dann auch seiner künstlerischen Darstellung.

Streichen wir doch nicht um den heißen Brei herum: Wibeau, wie er diesen Augenblick ist, denkt, fühlt, ist keinen Augenblick lang ein Anhänger des Imperialismus, aber momentan oder für längere Zeit sind die Einflüsse »der anderen« stärker als unsere. Was er geistig in sich aufgenommen hat, stammt im Übergewicht nicht von uns, das Positivste ist der alte Robinson Crusoe. Jeans sind ihm keine Hose, sondern eine »Einstellung«. Überhaupt müssen es die richtigen, »echten Jeans« sein. Welcher verlockende Stoff zur Parodie! Aber die Dinge kommen hier bierernst daher. Ja, gewiß, dem Wibeau ist es ja auch ernst damit, aber es scheint, als fürchte sich *Plenzdorf* von Seite zu Seite mehr vor den möglichen Boxhieben seines eigenen Geschöpfs, also gibt er ihm die Bühne, respektive die Buchseiten frei, auf daß sich Edgar voll verwirkliche. Dazu trägt nun erst recht die müde »Kontrastfigur« Dieter bei. Das »Trist-Konventionelle« gegen das »Rebellisch-Geniale«! Wieder ein Schub gegen die mögliche kritische Distanz, in der, wie gesagt, echte geistige Produktivität liegen könnte.

Was Plenzdorf an subjektiver Psychologie zur »Nietenhose« (Blue jeans) aus seinem Wibeau herausholt, ist immerhin ein Meisterstück, allerdings auch wieder eine ganz frei im Raum schwebende Hymne, die jeder mitsingen kann, der will. Es leben die echten Blue jeans – die textilen Spender einer unbestimmten, aber angenehmen Empfindung von »high«! – Diese Beobachtung ist indes nicht uninteressant. Die bürgerliche Psychologie (Weißenfeld) der zwanziger und dreißiger Jahre hat zum Wechselbezug Person und Kleidung manches Interessante ausgesagt, so daß bis zu einem gewissen Grade nicht nur »der Stil zugleich der Mensch ist«, sondern auch das Kostüm manches über ihn aussagen kann. Wenn die Jeans bei Plenzdorf eine so große Rolle für die Charakterisierung Wibeaus spielen, so ist damit nicht nur wieder einmal ein Kleidungsstück – wie einst das Werthersche Kostüm – markant in die Literatur gebracht, sondern auch auf künstlerischästhetischem Wege ein seltsames Tabu erledigt, obwohl Edgar eine ganze Religion daraus macht. Die Marxisten kämpfen nicht gegen Kleidungsstücke, sondern gegen den Imperialismus und gegen falsche Ansichten über die Wirklichkeit. Das mag hier seltsam klingen, aber nicht ganz unpassend sein. (Eine andere Frage ist schon die ursprüngliche Entstehung der »Jeans« als praktische Arbeits- und nicht als Gammelhose.) An dieser Stelle aber mögen einige germanistische Kollegen um Verzeihung gebeten sein, denn wohl ist mir bekannt, daß die spezielle Forschung (in puncto Hosen) eben erst bei der Erörterung der Anzahl der wollenen Beinunterkleider Goethens, als er nach Italien reiste, angelangt ist.

Für die Buchausgabe des Hinstorff Verlages ist vom Autor abermals gearbeitet worden. Substantiell gibt es dabei keinen wesentlichen Hinzugewinn, denn die Fabelaussage und die Gestalt Wibeaus waren schon in der ersten Veröffentlichung in »Sinn und Form«, H. 2/1972, weitgehend fixiert, es sei denn, der Autor hätte sich zu einer neuen Beleuchtung Edgars entschließen können. Die Textkomposition mit ihren Einschüben, Verschränkungen und Kommentaren erzielt eine komprimierte, ökonomische Leseaufnahme, und vor allem der jüngere Leser beweist dabei ja schon gute Übung. Um vielleicht auch Edgar eine letzte Freude zu machen: »Ein ziemliches hearing, das poppt.«

Eine spezielle Angelegenheit sind die *dramatischen* Herstellungen Wibeaus, hier spielen dann neue Möglichkeiten der Regie mit hinein, die einmal gesondert zu besprechen wären. Fest steht aber schon, daß der leibhaftige Theater-Wibeau durch die gegebene Unmittelbarkeit des Kontakts die angedeuteten Fragepunkte eher noch konkreter ins Licht stellt.

Ist in Plenzdorfs Stück oder epischer Skizze der *sozialistische* Standpunkt klargestellt? Der Rezensent möchte hierauf die Antwort geben, daß die vom Autor aufgeworfenen Fragen nur auf dem Boden *unserer* sozialistischen Gesellschaft ganz erkennbar, ganz diskutierbar, mit der Zeit ganz lösbar sind. Plenzdorfs Literatur ist demzufolge ein *sozialistischer* Diskussionsbeitrag, der zu Zwischenfragen anregt. Daß diese Zwischenfragen bisher in der Regel allesamt sachlich, freundschaftlich, konstruktiv gewesen sind, zeugt von der raschen Zunahme des Verständnisses für die literarische Vorführung uns alle betreffender Probleme.

Den »Neuen Leiden des jungen W.« braucht man Resonanz nicht noch ausdrücklich zu wünschen, denn diese ist längst bestätigt.

Schwärmereien, wonach diese Arbeit der »neue Werther des zwanzigsten Jahrhunderts« sein soll (man konnte sie in der Tat vernehmen!), wird Plenzdorf, der Autor, ganz sicher zuerst mit Spott bedenken. Desgleichen der Rezensent, denn der Galopp unserer Zeit ist derart, daß Edgars verzückte Sentenzen und Songs über Blue jeans, Salinger, das M.-S.-Septett und so weiter in weit weniger als zweihundert Jahren (Goethes »Werther« erschien erstmalig 1774) Gegenstand zumindest heiterer Verwunderung sein werden. Und überhaupt: Der »Werther« Goethes verkörpert trotz seines sinnlosen Selbstendes doch immer noch das progressive Denken einer ganzen aufsteigenden Klasse, während Edgars Unglück gerade darin besteht, daß er vor dem Aufstieg, der für ihn mitgemacht wird, in die Abrißlaube flieht.

Edgar Wibeau – eine Niete in Hosen? Auf alle Fälle die Signalisierung und Darstellung eines wirklichen Problems. Der eine, der literarische Wibeau, mag immerhin nach dem Willen seines Schöpfers tot sein, aber er ist nur verblichen, um uns darauf aufmerksam zu machen, daß soundso viele Wibeaus leben! Wir haben die Aufgabe, sie zu einem Leben im und für den Sozialismus zu gewinnen!

Sinn und Form 25 (1973), S. 854-860; auch in:
Neue deutsche Literatur 21 (1973), H. 3, S. 130-135.
(In der Sinn- und Form-Veröffentlichung ohne eigenen Titel.)

Gabriele Herzog

Maßstab Publikum »Die neuen Leiden des jungen W.« von Ulrich Plenzdorf

Nach 36 Theaterabenden (bei Erscheinen des Artikels werden es 50 sein) »Die neuen Leiden des jungen W.« und nach über zwanzig Diskussionsrunden mit dem Publikum kann festgestellt werden: Dieses Stück ist tatsächlich Gesprächsstoff der Pausen, der Heimwege nach den Vorstellungen, der nächsten Tage und Wochen, ob in Werkkantine, Schulklasse oder Seminarraum. Das Theater wurde damit zu einem Zentrum bewirkender politischer Auseinandersetzungen. Alte Freundschaften mit seinem Publikum konnte es festigen, neue Beziehungen zu allen Schichten der Bevölkerung konnte es herstellen. Theater ist ins Gespräch gekommen, hat Aufmerksamkeit erregt bei Leuten, die es bis jetzt entbehrlich fanden!

»Das Stück weist den Weg ins Theater«, erklärte ein junger Sportler, der vorher noch nie im Theater war. Vielfach hörten wir: »Es war das erste Mal, daß mir ein Theaterstück gefallen hat« und »Warum spielen die Theater ›alte‹ Stücke und nicht überhaupt nur so etwas wie ›Die neuen Leiden des jungen W‹?« Diesen überspitzten Meinungen wurden fast immer differenziertere anderer Diskutierer entgegengesetzt: »Die Theater müßten sich wirklich stärker als bisher auf das zeitgenössische Stück orientieren« oder »Das Stück greift die Probleme der heutigen Jugend auf. Die Schönemann-Inszenierung von ›Nachtasyl‹ stellte durch die besondere Interpretation des Stücks auch heutige Probleme auf die Bühne, aber bei den ›Leiden‹ geschieht das direkter.«

Auffallend bei allen Theaterabenden und Dialogen: Befürchtungen, das Stück könnte »irgendwie schief« ankommen, sind umsonst, sind ein Mißtrauensantrag an das ständig wachsende politische Bewußtsein und die Wirklichkeitserfahrung unseres Publikums. Ein sehr geringer Teil unserer älteren Gesprächspartner vertrat die Ansicht, Edgar Wibeau würde kritiklos zum Idol der Jugendlichen. Interessant war, daß gerade die Jugendlichen sehr wohl die gesellschaftliche Wertigkeit dieser Figur einschätzten: »Edgar ist keine typische Person: Er ist auch keine Ausnahme! Er ist eine erdachte, eine Kunstfigur. Es wurde versucht, viele Probleme, die das Leben mit sich bringt, in ihm zu vereinigen.« – »Die Korrektur an Edgars Verhalten kommt von ihm selbst, das macht die Figur so sympathisch.« – »Mir gefällt an Edgar, daß er über alles nachdenkt, was ihm begegnet. Er nimmt nichts als selbstverständlich hin.« – »Gut, daß die Geschichte aus Edgars Sicht erzählt wird, er hat vieles eingesehen. Er hat vieles aus Opposition gemacht. Die Zuspitzung seines Verhältnisses zur Umwelt ist gut auf der Bühne.« – »Edgars Situation ist eine, die uns alle angeht. Sie provoziert die Frage nach dem Unterschied zwischen Erziehung und Dressur. Dressur provoziert die Kritik der Jugendlichen. Die Jugend will mitdenken und mithandeln.«

Zentrales Thema aller Gespräche war die Beziehung der Probleme des Stücks zur eignen Lebenspraxis: »Das Stück liefert konkrete Anstöße. Ein Kollege von mir z. B. betrachtet durch das Bekanntwerden mit dem Stück die Reaktionen und Verhaltensweisen seines Sohnes mit etwas anderen Augen.« – »Zum Schöpferisch-Werden gehört doch auch, daß man, wie Edgar, sich mal was von ›außen‹ angucken will.« – »Es ist gut, daß keine Lösungen gezeigt werden. Die Erwachsenen werden angeregt zum Nachdenken. Sie müssen begreifen, daß ihre Kinder anders sind als sie.« – »Gut, daß im Stück die Problematik der Schüler oder Lehrlinge mit ›Funktionärseltern‹ aufgegriffen wurde. In unserer Klasse ist das auch so, daß diese sich alles erlauben dürfen und die besseren Zensuren bekommen.« – »Die dargestellte Jugendproblematik läßt sich auch auf die Erwachsenensphäre übertragen. Die Überlegungen, die man aus dem Stück mitnimmt, können in der täglichen Praxis nützen.«

Der dramatische Aufbau – ein Toter erzählt seine Geschichte – regte ständig zum Meinungsaustausch an, wobei der Tod Edgars als ein legitimes Kunstmittel begriffen wurde, nie als unabdingbare Konsequenz seines Handelns. »Tod als Zufall und Anlaß des Stücks. Die Eltern versammeln sich, der ›Fall Edgar‹ wird aufgerollt. Der Tod ist nicht die Kardinalfrage des Stücks.« – »Der Tod Edgars ist ein gutes Mittel, die Geschichte in Gang zu bringen; wenn er am Leben geblieben wäre, hätte sich niemand so ehrlich geäußert.« – »Ich sehe den Tod als tragischen Unglücksfall. Er ist keine Folgerung von Edgars Leben. Edgar ist ein hoffnungsvoller

Typ.« – »Der Tod als Theatermittel ist legitim, aber muß das immer sein? Muß man nicht einen Menschen auch während seines Lebens erziehen können, auf ihn einwirken?« – »Edgars Tod ist vielleicht gar nicht gut – das könnte für einige doch auch bedeuten: solche Art Leben provoziert zwangsläufig den Tod. Aber das stimmt ja nicht. Man kann ein guter Mensch, Staatsbürger, Sozialist sein, auch wenn man anders als gewöhnlich ist.«

Nicht oft entbrennen um die Behandlung der Sprache in einem Gegenwartsstück so heftige Diskussionen, wie wir es erleben konnten: »Der Autor beabsichtigte eine poetisch-überhöhte Sprache, eine Sprachverdichtung. Das ist ihm gelungen.« – »Die Sprache ist treffend. Edgars Sprache ist auch charakteristisch für seinen Konflikt mit der Wirklichkeit.« – »Geht nicht durch die ›popigen‹ Ausdrücke im Stück das Nachdenken über die Probleme ein bißchen verloren?« – »Jugendliche unterhalten sich nicht so. Die Vulgarismen stören sehr.« – Eine Schülerin: »Unsere Deutschlehrer gehen gegen die Sprache Edgars vor. Aber sie hören uns ja nur im Deutschunterricht, und deshalb denken sie, wir reden immer so.« – Eine Deutschlehrerin: »Man muß die Jugendlichen auch mal in ihrer Sprache anhören, da können sie manchmal produktiver werden, als wenn man sie gängelt. Das Stück verstehe ich als Aufforderung zum gegenseitigen Miteinandersprechen.«

Die Lebenshaltung Dieters, die Beziehungen zwischen Edgar, Charlie und Dieter, Goethes »Werther«, die Schuld der Mutter, Meister Flemming, die Suche des Vaters nach Edgar, die Inszenierung (»Gerät Horst Schönemann das Ganze nicht doch zu heiter, bringen sich die Zuschauer nicht mit ihrem Lachen über die Gags über die Probleme hinweg?«) – unzählig die Fragen und Probleme, die dieser Theaterabend noch provoziert. Hier konnten nur erste, wichtige Erfahrungen unserer Begegnung mit dem Zuschauer benannt werden. Eine Wirkungsanalyse steht noch aus.

Theater der Zeit 28 (1973), H. 4, S. 8f.

Friedrich Plate

»Neue Leiden« ohne Standpunkt

Fast alle Stimmen, die mir zu »Die neuen Leiden des jungen W.« bekannt wurden, loben diese von Ulrich Plenzdorf vorgelegte Erzählung oder auch die Theaterfassung. Abgesehen von der sehr massiven Ablehnung durch Professor F. K. Kaul werden kritische Meinungen sehr vorsichtig geäußert. Auch westdeutsche Stimmen, die mir bekannt wurden, loben Plenzdorf. Im Deutschlandfunk wird er zum Kronzeugen für einen angeblich neuen Realismus gemacht, der sich in der DDR-Literatur herausbilde und sich anschicke, die vorgebliche Enge des sozialistischen Realismus zu überwinden. Edgar Wibeau wird zum Prototyp für die DDR-Jugend erklärt, die im Grunde mit der planmäßigen Entwicklung unseres Lebens nicht einverstanden sei und große Neigung habe, auszubrechen.

Selbst wenn diese Argumentation weitgehend vom Wunschdenken des Klassengegners bestimmt ist, so ist sie doch bedenkenswert. Es genügt nicht, auf die Vielgestaltigkeit unserer Kunst zu verweisen und damit diese Stimmen beiseitezuschieben. Wir müssen uns schon damit auseinandersetzen.

Auch für einen Künstler scheint mir das Wort August Bebels zu gelten: »Wenn dich deine Feinde loben, so überlege, welchen Fehler du gemacht hast.« Es ist ja eine Binsenwahrheit, daß in Kunstwerken Ideologie enthalten ist und durch Kunstwerke Ideologie verbreitet wird. Deswegen trägt der künstlerisch Schaffende eine hohe gesellschaftliche Verantwortung. Er kann helfen, Menschen zu bilden oder zu verbilden.

Auch der Klassengegner weiß das, und er sucht im künstlerischen Schaffen der sozialistischen Länder nach Falltüren, durch die er seine Ideologie und die Konterrevolution einschmuggeln kann. Wir haben in Ungarn und in der ČSSR erlebt, wie bis dahin geachtete und gutwillige Autoren wie Gyula Háy und Pavel Kohout sich unversehens im Lager des Gegners befanden.

Natürlich bin ich nicht der Meinung, daß wir uns durch Äußerungen des Klassengegners unsere eigene Argumentation bestimmen lassen. Aber es ist notwendig, diese Äußerungen zur

Kenntnis zu nehmen, ihre Konsequenzen zu bedenken, mögliche Abgründe aufzudecken, um eventuellen unangenehmen Überraschungen vorzubeugen. Darum bleibt doch Verdienst, was Verdienst ist.

Als ich das Heft 2/72 von »Sinn und Form« in die Hand bekam und durchblätterte, las ich mich sofort an der Plenzdorfschen Erzählung fest. Anteilnahme und Interesse waren geweckt, obwohl gleichzeitig auch ein Quentchen Unbehagen aufkam. Einige Tage später erlebte ich in Halle die Uraufführung der Theaterfassung. Auch davon war ich sehr beeindruckt. Aber je größer der Abstand zu dem unmittelbaren Erlebnis wurde, desto mehr wuchs das Unbehagen.

Mir gefiel die unkonventionelle, manchmal saloppe Art, in der Probleme unseres Lebens angefaßt oder benannt wurden. Dieses Stück Literatur fordert zur Auseinandersetzung mit Erscheinungen unserer Wirklichkeit heraus. Werner Neubert spricht in seiner Rezension (im vorl. Bd. S. 213–220) von der *neuen Deutlichkeit*, mit der die Erscheinung des Außenseiters bei uns literarisch erfaßt worden ist. Das beinhaltet auch neue Deutlichkeit, mit der auf einige Probleme unseres Lebens verwiesen wird. Das ist Plenzdorfs Verdienst, und da liegt eine der Ursachen für seine große Resonanz.

Eine andere Sache ist die ungeheure Breite der Assoziationsmöglichkeiten, die diese Arbeit bietet. Ich war sehr erschreckt, als ich in Diskussionen erfuhr, daß Partien, die ich ironisch aufgefaßt hatte (z. B. der Blue-Jeans-Song), im allgemeinen ernstgenommen wurden.

Ein Beispiel für die Assoziationsbreite sind die unterschiedlichen Meinungen, die zu Edgars Tod geäußert wurden, der in jeder Diskussion eine nicht unbedeutende Rolle spielte. Da sagen einige, und das läßt allein noch viele Möglichkeiten offen: – Edgar Wibeau geht an den Verhältnissen seiner Umwelt kaputt. – Eine andere Meinung ist schon genauer: – Er geht zugrunde, weil ihn keiner versteht und verstehen will. – Auch die Meinung wurde ausgesprochen: – Wibeau stirbt an der Realität DDR. – Zwar polemisierte der Sprecher gegen die Charakterzeichnung Wibeaus, die zu solcher Konsequenz führen müsse, aber diese Auslegungsmöglichkeit scheint mir bedenkenswert. Eine andere Meinung: – Edgar stirbt im Grunde an seinem selbst postulierten Einzelgängertum. – Das scheint mir noch am zutreffendsten. Mit viel

Ironie wurde folgende Äußerung vorgetragen: – Edgar stirbt an der Arbeit. Solange er gammelt, existiert er wenigstens, sobald er anfängt, nützlich zu arbeiten, die Grenzen seines Egozentrismus zu überschreiten, führt das zu seinem Tode. – Verteufelt, auch diese Auslegungsmöglichkeit ist nicht einfach von der Hand zu weisen.

In der Diskussion, die Heft 3/73 der NDL vermittelt, äußert Henryk Keisch auf die Frage: »Ist es nun tragisch, daß Edgar gestorben ist?« – »Ich sehe darin zwar objektiv ein tragisches Geschehen, es ist aber keineswegs der Ausdruck einer Niederlage oder einer Resignation. Es ist das tragische Scheitern einer großen aktiven Idee, eines aktiven, schöpferischen Verhaltens.« Mit dieser Antwort scheint mir das Ende des E. W. einfach zu stark heroisiert. Da erscheint mir sogar die ironische Feststellung: – Wenn er arbeitet, stirbt er –, richtiger zu sein. Ich sehe keine sich aus den gegebenen Umständen entwickelnde Notwendigkeit, die bis zum Tod des Wibeau führen muß. Es gibt nur eine Notwendigkeit für das Sterben des Hauptakteurs in dieser Arbeit: Der Autor braucht eine interessante Erzählperspektive, die ihm der tote Held liefert. Das heißt also, der Autor ermordet seinen Helden, um über ihn erzählen zu können. – Damit ist dieser Tod für mich wirklich fragwürdig. Das war einer der Gründe für mein Unbehagen schon bei der ersten Lektüre.

Dadurch, daß alles aus der subjektiven Sicht Edgars gezeigt und kommentiert wird, ohne daß die Ereignisse eine objektive Sicht, die Personen einen Eigenwert bekommen, wird seine Umwelt klein gemacht, und er erscheint auf den ersten Blick überdimensional groß. Wenn man aber genauer hinguckt, ist dieser Jüngling, der seine Anlagen und alle seine Möglichkeiten leichtfertig verspielt, dadurch erbärmlich klein. Das Individuum Edgar Wibeau hat zuviel Gewicht, ohne genügend Schnittpunkt realer gesellschaftlicher Verhältnisse zu sein. In dem Spannungsbogen – gesellschaftliche Verantwortung zu individuellem Ausleben – teilt Plenzdorf eindeutig der Seite des Auslebens das stärkere Gewicht zu.

Das Übergewichten subjektiver Individualität auf Kosten der realen Objektivität scheint mir in der Plenzdorfschen Arbeit der Ansatz zu einem Irrweg in unserer Literatur zu sein, der überwunden werden muß. Ich habe nichts gegen ausgeprägte Subjektivität literarischer Helden, aber eine literarische Arbeit sollte meines Erachtens helfen, ein Stück unserer objektiven Umwelt durchschaubar zu machen. Edgar Wibeau verdeckt aber zu sehr den Blick auf die realen Verhältnisse.

Schauen wir einmal kurz auf die Personen, die um Edgar sind. Der Vater, der die Persönlichkeit seines Sohnes zu ergründen sucht (in der Theaterfassung wird das deutlich, im Lese-Wibeau nicht), bekommt überhaupt kein Gesicht. Er sieht aus wie ein verweichlichter Versager. Wie blaß und hilflos wird die Mutter gezeichnet, von der wir außerdem erfahren, daß sie eine geachtete Stellung in der Gesellschaft einnimmt. Was ist der Willi für eine linkisch-brave Gestalt. Er hätte ein Antipode zu Edgar sein können, eine andere Möglichkeit hätte mit ihm vorgeführt werden können. Und Dieter erst, der unsympathische Streber, und Soldat war der auch noch. Da muß doch der charmante pazifistische Charmeur und Unordnungsprediger Edgar leuchtend dagegen abstechen. Und Berliner erst, der nicht erkennen kann, welch außerordentliches Genie sich in Gestalt Edgars ihm zugesellt. Sogar die geliebte Charly ist mehr Ziel der Wünsche Edgars als selbst eine Persönlichkeit. Einzig Zaremba ragt etwas heraus. Der liebt die Menschen und erkennt die Persönlichkeit Edgars an. – So sieht Edgar es, und so wird es uns vorgeführt.

Da kann doch etwas nicht stimmen. – Wieso zum Beispiel kann die lebenslustige Charly sich an den Stiesel Dieter binden? – Sieht sie seine Fehler nicht? – Oder sind die Fehler gar nicht in der Art vorhanden, wie sie uns vorgeführt werden? Ist Dieter nicht eine ganz andere Persönlichkeit, der sich auch als Antipode, als positive Möglichkeit zu Edgar anbietet?

Plenzdorf hat es uns so nicht gegeben. Er ist zu sehr in seinen Edgar verliebt. Trotzdem hätte ihm ironischer Abstand gut getan. Man kann durchaus lieben, was man ironisch betrachtet. – Der Edgar kommentiert sich doch mit viel Selbstironie, kann mir entgegnet werden. Diese Selbstironie soll doch nur Edgars Haltung bestätigen, nicht in Frage stellen. So ist auch sie fragwürdig.

Eine Frage, die unbedingt aufgeworfen werden muß, auch um die Individualität Edgars zu erhellen, läßt Plenzdorf überhaupt nicht aufkommen, oder versucht er gar zu beantworten. – Was hat den Edgar Wibeau zum Außenseiter werden lassen? – Was über Edgars Vergangenheit mitgeteilt wird, reicht dafür nicht, gibt nicht mal im Ansatz eine Problemstellung. – Wie ist der Bengel zu seinem hugenottischen Adelsstolz gekommen, der sich so antiquiert spreizt?

Es bleibt in der Arbeit einfach unverständlich, wie Edgar zum Außenseiter wurde. Da liegt das Hauptproblem, die Richtung, in der wir weitergehen müssen, wo *neue Deutlichkeit* vonnöten ist. Eine Erscheinung ist nur zu überwinden, wenn ihre Ursachen bekämpft werden. Also gilt es, den Ursachen eines Wibeauschen Außenseitertums auf die Spur zu kommen. Ich möchte hoffen, daß dies auch Ulrich Plenzdorf als Aufgabe sieht und daß er nicht nur bei der Erscheinung stehen bleibt.

Es ist sein Verdienst, besonders deutlich die Subjektivität eines Außenseiters vorgeführt zu haben, woraus wir eine gesellschaftliche Aufgabenstellung ableiten können. Aber wir sind vorher genötigt, die gesellschaftliche Bezogenheit selbst herzustellen, die der Autor bisher außer acht ließ (hoffentlich nicht außer acht lassen wollte). An dieser Stelle möchte ich den Bedenken F. K. Kauls recht geben, wenn er meint, daß eine gewichtsmäßige Verfälschung unseres sozialistischen Seins und Werdens in dieser Arbeit vorhanden ist.

Der Wert eines Kunstwerkes wird nicht nur durch die ästhetische, sondern auch durch die gesellschaftlich-aktivierende Komponente bestimmt. Zwar wirken beide Komponenten zusammen, entscheidend für den gesellschaftlichen Wert ist letztlich, in welche Richtung die aktivierende Wirkung läuft. Das erscheint mir in dieser Arbeit zu diffus zu sein.

»Die neuen Leiden ...« enthalten sowohl die Rechtfertigung ultralinker, anarchistischer Denk- und Handlungsweisen wie die Mahnung: – Seht mal Leute, so etwas gibt es bei uns auch; hier ist eine notwendige Aufgabe, die Wibeaus für unsere sozialistische Lebenshaltung zu gewinnen. – Es kommt ganz darauf an, wie der jeweilige Rezipient disponiert ist. Diese Breite der Auslegungsmöglichkeiten macht die Arbeit Plenzdorfs, ohne ihr Verdienst schmälern zu wollen, in meinen Augen weitgehend fragwürdig.

Natürlich ist unsere Literatur auf Vielfalt orientiert. Trotzdem ist von dem einzelnen Autor zu erwarten, daß er um eine klare Position bemüht ist, daß er mit seinen Arbeiten hilft, die Realität unseres Lebens in all seiner Widersprüchlichkeit durchschaubar zu machen.

Zwar sind »Die neuen Leiden ...« Anlaß geworden zu einer breiten Diskussion. Es gibt dabei viele interessante Aspekte. Einer davon ist der in der Arbeit enthaltene Bezug auf die Klassik. Dieser Aspekt scheint mir zu sehr in den Vordergrund einiger Diskussionsbeiträge zu geraten. Die Parallelsetzung des Wertherschen Schicksals mit dem von Wibeau, wie sie schon im Titel ausgedrückt wird, kann nicht stimmen. Werther erlebt eine echte Tragödie und geht letztlich unter, da er keine gesellschaftliche Anerkennung findet und zu schwach ist, sie zu erkämpfen. Wibeau aber kokettiert mit seinem selbst gesetzten Einzelgängertum. Er kommt sich maßlos interessant vor in seiner Parodie auf eine in unserer Gesellschaft unmögliche Tragik. (Natürlich gibt es auch in unserer Gesellschaft Tragödien, aber nicht solche.) Der Autor hat zu dieser Gestalt nicht den ihr angemessenen ironischen Abstand gefunden. Man kann ihm nicht unbedingt einen Vorwurf daraus machen, aber trotzdem scheint es mir eine der Schwächen dieser Arbeit zu sein.

Die breite Diskussion um Plenzdorfs Arbeit scheint mir weniger aus ihren Stärken, als vielmehr aus ihren Schwächen zu resultieren. Ich meine damit die Breite der Assoziationsmöglichkeiten bei dem Fehlen einer deutlichen Autorenposition. Plenzdorf provoziert nicht durch einen klaren Standpunkt zu der aufgeworfenen Problematik, sondern durch relative Standpunktlosigkeit. Darüber sollten wir uns nicht täuschen, zu so fruchtbaren Ergebnissen diese Diskussionen auch führen können und hoffentlich auch führen werden.

In seiner Besprechung bejaht Werner Neubert die Frage, ob in Plenzdorfs Arbeit ein sozialistischer Standpunkt klargestellt ist. So deutlich möchte ich das nicht tun. Dabei glaube ich, daß Ulrich Plenzdorf durchaus einen sozialistischen Diskussionsbeitrag mit seiner Arbeit geben wollte, aber er hat sich dafür doch zu wenig um einen deutlichen Standpunkt bemüht.

Sinn und Form 25 (1973), S. 841-854.
(Der Titel wurde vom Hg. formuliert.)

Karl-Heinz Jakobs
Plenzdorf

(Lobrede in der Akademie der Künste auf den Heinrich-Mann-Preisträger 1973)

Als Konstantin Paustowski vor einigen Jahren in das Moskauer Klubhaus der Energetiker ging, um sich seinen Lesern vorzustellen, wurde er gefragt, vielleicht auch ein wenig provokativ gefragt, und ein wenig lauernd, was er von der heutigen Jugend halte. Und der greise Dichter sagte, und er erhielt wärmsten Beifall dafür: Die Jugend hat immer recht.

Das Präsidium der Akademie der Künste hat beschlossen, Ulrich Plenzdorf für seinen Text Die neuen Leiden des jungen W. mit dem Heinrich-Mann-Preis zu ehren. Der Lobspruch, der auf den Verfasser und sein Werk zu sagen ist, wird gleichzeitig ein Lobspruch auf die Jugend unseres Landes sein, der Plenzdorf so sehr verbunden ist. In aller Gelassenheit und ohne polemische oder enthusiastische Zuspitzung nach irgendeiner Seite können wir sagen: Plenzdorf hat mit seinem lobenswerten Text einen deutlich sichtbaren Hinweis gegeben, dem wir Glauben schenken und der unsere Aufmerksamkeit in Anspruch nimmt, so wie es uns an Landstraßen gelegentlich passiert, wenn wir, beispielsweise gesagt, das Verkehrszeichen sehen: Ende des Überholverbotes für mehrspurige Kraftfahrzeuge.

Um uns über das Bedeutungsvolle der Arbeit von Plenzdorf klarzuwerden, müssen wir versuchen, die Stellung zu bestimmen, die sein Text im Ensemble der Literatur unseres Landes bezogen hat. Erstaunlicherweise ist uns dieser Punkt heute schon recht genau klar.

Es hätte auch einen Wibeau geben können, den der Schriftsteller noch tiefer in Eigensinn, Selbstbespiegelung, Aggressivität und Begehren nach seines Nächsten Weib verstrickt, um uns nach innerer Läuterung seines Helden einen um so strahlenderen Menschen vorzuführen. Es hätte auch einen Wibeau geben können, den der Schriftsteller, alle Unfertigkeiten, Ärgerlichkeiten, Exaltiertheiten dieses Charakters ausnutzend, uns so vorführt, daß wir am Ende befreit und erleichtert lachen können über seine

Tollheiten, um uns zu versichern, daß wir heil und gesund sind; Eulenspiegel hat uns den Spiegel vorgehalten, aber es war ein Zerrspiegel.

Es hätte auch einen Wibeau geben können, der Bluejeans sehr richtig charakterisiert als nordamerikanische Arbeitskleidung, aus der Hippies und Gammler eine Mode gemacht haben, die sich um die ganze Welt ausgebreitet hat, einen Wibeau, der, sehr vernünftig, lernt, mit der Feile umzugehen, um ein Gefühl für Material in die Fingerspitzen zu bekommen, einen Wibeau, der, von einer schöpferischen Idee besessen, alle kostspieligen Mittel, die unsere menschenfreundliche Ordnung ihm kostenlos zur Verfügung stellt, ausnutzt, um seine Idee zu verwirklichen, und deshalb ins Zentrum Junger Neuerer geht und am Ende triumphierend die Patentschrift in die Tasche steckt.

Es hätte noch viele Wibeaus geben können, die unsern Vorstellungen von der Jugend unseres Landes mehr entsprechen als dieser Wibeau von Plenzdorf. Die jugendlichen Leser des Textes und die jugendlichen Zuschauer der Bühnenfassung aber haben mit Händen und Füßen darüber abgestimmt, welchen Wibeau sie haben wollen. Sie wollen keinen andern als diesen von Plenzdorf.

Wir haben nicht immer Glück gehabt, wenn es in der Kunst und Literatur unseres Landes darum ging, jugendliche Menschen so darzustellen, daß sie das uneingeschränkte Interesse der jugendlichen Leser und Zuschauer gewannen. Dies ist einer der Fälle, da wir dieses Glück hatten. Dieser Text macht auf eine Lücke aufmerksam, die uns schmerzt wie eine Wunde.

Wir haben doch die Vorstellungen und die Bedürfnisse der Arbeiterjugend und der intellektuellen Jugend unseres Landes eingeschätzt von unserm reiferen Standpunkt, vom Standpunkt des Erwachsenen, der total integriert ist in der Gesellschaft. Wir haben doch gesagt, was für uns gut ist, das ist auch für die Jugend gut, schließlich haben wir dieses Land mit den Fingernägeln aus dem Boden gekratzt. Und wir haben ihnen Erbauungsgeschichten erzählt, die uns das Herz warm machten, die aber die Jugend kühl ließen.

Seht doch, riefen wir ihnen zu, wir haben doch gekämpft und gelitten für euch. Nehmt doch das Leben, wie wir es für euch vorbereitet haben, endlich in eure eigenen Hände. Wir übergeben es euch willig. Euch geht es doch besser, als es uns ergangen ist. Und wir merkten in unserer Eitelkeit nicht, wie sehr wir die

Jugendlichen unseres Landes damit kränkten. Denn sie erhoben Anspruch auf ihr eigenes Leid. In dem ihnen von uns vorgegebenen exakt funktionierenden System der Planwirtschaft erhoben sie den Anspruch, ihre eigenen Pläne zu verwirklichen, die uns unbedeutend vorkamen, gemessen an den gewaltigen Plänen, die wir bewältigt hatten.

Es wäre meines Erachtens falsch, ewig darauf rumzureiten, ob Plenzdorf uns eine Realität vorgeführt habe oder nicht, einen typischen Menschen unter typischen Umständen. Plenzdorfs Wibeau ist eine Gestalt künstlerischer Erfindungskraft, und die Sprache, der er sich bedient, ist nicht, wie vielleicht einer behaupten könnte, Fäkalienjargon, sondern eine überaus subtile, hoch stilisierte Kunstsprache, hervorgegangen aus einem Modejargon.

Wenn sich so viele junge Menschen ergriffen und begeistert für diesen Text aussprechen, so doch nicht deswegen, weil sie in Wibeau ihr Ideal sehen. Denn alle, die für diesen Text mit Füßen und Händen abgestimmt haben, sind ganz und gar nicht so wie Wibeau. Aber in jedem von ihnen steckt ein Aspekt dieser Gestalt künstlerischer Erfindungskraft. So ist die Geschichte, die Plenzdorf uns erzählt, ein Gleichnis, ein Gleichnis jugendlichen Denkens und Empfindens in unserer Zeit und in unserm Land. Übrigens ist das, was Plenzdorf uns vorgelegt hat, außerdem noch eine spannende Geschichte. Daß in einem modernen Text der Tod eines Jugendlichen, der Tod überhaupt, dargestellt wird als Teil der Lebenswirklichkeit, das macht auch den Reiz dieses Stückes aus, sagte ein Jugendlicher in einer Diskussion.

So besehen, ist der Text von Plenzdorf einmalig. Er macht sich nicht lustig über Wibeau. Er droht ihm nicht mit der Besserungsanstalt. Er macht aus Wibeau weder Abschaum noch Idol. Er tut etwas Besseres. Er nimmt Wibeau ernst, bitter ernst. Und so besehen, reiht sich die Geschichte vom kurzen Leben des Jugendlichen Wibeau ein in die stattliche Zahl einmaliger Texte, in denen Schriftsteller unseres Landes wichtige, bisher vernachlässigte Stoffe aufgegriffen und sie konsequent gestaltet haben.

Ein anderer lobenswerter Aspekt ist in diesem Buch von großer Bedeutung. Das ist die Transplantation eines Stückes kulturellen Erbes in die Gegenwart und ihre Transformation in die Manier unserer Zeit. So wie wir Bach-Variationen von Paul Dessau kennengelernt haben, erleben wir in diesem Text eine Werther-

Variation von Plenzdorf. Derartige schöpferische Umformungen haben nicht den Sinn, das Werk des kulturellen Erbes zu parodieren, um es auszulöschen und an dessen Stelle etwas anderes und zwar Besseres zu setzen. Vielmehr sollen Denkweisen und Argumentationen verflossener Zeiten in unsere hereingenommen werden, um einen Verfremdungseffekt zu schaffen, der es uns ermöglicht, nicht den Werther, sondern unsere Zeit besser zu begreifen.

Mit Hilfe des Werthers ist Plenzdorf einer großen Gefahr entronnen, die in seinem Arrangement der Gestalten lauerte. Oberflächlich genommen sieht es so aus, als sei Dieter kein ernst zu nehmender Nebenbuhler für Wibeau. Tatsächlich hat Plenzdorf diesen Dieter karikiert, und er ist als Nebenbuhler für Wibeau von Bedeutung. Ich sehe in der Gegenüberstellung dieser beiden jungen Menschen einen brisanten und interessanten Widerspruch zweier Lebenshaltungen. Einesteils führt uns Dieter die für jeden unerläßliche Anpassung an gesellschaftliche Normen vor. Andererseits stellt Wibeau bestehende Normen in Frage, und wir werden angeregt, durch ständiges bohrendes Überprüfen herauszufinden, ob diese oder jene Norm heute noch die Bedeutung hat wie damals, als sie aufgestellt wurde.

Immer wieder kehrt Plenzdorf zu diesem Widerspruch zurück, und er variiert ihn auf vielfältige Weise, knapp, präzis und mit Kraft. Flemming zum Beispiel, Lehrausbilder, der seine Lebenshaltung ausdrückt mit den Worten an die Jugend: Hier habt ihr ein Stück Eisen. Wenn ihr aus dem eine Uhr machen könnt, habt ihr ausgelernt.

Und wir können diesem Mann unsere Achtung nicht versagen, denn alles, was uns umgibt, ist von Flemming und seinesgleichen gemacht. Doch ergriffen hören wir, was Wibeau darauf zu erwidern hat, und wir müssen es anerkennen, so schwer es uns fallen mag: aber Uhrmacher wollten wir eigentlich schon damals nicht werden.

Dieter, der sich der Lebenshaltung der Flemmings bedingungslos angepaßt hat, sagt demzufolge, als er Wibeaus Malereien betrachtet: Natürlich gibt es auch in der Malerei wie überall gewisse Regeln, die Wibeau einfach kennen muß, wenn er in der Malerei etwas leisten will, und das sind: Perspektive, Proportion, Vordergrund, Hintergrund.

An dieser Stelle verschmilzt die Gestalt Wibeaus völlig mit der

Werthers, und das, was Wibeau mit den Wörtern Werthers sagt, gilt über Werthers Zeit und Schauplatz hinaus wie auch hinaus über Wibeaus Zeit und Schauplatz: Man kann zum Vorteile der Regeln viel sagen, ungefähr alles, was man zum Wohle der Gesellschaft sagen kann. Ein Mensch, der sich nach ihnen bildet, wird nie etwas Abgeschmacktes hervorbringen, dagegen wird aber auch alle Regel, man rede, was man wolle, das wahre Gefühl von Natur und den wahren Ausdruck derselben zerstören.

Das waren zwei Aspekte, auf die hinzuweisen ich für unerläßlich hielt. Dieser Text ist von so unerhörter Dichte, daß uns eine breite Skala von Aspekten, unser Leben betreffend, aufgefächert wird. Ich halte es für einen Vorzug dieses Textes. Die Fragen, die dieser Text aufwirft, sind durchweg von großem Interesse. Plenzdorf beantwortet diese Fragen nicht. Denn sie sind von solcher Wucht, daß es die Kraft der ganzen Gesellschaft kosten wird, sie zu beantworten. Ein weiterer Vorzug des Textes ist die Bescheidenheit des Verfassers. Nirgendwo spielt sich Plenzdorf auf als der Besserwisser der Nation.

Im Verlaufe meines Lobspruchs auf einen lobenswerten Text ist die Person des Verfassers ein wenig in den Hintergrund getreten. Wir haben uns hier versammelt, um ihn öffentlich für sein Werk zu ehren und uns zu ihm zu bekennen. Das Lexikon sagt über ihn noch nichts aus. So kann ich hier, was mir so selten angetragen wird, die Rolle des Lexikons übernehmen. Wie jedes Lexikon kenne ich mein Stichwort, das Plenzdorf, Ulrich, heißt, nicht persönlich. Ich gebe Informationen wieder, die mir zugetragen wurden:

Geboren neunzehnhundertvierunddreißig in Berlin, lebt in Berlin, ist Mitglied der SED. Vater: Maschinenbauer, früher Mitglied der KPD. Mutter: Arbeiterin, früher Mitglied der KPD, ODF, heute Rentnerin. Nach der Oberschule ein Jahr Studium der Philosophie in Leipzig. Danach drei Jahre Bühnenarbeiter beim Film.

Ich bin überzeugt, wir werden bald von ihm selbst hören oder lesen, wie es kommt, daß einer aufhört, Philosophie zu studieren, um Bühnenarbeiter zu werden. Danach Freiwilliger der Nationalen Volksarmee wird und später einer seiner Gestalten künstlerischer Vorstellungskraft die Sätze in den Mund legt: Ich war zwar Pazifist, vor allem wenn ich an die unvermeidlichen achtzehn Monate dachte. Dann war ich ein hervorragender Pazifist. Ich durfte bloß keine Vietnambilder sehen und das. Dann wurde mir rot vor Augen. Wenn dann einer gekommen wäre, hätte ich mich als Soldat auf Lebenszeit verpflichtet. Im Ernst.

Mein enzyklopädisches Stichwort studierte danach drei Jahre das Fach Dramaturgie an der Filmhochschule. Seitdem ist er Szenarist beim Film. Er hat Szenarien zu den Filmen geschrieben: Mir nach, Kanaillen. Weite Straßen, stille Liebe. Kennen Sie Urban?

Die Legende von Paul und Paula, ein Film, der vor einer Woche uraufgeführt wurde, spielt, wie ich hörte, bis heute vor ausverkauften Häusern. Und nun: Die neuen Leiden des jungen W. Ursprünglich vor vier Jahren für den Film geschrieben, wurde der Text zur Publikumserkundung und zur Überprüfung seiner gesellschaftlichen und darstellerischen Wirksamkeit an ein Theater weitergereicht. Gleichzeitig wurde er in einer dicken Literaturzeitschrift vorabgedruckt. Der eine Buchverlag wußte nichts anzufangen mit dem Text und gab ihn dem Urheber zurück. Der andere Verlag hat soeben den Text als Buch herausgebracht in einer Fassung, die die Brisanz der Geschichte in Nuancen verschärft. In diesem Augenblick spielen Schauspieler auf neun Bühnen unseres Landes Die neuen Leiden des jungen W., und in mehreren Zeitschriften und Zeitungen diskutieren Leser und Zuschauer über Edgar Wibeau und seine Zeit, die unsere Zeit ist.

Ein stolzer Mensch, der stolz ist auf seinen Stolz, wurde uns vorgeführt, es wurde einer vorgeführt, der siebzehn ist und sich nicht anpaßt, einer, der provokatorisch nordamerikanische Beinkleidung bedichtet, einer, der keine Gelegenheit ausläßt, einen harten und abgebrühten Eindruck zu hinterlassen, und der doch ein zarter Charakter ist und zutiefst verletzlich.

Karl-Heinz Jakobs: Heimatländische Kolportagen.
Ein Buch Publizistik. Berlin/DDR 1975, S. 237-244.

Lothar Ehrlich
Comeback für »Old Werther«

Bei seinem ersten Erscheinen auf der Bühne vor neun Jahren brachte der siebzehnjährige Edgar Wibeau in Ulrich Plenzdorfs Stück »Die neuen Leiden des jungen W.« im Pro und Kontra die Gemüter in heftige Bewegung. Nach langem Musterknabendasein zu Hause »kündigend«, seine Lehre im heimatlichen Mittenberg schmeißend, eine Zeitlang in einem Berliner Laubengrundstück gammelnd, dann als Maler arbeitend und bei dem Versuch, für seine Brigade ein neues Farbspritzgerät zu erfinden, »über den Jordan« gehend, galt dieser Siebzehnjährige einigen Eiferern als »verhaltensgestört«. Heute, wo eine Reihe von engstirnigen Haltungen, z. B. in Fragen Frisur und Kleidung Jugendlicher, längst der Vergangenheit angehören und Edgars Äußerungen zu diesen Punkten nicht mehr die provokante Vehemenz wie seinerzeit besitzen, wenn auch fragwürdiges Verhalten mancher Erzieher weiterhin Reibungsflächen bildet, heute zeigt sich, daß vor neun Jahren diejenigen recht hatten, die Edgar für einen wenn auch nicht gerade bequemen, so doch im Grunde seines Wesens und seiner gesellschaftlichen Haltung wertvollen Menschen sahen, einen, der sich selber sucht und Antworten finden will auf Fragen nach dem eigenen Ich. Diese in unserer jüngeren Literatur häufig behandelte Thematik ist es auch, auf der die unveränderte Aktualität des Plenzdorf-Stückes beruht. Das bestätigte die Aufführung vor jugendlichem Publikum im Görlitzer Gerhart-Hauptmann-Theater, die ich sah und die ausgezeichnet »ankam«.

Christian-Victor Keune erfaßt den jungen Edgar W. in seiner Unverwechselbarkeit (nur die sprachliche Verständlichkeit läßt verschiedentlich zu wünschen übrig). Auf dem Kopf eine Art Dreispitz tragend, mit heraushängendem Hemd, in der Gesäßtasche der unentbehrlichen Jeans als »edelsten Hosen der Welt« das Reclamheft mit Goethes »Werther«, so angetan spricht Edgar die »althochdeutschen« Texte von »Old Werther« aufs Tonband, richtet er seine Adressen direkt ans Publikum, agiert er abwechselnd in den Rückblenden als Lebender und, aus dem Souffleurkasten als seinem »Grab« munter herausspringend, als »Toter«, der sich von dem und jenem seines ehemaligen Verhaltens als von »echten Sauereien« distanziert. Daß Edgar in seiner Querköpfigkeit und Pfiffigkeit, in seiner Unfertigkeit und seinem Sich-beweisen-Wollen, in seinen Einsichten und Provokationen (warum er auch noch als Nackedei auftreten muß, vermochte mir nicht einzuleuchten), um sich selber ringt und die Dinge, die ihn beschäftigen, beim Namen nennt, dies in seinem unwiderstehlichen Jargon, das sichert ihm die Sympathien, wenn auch nicht zu verkennen ist, daß das jugendliche Publikum im Parkett durchaus auch kritisch zu dem und jenem steht, was Edgar von sich gibt und tut.

In dem großen Monolog Edgars, den das Stück im Grunde darstellt, kommen die übrigen Figuren zum Teil nicht über die Rolle von Stichwortgebern hinaus. Ausführlichere Textvorgaben nutzend, geben Werner Gaertner und Wolfgang Adam den Arbeitern Zaremba und Addi aus der Malerbrigade mehr als nur die äußeren Umrisse. Marion Köberich spielt die Kindergärtnerin Charlie in ihrem widerspruchsvollen Verhältnis zu ihrem Verlobten bzw. Mann und zu Edgar, ein mehr unauffälliger, auch nicht gerade auf ihre äußere Haltung sehender Typ. Wirkungsvoll und mit Sonderapplaus bedacht die Szene, in der die Kinder die Wand bemalen.

Dem anonym bleibenden »Kollektiv«, das verantwortlich zeichnet für Regie, Ausstattung und Dramaturgie, ist es gemeinsam mit den Darstellern gelungen, das Stück so auf die Bühne zu bringen, daß es zu interessieren und anzuregen vermag, und dies in ausgesprochen amüsanter Art und Weise.

Sächsische Zeitung v. 21.4.1981.

IV

Die Rezeption der »Neuen Leiden« im Westen

Joachim Nawrocki

Kommt doch nicht mit Politik! Ausgeflippte gibt es nicht nur bei uns – Diskussion über ein Theaterstück in Halle: »Die neuen Leiden des jungen W.«

»Ich war vielleicht ein Idiot, Leute. Das letzte, was ich merkte, war, daß es schwarz wurde und daß ich mit der Hand nicht mehr von dem Knopf loskam.« Der das erzählt, heißt Edgar Wibeau, ist siebzehn Jahre alt und bei der Erfindung eines nebellosen Farbspritzgerätes an Stromschlag gestorben. Zur Zeit steht er auf den Bühnen der DDR und interpretiert nachträglich sein kurzes Leben: Wie er aus seiner Heimatstadt verschwand, weil es ihm lästig geworden war, seiner Mutter – die einen Betrieb leitet – niemals weh tun zu wollen; wie er ein Mädchen kennenlernte, das schon einen Freund hatte und das er Charlie nannte, weil ihn seine Situation ein wenig an Werthers Leiden mit Charlotte erinnerte. Nicht daß er belesen war: »Werthers Leiden« hatte er als Reclamheft auf dem Klo der Laube gefunden, in der er untergekrochen war.

»Die neuen Leiden des jungen W.« heißt das Stück von Ulrich Plenzdorf, das zuerst als Filmerzählung in der Literaturzeitschrift *Sinn und Form* erschienen war, und der junge Wibeau hat, als er das Reclamheft findet, anfangs gar nichts für den Werther übrig: »Wirklich leid tat mir bloß die Frau, jetzt saß sie mit ihrem Mann da, diesem Kissenpuper. Wenigstens daran hätte Werther denken müssen.« Zum Schluß, als ihn der Schlag trifft, hätte er sich zwar auch noch nicht freiwillig »an den nächsten Haken gehängt«, aber er ist doch »fast so weit, daß ich Old-Werther verstand, wenn er nicht weiterkonnte«.

Im übrigen dient der Werther dem jungen Wibeau dazu, seine

Umwelt mit eingelernten Sprüchen zu verblüffen. Seinem Freund übermittelt er – nicht per Brief, sondern auf Tonband natürlich –: »Genug, Wilhelm. Der Bräutigam ist da! Glücklicherweise war ich nicht bei dem Empfange, das hätte mir das Herz zerrissen.« Und seinen Kollegen von der Malerbrigade, die sich beim Experiment mit dem Spritzgerät über und über mit gelber Farbe bekleckert haben, sagt er: »Es ist ein einförmig Ding um das Menschengeschlecht. Die meisten verarbeiten den größten Teil der Zeit, um zu leben, und das bißchen, das ihnen von der Freiheit bleibt, ängstigt sie so, daß sie alle Mittel suchen, ums loszuwerden.«

Natürlich weiß niemand, woher die Sprüche stammen, die Edgar Wibeau losläßt. Die einen glauben, er habe zuviel in der Bibel gelesen, sein Freund Willi fragt nach dem Code, der ihm die Tonbandnachrichten verständlich machen könne, und die Kollegen von der Brigade halten ihn für den Clown der Truppe.

Ein intelligenter, sensibler, ausgeflippter Junge, wie es so viele in der DDR gibt: Das ist das Exemplarische an diesem Stück. In der DDR wird es jetzt mit der Frage diskutiert, ob denn von Eltern und Erziehern genügend getan werde, um den heranwachsenden Jugendlichen bei ihren Problemen zu helfen, ob nicht diejenigen, die als aufsässig gelten, für Rowdys gehalten werden und nicht selten sogar ins Gefängnis kommen, im Grunde doch wertvolle Menschen seien, für die man nur zu wenig Verständnis gehabt habe.

Die Juristin Dr. Wolfhilde Dierl sagte im Gespräch mit der Zeitschrift *Forum:* »Ja, ich kenne solche Edgars. Ich habe mit ihnen hin und wieder in meiner Praxis zu tun.« Jungverheiratet, achtzehnjährig, leben sie »mit ihrer Liebe im Glückstaumel, bis die ersten größeren realen Forderungen des Alltags ihr Ideal erschüttern. Sie betrachten nun oftmals die Welt als nicht bezwingbar, kapitulieren oder suchen neue, oft auch ungehbare Wege.« Häufig kommen sie aus Familien, in denen ein Ehepartner fehlt, in denen sie als Einzelkind behütet aufwachsen und schließlich gegen die eingefahrene Häuslichkeit aufmucken. Der Vergleich mit dem Leiden des jungen Werther, meint Frau Dierl, sei ein gesellschaftlicher Aufruf: »Die Augen und das Herz sollten wir offenhalten für diese Jugend.«

Wie es dabei so zugeht, das kommt im Programmheft des Landestheaters Halle zum Ausdruck, in dem Plenzdorfs Stück uraufgeführt wurde. Der Regisseur Wolfgang Bachmann wird interviewt, denn auch sein Sohn gehört zu den Ausgeflippten. Mit anderen Jugendlichen wurde der siebzehnjährige Jan zu mehreren Jahren Freiheitsstrafe verurteilt, weil er dreimal die Grenze der DDR ohne Paß überschritten hatte. Wohin? In die CSSR! Vater Bachmann meint, er sei nicht immer geduldig genug mit seinem Sohn gewesen, zwei Jahre arbeitete er auch außerhalb, so daß die Erziehung bei der Mutter lag. Mit 15 Jahren wanderte dann Jan »am hellerlichten Tag wie selbstverständlich« in die CSSR – Freiheitsentzug mit Bewährung. Mit 16 Jahren wiederholt er den Fluchtversuch und wird nach einem Jahr Gefängnis vorzeitig entlassen. Der Junge bummelt, versäumt den Unterricht, liegt am See, schaut in den Himmel und wird schließlich, im Februar letzten Jahres, mit seinen Freunden, »als sie singend durchs böhmische Land zogen, von den Staatsorganen der CSSR festgenommen«.

Nun sitzt er wieder, ein junger Mensch, dem offenbar das Unrechtsbewußtsein fehlte und dem mit Gefängnis sicher nicht zu helfen ist. Der Vater zitiert seinen Sohn: »Wer will mir verbieten, mit einer Gitarre zu wandern, wohin es mir gefällt? Kommt doch nicht immer mit Politik! Kenne ich doch, hab ich doch gelernt, sehe ich ja ein! Aber ich interessiere mich nun mal für Land und Leute!« Offenbar weiß der Vater ihm wenig zu entgegnen, er möchte seinen Sohn nur besser begreifen, bereut, daß er nie mit ihm geangelt hat, um ihn in Ruhe und Abgeschiedenheit besser kennenzulernen.

Auch diese Geschichte, heißt es im Programmheft, sei kein Einzelfall, »das zeigt der Blick in die Gerichtssäle«. Mit diesen Problemen will man sich anscheinend in der DDR nun intensiver – und verständnisvoller – beschäftigen. In der Rezension des Plenzdorf-Stückes im *Forum* heißt es, man empfinde wohl allzu oft das, »was Jugendliche, oft provokatorisch, in Frage stellen, als etwas Unnötiges oder als Aufsässigkeit«. Dasselbe Gefühl hatte auch Edgar Wibeau: »Bloß es stank mich immer fast gar nicht an, wenn einer gleich ein Wüstling oder Sittenstrolch sein sollte, weil er lange Haare hatte, keine Bügelfalten, nicht schon um fünf aufstand und sich nicht gleich mit Pumpenwasser kalt abseifte!«

Die Mutter von Edgar sagt: »Der Sohn der Leiterin, bis dato der beste Lehrling, Durchschnitt eins Komma eins, entpuppt sich als Rowdy! Schmeißt die Lehre! Rennt von zu Hause weg!« Edgar hatte seinem Lehrmeister Flemming eine Eisenplatte auf den Zeh fallen lassen. Er fühlte sich gereizt, obwohl er sich aus jedem Streit eigentlich raushalten wollte, der Mutter zuliebe. Aber als der Ausbilder sagt: »Hier habt ihr ein Stück Eisen! Wenn ihr aus dem eine Uhr machen könnt, habt ihr ausgelernt«, wird es Edgar zu dumm – Uhrmacher, erklärt er, habe er gar nicht werden wollen. Und dann sagt der Meister: »Von dir hätte ich das am allerwenigsten erwartet, Wibau!« Da ließ Edgar, stolz auf seinen hugenottischen Namen, die Platte fallen, denn »kein Aas sagt ja auch Nivau statt Niveau«.

Dann haut er ab und macht zum erstenmal nur das, was ihm Spaß macht, wie Jan Bachmann, der in die CSSR ging. Musik zum Beispiel: »Ich meine jetzt nicht irgendeinen Händelsohn Bacholdy, sondern echte Musik, Leute. Ich hatte nichts gegen Bacholdy oder einen, aber sie rissen mich nicht gerade vom Hocker.« Und er malt, abstrakt, »weil ich Idiot nie im Leben was Echtes malen konnte, daß man es wiedererkannt hätte«. Niemand soll ihm mehr reinreden können, er will bis Mittag schlafen und bis Mitternacht leben. »Wer nicht ißt, soll auch nicht arbeiten«, ist seine Devise, bis er, dem Mädchen Charlie zuliebe, bei der Malerbrigade wieder Arbeit sucht.

Am Ende aber wissen die Rezensenten, Regisseure, Erzieher und Juristen doch nicht allzuviel mit Edgar anzufangen. Sie sprechen von unfruchtbarer Oppositionshaltung, von kleinbürgerlichem Denken, mit dem die Eltern ihre Kinder zu Musterknaben erziehen wollen, von der Reibung an vorgefundenen Normen. Sie fragen aber auch, ob der Spielraum für die Entfaltung aller Möglichkeiten und Fähigkeiten des einzelnen ausreicht in der DDR. Ein Student sagt laut *Forum* nach der Aufführung: »Wie oft ist es bei Lehrlingen so – entweder sind sie Duckmäuser, die sich in alles ergeben, oder es ist einer wie Edgar. Der rückt dann aus, weil er das nicht mehr mitmachen will. Daß solche Menschen wie Meister Flemming auch noch Lehrmeister sind – das ist ganz eindeutig Kritik an der Gesellschaft. Aber es ist auch eine Kritik, die nicht vernichten, sondern vorwärtshelfen soll.«

Aber was man mit Jungen wie Edgar machen soll, weiß eigentlich keiner der Befragten. Vater Bachmann berichtet, mit seinem Sohn Jan hätten Eltern, Erzieher, Ausbilder und Vertreter der Stadt beraten, schließlich eine Aussprache mit der Schulklasse angesetzt. »Als diese wichtige Auseinandersetzung verzögert wurde, entzog er sich wieder, war wochenlang unterwegs.« Solange solche

Aussprachen vor dem ganzen Kollektiv oder Gefängnisstrafen das letzte Mittel sind, braucht sich niemand darüber zu wundern. Auch Edgar Wibeau, der gut erfundene DDR-Junge auf der Hallenser Bühne, ist eben deswegen fortgelaufen: »Besonders scharf war ich auf das Nachspiel nicht. ›Was sagt der Jugendfreund Edgar Wibau (!) zu seinem Verhalten zu Meister Flemming?‹ Leute! Ich hätt' mir doch lieber sonst was abgebissen, als irgendwas zu sülzen von: Ich sehe ein... Ich hab' was gegen Selbstkritik, ich meine: gegen öffentliche. Das ist irgendwie entwürdigend.«

Die Zeit v. 18. 8. 1972.

Hellmuth Karasek

Ein Beatnik aus der DDR
Gedruckt, gespielt und umstritten: Plenzdorfs »Neue Leiden des jungen W.«

In Ostberlin laufen szenische Realisationen der Erzählung von Ulrich Plenzdorf gleich an zwei Bühnen: in den Kammerspielen des Deutschen Theaters und im »Theater im 3. Stock« der Volksbühne am Luxemburgplatz. Auch das nahe gelegene Potsdamer »Hans-Otto-Theater« spielt die »Neuen Leiden des jungen W.«, die ihren sensationellen Bühnenstart in Halle hatten. Und nachdem Plenzdorfs Geschichte in der DDR-Literatur-Zeitschrift *Sinn und Form* (nur unwesentlich gekürzt) vorabgedruckt wurde, gab es, ein knappes Jahr später, im Januar-Heft von 1973 in der gleichen Zeitschrift den Beginn einer ausführlichen und heftigen Diskussion um die neue Werther-Variation aus der DDR.

Diese Diskussion ist jetzt in das März-Heft der Zeitschrift *Neue Deutsche Literatur* übergeschwappt, wo Werner Neubert in einer durchaus positiven Besprechung schreibt: »Streichen wir doch nicht um den heißen Brei herum: Wibeau (der Held der Erzählung), wie er diesen Augenblick ist, denkt, fühlt, ist keinen Augenblick lang ein Anhänger des Imperialismus, aber momentan oder für längere Zeit sind die Einflüsse ›der anderen‹ stärker als unsere. Was er geistig in sich aufgenommen hat, stammt im Übergewicht nicht von uns, das Positivste ist der alte Robinson Crusoe. Jeans sind ihm keine Hose, sondern eine ›Einstellung‹.«

Eröffnet wurde die Diskussion durch einen Brief, in dem der Ostberliner Staranwalt Friedrich Karl Kaul (auch im Westen als prominenter Verteidiger bekannt) die Erzählung grimmig und mißmutig angriff. Was bei dieser Attacke auffiel: Die Argumente Kauls gegen Plenzdorf gleichen eigentlich genau den Argumenten, mit denen bei uns die extremen Konservativen sich die Herausforderungen einer jungen Literatur vom Halse halten wollten und wollen. Da wird entrüstet Goethe verteidigt, weil Plenzdorf sich des Modells der »Leiden des jungen Werther« respektlos bedient, da wird aller Abscheu davor geäußert, daß Plenzdorf, wie Kaul wörtlich schreibt, ein »Fäkalien-Vokabular« benutze, »in dem des langen und breiten um die innige Funktionsverbindung von Niere und Darm der Plenzdorfschen Figur abgehandelt wird« (!). Kaul meint dazu: »Mich ekelt geradezu.« Und da ist davon die Rede, daß die Jugend in der DDR eigentlich ganz anders sei als der doch sehr negative Held Plenzdorfs. Alles Argumente aus dem Munde eines Ulbricht-Anhängers, wie auch bei uns gehabt – etwa in der Auseinandersetzung um die »Blechtrommel«, wo weiland Kanzler Erhard ja auch von »unappetitlichen Entartungserscheinungen« sprach.

Das Verwunderliche, das für die DDR Verwunderliche, spielt sich in der anschließenden Diskussion ab. Da wird Kaul ganz schön übers Maul gefahren; er, der doch den offiziellen Staatsspitzen nahesteht, muß sich in einer Diskussion von Stephan Hermlin sagen lassen, daß sein Brief nicht interessant sei, daß neue Kunst hier wie eh und je mit alten Ladenhüter-Argumenten angegriffen werde und daß Kaul, der ohnehin ein gestörtes Verhältnis zur deutschen Sprache habe, von der DDR-Arbeiterjugend nichts wissen könne, da er sich, durch seine Anwaltstätigkeit und seine kriminalschriftstellerische Arbeit abgehalten, zu selten in Werkshallen aufhalte.

Wenn es ein Anzeichen für ein gründliches literarisches Tauwetter der Nach-Ulbricht-Ära gibt, dann jedenfalls zeigt es sich nirgends deutlicher an als in der aufregend lebendigen, gescheiten und offenen Diskussion um Plenzdorfs »Neue Leiden des jungen W.«.

Dabei ist das eine schmale, dünne Geschichte; selbst mit großen Lettern (à la Segals »Love Story«) gedruckt, füllt sie in der Suhrkamp-Ausgabe mit Ach und Krach 148 Seiten. Die Aufregung geht also von keinem Wälzer aus, sondern von einem knappen, eher skizzenhaften, szenischen Erzähl-Plot.

Erzählt wird die Geschichte des jungen Edgar W., der bei einem Unfall in einer leerstehenden Schrebergartenlaube in Berlin, wo er unangemeldet wohnte, zu Tode kam, dessen Leben jetzt rekonstruiert wird – aus einer nicht ganz »sauberen« Erzählperspektive, denn des Toten Bewußtseinsstrom kann da aus dem Jenseits noch ganz munter parlieren und die Eindrücke der Hinterbliebenen ganz schnoddrig korrigieren.

Edgar W. – das ist auf den ersten Blick alles andere als der brave, staatstreue übliche DDR-Jugendliche. Er flog aus seiner Lehre raus, nachdem er seinem Meister eine Bleiplatte auf den Zeh hatte fallen lassen, verschwand daraufhin gammelnd nach Berlin, nistete sich daselbst in einer Gartenlaube ein, malte verrückte Bilder, von denen niemand begeistert war, tat sich auch nicht besonders leicht, als er unter eine Anstreicher-Brigade geriet, weil er widerborstig blieb. Und starb bei dem Versuch, eine neue Malspritzpistole zu erfinden.

Im Tod wird er natürlich doch noch als positiver Held rehabilitiert, denn die von ihm erfundene Pistole hat durchaus das so sehnlichst erwünschte »Weltniveau«. Er starb also, nachdem er ein wichtiges Mosaiksteinchen zum Sozialismus beigesteuert hatte.

Zwischendurch aber repräsentiert dieser Edgar W. so etwas wie eine zornige, aufbegehrende Generation in der DDR, eine östliche Spielart der aufmüpfigen Jugend der Beatnik- und Beatgeneration – wenn auch viel zahmer, dann doch für DDR-Verhältnisse erstaunlich widerspenstig. Er trägt mit Vorliebe Jeans, hört mit Vorliebe Soul und Beat (liest man genauer, stellt sich allerdings heraus, daß er bei »Satchmo« Louis Armstrong stehengeblieben ist, also fünfzehn Jahre hinterherhinkt), bringt für die Volksarmee als Pazifist keine rechte Begeisterung auf. Und – was für die moralische Norm der DDR nicht weniger erstaunlich ist – er treibt es auch mit Mädchen (liest man auch hier genauer, dann hat er, recht besehen, einmal mit einem Mädchen geschlafen, das allerdings in Windeseile, denn er kriegte sie in einer Minute rum). Nun ist auch das vorbei.

Denn nun setzt die gesuchte Parallele zu Werther ein. Zunächst äußerlich: Er findet auf dem Klo das Reclam-Heft des Goethe-Textes, benutzt die erste Seite zweckentfremdet, liest es, anfangs erstaunt und belustigt über die altertümliche Sprache, später mehr und mehr fasziniert. Der Werther rückt also zu seinen beiden anderen Lieblingsbüchern, zu Robinson Crusoe und Salingers »Fänger im Roggen« – alles drei, wenn man so will, Bücher über Außenseiter, die sich nicht in das übliche Schema der Gesellschaft pressen lassen. In einer Gartenlaube lernt er durch Zufall eine Kindergärtnerin kennen, weil sich deren Zöglinge zu dem seltsamen Gammler, der da malt, verlaufen haben: Die Werther-Geschichte kann beginnen; prompt ist die Kindergärtnerin auch mit einem Mann verlobt, der gerade als Offizier bei der Volksarmee dient. Die Liebesromanze verläuft ähnlich wie die von Lotte und Werther, wenn auch nicht ganz so tragisch – der Tod dieses neuen Werther ist ja, wie gesagt, ein Unfall bei der Konstruktion einer wichtigen Erfindung.

Erstaunlich an dieser Liebesgeschichte, die zart und trotz des rotzigen Jargons, in dem sie vorgetragen wird, nicht unsentimental und für westliche Ohren eigentlich recht Segal-ähnlich klingt: Moral bleibt da ganz draußen, der Volksarmee-Offizier, der danach brav Germanistik zu studieren beginnt, wird nicht etwa als bloßer Musterknabe geschildert, sondern auch als auf die Nerven gehender Pedant und Spießer, der seine Bücher allzu ordentlich nach Größe ordnet und sich van Goghs »Sonnenblumen« an die Wand pinnt.

Die Erzählung von Plenzdorf greift also (daran ist kein Zweifel) eine neue DDR-Spießigkeit der allzu braven Bürger an, artikuliert damit ein jugendliches Unbehagen. Sosehr auch der Schluß den gestorbenen Edgar endlich doch auf dem rechten Weg zeigt – unterwegs drückt sich in Plenzdorfs Geschichte eine ganze Portion Spott, sogar Ekel gegen die bürgerlich abgesicherten Lebensformen und Normen des sozialistischen Alltags aus. Und daneben eine jugendliche Solidarität zu anderen Outsidern, die an der Grenze der DDR nicht haltmachen. Das hat Stephan Hermlin in der Diskussion offen so charakterisiert: »Das Wichtigste an Plenzdorfs Stück ist, daß es vielleicht zum erstenmal, jedenfalls in der Prosa, authentisch die Gedanken, die Gefühle der DDR-Arbeiterjugend zeigt.« Ein bemerkenswertes, ein erstaunliches Urteil.

Auch an der Sprache, die Plenzdorf seinen jugendlichen Helden in den Mund legt, zeigt sich, wie stark die Faszination der westlichen Subkultur auf diese Jugendlichen ist. »Das poppt unheimlich.« Fühlt sich der Held wohl, dann ist er, wie er sagt, »high«, von »Satchmos sattem Sound« schwärmt er, vom »Ausflippen« ist die Rede.

Sieht man sich die Sprache gründlicher an, dann unterscheidet sie sich natürlich doch von der westlicher Jugendlicher. Etwa, wenn das in der DDR übliche »Fakt ist« im schönsten Ulbricht-Stil gebraucht wird, oder wenn der Held seine Laube ironisch seine »Kolchose« nennt. Insgesamt sind Berliner Schnoddrigkeit, westlicher Twen-Jargon und die Floskeln der Funktionär-Sprache eine Mixtur eingegangen, die zeigt, daß sich auch in der DDR jetzt eine neue, vom Nachkrieg eher unbeleckte Generation zu artikulieren beginnt.

Ist es da so wichtig, daß Plenzdorfs Buch meiner Meinung nach alles andere als eine große literarische Tat ist? Ich glaube: nein. Denn wie die Wirkung zeigt, die das Buch in der DDR provoziert hat, künden die »Neuen Leiden des jungen W.« eine Zeitstimmung an, formulieren sie ein neues Lebensgefühl. Das mag am Schluß brav in die übliche Gerade einscheren – zwischendurch aber kurvt es ganz schön aus der offiziellen Norm.

Süddeutsche Zeitung v. 7./8. 4. 1973.

Karl Corino

»Die neuen Leiden des jungen W.«

Goethe sagte einmal von Wieland, er habe immer zum Besseren gearbeitet, an den Änderungen in seinen Texten könne man eine ganze Geschichte des Geschmacks, der Ästhetik ableiten. Was für die bürgerliche Literatur galt, gilt freilich nicht für die Literatur aus dem sozialistischen Lager. Die Optimierung ist dort dem subjektiven Dafürhalten entrückt, die endgültige Werkgestalt wird da zum Spiegel der kulturpolitischen Richtlinien.

Ein Beweis dafür ist *Ulrich Plenzdorfs* erstes Buch *»Die neuen Leiden des jungen W.«*, es erschien für die Bundesrepublik soeben bei *Suhrkamp.* Der knapp vierzigjährige Autor, der als Szenarist bei der DEFA arbeitet, hatte einen Film geplant über einen jungen Mann, der eines Tages von zu Hause wegläuft, seine Lehre abbricht, weil er seinem Ausbilder bei einer Auseinandersetzung eine Zehe gebrochen hat. Nun will er malen, und zwar abstrakt, quartiert sich in einer Berliner Laubenkolonie ein. Hier findet er per Zufall die »Leiden des jungen Werther« und, gleich nebenan, ein Mädchen, auf das er die Rolle von Werthers Charlotte projizieren kann, zumal auch der bürgerlich-langweilige, aber erfolgreiche Nebenbuhler zur Stelle ist.

Am Schluß sollte, in fataler Parallele zu Goethes schwärmerischem Erstling, ein Selbstmord stehen: aus enttäuschter Liebe und aus enttäuschtem Ehrgeiz. Solch ein unhappy end gilt in der sozialistischen Literatur als defaitistisch – man erinnere sich an die aufgeregten Diskussionen um Strittmatters »Ole Bienkopp«. Deshalb sprach Plenzdorf von »wiederholten Zurückweisungen des Stoffs« und – euphemistisch – davon, daß er mehrere Jahre »nie ganz das machen konnte«, was er wollte. Also machte er Zugeständnisse: Sein Held avancierte zum Helden sozialistischer Produktion, der bei der Entwicklung einer revolutionären Spritzpistole durch elektrischen Strom ums Leben kommt. Was bei diesem Kompromiß übrig blieb, war freilich noch brisant genug, bloß war die Provokation aus dem Ganzen mehr ins Detail verlagert, in Proteste gegen entwürdigende Selbstkritik, in Hymnen auf Blue jeans.

Und geblieben war die Geste des Ausbruchs, die sich vor allem in der Sprache manifestierte: in dem hyperbolisch-drastischen Jargon der DDR-Jugend.

Die Kulturfunktionäre der SED entschlossen sich zu einem ganz genau kontrollierten Experiment: Im März 1972 veröffentlichte »Sinn und Form« eine Prosafassung, wenig später fand im kulturell experimentierfreudigen Halle die Uraufführung einer Theaterversion statt. Inszenierungen in Berlin folgten. Die Reaktionen waren für Plenzdorf und nicht nur für ihn »umwerfend heftig«.

»Der Grundton aller war Sympathie und mehr«. Grund: Der junge Wibeau war endlich einmal keiner der abschreckend positiven Helden, sondern bot in Vorzügen *und* Schwächen die Möglichkeit der Identifikation. »Seine Intelligenz, sein Fleiß, Durchschnitt 1,1, der beste Lehrling, seine Liebe zur Kunst, seine technischen Kenntnisse und Fähigkeiten, sein Einfallsreichtum, seine Phantasie, sein Können, seine Sensibilität, seine Bereitschaft zur Selbstkritik..., sein Interesse für... politische Fragen, das alles macht ihn anziehend. Daß er flüchtet, daß er nicht richtig kämpft, weder mit seiner Mutter, mit dem Ausbilder, dem Brigadier, daß er nicht um Charlotte kämpft, das ist kritikwürdig.« So faßte Horst Schönemann, der Regisseur der Uraufführung, die Urteile der Zuschauer zusammen.

Indessen fehlte es auch nicht an scharfer Kritik. Friedrich Karl Kaul, der Star-Anwalt der DDR, machte sich zum Sprachrohr der Konservativen: Er rügte das Fäkalien-Vokabular, fand die Beziehung zwischen einem »verwahrlosten« Jugendlichen und dem Werther ekelhaft, tadelte das Außenseitertum des Helden und das Fehlen einer positiven Gegenfigur. Stephan Hermlin konterte schneidend; dennoch blieb der Vorstoß Kauls nicht ohne Folgen. Plenzdorf, schon trainiert im Umschreiben, mußte für die Buchveröffentlichung noch einmal Hand an den Text legen. Die Änderungen sind aufschlußreich. An einigen Stellen hat er anstößige Vokabeln durch harmlose ersetzt, »Futchen« etwa durch »Apparat«. Er hat versucht, Mißverständnisse auszuschließen, etwa dies, daß die Ausgaben von Marx, Engels und Lenin nicht zu den guten Büchern gehören könnten, oder dies, die Kremlmauer, auf ein Stück Haut tätowiert, könne ein Objekt fürs Geschichtsmuseum, also passé sein.

Brigadiere in der DDR sind Respektspersonen. Also mußte Plenzdorf die Aggressionen Wibeaus gegen den Brigadier Addi abbauen. »Solche wie Addi mußte ich einfach foppen« – Sätze dieses Kalibers sind ausgemerzt. Aber mindestens so interessant wie die Tilgungen sind die Einfügungen. Die von Kaul propagierte »Verhaltensstörung« bei Wibeau wird nun psychologisch indirekt untermauert durch eine Episode aus seiner Kindheit: Der Versuch, ihm seine Linkshändigkeit abzugewöhnen, führte zu Stottern und Bettnässen. Die Gefahr der Klassenfeindschaft wird illustriert durch die Möglichkeit adeliger Abstammung. Man diskutiert über ihn mit ausgefallenen Vokabeln, die man offiziell gegen Rainer Kunze verwendete, und Wibeau gesteht sogar seine Drogen-Neugier, sein Experiment mit Surrogaten. Brandmarkung seiner Exzentrizität und Abwiegelung des Drogen-Interesses gehen hier Hand in Hand. Bemerkenswert ist auch die Änderung des Schlusses. Durfte Wibeau in »Sinn und Form« noch postum zum Patentträger avancieren, so bleibt ihm nun diese Ehre versagt. Seine Pläne, sein Modell lassen sich nicht mehr rekonstruieren; offenbar mußte das trotzige, einzelgängerische Erfindertum auf höheres Geheiß scheitern.

Auch Märtyrer müssen ins Kollektiv integriert sein, Erfindungsgabe und Zivilcourage haben die soziale Basis nicht zu verlassen. Überraschend berührt Plenzdorf in diesem Zusammenhang das Problem, daß sich in der DDR Zivilcourage auf breiter Front gegen das System engagiert – ein erstaunliches, da eindeutig verordnetes Bekenntnis. »Kein einigermaßen intelligenter Mensch kann heute was gegen den Kommunismus haben«, heißt es da, und weiter, neu hinzugefügt: »Aber ansonsten sind sie dagegen. Zum Dafürsein gehört kein Mut. Mutig will aber jeder sein. Folglich ist er dagegen. Das ist es.« So einfach also ist die Erklärung oppositioneller Haltung. Scheinbar ein reiner Modegag. Die inhaltliche Diskussion darf nicht stattfinden.

Solche Zugeständnisse seitens der Partei, seien sie auch abstrakt oder verschleiernd, sind gegenwärtig wohl das Maximum. Der Spielraum für den Künstler ist klein genug. Plenzdorf gehört aber zu denen, die ihn zu nutzen verstehen. Formal zählt sein Buch zum Interessantesten, was die Literatur der DDR hervorgebracht hat. Die schöpferische Anverwandlung der Klassik, die häufig genug Schlagwort bleibt oder zum sterilen Klassizismus führt, ist hier geleistet. Plenzdorf kommt dadurch über die bloße Virtuosität des Zitierens hinaus, daß er die Entfremdung zwischen den Epochen, den Schock der Begegnung nicht leugnet und im Befremden seiner

Personen spiegelt. Faszinierend der Prozeß der Amalgamierung, der folgerichtig in der Identifizierung Wibeaus mit Werther enden sollte, mit aller tödlichen Konsequenz. Daß sie letztlich vereitelt wurde, zeigt die gesellschaftliche Ablenkung bei der künstlerischen Produktion. Der Autor als Sisyphus. Diese Rolle kostet mehr Kraft und verdient größere Bewunderung als die totale Verweigerung.

Hessischer Rundfunk, II. Programm, Kulturelles Wort, Sendetermin 12. 4. 1973.

Dieter E. Zimmer

Nicht mehr so dogmatisch
Ulrich Plenzdorf, sein neuer Film »Paul und Paula« und sein Werther-Roman als Symptome einer neuen Offenheit

Als vor gut einem Jahr die Prosafassung von Ulrich Plenzdorfs Bühnenstück »Die neuen Leiden des jungen W.« in der DDR-Zeitschrift »Sinn und Form« erschien, in kleiner Schrift auf rauhem Papier gedruckt, ließ sich ihr manches nicht gleich ansehen.

Es ließ sich ihr nicht ansehen, daß sie zum dankbaren Katalysator einer kein Ende nehmenden Debatte werden würde, die über ihren Anlaß längst hinaus ist.

Außerdem, man (ich wenigstens) konnte nicht umhin, ehrfurchtsbereit in jene Richtung zu starren, in die Plenzdorf selber gedeutet hatte, um die Herkunft seines munter-schnoddrigen Schreibstils zu bezeichnen: J. D. Salinger. Salinger? »Immer nur die eigene Visage sehen, das macht garantiert blöd auf die Dauer. Das poppt dann einfach nicht mehr. Der Jux fehlt und das. Dazu braucht man Kumpels, und dazu braucht man Arbeit.« Ein deutsch-demokratischer Salinger? Nicht eher...?

Seit ein paar Tagen nun liegt die westdeutsche Ausgabe auf dem Tisch. Schweres Papier, große Type, glänzender Umschlag, markante Zitate auf demselben, sozusagen eine Erzählung in der Pubertät und mit Stimmbruch, noch nicht ganz ein Roman, aber oho, klein und leicht, aber von gravitätischen Diskussionen begleitet und darum zweifellos irgendwie bezeichnend... Salinger? Nein, eher Segal! Die »Love Story« aus der DDR! Die schnoddrig erzählte Liebesgeschichte mit ihrem tränenträchtig tödlichen Ende aus dem Staat der Arbeiter und Bauern!

Ist man so frivol, die Erschütterung über die letalen Ausgänge mit dem nächsten Kleenex-Tuch abzutun und diese Fährte weiterzuverfolgen, so käme man noch auf andere Entsprechungen. Warum denn mußte Segal seiner Heldin die Leukämie andichten? Klar: Sonst wäre die Geschichte nicht traurig ausgegangen, und wenn sie nicht traurig ausgegangen wäre, hätte sie vor lauter Nichtigkeit gar nicht erst angefangen zu werden brauchen; denn eine Liebe, die glücklich endet, das heißt, die ihren ganz normalen sang- und klanglosen Tod stirbt, hat es schwer, sich als große literaturwürdig zu beweisen. Und noch ein Grund bestand für die Verhängung der Leukämie: Hätte Segal die Frau seines Helden weiterleben lassen, so hätten sich für diesen ernsthafte Schwierigkeiten mit seiner reichen Sippschaft und auch für seine beginnende Karriere ergeben: Die unstandesgemäße Ehe wäre einem sozialen Aufstieg mächtig hinderlich gewesen. Und bei Plenzdorf: Hätte dessen Edgar Wibeau am Ende nicht der Schlag getroffen, der elektrische, so hätte sein angewesteltes Außenseitertum, so gutartig-sozialistisch es im Grunde natürlich immer war, ihn und das Kollektiv und damit auch den Autor vor manches nun wirklich heikle Problem gestellt.

Liest man also beide Liebesromane als verkappte Reife- und Integrationsromane, so lautet beider Moral: Junge Männer machen zwar Faxen (verlieben sich unstandesgemäß, entziehen sich dem Kollektiv), im Grunde aber sind sie schon goldrichtig, qualifizieren sie sich als hartschädelige Führungskräfte oder Erfinder sprühnebelfreier Lackspritzpistolen von Weltniveau. Wobei die Entsprechung natürlich gleichzeitig eine Unterscheidung bezeichnet – bei Plenzdorf geht es weniger wölfisch und viel biederer zu, und das nicht nur darum, weil er am Ende seinen aus der erwarteten Rolle gefallenen Helden selber sterben und sterbend »büßen« läßt, sondern weil sich die gesellschaftlichen Erwartungen selber auch durchaus unterscheiden.

Was immer man von einer solchen Parallelenjagd halten mag: Vor ein paar Tagen wurde in Ostberlin ein neuer DEFA-Film uraufgeführt, mit enormem Publikumserfolg übrigens – Schlangen vor dem »Kosmos«-Kino in der Karl-Marx-Allee, das auf Tage im voraus ausverkauft ist –, den die Korrespondentin der englischen Presseagentur Reuters schlichtweg eine »Love-Story, DDR-made« nannte. Die »Love Story« aus der DDR heißt »Die Legende von Paul und Paula«. Ihr Regisseur ist Heiner Carow. Ihr Autor: Ulrich Plenzdorf.

Doch an diesem Punkt spätestens sollte man die Parallelenjagd abbrechen oder ins Positive wenden: Auf dem Produktionssektor der »Love Stories« hat die DDR die USA mit diesem Film eindeutig geschlagen. »Die Legende von Paul und Paula« ist nämlich in ihrer leichtgewichtigen Art ein, wie mir scheint, richtig guter Film, was man der »Love Story« wahrhaftig nicht nachsagen konnte.

Paul ist Persönlicher Referent in einer Außenhandelsbehörde, ein junger Mann mit einer »Funktion«, und diese Funktion hat Zukunft. Auf dem Rummelplatz hat er ein überdurchschnittlich hübsches, doofes, versorgungssüchtiges und treuloses Mädchen »angemacht«, er hat es brav geheiratet und hat einen Sohn mit ihr; um dessentwillen und weil seine Karriere sonst Schaden nehmen würde, will er sich lieber nicht scheiden lassen. Paula ihrerseits hat zwei Kinder von zwei Männern, arbeitet in der Flaschenannahme und an der Kasse in einem Supermarkt, ein ältlicher Reifenhändler bringt sie jeden Morgen mit seinem Wartburg zur Arbeit und steht »Gewehr bei Fuß« – im Grünen draußen baut er in der Hoffnung, sie noch zur Heirat herumzukriegen, eine »Datscha«, eine »Laube«, die sich schließlich als ein veritabler Bungalow erweist (der Anblick des Badezimmers entlockte dem Publikum in der Vorstellung, die ich sah, die heftigste Reaktion). Paul wohnt in einem Neubaublock; Paula in einem Altbau gegenüber; das Leitmotiv des Films ist die pittoreske Sprengung eines solchen Altbaus: Weg mit den Trümmern und was Neues hingebaut, um uns selber müssen wir uns selber kümmern...

So leben sich Paul und Paula jahrelang gegenüber, ohne daß sich etwas tut, ihre Kinder werden größer, Paula kippt der Kohlenmann die Briketts einfach vor die Haustür, mag sie sie selber hinaufschleppen. Arbeiten, schlafen, arbeiten, schlafen: Halb und halb ist sie entschlossen, ihren Reifenkerl doch noch zu heiraten. »Aber vorher mache ich noch ein Faß auf, und zwar kein kleines!«

Als solches besteht das »Faß« zwar nur in der Pforte zu der Diskothek, in der jene DDR-Band zum Tanze aufspielt, deren Beat den ganzen Film recht wirkungsvoll unterstreicht. Aber dort kommt sie auch an Paul heran, und ein paar Stunden später, in der Garage, in der er in seiner Freizeit ein Auto zusammenbastelt, wissen beide, daß das ihre große Liebe ist. Im Unterschied zu den Liebenden im »Letzten Tango von Paris« fragen sie sich hinterher immerhin nach ihrem Namen; Pläne aber machen sie sich nicht, es soll, ohne ihr Zutun, dauern, solange es dauert, sie hat ihre Arbeit und ihre Kinder, er seine Karriere und seine Ehe; andererseits sind sie beide sehr allein gewesen und sexuell sehr ausgehungert. Die

Unverblümtheit und Unbefangenheit ihrer Bettszenen hat, um im DDR-Jargon zu sprechen, auch Weltniveau.

Dann wird eins von Paulas Kindern überfahren. Sie gibt sich die Schuld (seine Zurückhaltung hatte sie nervös gemacht und zu einer »schlechten Mutter«), sie will ihn nicht mehr sehen, so sehr er ihre Wohnung belagert. Doch als Paul den nächsten Liebhaber seiner Frau aus dem Schrank holt, ist seine Ehe für ihn erledigt. Von Paulas hilfreicher Nachbarin, ewig hinter der Tür lauernd, entleiht er ein Beilchen, schlägt Paulas Wohnungstür ein ...

... und Paula will das Kind von ihm bekommen, obwohl der Arzt sie dringend warnt: Eine dritte Geburt würde sie nicht überleben. Denn sofern auch nur die geringste Chance besteht, daß alles gut geht – wie sollte sie nun, da sie endlich einmal einen Mann gefunden hat, den sie wirklich liebt, kein Kind von ihm bekommen? Kommentar aus dem Off: Sie ist bei der Geburt gestorben. Schlußeinstellung: Paul liegt friedlich im Bett mit drei Kindern, seinem eigenen und ihren beiden.

Das ist mit viel Geschmack und Leichtigkeit in Szene gesetzt. Nichts von dem exquisit-pathetischen Reklamespuk der Segalschen »Love Story«. Kein Gefühlsdrücker wie in »Love Story« und »Letztem Tango«. Die Sexualität nicht hinter aller oberflächlichen Rotzigkeit prüde verquetscht wie bei Segal, dämonisch emporgezwirbelt wie bei Bertolucci, sondern sehr offen und unverstellt als eins der akuten Bedürfnisse behandelt. Der beste Test ist es, sich die tödlichen Schlüsse wegzudenken: Von der »Love Story« bliebe dann gar nichts übrig, vom »Letzten Tango« eine Affäre, die sich als zu krampfig emporstilisiert erwiese; Carows und Plenzdorfs »Legende« täte das Fehlen eines melodramatischen Endes jedoch keinen Abbruch. Natürlich, Winfried Glatzeder (Paul) ist kein Ryan O'Neal und schon gar kein Marlon Brando, er steht etwas hölzern und provinzlerisch herum; aber schon Angelica Domröse als Paula – bald Berliner Hausfrau beim Kohlenschleppen und Aufwischen, bald Diskotheken-Mieze, bald schick, bald proletarisch, bald verzweifelnd vernünftig, bald unzurechnungsfähig vor Glück und Anspruch auf sein Fortbestehen: Sie trifft das naive Nervensystem des Zuschauers auf eine sehr einnehmende Weise.

Eines schafft der Film auch noch, was wenigen je gelingt: Er verläßt an einigen Stellen seinen realistischen Erzählstil, ohne daß es peinlich wird. Ihre neue Liebesfreude beschwingt Paula dermaßen, daß sie an ihrer Registrierkasse Witze, recht unzüchtige Witze zu erzählen beginnt; und bald hat sie den gedrängt vollen Laden soweit, daß alles mit ihr singt. Oder es verwandelt sich eine Bettszene in eine Art Traum: Sie stammt aus einer Familie von Flußschiffern, also steht ihr Bett auf einem bunt bemalten Spreekahn unter rotem Segel, Ahnen und Anverwandte sehen zu und feiern ihr Hochzeitsglück, Schiffsketten werden um sie und Paul gelegt, Blumen decken sie zu; Paul schreckt hoch, weil ihm das zu warm und stickig wird, und verläßt sie, recht unwirsch und völlig realistisch.

Da ist mit dem jetzt achtunddreißigjährigen Ulrich Plenzdorf also doch ein unverwechselbarer neuer Ton in die DDR-Kultur gekommen, ein Tupfen Ironie, Farbigkeit, Direktheit, der unmöglich wäre bei jenem von Günter Kunert im vorigen Jahr beklagten Rückzug der Wirklichkeit aus der Literatur, unmöglich in der Stickluft absoluten Reglements. Daß ein Plenzdorf geduldet und gegen die Angriffe des Staranwalts Kaul (»mich ekelt geradezu«) so überlegen lässig in Schutz genommen wird wie in der vorletzten Ausgabe von »Sinn und Form« durch Wilhelm Girnus und Stephan Hermlin (»belanglos«), scheint jedenfalls, wie zaghaft auch immer, einen Wandlungsprozeß zu signalisieren.

Es kommen andere Indizien hinzu. So die Lyrik-Debatte in »Sinn und Form« vom vorigen Jahr, in der sich Kunert über das Übergewicht von Theorie beklagen durfte. So die Aussicht, daß Stefan Heyms bisher nur in der Bundesrepublik gedruckter satirischer Roman »König David Bericht« möglicherweise auch in der DDR erscheint. So nicht allein die Tatsache, daß in der vorletzten Ausgabe von »Sinn und Form« überhaupt ein (glänzender) Aufsatz von Wolfgang Harich erschien (ein Aufsatz über Heiner Müllers »Macbeth«-Bearbeitung im besonderen und den Umgang mit Klassikern im allgemeinen), sondern daß er beiläufige Aperçus dieser Art enthalten durfte: ». . . ich nahm an, wir seien in eine Periode eingetreten, in der nunmehr auch Problematisches, Bedenkliches, Verkehrtes bei uns öffentlich zur Diskussion gestellt werden würde, und glaubte, aus der gleichzeitigen Mobilisierung der Literaturkritik schließen zu können, daß eine Kombination von administrativer Toleranz mit schonungsloser Polemik des marxistischen Gedankens gegen das Problematische, Bedenkliche, Verkehrte die Atmosphäre schaffen werde, in der sozialistische Literatur am besten gedeiht.« Indessen, so fuhr

Harich, diese neue Freiheit sogleich wahrnehmend, nicht ohne List fort: In den Redaktionen und Lektoraten sei die Parole »nicht mehr so dogmatisch« ausgegeben worden – und begünstige ein »antidogmatisches Meinungsmonopol« allgemeiner, erleichterter Mäßigung, dem er, Harich, sich nicht zu fügen gedenke, solchermaßen indirekt die »administrative Toleranz« willkommen heißend, ausnutzend und bestärkend.

Auch das neueste Heft von »Sinn und Form« bestätigt den Temperaturanstieg. Wieder geht es darin, jedenfalls dem äußeren Anschein nach, um Plenzdorf, der somit immer mehr zu einer Symbolfigur gerät, die über ihn hinauswächst. Heinz Plavius, wissenschaftlicher Mitarbeiter im Kulturministerium, schreibt: »Wir können, denke ich, aufatmen. An einigen Punkten ist es, dem Impuls des VIII. Parteitages folgend, gelungen, vom Aufruf zum Meinungsstreit zur konkreten Debatte überzugehen.« Wilhelm Girnus, Chefredakteur der Zeitschrift, erinnert im Anschluß an dieses so oder so zu verstehende Aufatmen an das, was er im vorigen September zum Abschluß der Lyrik-Diskussion geschrieben hatte und was er nicht zurückzunehmen gedenke: »Diskussion ohne strittigen Gegenstand und ohne unterschiedliche oder entgegengesetzte Meinungen bleibt eine Farce... Daß nach so langem Schweigen aufgestautes Unbehagen sich auch in überspitzten Formulierungen entlud, sollte nicht Anlaß sein, das dem Meinungsstreit als solchem anzulasten...«

Darf man das beschreien? Schadet es, wenn eine westliche Zeitung Anzeichen eines solchen Tauwetters feststellt? Wäre das ein Grund, dieses schleunigst wieder abzusagen?

Ausgeschlossen ist es nicht. Aber es könnte ja auch sein, daß es einigen einflußreichen Funktionären endlich gedämmert hat: Die beste Propaganda besteht darin, die Intellektuellen nicht zur Ableistung von Propaganda zu verpflichten. Ein DDR-Autor, an dem eine westliche bürgerliche Zeitung ein gutes Haar läßt, ist damit noch lange nicht notwendig ein Renegat. Im Westen wiederum wird es langsam begriffen: Nicht jedes lesenswerte Buch ist von einem Widerständler geschrieben. »Bei aller Unterschiedlichkeit der Positionen...« – solche Sätze sind in offiziellen Kommuniqués vielleicht doch oft genug gefallen, um auch die stockenden Kulturbeziehungen ein wenig zu entkrampfen, dort wie übrigens auch hier. Um das auf Plenzdorf und seinen Film anzuwenden: Ist es nicht inzwischen denkbar, daß er auch bei uns ein Erfolg nicht nur in Konventikel-Kinos wird, obwohl er – ohne von Politik zu reden – ganz unverkennbar und unverbittert ein Produkt der DDR ist?

Die Zeit v. 20. 4. 1973.

Marcel Reich-Ranicki

Der Fänger im DDR-Roggen
Ulrich Plenzdorfs jedenfalls wichtiger Werther-Roman

Über diese »Neuen Leiden des jungen W.« ist schon allerlei geschrieben worden. Und nicht nur in der DDR, wo das Werkchen verständlicherweise Furore macht, stehen sich sehr unterschiedliche Urteile schroff gegenüber. So meinte Fritz J. Raddatz in der »Süddeutschen Zeitung« – schon vor mehreren Monaten übrigens, als die Erzählung in »Sinn und Form« gedruckt war –, Plenzdorfs Prosa scheine »die Geburt einer eminenten neuen Begabung zu annoncieren, vielleicht sogar den lang erwarteten Anfang einer neuen Literatur«. Dies, dachte ich mir still, ist zumindest stark übertrieben.

Als jedoch Dieter E. Zimmer das Plenzdorf-Opus unlängst in der ZEIT mit einem beiläufigen und gleichwohl kräftigen Fußtritt in die unmittelbare Nachbarschaft der »Love Story« beförderte, da hatte ich Lust, abermals zu widersprechen und dem so schnöde in Segalsche Niederungen verbannten DDR-Produkt einen Platz auf etwas höherer Ebene zuzuweisen.

Dabei haben meine beiden verehrten Kollegen gar nicht unrecht, und wer immer diese Erzählung rühmt oder mißbilligt, kann mit ernsten und triftigen Argumenten aufwarten. Nur daß die extremen Urteile, zu denen dieses Buch in der Tat verleitet, stets bloß einen Aspekt dieses Gegenstands akzentuieren. Hier haben wir es, glaube ich, mit einem Buch zu tun, dem man auf die Gefahr hin, als lauwarmer Kompromißler verschrien zu werden, lediglich mit einem vorsichtigen Einerseits, Andererseits und einem abwägenden Zwar, Aber beikommen kann. Denn so unverkennbar der süßliche Geruch einer proletarischen »Love Story«, so präsentiert sich dieser Autor zugleich als eine »eminente neue Begabung«. Fragt sich nur: Begabung wozu und wofür?

Ulrich Plenzdorf, geboren 1934, arbeitet seit Jahren für die DEFA als Szenarist. Er ist also ein leidgeprüfter Mensch. Nein, das soll keineswegs eine Anti-DDR-Äußerung sein. Denn das Schreiben von Filmdrehbüchern mag zwar seinen Mann ernähren, ist aber überall, im Osten wie im Westen, ein besonders mühseliges Geschäft: Wer an ihm teilnimmt, muß sich nach der Decke strecken und ist, ungleich mehr als ein Buchautor, von Auftraggebern abhängig, die mit Hilfe von Filmen entweder ihr Scherflein zum Klassenkampf beisteuern oder ein Vermögen verdienen wollen und bisweilen beide Fliegen – die edle Idee und den schnöden Mammon – mit einer Klappe schlagen möchten.

Aber wenn auch die Zusammenarbeit mit dem Film in der Regel keinen übermäßig günstigen Einfluß auf den Charakter der Schriftsteller ausübt und meist ihre Gefügigkeit und Resignation rasch steigert, so kann sie doch dazu beitragen, daß sie lernen, listig vorzugehen und das Ihre unter den auferlegten Bedingungen an den Mann zu bringen.

Dem Autor Plenzdorf läßt sich die harte und langjährige Schule in der Filmbranche sehr wohl anmerken: Er ist ein wendiger und gewitzter Schreiber, gewohnt, seine Arbeitgeber zufriedenzustellen, das Publikum zu unterhalten und auf jeden Fall die Kirche im Dorf zu lassen. Er hat ein gutes Ohr für die Sprache des Alltags und eine feine Nase für das Aktuelle, er hat vor allem ein erstaunliches Gespür für das Mögliche, für das jeweils Realisierbare. Er weiß auch sehr genau, wie und was die Konkurrenz (die friedlich-sozialistische und erst recht die wölfisch-kapitalistische) produziert. Kurz: ein richtiger Fachmann.

Und was gute und richtige Fachleute im Bereich der Literatur zu liefern pflegen, zeichnet sich oft durch eine auf den ersten Blick paradoxe Eigentümlichkeit aus: Es ist epigonal und dennoch nicht unselbständig, es wirkt höchst routiniert und scheint trotzdem durchaus originell.

Man sollte aber nicht vermuten, Plenzdorfs Erzählung habe etwas Epigonales, weil er sie als moderne Werther-Paraphrase ausgibt. Diese Geschichte des siebzehnjährigen Lehrlings und Arbeiters Edgar Wibeau hat mit dem »Werther«, bei Lichte besehen, nicht viel zu tun.

Gewiß, auch Plenzdorfs Held empfindet die Verhältnisse, in denen er lebt, als eng und unerträglich und zieht sich in Einsamkeit und Innerlichkeit zurück, auch er sucht Trost bei der Kunst: In dem verlassenen Ostberliner Schrebergarten, in dem er haust, malt Edgar Wibeau (abstrakte Bilder), dort hört er Tonbänder (vornehmlich Beat-Musik), dort meditiert er auf seine Weise über

Literatur (doch nicht über einen Roman etwa von Scholochow, sondern von Salinger).

Und dort findet er (auf dem Klo übrigens) ein Reclam-Heft, dessen Titelseite er zwar für dringende und eher prosaische Bedürfnisse verwendet, dessen Text ihn jedoch – es handelt sich eben um den »Werther« – zunächst nur belustigt, aber später irritiert und geradezu fasziniert. Mehr noch: Die bald einsetzende Liebesgeschichte, die er in jenem Schrebergarten erlebt, ist in ihren Umrissen dem Goetheschen Roman nachgebildet.

Auch Edgars Lotte (er nennt sie smarterweise Charlie) erscheint, wie es sich gehört, von Kindern umgeben (sie ist Kindergärtnerin), auch hier wird das Idyll vom heimkehrenden Verlobten gestört, der, dem Goetheschen Albert nicht unähnlich, ein korrekter, doch trockener und ziemlich langweiliger Kerl ist. Die Erzählung endet mit dem Tod des leidenden jungen W., der freilich diesmal – und mit gutem Grund – keinen Selbstmord verübt.

An ernsten und munteren »Werther«-Analogien fehlt es also nicht, auch nicht an wörtlichen Zitaten. Denn in den Berichten, die Edgar seinem Kumpel schickt (aus Wilhelm ist Old Willi geworden, und er erhält statt der Briefe Tonbänder), führt er, zunächst bloß aus Jux, Goethe-Stellen an, vor allem solche, die seine eigene Situation verdeutlichen können.

Welch Einfall, aber ach, ein Einfall nur! Mit anderen Worten: Plenzdorfs Rückgriff auf den »Werther« erweist sich als amüsanter Trick, als frappierender Gag. Nicht mehr und nicht weniger. Der klassische Stoff, als Folie und Rahmen verwendet, ist letztlich doch nur, was die Journalisten einen Aufhänger nennen. Die Parallelen, die vielen Verweise und Anspielungen haben häufig etwas (im fragwürdigen Sinne) Kabarettistisches, etwas Operettenhaftes. Sie sind und bleiben vordergründig und bisweilen billig und auch, kurz gesagt, einfach läppisch.

Wie wenig Plenzdorf seinem fundamentalen Einfall abgewinnen konnte, zeigen die beiden neben dem Titelhelden wichtigsten Figuren: Sowohl die zwanzigjährige Kindergärtnerin Charlie als auch ihr Verlobter Dieter, der gerade seinen Dienst als Offizier bei der Volksarmee abgeleistet hat, sind kaum mehr als skizzenhafte Rollenentwürfe, denen vielleicht hervorragende Schauspieler – handelte es sich um einen Film – zu etwas Leben verhelfen könnten.

Da aber Dieter und vor allem Charlie pure Schemen sind, bleibt auch die Liebesgeschichte blaß und schemenhaft. Das Erotische hat, mit Verlaub, sogar der Großkitschier Erich Segal in seiner vielgeschmähten »Love Story« denn doch etwas besser gemacht. Nur daß Edgars Romanze mit Charlie hier, möchte ich meinen, fast nebensächlich ist.

Nein, es ist eben nicht die Liebe, an der Edgar Wibeau leidet, wie es auch nicht Goethes Schatten ist, von dem dieses Büchlein lebt. Wenn es streckenweise epigonal anmutet, so der (oft aufdringlich durchscheinenden) zeitgenössischen Vorbilder wegen: von Böll, auf den Plenzdorf in einer Diskussion selber hingewiesen hat, bis zu Uwe Johnson und Christa Wolf. Zumal die Komposition der »Neuen Leiden« ist den Johnsonschen »Mutmaßungen« stark verpflichtet und scheint mir auch vom »Nachdenken über Christa T.« nicht unabhängig.

Das Ganze besteht aus (meist knappen) Gesprächen mit Personen aus Edgars Umgebung, die, da er nun gestorben ist, seinen Weg in die Einsamkeit zu erklären versuchen. Es sind die schwächsten Passagen des Buches: Die eher dürftigen und auch in stilistischer Hinsicht farblosen Dialoge tragen zur Geschichte, die hier erzählt wird, überraschend wenig bei. Diese Gespräche ergänzen den Bericht des toten Edgar, der – also gewissermaßen aus dem Jenseits – über sein Leben plaudert, die kommentierenden Äußerungen der befragten Personen seinerseits kommentiert und auch noch jene Briefe zitiert, die er in der Gartenlaube auf Tonband gesprochen hat.

In diesem Bericht, der weit über die Hälfte des Buches ausmacht, wird mehrfach und enthusiastisch Salingers »Fänger im Roggen« (1951) erwähnt: Dieser Roman ist Edgars Lieblingslektüre und Plenzdorfs wichtigstes Vorbild.

Nicht darauf kommt es an, daß er von Salinger vieles übernommen hat – bis hin zu den in Edgars Ich-Erzählung refrainartig wiederkehrenden stereotypen Wendungen –, sondern daß er sich von der Fragestellung in diesem Meisterwerk der amerikanischen Nachkriegsliteratur, von seiner Atmosphäre und seinem ganzen Ambiente eindeutig und nachhaltig inspirieren ließ. Nicht »Die neuen Leiden des jungen W.« sollte Plenzdorfs Buch betitelt sein, vielmehr: »Der Fänger im DDR-Roggen«.

Aber so unverkennbar seine direkte Abhängigkeit von Salinger, so geschickt und häufig überzeugend die Adaption des Vorbilds, seine Paraphrasierung auf dem Hintergrund der Ostberliner

Verhältnisse. Daher kann Plenzdorfs schriftstellerische Leistung als epigonal und originell zugleich gelten.

Edgars Diktion zeigt dies ebenfalls. Sein kesser und schnoddriger, gelegentlich derber und oft bewußt unbeholfener Slang soll die Sprache der jungen Arbeiter in der DDR, wie dortige Kritiker versichern, glänzend wiedergeben. Ich bin da etwas skeptisch, weil mich Edgars Ausdrucksweise und Tonfall doch sehr an Salinger erinnern oder, richtiger gesagt, an Bölls Übersetzung des »Fänger im Roggen«. Wir haben es wohl eher mit einer (durchaus gelungenen und für Plenzdorf sehr typischen) Synthese aus Nachahmung und Authentizität zu tun.

Ähnlich wie der amerikanische Roman erzählt auch dieses Buch von einer eigentlich sehr simplen und fast rührenden Rebellion. Und wie es dort nicht um den Kapitalismus ging, geht es hier nicht um den Sozialismus. Sowohl Salingers College-Student Holden Caulfield als auch Plenzdorfs Lehrling Edgar Wibeau halten die Gesellschaftsordnung in den Ländern, in denen sie geboren wurden und aufgewachsen sind, für etwas Selbstverständliches. Eine andere Welt kennen sie überhaupt nicht.

Wogegen sie naiv und trotzig protestieren, sind die Formen des Zusammenlebens, die sie für unerträglich vor allem deshalb halten, weil sie ihre Selbstverwirklichung permanent verhindern. Holden und Edgar lassen sich in eine Außenseiterposition treiben, die gesellschaftsfeindlich ist, für die aber beide Autoren die Schuld bei der Gesellschaft suchen.

Also eine apolitische Meuterei, eine pubertäre Auflehnung? Das schon, nur daß in einem Staat, wo die Politik in das private Leben eines jeden Individuums eindringt und es unentwegt regeln und überwachen möchte, jede Kritik an der Welt der Erwachsenen automatisch einen eminent politischen Charakter hat. Das eben unterscheidet Plenzdorfs Buch – von dem Qualitätsunterschied will ich hier überhaupt nicht reden, er ist gewaltig – von dem Roman Salingers.

Wie immer der DDR-Autor sich wenden und drehen mag, wie sehr er sich auch bemüht, die Flucht Edgars aus dem Betrieb, in dem er arbeitet, mit seiner jungenhaften Sehnsucht nach dem großen Abenteuer zu entschärfen und mit einem Hauch von Exotik zu verharmlosen – sein Leben in der Schreberkolonie soll bisweilen einer Robinsonade inmitten der Großstadt ähneln –, so gewiß ist jene Abkürzung, die kein einziges Mal in dem Buch verwendet wird, doch stets zwischen den Zeilen gegenwärtig – die Abkürzung SED.

Edgar flieht, weil er die staatliche Bevormundung und die ewige Gängelei junger Menschen in der DDR satt hat, weil er die als sozialistische Erziehung geltenden Demütigungsriten verabscheut. *»Irgendwie entwürdigend«* nennt er die öffentliche Selbstkritik: *»Ich finde, man muß dem Menschen seinen Stolz lassen.«* Damit wird eine Institution, die im kommunistischen Ritual dieselbe Bedeutung hat wie im katholischen die Beichte, kurzerhand verurteilt.

Von Lehrern immer wieder mit der Frage nach seinen Vorbildern bedrängt, hätte er – aber er hat es nicht gewagt – am liebsten geantwortet: *»Mein größtes Vorbild ist Edgar Wibeau. Ich möchte so werden, wie er mal wird. Mehr nicht.«* Ja, es genügte, daß ihm ein Buch empfohlen wurde, damit er es *»blöd fand, selbst wenn es gut war«*. Sogar seine Abneigung gegen die Volksarmee darf Edgar, wenn auch sehr vorsichtig, andeuten. Den Schlüsselsatz, der die Art der Rebellion Edgars unmißverständlich erkennen läßt, sagt er über eine Filmfigur: *»Alles das macht er mit, aber einreihen ließ er sich deswegen noch lange nicht.«*

Für seinen Rückzug aus dem Kollektiv macht Edgar eindeutig das Kollektiv verantwortlich: *»Und daran seid ihr alle schuld, die ihr mich in das Joch geschwatzt und mir so viel von Aktivität vorgesungen habt.«* Mehr noch: Dieser jugendliche Einzelgänger, dieser Rowdy und Gammler, ist frech genug, seine passionierte Vorliebe für allerlei Westliches, zumal Amerikanisches, ostentativ zu bekennen. Hier findet sich der immerhin bemerkenswerte Satz: *»Für Jeans konnte ich überhaupt auf alles verzichten ...«* Damit aber auch alle Leser Plenzdorfs verstehen, daß das, sollte man denken, harmlose Kleidungsstück hier zugleich symbolisch gemeint ist, heißt es etwas weiter: *»Jeans sind eine Einstellung und keine Hosen.«*

Das alles darf man also in der DDR schreiben und drucken? Nein, man darf es nicht oder jedenfalls noch nicht. Um sagen zu können, was er sagen wollte, hat Plenzdorf einen hohen Preis gezahlt. Er versieht seinen kessen Trotzkopf und Outsider mit allerlei Attributen, die ihn unterderhand den traditionellen positiven Helden des sozialistischen Realismus wieder annähern, und das auf ziemlich fatale Weise.

In seiner Laube hört Edgar eben nicht nur kapitalistischdekadente Musik, dort arbeitet er auch einsam und hartnäckig an einer technischen Erfindung – einer neuartigen Farbspritzpistole –, die dem Kollektiv und dem volkseigenen Betrieb zunutze kommen soll. Überdies kritisiert er – vom Jenseits aus – nachdrücklich sein Verhalten, zumal seinen Rückzug: *»Aber es soll keiner denken, ich hatte vor, ewig auf meiner Kolchose zu hocken und das ... Immer nur die eigene Visage sehen, das macht garantiert blöd auf die Dauer. Das poppt dann einfach nicht. Der Jux fehlt und das. Dazu braucht man Kumpels, und dazu braucht man Arbeit. Jedenfalls ich.«* Und damit ist ja alles wieder in Butter.

Auch sein kleines Abenteuer mit der sauberen Kindergärtnerin verurteilt er *post festum: »Zwar hatte* sie *mit der Küsserei angefangen. Aber langsam begriff ich, daß ich trotzdem zu weit gegangen war. Ich als Mann hätte die Übersicht behalten müssen.«* Unser kleiner Ausreißer ist, wie man sieht, doch ein rechter DDR-Musterknabe.

Schließlich und vor allem hat Plenzdorf eine massive didaktische Schlußpointe in Reserve, die er den Lesern gleich am Anfang mitteilt: Während der Arbeit an seiner Erfindung wird Edgar in der verlassenen Laube vom elektrischen Schlag getroffen und stirbt. Doch tötet den Jungen mitnichten jener Zufall, den man gern als blind bezeichnet. Edgar wird vielmehr zum Opfer seines Leichtsinns, seiner Querköpfigkeit und Einzelgängerei, seiner Unfähigkeit, sich einzureihen und unterzuordnen. Der tote Edgar weiß auch genau, was sein größter Fehler war: *»Ich war zeitlebens schlecht im Nehmen. Ich Idiot wollte immer der Sieger sein.«*

Was wollte nun Plenzdorf zeigen? Daß in der DDR für einen jungen Menschen mit Charakter das Leben im Kollektiv eine Qual sei? Wollte er sagen, was Wolf Biermann schon vor elf Jahren ausgedrückt hat mit den Versen »Er ist für den Sozialismus / Und für den neuen Staat / Aber den Staat in Buckow / Den hat er gründlich satt«?

Oder wollte Plenzdorf mit Schiller predigen: Ans Kollektiv, ans teure, schließ dich an, das halte fest mit deinem ganzen Herzen, hier sind die starken Wurzeln deiner Kraft? Ich meine: Beides ist unzweifelhaft in seiner Erzählung, und man sollte sich hüten, nur eine der beiden Seiten zu sehen.

Auch sollte man sich nicht wundern, daß diese »Neuen Leiden des jungen W.« in der DDR ganz außerordentlich ernst genommen werden und größtes Aufsehen hervorrufen. Nichts in dieser letztlich eher dürftigen Erzählung signalisiert den »lang erwarteten Anfang einer neuen Literatur«. Aber sie ist ungleich mehr als die »Love Story«.

Plenzdorfs geschickt präpariertes Opus gehört zu jenen Büchern – auch für Remarques »Im Westen nichts Neues«, auch für Hochhuths »Stellvertreter« gilt dies –, deren künstlerische und intellektuelle Bedeutung geringfügig oder fragwürdig ist und die dennoch wichtige literarische Dokumente ihrer Zeit sind, weil sie zum erstenmal etwas artikulieren oder doch erkennen lassen, was vorher überhaupt nicht oder nicht so deutlich sichtbar war.

Die Zeit v. 4. 5. 1973.

Friedrich Luft

Vorsicht, transportunfähig! Ulrich Plenzdorfs »Die neuen Leiden des jungen W.« jetzt in West-Berlin

Patient auf dem Transport verstorben. Dabei war der Weg nicht weit. In Ost-Berlin hat man »Die neuen Leiden des jungen W.« gleich zweimal an zwei verschiedenen Bühnen aufs Programm genommen. In den Kammerspielen des Deutschen Theaters war dieses Stück positiven, ostdeutschen Anstoßes zu sehen, zugleich stand es auf dem Programm der Werkstatt der Volksbühne, im »Theater im dritten Stock«.

Drüben lechzt die Jugend nach diesem Stück geschickter Klassiker-Umschreibung und (vorsichtiger) Darstellung jugendlicher (wenn auch wieder vorsichtig partieller) Verweigerung. Verwerfungen, pharisäerhafte, waren darauf prompt zu vernehmen, wie die des Rechtsgelehrten F. K. Kaul, der seinen Ekel vor der »Inbezugsetzung eines verwahrlosten Jugendlichen mit der goetheschen Romanfigur« öffentlich annoncierte – und dafür wieder von Stephan Hermlin mutig gestaucht wurde: Das Stück zeige in Wahrheit Gedanken und Gefühle der dortigen Arbeiterjugend ganz richtig an.

Drüben ist das Stück also ein wirklich heißes Eisen. Es beschreibt, wie einer zugrunde geht. Ob er selbst bei seinem Tode mithalf, bleibt offen. Daß er wertherische Todessehnsucht nährte, wissen wir. Es wird uns vorgespielt.

Der Vater des neuen Werther geht den Spuren des toten Jungen nach. Er trifft die Menschen, denen der Tote begegnete. Er fragt sie, wie der Junge war. Er erfährt, was er trieb, erfährt, daß er aus Wittenberg abhaute, nach Berlin ging, in den Sack haute, daß er zu gammeln und in einer verlassenen Laube zu privatisieren begann.

Auf dem Plumpsklo der Abbruchlaube fällt ihm, Papier ist knapp, der alte Reclam-Band mit »Werthers Leiden« in die Hand. Er beginnt zu lesen, findet, was er liest, kurios und zuerst eher komisch. Dann identifiziert er sich langsam und selbst staunend mit dem Goethe-Werther, zitiert den, gerät selbst in Liebe zu einer

Charlotte, muß leiden, als die einen anderen heiratet, und ist verzweifelt.

Edgar Wibeau, so heißt der neue Werther in den Blue jeans, geht doch wieder auf Arbeit, aber er überwindet seine eigene Unbehaustheit nicht. Er sucht den Tod, müssen wir vermuten, bei der Konstruktion einer Arbeitsverbesserung. Er bastelt eine Spritzmaschine für Malerarbeiten in seiner Laube. Dabei gerät er, ohnehin ständig seelischer Hochspannung ausgesetzt, in die Hochspannung. So geht er hops.

Der Tote ist, während nach ihm geforscht wird, dauernd auf der Bühne. Er kommentiert, naßforsch, wenn um ihn getrauert wird, wenn falsche Worte der Erinnerung an ihn laut werden. Er spielt vor, was der arme Vater Wibeau schlechten Gewissens über den toten Sohn zu erfahren sucht. Es wird eine Ich-Erzählung szenisch illustriert.

Daß das so vergleichsweise offen, daß es mit Bezug auf Blue jeans, auf westliche Musiken und Autoren, daß es partiell gesellschaftsskeptisch geschehen kann, das alles ist für ein Ostberliner Publikum sensationell. Das Stück wird dort verschlungen. Auch wenn es füglich nie zu weit geht, es sich niemals von der Grundlinie mutwillig entfernt, hat es doch für das Publikum dort eben die Qualitäten eines heißen Eisens.

Die verliert es auf dem Transport über ein paar Straßenzüge in westlicher Richtung total. Der Bilderbogen wird, wenn man ihn nicht mit den Augen der, sozusagen, Mitbetroffenen ansieht, dürftig, er wird fade. Es erweist sich seine literarische Machart aus zweiter Hand. Ulrich Plenzdorf ist Szenarist bei der Defa. Er hat Handwerk. Er baut redlich seine Szenen, kennt die Grenzen, bis an die er gehen kann, genau und hält sie ein. Daß sich die jungen Leute drüben gern und sehnsüchtig in diesem neuen Werther wiedererkennen, glaubt man gern.

Aber sonderbar und eigentlich doch erschreckend: wie ein solches Stück seine Hitze, seine Anwendbarkeit, ja auch seine aktuellen Qualitäten vollends verliert, transportiert man es nur ein paar Kilometer westlich. Arglos erscheint hier, was dort kühn klingen mußte. Bieder, altmodisch in der Machart, langwierig in der Konstruktion und sprachlich zudem dürr und vergangen, hört sich an, was dort erhitzt und offenbar doch befreit hat.

Wenn dieser Abend einen Eindruck hinterließ, so den der Trauer. Soweit also haben wir uns schon auseinandergelebt. Nur mit

Erklärung, nur mit ständiger innerer Kommentierung kann man unter Mühe verstehen und sich rekonstruieren, was dort das Gelächter auslöst, Zustimmung herausfordert, Wiedererkennen möglich macht und im ganzen so etwas wie eine dramatische Tat der Befreiung darstellt. Hier nicht.

Hier wirkt das altbacken, dramaturgisch kleinkariert, ist es schlankweg langweilig, wenn man die Implikationen von drüben nicht ständig mit bedenkt und mühsam reflektiert.

Dazu kommt, daß die erste westdeutsche Aufführung des Ost-Stückes unentschlossen ist und von mäßiger Machart. Man hat den »neuen Werther« nicht. Hier spielt ihn Wolfgang Unterzaucher. Er ist für die Rolle zu alt, ist für sie zu ungelenk, ist sprachlich unsicher, kriegt die kleine Aufsässigkeit der Figur überhaupt nicht hin. Somit bleibt die treibende Monologfigur ohne Druck, fast ganz ohne Komik, bleibt sie ohne Leben. Das anzusehen ist etwas traurig.

Horst Siede, der den szenischen Bilderbogen für das Schloßparktheater inszeniert, geht auch sonst eher klumpig zu Werke. Er kriegt die lustigwehmütige Traumqualität des Stückes nicht hin. Die könnte es haben. Er operiert mit der Sache viel zu ehrfürchtig, zu schwerfällig, zu ernsthaft. Er spielt die einzelnen Szenen mit schier naturalistischem Ingrimm aus. Dadurch geht die skizzenhafte Fröhlichkeit, die die dünne Zeichnung doch wohl haben könnte, verloren. Es ist auch kein Versuch und Ansatz gemacht, die sonderbare Exotik, wie sie Zeitdramatik von drüben inzwischen für uns haben muß, auszunutzen oder sie gar zu erklären. Hier waltet die schwere Hand. Sie macht den Abend enttäuschend, macht ihn gegenstandslos und falsch.

Schauspielerisch kann sich Gebild da nicht gestalten. Man sieht immerhin neugierig zu, wie Heidemarie Theobald die berlinische »Lotte« des neuen Werther anzeigt. Da blüht plötzlich etwas auf, kriegt das beflissene Panorama partiell Atem und echtes Leben.

Bei den anderen gibt es ähnliches nicht. Diese Aufführung will, scheint es, nur erweisen, daß ja eigentlich, was man jenseits der Mauer spielt und dort versteht und begrüßt, hier schon gar nicht mehr zu erkennen ist und auf eine Bühne doch der gleichen Stadt und Sprache somit gar nicht gehört.

Die Aufnahme war während der Spielprozedur eher mühselig wie das Spiel. Am Ende ließ man Ulrich Plenzdorf, den Autor, der herübergekommen war, die Enttäuschung nicht merken. Er kriegte betonten Beifall – und die verkorkste Aufführung gleich mit.

Die Welt v. 10. 5. 1973.

Wolfram Schütte

Zu spät fällt die Figur dem Autor ins Wort
Ulrich Plenzdorfs »Die neuen Leiden des jungen W.«

Diesem Buch ging ein Ruf voraus wie zur gleichen Zeit nur noch dem Film »Der letzte Tango in Paris«. Beides, so raunte die Fama, seien radikale Neubeginne, ganz außergewöhnlich gewagte Sachen. Was es mit Bertoluccis sexualisierter Reprise des Antonioni-Themas von der »unmöglichen Kommunikation zwischen den Menschen« auf sich hat, weiß man nun. Was ist mit Plenzdorfs Buch los?

Es war erst für die Schublade geschrieben. Dann erschien ein großer Auszug in der seit geraumer Zeit wieder sehr interessant gewordenen DDR-Literaturzeitschrift »Sinn und Form«. Kurz darauf richtete Plenzdorf, 1934 geboren und bei der DEFA arbeitend, eine dramatisierte Fassung ein (oder war sie zuerst da?). Das Stück kam in Halle heraus, fand enthusiastischen Beifall nicht nur bei der Kritik, sondern vor allem beim jungen Publikum. Die Aufführungen sind ausverkauft, in Ost-Berlin läuft es jetzt sogar an zwei Theatern, A star was born – so hätte Hollywood das genannt. Mittlerweile hatte Plenzdorf das Drehbuch zu einem Film verfaßt: »Die Legende von Paul und Paula«: auch er ein immenser Erfolg, ein »Durchbruch«, viel nacktes Fleisch, die Unbedingtheit der Liebe, Humor, Love-Story, das Fenster auf und frische Luft (vergl. FR v. 12.4.73).

Also Ulrich Plenzdorf: Das ist die große Entdeckung in der DDR, ein neuer Ton, eine neue Freizügigkeit, auch ein neuer Wirklichkeitsbereich, die Jugend taucht da recht ungeschminkt auf. Ein Name, der fast synonym für Honeckers neue, offenere, selbstbewußtere Kulturpolitik geworden ist. Denn ohne die Worte des SED-Vorsitzenden, daß auf einer festen sozialistischen Basis alle Experimente erlaubt sein müßten, wäre Plenzdorf samt seinem Erfolg nicht möglich; allenfalls denkbar, denn die Resonanz, die er findet, antwortet, vor allem bei der Jugend, auf ein Bedürfnis. Das Bedürfnis, sich selbst ungeschminkt zu sehen (Narzißmus sowohl wie Selbstbewußtsein): auf der Bühne, im Film und im Buch.

Das Buch kam zuletzt. Es ist jetzt im Hinstorff Verlag Rostock erschienen – einem Verlag, der augenblicklich das schärfste Profil innerhalb der DDR-Verlage entwickelt hat. In Lizenz kamen »Die neuen Leiden des jungen W.« eben im Frankfurter Suhrkamp Verlag heraus, schön aufgemacht, in englischer Broschur, mit werbenden Texten und samtigen Bildern des Autors wohl versehen, breit und groß gedruckt, um den schmalen Prosatext auf 148 Seiten zu strecken.

Die Vorveröffentlichung 1972 in »Sinn und Form« war so etwas wie ein Fahnenaufzug: Da flatterte nun der Text, mal sehn, wie der Wind weht. Zu Diskussion war aufgefordert worden, und die kam in Gang. Prof. Kaul, der auch bei uns bekannte Jurist, sah das kulturelle Erbe beschmutzt durch den Jargon des Buches. Er vertrat – so schaut das von hier aus – den gesammelten Mief eines dogmatisch kasernierten Konservatismus. Soweit zu sehen ist, blieb er aber ziemlich allein und bekam auch noch kräftig Prügel, die ihm in Form von Hohn verabreicht wurden. Roland Wiegenstein hat über diese offene Diskussion in »Sinn und Form« (Nr. 1/73) in der FR schon ausführlich berichtet (vergl. FR v. 15. 3. 73).

Man darf wohl annehmen, Plenzdorf habe sich durchgesetzt, vorerst; er hat Bewegung in das kulturelle Leben der DDR gebracht; sein Erfolg, seine »Massenwirksamkeit« – vergleichbar bei uns, wenn auch nur unter vielen Vorbehalten, Faßbinders Fernsehserie »Acht Stunden sind kein Tag« – hat politische Ursachen und wird Folgen haben. Kann sein, daß da mehr zum Tanzen gebracht wurde, als manchem Tanzlehrer lieb sein mag. Man wird sehen, wohin das führt.

Warum dieser Erfolg, womit diese Resonanz? »Die neuen Leiden des jungen W.« sind ein sehr flott auf Jugendjargon stilisierter Monolog des knapp zwanzigjährigen Edgar Wibeau. Er spricht, nun ja, sub specie aeternitatis, aus dem »Jenseits«. An einem 24. Dezember ist er beim Versuch, eine neue Spritzpistole für Farb- und Lackierarbeiten zu entwickeln, in einer abbruchreifen Wohnlaube ums Leben gekommen. Dorthin hatte sich Edgar W. zurückgezogen, er war zuvor ausgestiegen, abgehauen, ausgeflippt, hat die »große Verweigerung« praktiziert, ohne daß der Name Marcuses gefallen wäre. Ein »asoziales Element« innerhalb einer durch Leistung und Arbeit definierten Gesellschaft.

Aber Plenzdorf läßt seinen Edgar nicht verkommen. Schon von

allem Anfang an: Edgar ist ein Muster an Kenntnis, Intelligenz, der beste Lehrling (Durchschnittsnoten 1,1), Sohn einer Werkleiterin: folglich, wie die Häme sagen würde: ein 100prozentiger. Und dennoch haut er ab: Irgendwann stinkt es ihm. Danach arbeitet er nur noch gelegentlich. Flucht aus der Gesellschaft – Plenzdorf verweist auf Edgars (und wohl vielleicht auch des Autors) Lieblingsbücher »Robinson Crusoe« und Salingers »Fänger im Roggen«. Beides »Hohelieder« auf den extremen Individualismus.

Von Salingers Helden Holden Caulfield, der nörgelnd und sarkastisch in der US-amerikanischen Gesellschaft herumstochert wie in einem zum Himmel stinkenden Misthaufen der Konformität, der Niedertracht, des häßlichen, sinnlosen Lebens – von diesem Salinger hat Plenzdorf zumindest die Vorliebe, seinen Edgar reden zu lassen, wie ihm die Schnauze gewachsen ist. Auch den Hang, sich abzustoßen von allem, die atmosphärische Beschreibung einer Flucht zu sich. Hinzu kommt eine reizintensive Mischung aus Schnoddrigkeit, Sentimentalität und Einsamkeitssehnsucht: augenblicklich hoch im Kurs.

Edgar monologisiert, er unterbricht immer wieder – gegen Ende zu beherrscht er dann fast ganz den Raum des Erzählens – die Versuche seines Vaters, der von Edgars Mutter geschieden lebt, auf den Spuren seines Sohns ihn wenigstens nach seinem Tode kennenzulernen. (Aus zerrüttetem Elternhaus: ein Motiv für Edgars »gesellschaftliche Verwahrlosung«?) Diese Rekonstruktion aus Gesprächen mit Leuten, die Edgar kannten – so etwas wie das »Citizen Kane«-Prinzip –, mißlingt für den Rechercheur wie in Orson Welles Film. Jedoch die Chance, die einem solchen widersprüchlichen Erzählprinzip innewohnt, nämlich scharf die negativen oder flüchtigen Eindrücke, die ein »Rowdy« wie Edgar bei verschiedenen »normalen Bürgern« hinterlassen hat (hätte hinterlassen können, müssen?), mit der eigenen Selbsteinschätzung Edgars, seinem Bewußtsein von sich, produktiv zu konfrontieren – diese große Chance kritischer, schmerzhafter Widersprüchlichkeit ergreift der Autor nicht. Plenzdorf ist zahm, alle Leute mochten seinen Edgar »eigentlich«, er »spinnte« halt bloß ein bißchen: Friede, Freude, goldgelber Eierkuchen.

Es gibt im Sozialismus keine antagonistischen Widersprüche, lautet die offizielle These. Von mir aus, aber es gibt Widersprüche, die tief reichen, die etwas mit Altersunterschieden, mit differenten Erfahrungen zu tun haben; Widersprüche, Auseinandersetzungen, die durch Traditionen, welche sich erhalten haben, fortdauern, und Widersprüche, die in einer Leistungsgesellschaft fast notwendigerweise nebenbei entstehen und sich gegen Leistungsverweigerer richten. Man kennt das, hier und dort. Plenzdorf spielt diese Problematik jedoch herunter, sänftigt sie ein.

Das passiert ihm öfter, besser: »passiert« ihm nicht, er tut's wohl bewußt. Beispielsweise dort, wo er dem Titelanspruch seines Buches gerecht werden will.

Edgar findet in der Laube auf dem Klo ein Reclamheftchen. Das Titelblatt hat er abgerissen, sich den Arsch damit geputzt, dann erst fängt er an zu lesen. Er findet das ganz komisch, diese Briefe Werthers – da plötzlich trifft er (wie Werther im Buch) ein junges Mädchen, umringt von Kindern. Er verliebt sich in das Mädchen (wie Werther). Er zitiert Texte aus dem Buch, spricht sie auf ein Tonband, das er seinem Freund Wilhelm schickt (wie Werther seine Briefe). Das Mädchen ist verlobt (wie Charlotte). Ihr »Zukünftiger« war lange bei der NVA, beim Militär. Nun kommt er zurück, bereitet sich auf sein Germanistikstudium vor, heiratet »Charlie«, wie Edgar sie nennt. Das junge Paar lebt in einem Zimmer, mit Van-Gogh-Bildern an der Wand. Auch dies eine Parallele zu Werther: der Spießer, der Werthers (Edgars) Glück ins eheliche Joch entführt.

Aber da ist die Parallelaktion Plenzdorfs schon sehr ins Verschwimmen geraten. Denn er verkleistert wieder: »Zuerst nahm ich mir die Bilder vor, die er hatte. Das eine war ein mieser Druck von Old Goghs Sonnenblumen. Ich hatte nichts gegen Old Gogh und seine Sonnenblumen. Aber wenn ein Bild anfängt, auf jedem blöden Klo rumzuhängen, dann macht mich das immer fast gar nicht krank. Bestenfalls tat es mir dann ekelhaft leid... Als nächstes nahm ich mir seine Bücher vor. Er hatte die Masse. Alles unter Glas. Alle der Größe nach geordnet. Ich sackte zusammen. Immer wenn ich so was sah, sackte ich zusammen. Meine Meinung zu Büchern hab ich wohl schon gesagt. Ich weiß nicht, was er alles hatte. Garantiert alles diese guten Bücher. Reihenweise Marx, Engels, Lenin. Ich hatte nichts gegen Lenin und die. Ich hatte auch nichts gegen den Kommunismus und das, die Abschaffung der Ausbeutung auf der ganzen Welt. Dagegen war ich nicht. Aber gegen alles andere. Daß man Bücher nach der Größe ordnet zum Beispiel. Den meisten von uns geht es so. Sie haben nichts gegen den Kommunismus. Kein einigermaßen intelligenter Mensch kann heute was gegen den Kommunismus haben. Aber ansonsten sind sie dagegen. Zum Dafürsein gehört kein Mut. Mutig will aber jeder sein. Folglich ist er dagegen. Das ist es. Charlie sagte: ›Dieter wird Germanistik studieren. Er hat eine Menge aufzuholen. Andere, die nicht so lange bei der Armee waren, sind längst Dozenten heute ...‹«

Ein Beispiel von vielen für die ermüdend wiederholte Redefigur, mit der Plenzdorf die »Leiden des jungen W.« formuliert. Dieses »Ich hatte nichts dagegen ...« kommt immer wieder vor, beschwörend fällt da der Autor seinem Helden ins Wort. Das funktioniert wie ein Reflex: Kaum fallen kritische Bemerkungen z. B. über Marx, Engels, Lenin, van Gogh oder Goethe – oder über einen Spießer –, sofort wird die freche Schärfe wieder abgeschliffen und stumpf gemacht. Es bedrückt einen, dieser kleinbürgerlichen Harmonisierung in diesem Prosastück, das doch wohl kritisch sein will, laufend zu begegnen. Der Mut, die Kraft, welche Goethe besaß, um einem Widerspruch auf den Grund zu gehen und ihn auszuhalten, fehlen diesem Autor. Er kämpft nicht (auch Edgar kämpft nicht, verteidigt sich nur); Plenzdorf möchte nur ein bescheidenes Plätzchen für seinen bescheidenen Außenseiter und Ausreißer. Er wirbt um Sympathie und Verständnis. Das haben Typen wie Edgar hier und da nötig, gewiß; nur: ob ihnen damit auch geholfen ist, und ob diese Nettigkeit auf mittlerer Ebene sowohl Edgar als auch der Gesellschaft, in der es ihn gibt, gerecht wird? Die jungen Leute, die sich in Edgar erkennen – hören sie nur auf die Vordersätze?

Daß man mich nicht falsch versteht: Ich vermisse in Plenzdorfs »Die neuen Leiden des jungen W.« nicht das Porträt des antikommunistischen Widerstandskämpfers. Ich vermisse vielmehr die Marxsche Radikalität, welche die Dinge an der Wurzel faßt, und die Radikalität, aus dem Werther-Stoff etwas anderes zu machen als diese Wasserfarben. Es dürfte wohl auch noch adäquatere Aneignungen dieses großen bürgerlichen Romans durch sozialistische Autoren geben. Werther begeht bewußt Selbstmord, weil er der eigenen Verführung erliegt. Plenzdorf läßt seinen Edgar eher zufällig umkommen, sein Tod hat keine Beziehung zur Enttäuschung über seine hoffnungslose Liebe. Das ist eine mögliche Korrektur Goethes heute.

Jedoch was »bedeutet« dieser Tod? Edgar, der Individualist, richtet sich selbst (und sein Vergehen, der Gesellschaft sich entzogen zu haben), indem er durch individualistische Bastelei – ohne die schützende, helfende Gegenwart der anderen – zu Tode kommt; er rettet sich vor einem negativen Urteil der Gesellschaft dadurch, daß er trotzdem Großes, die Gesellschaft Förderndes wollte. Ein säkularisierter Opfertod, in dem Schuld und Rechtfertigung zwei Seiten einer Sache sind: des »zufälligen Todes«. Noch in der planvollen Zufälligkeit dieses Todes, dem damit alle Ironie verbittert wird, schlägt magisch der Preis durch, den Plenzdorf für seinen »Werther« einer gesellschaftlichen Ideologie der absoluten Integration ins Hier und Jetzt – ohne Utopie und radikale Selbstkritik – zu entrichten hat: Denn er war unser, weil er etwas Nützliches tun wollte. Dagegen steht nur ein kleiner harter Satz, den Edgar ganz zuletzt ausspricht (und prompt hat der denn auch das Mißfallen eines Plenzdorf gegenüber sehr wohlwollenden und sogar enthusiastischen DDR-Germanisten gefunden): »Aber ich wäre doch nie *wirklich* nach Mittenberg zurückgegangen.«

Das »wirklich« hat Plenzdorf kursiv gesetzt: ein Wort des Aufbegehrens. Hier, endlich, ist dem Autor seine Figur ins Wort gefallen. Aber, ich denke, zu spät. So recht glaubt man das diesem Edgar Wibeau schon nicht mehr.

Frankfurter Rundschau v. 12. 5. 1973.

Rolf Michaelis

Für zwei deutsche Staaten
Ulrich Plenzdorfs Erzählung »Die neuen Leiden des jungen W.«

Was es schon lange nicht mehr gegeben hat, was es nach Ansicht mancher Ideologen gar nicht mehr geben darf, ist einem jungen Autor der DDR auf Anhieb gelungen: ein Buch, ein Theaterstück für zwei deutsche Staaten.

An der in diesem Frühjahr gleichzeitig bei Hinstorff in Rostock und bei Suhrkamp in Frankfurt am Main erschienenen Buchausgabe eines Theatertextes, der zur Zeit auf drei Berliner Bühnen gesprochen wird (zweimal im Ostteil, einmal im Westen der einstigen Hauptstadt und Theatermetropole), zeigt sich, daß dies kein Bühnenstück, kein Buch wie andere ist. Wenn die *Neuen Leiden*, jenseits aller theater- und literaturkritischen Wertung, neue Freuden und ein bißchen Hoffnung schenken, so nicht zuletzt deshalb, weil dieses Stück jetzt im Westen gespielt wird, obwohl es in der DDR sensationellen Erfolg hat; und weil es in Ost-Berlin, Potsdam, Halle, Brandenburg und Wismar auf die Bühne kommt, obwohl es Zustände in der DDR mit jungenhaft saloppér Selbstverständlichkeit kritisiert.

Dies ist das erste Theaterstück, das nur in der DDR geschrieben werden konnte; das sich zu den Bedingungen dieses Staates bekennt, weder in die Geschichte noch ins Märchen flüchtet – und das gerade deshalb über die Grenzen der DDR hinaus wirkt und jungen Zuschauern unter anderen politisch-sozialen Verhältnissen erlaubt, sich in der Hauptfigur des aufsässigen, verliebten jungen W. wiederzuerkennen. Der Literatur seines Landes hat Plenzdorf damit einen unschätzbaren Dienst erwiesen. Ganz unverkrampft erreicht er mit seiner im schnoddrigen Jargon der Beat-Generation erzählten Geschichte eines begabten, sensiblen Burschen, der lieber gammelt als sich anzupassen, jenes »Weltniveau«, das manche seiner Schriftstellerkollegen trotz aller stilistischen Klimmzüge nicht erreichen.

Ulrich Plenzdorf, 1934 geboren, Szenarist bei der DEFA und beim Deutschen Fernsehfunk in Babelsberg, ist bekanntgeworden durch die Drehbücher für die Filme: *Mir nach, Canaillen, Weite Straßen – Stille Liebe, Kennen Sie Urban?* und den vor ein paar Wochen uraufgeführten, vom Publikum geschätzten, von der Parteikritik gezausten Film: *Die Legende von Paul und Paula* (F.A.Z. vom 9. April 1973). In einer Diskussion über sein erstes Bühnenstück in der Ost-Berliner Akademie der Künste hat Plenzdorf gestanden, daß *Die neuen Leiden des jungen W.* »eigentlich für die Schublade geschrieben« worden seien und daß »die Hauptrolle äußerer Druck gespielt hat, will sagen, mehrere Jahre, in denen ich nie ganz das machen konnte, was ich wollte, und ebenso wiederholte Zurückweisungen des Stoffes«. Erst nach dem VIII. Parteitag der SED 1971 und dem dort vollzogenen Machtwechsel von Ulbricht zu Honecker durfte sich Plenzdorf, wie manch anderer Schriftsteller der DDR, Hoffnung darauf machen, einen Stoff nicht mehr zurückgewiesen zu sehen, nur weil er thematisch und stilistisch nicht an einem engstirnig ausgelegten »Sozialistischen Realismus« klebte.

Mit seinem im Sommer 1972 am Landestheater Halle uraufgeführten, ersten Bühnenstück (F.A.Z. 7. Oktober 1972) leistet sich der mit witzig-frechen Drehbüchern bekannt gewordene Autor gleich ein besonderes Stückchen: ein sprachlich frisches, dramaturgisch unbekümmertes, schauspielerisch reizvolles Stück aktueller Zeit- und Gesellschaftskritik, das vor der Folie des Generationenkonflikts ungeniert Titel, Themen, Temperamenten von Goethes Brief-Roman *Die Leiden des jungen Werther* zuzwinkert. Knapp ein Jahr später ist der – nicht nur dem Umfang nach – schmale Text fast schon erdrückt unter Bergen von Kritiken, positiven und negativen Äußerungen, Diskussionen, Rezensionen. Dabei steht die sogenannte Sekundärliteratur noch aus, die einem Text zu prophezeien ist, der als Pastiche von Goethes *Werther* literarwissenschaftliche Vergleichswut befriedigt und der – trotz aller Verwandtschaftsbeziehungen – aus der Literatur der DDR durch witzig-aggressiven Ton so herausragt, daß er sich als literarische Entsprechung der pragmatischeren Politik unter Honecker Literaturhistorikern als Demonstrationsobjekt anbietet. Plenzdorf hat das seit Jahren am heftigsten umstrittene Bühnenspiel der DDR geschrieben, das am meisten diskutierte dramatische Werk deutscher Sprache in der Spielzeit 1972/73.

Solche Superlative und der Überschwang, mit dem Plenzdorfs Spiel von denen aufgenommen worden ist, die es nicht nur als einsam lesende Kritiker kennengelernt haben, sondern auch als Zuschauer in einem vor Spannung vibrierenden Theater der DDR, lassen die ernüchterten Urteile verständlich erscheinen, die jetzt über die Buchausgabe im Westen zu lesen und zu hören sind. Wer jedoch nicht bereit ist, zu bedenken, unter welchen literaturpolitischen Verhältnissen dieser – »wiederholt zurückgewiesene« – Stoff ausgearbeitet worden ist, und was der Text für Leser und Zuschauer in der DDR bedeutet, kann den besonderen Reiz und die politische Wirkung von Plenzdorfs Sprache nicht erfassen. Sicher: Ulrich Plenzdorf hat kein dem Goetheschen Sturm-und-Drang-Opus vergleichbares Epochenwerk aufs Papier gewühlt; aber doch etwas gekritzelt, was endlich einmal nicht nach Pflicht, sondern nach Kür aussieht – und Charme hat. Und das ist für die Literatur der DDR ebenso wichtig wie das stärkere politische Verdienst, das der Lyriker Stephan Hermlin Plenzdorfs Text zugesprochen hat, um ihn gegen die unsinnigen Angriffe orthodoxer Literaturfunktionäre zu verteidigen, als deren Wortführer der »Staranwalt« der DDR, Professor F. K. Kaul (»mich ekelt geradezu ..., Fäkalienvokabular«), aufgetreten ist: »Das Wichtigste an Plenzdorfs Stück ist, daß es vielleicht zum erstenmal, jedenfalls in der Prosa, authentisch die Gedanken, die Gefühle der DDR-Arbeiterjugend zeigt.«

Prosa? Drama? Die jetzt vorliegende Buchausgabe unterscheidet sich wenig von dem Erstdruck im zweiten Heft von »Sinn und Form« 1972. Es ist nur konsequent, wenn in der DDR-Ausgabe der Hinweis steht: »Die Aufführungsrechte des Stückes ...« Malt man sich die Namen der jeweils sprechenden Personen vor die einzelnen Sätze, so hat man schon ein Textbuch. Der als Filmerzählung verfaßte Text ist wahrscheinlich bei der Verwandlung in eine Bühnenfassung oder jetzt in eine Buchausgabe im Kern wenig verändert worden. Die filmische Technik der Rückblende war und ist Charakteristikum dieser vom Ende, von Edgars Tod her erzählten Geschichte. Sie kann auch als großer szenischer Monolog gedeutet werden. So erklärt sich die Konzentration auf die Titelfigur, neben der eine der anderen Gestalten Leben allenfalls auf der Bühne gewinnen kann.

Ein Vergleich der Erstveröffentlichung in »Sinn und Form« mit dem Text der Buchausgabe ist jedoch reizvoll – und voll philologischer Probleme. An manchen Stellen erweckt die (später erschienene) Buchfassung den Eindruck, hier werde eine für die

Veröffentlichung in der Zeitschrift gekürzte oder geglättete, ursprüngliche Form wiederhergestellt. Edgar 72 klagt (S. 225): »Mein Problem war bloß, ich hatte keinen Stoff, keinen Lesestoff.« Edgar 73: »Mein Problem war bloß: Ich hatte keinen Stoff. Ich meine jetzt keinen Hasch und das« – folgt eine halbe Seite über Drogen à la DDR, das Rauchen getrockneter Bananenschalen (S. 23 der Ausgabe bei Hinstorff). Ähnliche Erweiterungen oder Ergänzungen, wahrscheinlich im Lauf der Arbeit an den verschiedenen Fassungen entstanden, bringt die Buchausgabe. So wird das Hugenotten-Motiv ausgeführt: Edgar Wibeau macht einen Besuch im Berliner Hugenotten-Museum (S. 22 und 38 Hinstorff). Auch Plenzdorfs Vorbild, Salingers Roman *Der Fänger im Roggen,* wird jetzt ausführlicher vorgestellt und mit Film-Erinnerungen verbunden (S. 28-31), Edgars Musikliebe durch ein Preislied auf Beat-Lokale in Ost-Berlin belegt (S. 44 bis 46). Neu ist auch die Szene des Besuches beim Vater (S. 74-79), die allerdings schon für die Bühnenfassung entstanden und in Halle auch gespielt worden ist.

Neben der Tilgung einiger salopper Ausdrücke (»Birne« = Kopf statt des lustigeren »Bonje«, »ein Strauß Blumen« statt des schöneren »Strutz Blumen«) betreffen die auffälligsten Änderungen Goethe, über den manchmal nicht mehr so unbekümmert der Kopf geschüttelt wird, und Dieter, den Verlobten der Kindergärtnerin »Charlie«, in die sich Edgar verliebt. An dem etwas einfallslosen, pedantischen Dieter, der vom Wehrdienst in der Nationalen Volksarmee zurückkommt, haben sich die Kritiker in der DDR besonders gestoßen. Die Symbolfigur für die »langweilige« DDR ist ihnen ein Ärgernis, zumal da der Luftikus Edgar dem Streber auch noch die Frau ausspannt. Renommiert Edgar 72 noch: »Ich war vom ersten Tag der Meinung, daß Dieter kein Mann für Charlie war« (301), so liefert Edgar 73 die parteiliche Kritik an seiner Figur mit, wenn er, nach Ehebruch, nach Tod und szenischer Wiederauferstehung reumütig sich an die Brust, Dieter tröstend auf die Schulter klopft: »Und wahrscheinlich war Dieter sogar genau der richtige Mann für Charlie.«

Frankfurter Allgemeine Zeitung, Literaturblatt, v. 2. 6. 1973.

Wolfgang Werth

Rebell mit positiver Haltung
Plenzdorfs neuer Werther

Das Wichtige an dieser Erzählung sei, so urteilte Stephan Hermlin, daß sie »vielleicht zum erstenmal, jedenfalls in der Prosa, authentisch die Gedanken und Gefühle der DDR-Arbeiterjugend« zeige. Das Lob gilt den »Neuen Leiden des jungen W.«, der ersten literarischen Arbeit des 38jährigen Ulrich Plenzdorf, die als Buch und mehr noch als text- und titelgleiches Bühnenstück in der DDR Furore macht. Diese fiktive Selbstdarstellung des jugendlichen Außenseiters Edgar Wibeau ist in der Tat ein Novum. Edgar hat erreicht, was den herkömmlichen positiven Helden der DDR-Literatur versagt blieb. Er genießt das Wohlwollen der Partei und findet dennoch den Beifall eines großen, überwiegend jungen Publikums. Es fühlt sich von ihm angesprochen, weil er – um in seinem Jargon zu reden – den Ton »hervorragend drauf« hat, der bei seinesgleichen ankommt. Edgar klopft seine »Opa-Sprüche«. Er sagt, scheinbar frei von der Leber weg, was ihm nicht paßt, und er preist, was sozialistischen Saubermännern ein Greuel ist.

Mitunter klingt das ziemlich rebellisch: »Ich hatte was gegen Selbstkritik, ich meine: gegen öffentliche. Das ist irgendwie entwürdigend. Ich weiß nicht, ob mich einer versteht. Ich finde, man muß dem Menschen seinen Stolz lassen.«

Ulrich Plenzdorf scheint das Maß des derzeit in der DDR Erlaubten voll ausgeschöpft zu haben. Aber der Zugewinn an Freiheit bleibt bescheiden. Ganz so kühn und keck, wie sich Jung-Edgar gibt, ist er dann doch nicht. Auch seine schärfsten Sätze sind nur entschärfte Spreng-Sätze. Wenn sie gleichwohl enorm befreiend oder schockierend auf seine realen Mitbürger wirken, so vor allem deshalb, weil die sich darauf verstehen, mehr zu hören als wirklich gesagt wird.

Kleinkarierte Lebensformen

Durch beträchtliche literarische Qualitäten zeichnet sich die Plenzdorfsche Fiktion nicht aus. Dem vom Autor kühn herausgeforderten Vergleich mit ihren beiden Vorbildern – Goethes »Werther« und Salingers »Fänger im Roggen« – hält sie in keiner Weise stand. Aber gerade wegen ihrer Schwächen ist sie eine aufschlußreiche Lektüre. Die sich zum Teil selbst denunzierenden Tricks und Verrenkungen, mit denen Plenzdorf arbeitet, beweisen nämlich, daß der Autor ein gewiefter Taktiker ist. Und das mußte er wohl sein, wenn er nicht am Veto ideologischer Linienrichter scheitern wollte. Offensichtlich haben objektive Schwierigkeiten ihn daran gehindert, beim Schreiben einer unbequemen Wahrheit geradenwegs aufs Ziel loszusteuern. Die Erzählung wirkt wie das Ergebnis eines Kompromisses zwischen Opposition und Opportunität, der gewiß nicht leicht und nur unter Qualitätsverlusten auszuhandeln war. Viel Stützwerk mußte angebracht werden, um ihn tragbar zu machen.

Stephan Hermlins eingangs zitiertes Urteil ist inzwischen durch demoskopische Umfragen bestätigt worden. Demnach identifiziert sich ein Großteil der Jugendlichen in der DDR mit Edgar Wibeau, teilt mit ihm das Unbehagen an den kleinkarierten Lebensformen und spießigen Verhaltensnormen der »im Prinzip« bejahten DDR-Gesellschaft, ist, wie er, der ständigen Bevormundung durch die angepaßten Erwachsenen überdrüssig und erhebt gleich ihm den Anspruch auf das ihr weitgehend vorenthaltene Recht, eine eigene Generations-Identität zu suchen. Doch Plenzdorf bekundete, wie man unlängst im »Spiegel« lesen konnte, sein Erstaunen über die Massenwirkung seines Helden. Hat sie ihn wirklich überrascht?

In der Tat läßt sich ihm anhand des vorliegenden Textes nicht nachweisen, daß er beabsichtigte, was er erreichte. Es wäre anders, wenn sein Held in der Rolle eines typischen jungen Arbeiters aufträte und eindeutig zu verstehen gäbe, daß er genauso denkt und fühlt wie viele seinesgleichen. Edgar aber behauptet, nur für sich zu sprechen und äußert sogar mehrfach die Befürchtung, man werde ihn vielleicht nicht verstehen. Auch drängt es ihn, sich wiederholt einen »verrückten Idioten« zu nennen und sich kopfschüttelnd von einigen noch unlängst für richtig befundenen Ansichten zu distanzieren. Zudem erzählt er unter Bedingungen, die ihn nötigen, die eigene Person im Abstand schaffenden Imperfekt darzustellen. Er befindet sich nämlich infolge eines selbst verursachten tödlichen Unfalls seit kurzem »jenseits des Jordans«.

Das vorwändige Motiv für seine posthume Offenbarung liefert ihm sein hinterbliebener Vater. Jahrelang hat der sich nur »per Postkarte« um Edgar gekümmert. Jetzt unternimmt er eine Recherche nach dem verlorenen Sohn. Reihum befragt er die wenigen Personen, die etwas über Edgars letzte Lebensmonate wissen müßten. Die papierenen Dialoge erbringen wenig mehr als nichts. Deshalb äußert sich der sie unsichtbar belauschende Tote selbst zur Sache und tischt seine atypische und unwahrscheinliche Geschichte auf.

Sie beginnt damit, daß der als Nachfahre widersässiger Hugenotten erblich vorbelastete Edgar vaterlos aufwachsen mußte und darum von der Mutter um so energischer auf Musterknabe getrimmt wurde. Den spielte er denn auch bis zu dem Tag, an dem er, der beste Lehrling im von der Mutter geleiteten VEB Hydraulik Mittenberg, sich mit seinem Ausbilder anlegte. Weil der ihn »Wiebau« nannte, ließ ihm Wibeau eine schwere Eisenplatte auf die Zehen fallen und verduftete anschließend aus dem öden Provinznest nach Berlin.

In einer »auf Abriß stehenden Wohnlaube«, die den Eltern seines Mittenberger Freundes Willi gehört, nistet sich Edgar unangemeldet ein. Seine Mutter versagt es sich merkwürdigerweise, nach ihm zu fahnden oder fahnden zu lassen. So kann er unbehelligt seine Freiheit genießen: rumgammeln, Musik machen und hören – er hat sechs Stunden satten Sound auf dem mitgebrachten Kassettenrecorder – und hingebungsvoll dazu zu tanzen. Das popt, wie er versichert.

Vielleicht träumt mancher seiner jungen Leser davon, es ihm gleichzutun. Aber Plenzdorf kann und will natürlich keinem dazu raten. Auch sein Held dürfte sich das Ausflippen nicht erlauben, wenn er nicht wegen seiner persönlichen, also atypischen Schwierigkeiten mit »Muttern« die Zubilligung mildernder Umstände beanspruchen könnte. Doch selbst das ändert nichts daran, daß er sich durch seinen Ausbruch ins Unrecht gesetzt hat. Nur, wenn er sich entschließt, wieder ein nützliches Glied der Gesellschaft zu werden, kann er sich als der trotz allem »wertvolle Mensch« erweisen, dem eine literarische Heldenrolle zu- und ansteht.

Nach zweimonatigem »Urlaub« tut er es: nicht nur, weil er kein Geld mehr hat. Denn Edgar hat eine positivere Einstellung zur

Arbeit als die meisten Werktätigen. Für ihn ist sie, was sie dem sozialistischen Menschen sein soll: nicht lästige Pflicht, sondern ein unentbehrlicher Quell der Lebensfreude. Frohgemut schließt er sich einer enorm tüchtigen Anstreicherbrigade an.

Zwar versteht der Brigadeleiter zuerst keinen Spaß und jagt den verqueren Neuen nach ein paar Tagen davon. Doch dann rückt ihm das ganze Kollektiv auf die Bruchbude und holt ihn zurück – leider zu spät. Denn inzwischen hat Edgar damit begonnen, ein sensationelles »nebelfreies Farbspritzgerät« zu konstruieren, mit dem er die Kollegen verblüffen und sich selbst als ein der Gesellschaft nützendes Genie bestätigen will. Beim ersten Versuch, die Tauglichkeit dieser Erfindung zu testen, kommt Edgar durch einen Stromschlag ums Leben. Genau zum richtigen Zeitpunkt und aus nicht weniger als drei Gründen.

Erstens hat Edgar Wibeau den Fehler gemacht, allein an der Sache zu arbeiten, anstatt sich mit dem ganzen Kollektiv über sie zu beugen. Zweitens mußte er scheitern, um sich nicht entscheiden zu müssen: Am Tag des Tests war Mutter Wibeau, die nun doch seine Adresse erfahren hat, nach Berlin unterwegs. Und drittens, weil seine ihm nicht von Plenzdorf, sondern von Goethe vorgeschriebene Geschichte den Tod des Helden verlangt. Das nämlich war des DEFA-Szenaristen Plenzdorf ursprüngliches Hauptvorhaben – eigentlich mehr ein Witz, wie er sagt: Er wollte, schon vor Jahren, das Drehbuch für einen Film schreiben, in dem der junge Werther als junger DDR-Bürger lieben, leiden und sterben sollte. Aber Edgar Wibeau widersetzte sich seinem Erfinder, verlangte Eigenständigkeit. Trotzdem hat Plenzdorf nicht darauf verzichten mögen, das Goethesche Handlungs- und Figuren-Muster nachzustricken.

Der einzige wirkliche Gewinn, den er für sein Buch aus dem Werther ziehen konnte, besteht in ein paar überraschend brisanten Zitaten, mit denen er Edgar um sich werfen läßt. Darüber hinaus darf man ihm bescheinigen, daß es ihm gelungen ist, einige Details der Vorlage recht hübsch umzusetzen. Im ganzen aber mißriet die Übertragung. Es sieht fast so aus, als habe Plenzdorf mit Werthers Hilfe Wibeaus Selbstdarstellung als gewesener Außenseiter um ihre Glaubwürdigkeit bringen wollen – als läge ihm daran, durchblicken zu lassen, daß die ganze Geschichte vor allem eine Alibifunktion habe.

Edgar jedenfalls geht es sichtlich weniger darum, zu erzählen als zu erklären. So vergißt er bezeichnenderweise, wenn es ganz wichtig wird, etwa im Loblied auf die echten Jeans, die »keine Hosen, sondern eine Einstellung« sind, daß er schon tot ist, und fällt ins den Lebenden zustehende Präsens zurück. Und einmal vergißt er sogar, daß er nur für sich reden kann, macht sich zum Sprecher derer, die er sonst anspricht und wendet sich an den eigentlichen Adressaten des Buches, der unschwer zu erraten ist: »Ich hatte nichts gegen Lenin und die. Ich hatte auch nichts gegen den Kommunismus und das, die Abschaffung der Ausbeutung auf der ganzen Welt. Dagegen war ich nicht. Aber gegen alles andere ... Den meisten von uns geht es so. Sie haben nichts gegen den Kommunismus. Kein einigermaßen intelligenter Mensch kann heute was gegen den Kommunismus haben. Aber ansonsten sind sie dagegen. Zum Dafürsein gehört kein Mut. Mutig will aber jeder sein. Folglich ist er dagegen. Das ist es.«

Deutsche Zeitung/Christ und Welt v. 22. 6. 1973.

Michael Schneider

Die Leiden des jungen W.

Ulrich Plenzdorf, 1934 geborenes Arbeiterkind aus Berlin/DDR, ist seit einigen Monaten der meistgenannte, meistgespielte und meistrezensierte deutschsprachige Autor. Was einem deutschen Schriftsteller schon lange nicht mehr gelang, ist ihm auf Anhieb gelungen: ein Buch, ein Theaterstück für zwei deutsche Staaten, das zudem eine Bestseller-Karriere in Ost und West vor sich hat.

Worauf beruht der ungeheure Erfolg? Der junge Edgar W. verkörpert eine neue Freizügigkeit, ein neues »Lustprinzip«, das sich die DDR, nachdem sie 25 Jahre lang harte sozialistische Aufbauarbeit geleistet hat, nun endlich leisten kann.

Edgar W. ist kein »positiver Held, dem der Weg so bitter fällt« (der DDR-Lyriker K. Bartsch über den Bitterfelder Weg); er ist kein Held des »sozialistischen Realismus«, kein »Produktionsheld«, kein Stachanov-Arbeiter, der sich für seine Arbeitsbrigade aufopfert. Im Gegenteil: Er ist ein Anti-Held, der alle sozialistischen »Über«-Tugenden satt hat, die Lehre schmeißt, von zu Hause wegrennt und sich in einer abbruchreifen Gartenlaube am Stadtrand Berlins versteckt. Ein »Arbeitsscheuer«, der die Frechheit besitzt, ausgerechnet in einer sozialistischen Leistungsgesellschaft das Loblied des Individualismus zu singen.

Und doch will dieser narzistische »junge W.« Sprachrohr eines neuen Kollektivbewußtseins sein. Ein Monolog aus dem »Jenseits«, von den besorgten Recherchen seiner Angehörigen immer wieder unterbrochen, richtet sich an alle, jedenfalls an alle Jugendlichen: »Leute, ich weiß nicht, ob ihr mich jetzt versteht... Leute, ihr hättet mich sehen sollen...«

Held Edgar, nachdem er seinem Lehrmeister, einem preußischen Drangsalierer, eine Eisenplatte hat auf den Fußzeh fallen lassen, haut lieber ab, als öffentlich Selbstkritik zu üben: »Leute, ich hätte mir doch lieber sonstwas abgebissen, als irgendwas zu sülzen von: Ich sehe ein... ich werde in Zukunft... verpflichte mich hiermit... und so weiter! Ich hatte was gegen Selbstkritik, ich meine: gegen öffentliche.«

Edgar Wibeau verkörpert ein neues Selbstbewußtsein der DDR-

Jugend, die nach 25 Jahren sozialistischen Aufbaus es nicht mehr nötig hat, sich belehren zu lassen (wie vielleicht noch die Väter-Generation, der – nach dem Zusammenbruch des 3. Reiches – der Sozialismus »von oben« gebracht werden mußte). Die DDR-Jugend ist erwachsen geworden.

Edgars Unmut richtet sich nicht gegen die marxistischen Klassiker, nur gegen die, die in ihrem Namen denkfaul, langweilig und träge werden. Genauso ist es mit dem »kulturellen Erbe«. Edgar hat nichts gegen die »bürgerliche Kultur«, gegen Goethe usw. Doch er hat keine Lust, sein Leben lang »die Höhen der bürgerlichen Kultur zu erstürmen« (wie es im Bitterfelder Programm der SED einst hieß). Er siedelt sich lieber in ihren Niederungen an; ja er schämt sich nicht, den »hohen« Werther auf dem niedrigen Plumpsklo seiner Gartenlaube zu lesen, nachdem er den Deckel, die Titelseite und die letzten Seiten des Reclam-Heftchens einem sehr »niederen« Bedürfnis »geopfert« hat.

Er liest Goethes sentimentalischem Werther – vom Standpunkt eines forschen, aufgeklärten proletarischen »Lustprinzips« – ganz schön die Leviten: »Dieser Werther... macht am Schluß Selbstmord. Gibt einfach den Löffel ab. Schießt sich ein Loch in seine olle Birne, weil er die Frau nicht kriegen kann, die er haben will, und tut sich ungeheuer leid dabei.«

Es ist klar, daß solch profaner, selbstbewußter Umgang mit dem »kulturellen Erbe« die DDR-Kultur-Orthodoxie auf die Barrikaden rufen mußte. So sah der DDR-Staranwalt Kaul das »kulturelle Erbe« durch Plenzdorfs Jugendjargon beschmutzt. (Kaul in der DDR-Literatur-Zeitschrift »Sinn und Form«: »... mich ekelt geradezu... Fäkalienvokabular...«) Doch blieb er mit seinen literarischen Anal-Ängsten ziemlich allein. Denn – wie der DDR-Lyriker Stephan Hermlin in der literaturpolitischen Kontroverse mit Kaul notfalls u. a. hervorhob – dann hat Plenzdorfs Stück »vielleicht zum erstenmal, jedenfalls in der Prosa, authentisch die Gedanken, die Gefühle der DDR-Arbeiterjugend gezeigt.«

Worin besteht das Neue an den »Neuen Leiden des jungen W.«? Edgar W. leidet nicht an einer enttäuschten Liebe, nicht so sehr an Charlotte (wie man auf den ersten Blick meinen könnte); sein Leiden hat weniger private, vielmehr gesellschaftliche Ursachen: Er leidet an einer bestimmten (rigiden und humorlosen) Form der »proletarischen Erziehungsdiktatur«, die das Proletariat, zumal das junge, heute in der DDR nicht mehr nötig hat. Er rebelliert gegen einen moralischen und kulturellen Überbau, der gegenüber der konsolidierten sozialistischen Basis hoffnungslos in Rückstand geraten ist.

Doch hat Plenzdorfs Jugendheld auch einige sehr problematische, ja beunruhigende Seiten. Seine neue Sensibilität, sein neuer Jargon wirkt in vielem wie ein Plagiat der westlichen Underground- und Hippie-Scene: »Natürlich Jeans! Oder kann sich einer ein Leben ohne Jeans vorstellen? Jeans sind die edelsten Hosen der Welt... Ich meine natürlich echte Jeans... Ich meine, Jeans sind eine Einstellung und keine Hosen.« Edgars neue Sensibilität ist gegen den kapitalistischen Konsum-Virus nicht ganz gefeit. Er vergleicht »die synthetischen Lappen aus der Jumo« mit »echten Jeans« und zieht diese jenen – sicher zu Recht – vor; doch wo bleibt der Vergleich zwischen den gesellschaftlichen Verhältnissen, in denen die »echten Jeans« bzw. die synthetischen Hosen produziert werden?

Wenn Edgar über die Mauer schaut, dann bekommt er leicht den melancholischen Blick zu kurz gekommener Konsumenten. Warum schaut er nicht zuallererst mit den Augen des Produzenten auf die westliche Konsumlandschaft? Es beunruhigt einen, daß er sein neues, beschwingtes Lebensgefühl nicht anders denn in den Pop-Farben der kapitalistischen Vergnügungsindustrie auszudrücken vermag: »Das popt wirklich sehr... Leute, war ich high...«

Und noch etwas ist beunruhigend: Edgars Liebe zu Charlotte haftet etwas ungeheuer Exklusives, Privates an. Es ist eine Liebe, die in der Gartenlaube beginnt und endet, die also jede Beziehung zur gesellschaftlichen Produktion verloren hat. Edgar nennt seine Gartenlaube nicht zufällig »meine Kolchose«, d. h., er liebt und arbeitet fast ausschließlich privat. Auch seine »Erfindung«, eine auf hydraulischer Grundlage arbeitende halbautomatische Farbspritze, die er in seiner Gartenlaube zusammenbastelt, macht er allein, ja in geheimer Konkurrenz zu seinen Kollegen von der Arbeitsbrigade, die zur selben Zeit an einer ähnlichen Spritze basteln.

Ist diese Flucht ins Private vielleicht die späte Quittung, die nachträgliche Trotzreaktion für einen zu reglementierten, zu rigiden Vergesellschaftungs- und Erziehungsprozeß beim sozialistischen Aufbau nach 1945?

Der klassische Werther begeht aus enttäuschter Liebe Selbstmord, der »neue« Werther erleidet beim Bau seiner elektrischen Farbspritze einen »Betriebsunfall«. Plenzdorf sucht dem Leser einzureden, daß sein Held »rein zufällig«, aus purer Fahrlässigkeit, umkommt. Dies erscheint um so unglaubwürdiger, als Edgar geradezu ein Musterlehrling (mit Durchschnitt 1,1), also in technischen Dingen bestimmt kein Dilettant war. Mir scheint vielmehr, daß Edgars »Betriebsunfall« eine Art unbewußter Ersatz- bzw. Symptomhandlung ist, deren »Sinn« Plenzdorf aus gutem Grund zu verschleiern sucht: Edgar bestraft sich selbst am Ende für seinen luxurierenden und privatistischen Rückzug aus der sozialistischen Arbeitsgemeinschaft.

Wenn dem so ist, dann wäre Plenzdorfs literarischer und politischer Erfolg allerdings ein sehr zwielichtiger: Dann wäre er ein Indiz nicht nur für das neue Selbstbewußtsein der DDR-Jugend, sondern auch für eine unter dem Deckmantel der »Entspannungs«- und »friedlichen Koexistenz«-Politik sich einschleichende Reprivatisierungsideologie im anderen Teil Deutschlands.

Vielleicht ist dieses Janusgesicht des »jungen W.« – einerseits erscheint er als antiautoritärer Rebell gegen das sozialistische (bzw. stalinistische) Establishment, andererseits liebäugelt er mit einer am Westen orientierten Konsum- bzw. Reprivatisierungsideologie – der Grund dafür, warum ihm von beiden Seiten der Mauer gleichstark applaudiert wird.

konkret v. 28. 6. 1973.

Heinz Piontek

Werthers Leiden in der Republik

Seit Christa Wolfs »Nachdenken über Christa T.« hat man im Westen keinem Buch aus der DDR mehr eine solche Aufmerksamkeit geschenkt wie dem Debüt des 38jährigen Ulrich Plenzdorf. Über seine Erzählung »Die neuen Leiden des jungen W.« läßt sich streiten. Was ihm die Kritik mit Recht angekreidet hat, ist die Abhängigkeit von Salingers »Fänger im Roggen«. Ohne Holden Caulfield, jenen von der Schule gefeuerten Helden, der hinter einer unwahrscheinlichen Suada aus Cityschnoddrigkeit und Schülerslang sein nobles Wesen und seine große Sensibilität zu verbergen sucht, ist Plenzdorfs Hauptfigur nicht denkbar. Der Autor wußte, daß man ihm auf die Schliche kommen würde, und läßt daher seinen Edgar Wibeau mehrfach für den »Fänger im Roggen« schwärmen. Das ändert zwar nichts an der Tatsache der Imitation, verärgert aber den Leser auch nicht so, wie es eine versuchte Verschleierung täte.

Trotz des amerikanischen Vorbilds ist dieser Edgar zum größeren Teil eine Erfindung Ulrich Plenzdorfs. Von einem Tag zum anderen wirft der 17jährige Musterlehrling eines VEB in der Provinz alles hin und setzt sich nach Berlin ab, wo er sich in der Wohnlaube der Eltern seines Freundes Willi verkriecht. Edgar Wibeau ist kein Gammler, wiewohl es ihm offensichtlich gut tut, eine Weile auf Sauberkeit, Ordnung und Pünktlichkeit zu pfeifen. Gammler können nicht allein sein, für Edgar jedoch ist gerade die Einsamkeit ein neues, zum Nachdenken und Träumen anregendes Erlebnis, er malt, macht Musik mit seinem Recorder, tanzt mit sich selbst, ja er fühlt sich ausgesprochen »echt gut« in seiner Haut.

Auf dem Klo seiner Laube entdeckt der entlaufene Proletarier eines Tages ein Reclamheft mit Goethes »Werther«. Er findet das Buch altmodisch komisch, macht sich lustig, aber allmählich fasziniert ihn die Sprache, er fängt in ihr an zu sprechen, das heißt, er schickt seinem Freund Willi in leicht abgewandelten Werther-Sätzen Lageberichte aus Berlin auf Recorderkassetten. Bald schon heißt es: »Kurz und gut, Wilhelm, ich habe eine Bekanntschaft gemacht, die mein Herz näher angeht. Einen Engel.« Er nennt ihn sinnigerweise Charlie, denn diese Kindergärtnerin der »auf Abriß stehenden« Laubenkolonie heißt Charlotte.

Nun häufen sich die Parallelen zum »Werther«. Charlie ist verlobt mit einem ziemlich trockenen, gerade aus der Volksarmee entlassenen Offizier, sie heiratet ihn auch bald, scheint aber nicht sehr glücklich zu sein, während ihre Anteilnahme an Edgar wächst. Diese sehr zarte Liebesgeschichte, die Edgar in seinem halb kessen, halb ruppigen Halbstarkenargot fast atemlos erzählt, bildet die Fabel. Wie im »Werther«, so ist auch in den »Neuen Leiden« der Ausgang tödlich für den Liebhaber. Edgar Wibeau stirbt jedoch nicht durch eigene Hand, sondern wird das Opfer einer technischen Erfindung, die er sich in den Kopf gesetzt hat und durch unsachgemäße Bastelei mit elektrischem Strom realisieren möchte.

Goethe wird von Plenzdorf keineswegs parodiert, vielmehr – wenn auch mit ironischer Distanz – als Muster herangezogen. Das Erstaunlichste dieses Erstlings ist vielleicht seine literarische Form. Plenzdorf läßt Edgars Vater die Umstände, die zum Tod seines Sohnes führten, recherchieren: in kurzen Dialogen mit den Beteiligten wird dies notiert. Weitläufig nimmt dazu der Tote (»über dem Jordan«) Stellung, das heißt, er rückt die Dinge aus seiner Sicht zurecht, ergänzt die Beschreibung seiner Außenwelt durch die seiner Innenwelt.

Obwohl Plenzdorf hinsichtlich der sprachlichen Kraftmeierei des Guten zuviel tut – kaum ein Satz, der ohne eine Slangwendung auskäme –, gelingt es ihm doch, eine lebenswarme, anziehend sympathische Figur zu schaffen, einen 17jährigen Burschen, der die Welt der Erwachsenen zu durchschauen beginnt, seine ersten Konflikte mit der Gesellschaft zu bestehen hat und durch seine Liebe auf eine Weise sensibilisiert wird, die in ihm Güte und Reife hervorbringt.

Wibeau nimmt kaum Stellung zum gesellschaftlichen System, in das er hineingeboren wurde. Aber er schildert seine Wirklichkeit in genau gesehenen Ausschnitten. Allein Wibeaus Haltung zeigt ein Maß an Kritik, die freilich nicht bloß die Zustände in der DDR trifft, sondern das seelenlose Funktionieren der Angepaßten aller Systeme. Hier wird, ohne intellektuellen Aufwand, viel von den Schäden deutlich gemacht, die die Zivilisation den Menschen zufügt. Für das Leistungsprinzip, hüben wie drüben vergöttert, ist ein Wort wie »scheitern« überholt, gehört einem längst überwundenen Wortschatz an. Dieser Edgar aber weiß es besser. »Das war vielleicht mein größter Fehler: Ich war zeitlebens schlecht im Nehmen. Ich konnte einfach nichts einstecken. Ich Idiot wollte immer Sieger sein.« Das Bewußtsein einer Gesellschaft, aus dem die Anerkennung des Scheiterns verdrängt wird, muß nach und nach unmenschliche Züge annehmen.

Schwäbische Zeitung v. 3. 9. 1973.

Joachim Kaiser

Schwarzes Schaf mit gutem Kern
Plenzdorfs »Die neuen Leiden des jungen W.« in den Münchner Kammerspielen

Da will einer – mitten in der tüchtigen DDR – nicht mehr Mustersohn, Musterschüler, Musterlehrling sein. Da akzeptiert einer zwar die sozialistischen Errungenschaften als solche, aber er ist privatim vom westlichen Individualismus angekränkelt. Denn er schwärmt für Salinger, Blue jeans und flotte Songs. Und er schwärmt sogar für die Schwärmerei schlechthin, seine tatsächlich unpolitische Liebe zur anderwärts verlobten, später sogar anderwärts verheirateten Charlotte ist ihm nämlich noch wichtiger als Gammelei, Blue jeans und kesse Songs.

Edgar, so heißt unser Freund, riskiert also – zumal er viel Charme und ein etwas grelles Selbstbewußtsein besitzt – private Affekte, sanfte Distanz zu Marx und Engels, ein vorübergehendes Ausscheren aus der allzu guten und allzu langweiligen gesellschaftlichen Ordnung. Doch damit man nicht gar zu schlecht über ihn denkt, erfindet er, beziehungsweise will er erfinden, eine mechanische Farbspritze, die (im Gegensatz zu dem, was die Kameraden seiner Brigade bisher fertiggebracht haben) auch noch funktioniert. Am 24. Dezember rafft ihn, beim Ausprobieren der sehr verdienstvollen neuen Erfindung, ein Unfall hinweg. Sonst wäre das schwarze Schaf gewiß siegreich in die gute, positive Ordnung des Sozialismus heimgekehrt.

Soweit die Handlung. Daß eine solche Problemstellung in der DDR leidenschaftlich, literarisch, politisch, soziologisch diskutiert wurde, sagt bestimmt mehr aus über die DDR als über das Stück selber, das bisher wohl erfolgreichster Ausdruck östlicher »Reprivatisierung« ist.

Zu Beginn der Kammerspielaufführung wurden die Embleme des Arbeiter- und Bauern-Staates auf einem Zwischenvorhang gezeigt. Das gewiß sehr west-orientiert fühlende Münchner Kammerspielpublikum lachte darüber spöttisch, wie über Fernöstliches ...

Und dann bereitete es dem harmlosen, abgefeimten, gänzlich abgesicherten Stückchen einen vergnügten Erfolg. Plenzdorf hat aus seinem Roman »Die neuen Leiden des jungen W.« (Suhrkamp-Verlag), der übrigens keineswegs reicher oder differenzierter oder prinzipiell anders ist als die geschickte Theater-Adaption, ein Drama gemacht, in dem das Publikum alles Entscheidende verstehen und sich amüsieren kann! Daß einer keine Lust mehr hat zu »funktionieren«, daß einer die seriöse Erwachsenenwelt nicht ausstehen kann, so etwas kommt vor. Mit *25jährigen ist nicht mehr zu reden,* älter als »siebzehn, achtzehn« darf man, laut Edgar, nicht sein. Derartige Affekte begreift jeder: die Jungen, weil sie so unverstanden sind in der Erwachsenenwelt, aber die Alten natürlich auch, weil sie erstens als Junge unverstanden waren und es zweitens, als Ältere, leider immer noch sind. Und man versteht erst recht, daß die Liebe zu einer Verheirateten den Menschen aufregt, zumal wenn der diesbezügliche Gatte ein sturer Philologe ist. Es macht eben Spaß, ein bißchen anzugeben, dem Ausbilder einen Ziegel auf den Zeh fallen zu lassen, Verlorener und erfolgreicher Heimkehrer zugleich zu sein. Edgar, bereits »über den Jordan gegangen« (also tot), kommentiert seine flotte Allerweltsgeschichte flott, »lässig«, unsentimental, berlinisch pfiffig.

Mit diesem Edgar hatten die Kammerspiele, hatte der für geschickten, raschen Ablauf und geschickte rasche Reaktionen sorgende, um keinerlei Tiefgang besorgte Regisseur Klaus Emmerich enormes Glück. Denn Bernd Herberger war als Typ fabelhaft richtig. Schlaksig, dabei ein gewandter Turner; manchmal bloß Angeber, aber wir sahen ja alle, »Leute«, daß »Angabe« zugleich liebenswerten Protest und liebenswerte Verlegenheit zudecken sollte. Ja, wie beim erfolgreichen bunten Abend durfte Herberger, der so richtig war und so überaus richtig charakterisierte, auch noch ein paar Nummern einblenden: eine Song-Nummer, eine Jubelnummer. »Ich weiß nicht, ob mich einer versteht, Leute?« fragt der immer so lieb, wenn alle jauchzend verstanden hatten. Mit den übrigen, lauter Chargen, hatten die Kammerspiele nicht so viel Glück. Carin Braun charakterisierte keineswegs den ganzen Typ eines Mädchens, das Kindergärtnerin und liebende Gattin und Freundin mit der Tendenz zum asozialen Abgrund ist. Der Vater war nur leer (Franz Rudnick). Etwas besser – viel wurde ja nicht verlangt in diesem geheimnislosen Reißer – Helmuth Pick, Peter Heusch und, bemerkenswert genau, Jörg Hube.

Also: ein lustiges Zeitstück mit vielen, garantiert positiven Menschen trotz kleiner Schwächen. Ein Held, der glänzend absahnt (trotz Premieren-Forciertheit). Ein Aufsässiger, mit dem jedermann sich gern identifiziert.

Nur: mit Einsicht, mit der *Erklärung* von Menschen und Sachen, mit Phantasie oder gar mit einem Kunst-Gehalt hatte dieses clevere Potpourri nichts zu tun. Plenzdorf sagt über seine Figuren genau jene lustigen Banalitäten, die nie ganz falsch sein können. Er hat eine Marktlücke erkannt, hat die (berechtigten) Wünsche des Publikums durchschaut. Jetzt befriedigt er sie mit der Präzision eines Zigaretten-Reklame-Texters. Doch indem er so gut bedient, bemogelt er hemmungslos. Es sind ihm keine Szenen eingefallen, sondern nur Versatzstücke. Der grimmige Chef, aber zur Selbstkritik bereit. Der Vater mit der benachthemdeten Geliebten. Der Philologe mit dem Ordnungssinn und leiser Wut, weil er Felle und Freundin davonschwimmen sieht... Kinder malen so lieb und haben Asoziale gern, die Farbspritze saust dem erschrockenen Vorarbeiter ins Gesicht (fast so komisch wie im Stummfilm die Sahnetorte). Und die Mutter ist wohl irgendwie zu streng gewesen.

Diese grenzenlose Banalität – armes Szenarium eines besonders bescheidenen UFA-Filmes (am besten noch die Witze Edgars) – wird scheinliterarisch aufgepulvert, weil der junge Mann sein Seelenleben, statt es zu leben, mit Goethe-Zitaten (»Werthers Leiden«) ausdrückt. Das wirkt knapp, wenn er für die eigene Befindlichkeit zwei Worte sagt und dann Goethe zitiert. Den er – sozialistisch-realistisch keck – auf dem Klo zerrissen und angelesen hat, was natürlich keine »Schweinerei« ist, sondern nur überflüssig. Kraft-durch-Freude-Heiterkeit mit Toiletten-Hintergrund.

Wenigstens eine DDR-»Love-Story«? Gewiß nicht. Außer, daß er sie »haben« und »rumkriegen« will, erfahren wir nichts. Und weil Intellektuelle oft eher verklemmt sind, ist hier auch die gesunde junge Frau eigentliche Aktivistin: »Küß mich«, sagt sie erfreulicherweise, *Bring mir die Zange wieder* (wenn wir allein sind), fordert sie auf.

Die Sprache ist clever und jargon-freudig. Geschickt stilisiert, läßt sie nichts durch. Kein »Leiden«, keine Mehrdeutigkeit, keine Einsicht. Mit Salinger oder auch mit Kästners gleichfalls berlinisch asozialem »Fabian« darf man diese flotte Synthese überhaupt nicht in einem Atem nennen. Man kann auch nicht sagen, daß der Kontext Goethe-Plenzdorf irgend etwas erbrächte – so wie doch immerhin in Christopher Hamptons »Menschenfreund« die Beziehung zum Molièreschen »Menschenfeind« nicht bloß Lesefrüchte mitteilte...

Nein, das Stück ist auf der einen Seite heiter-überdeutlich-banal – und auf der anderen, wo es anfangen müßte, dumm und stumm. Jetzt erst erkennt man, wieviel reicher Thornton Wilder war, der in seiner »Kleinen Stadt« ja auch Tote vergangenes Leben kommentieren ließ. Jetzt fällt einem ein, daß im »Zauberberg« die Madame Chauchat einen Bleistift (allein, absichtsvoll) zurückhaben wollte, so wie hier Charlottchen die »Zange«. Jetzt erst fällt einem ein, daß Sartres Witz (im »Ekel«), den Humanisten als jemanden vorzustellen, der das Konversationslexikon von A bis Z pedantisch durchackert, doch besser ist, als wenn hier der Humanist seine Bücher nicht alphabetisch, sondern dooferweise der Größe nach ordnet.

Zum Schluß, damit es auch was nach Hause zu nehmen gäbe, äußert Edgar: »Ich konnte einfach nichts einstecken, Leute. Ich Idiot wollte immer der Sieger sein.«

Na, er hat's ja wenigstens eingesehen. Man muß sich auch mal ein- oder unterordnen. Dabei hält er sich für was Besonderes, sagt immer »Leute«, als sei er der Anführer mit dem Megaphon. Die Sprache macht immer nur Reklame für seine Zustände, deckt zu und witzelt flott. Wirkliche Unsicherheit, tiefgehendes Unglück, ob sprachlich oder gesellschaftlich oder individuell motiviert, wird nicht vermittelt.

Wenn man sich fragt, was eigentlich das gemeinsame Vielfache sonst so verschiedener DDR-Autoren wie Hermann Kant, Ulrich Plenzdorf, Peter Hacks oder Rolf Schneider sei, so lautet die Antwort: Eleganz, Witz. Antityp zum Arbeiter-Bauern-Schweiß. Flottheit, Lächeln, Berlin mit Zukunft. Bei Hölderlin allerdings heißt es: »Immer spielet und scherzt! Ihr müßt, o Freunde! Mir geht dies / In die Seele, denn dies müssen Verzweifelte nur.«

Süddeutsche Zeitung v. 24. 9. 1973.

Samuel Moser

Es ist nicht ihr Fall ...
Plenzdorf: Die alten Leiden

Edgar Wibeau gibt seine Lehre auf und zieht sich nach Berlin (Ost) in ein Abbruchhaus zurück. Er verliebt sich in eine Kindergärtnerin, die mit einem Germanistik-Studenten verlobt ist und ihn nach seiner Rückkehr aus dem Militärdienst heiratet. Edgar geht auf den Bau, und während der Arbeit an einem selbstkonstruierten Farbspritzgerät kommt er bei einem Stromunfall ums Leben.

So erzählt, als der Weg eines Jugendlichen in unserer Gesellschaft, müßte und könnte diese Geschichte auf ihre sozialen Ursachen und Bezüge hin untersucht werden. Es wäre eine gerade in ihrer Banalität ernstzunehmende Geschichte. Das Buch trüge dann zu Recht den Titel »Die neuen Leiden des jungen W.« – mit W. wäre Wibeau gemeint und nicht Werther, seine Leiden wären neu, in unserer Gesellschaft zu lokalisieren, wären nicht die von Goethes Werther.

Doch diese Geschichte existiert so nicht bei Plenzdorf, oder zumindest wird sie so zugeschüttet, daß sie unauffindbar ist. Seine Geschichte ist banal, banal nun hier im Sinne von unwichtig. Wichtig ist bei Plenzdorf alles, was sie zur Story macht. Wichtig ist das, was sie attraktiv und lesbar macht. Und Attraktivität und Lesbarkeit sind gerade Werte, die der Realität fehlen, Werte, die ihr aufgesetzt werden. Plenzdorf gerät so zwangsläufig ins Klischee. Das Klischee ist eine Konstruktion, die, statt Realität zu analysieren, Realität verschüttet; die, statt Realität zu finden, Realität verliert.

Alles wird Fassade, zurechtgemacht und zurechtgeschmückt. Edgar Wibeau ist eben nicht irgendwer, er hat der alte Werther im neuen Kleid zu sein. Ob Plenzdorf den Werther dabei auf Aktualität getrimmt hat oder die Aktualität auf Werther: beides kommt vor, und eine Vergewaltigung ist es ohnehin. Nur: die Vergewaltigung der Gegenwart ist ganz und gar unzulässig, was mit Goethes Werther geschieht, ist weit weniger wichtig.

Fassade ist auch die Aktualität Wibeaus, sie bleibt an der

Oberfläche, bei Jeans und Popmusik. Am Fetischismus hat sich nichts geändert: »Jeans sind eine Einstellung und keine Hosen.« Wibeau ist kein Drop-out und kein Rowdy, im Grunde ist er ein guter Bürger in einer bürgerlichen Gesellschaft: »Wenn ich arbeite, dann arbeite ich, und wenn ich gammle, dann gammle ich.« Fein säuberlich reproduzierte Arbeitsteilung. Bürgerliche Schizophrenie auch hier: Zwar ist W. Pazifist, aber er »habe nichts gegen die Armee«. Und ebenso hat er auch »nichts gegen den Kommunismus und das, die Abschaffung der Ausbeutung auf der ganzen Welt«. »Kommunismus und das«, »Lenin und die« – so vage die Ausdrücke, so vage ist auch das Engagement: nichts dagegen zu haben, könnte genauso gut bloßes Arrangement sein.

Und Fassade ist vor allem auch die Sprache, die Plenzdorf seinen W. sprechen läßt: »beölen, sülzen, über den Jordan gehen, beschnarchen, pinnen, den Löffel abgeben, sich fläzen, popen, firnissen« – Edgar Wibeau schlägt mit einem Vokabular herum, das scheinbar der Umgangssprache abgehört ist, in Wirklichkeit aber nichts anderes ist als ein konstruierter Jargon, eine Geheimsprache. Eine Sprache, die jeden Kommunikationscharakter verloren hat. Wenn (nach Wittgenstein) die Bedeutung eines Wortes dessen Gebrauch in der Sprache ist, so muß nach der Herkunft dieser Sprache gefragt werden. Plenzdorfs Sprache aber ist nicht lokalisierbar. Und wenn Wittgenstein mit »Sprache« die Umgangssprache gemeint hat, so bleiben der Lokalisierungsversuch und der Versuch zu verstehen völlig stecken: denn die von Plenzdorf vorgetäuschte Umgangssprache ist keine. In dem Sinne gleichen sich Plenzdorfs und Goethes Sprache, sie können sich gegenseitig problemlos in ihrer Funktion ablösen. Zitate aus Goethes Werther (W.: »Werther-Pistole«) finden sich genau an den Scharnierstellen des Buches, wo Interessen und Motive W.s zum Vorschein kommen. Auch hier ist wieder nicht eine Vergewaltigung Goethes vorzuwerfen, sondern daß durch die Übernahme seiner Argumentationen in gegenwärtige gesellschaftliche Bezüge der Blick für eben diese Gesellschaft verstellt wird.

Plenzdorfs Buch hat in der DDR eine grundsätzliche Kontroverse zwischen verschiedenen literaturtheoretischen Positionen ausgelöst und ist dort, wie hier im Westen, ein Erfolg. Fritz J. Raddatz schreibt: Ein Buch, das »ohne jede Frage alles überragt, was seit Jahren in der DDR publiziert wurde«. Und weiter: »Dieser Tod des jungen W. scheint die Geburt einer eminenten neuen Begabung zu annoncieren, vielleicht sogar den lang erwarteten Anfang einer neuen Literatur.« Es stünde schlimm um die Literatur in der DDR und die neue Literatur überhaupt, sollte sie aus Versatzstücken der alten bestehen. Doch möglicherweise täuscht sich Raddatz. Denn von Plenzdorf aus läßt sich kaum etwas über die Situation in der DDR sagen, das Buch ist ein westliches Buch, im negativsten Sinne des Wortes. Demgegenüber ließe sich aus dem sozialistischen Realismus jedenfalls mehr herausholen. Und über Plenzdorfs Bedeutung im Westen schrieb Henning Rischbieter in »Theater heute« anläßlich der Westpremiere des dem Buch vorausgegangenen Theaterstücks: »So, denke ich, muß man an dieser Stelle nicht ausführlich über Plenzdorfs Stück handeln. Es betrifft uns (leider) nicht.«

Basler Nachrichten v. 27. 10. 1973
(Auszug aus einer Sammelrezension).

Fritz J. Raddatz

Ulrich Plenzdorfs Flucht nach innen

DDR-Staranwalt Kaul »ekelte« sich – mit dem Resultat, daß Stephan Hermlin (»von seinem gestörten Verhältnis zur Sprache will ich nicht reden«) die Intervention für »belanglos« erklärte; Marcel Reich-Ranicki »dachte still nach« – mit dem Resultat, daß hier (in der Nähe Remarques oder Hochhuths) dokumentarisch Wichtiges, aber literarisch und intellektuell Geringfügiges vorliege; Hellmuth Karasek las »genauer« – ohne Resultat. Hinreichend Anlaß also, sich einmal sorgfältiger mit diesem Text zu beschäftigen.

Welcher Text? Einigermaßen behende hat *Ulrich Plenzdorf* Spielangebote, Szenarien und zwei geringfügig veränderte Prosa-Variationen der *»Neuen Leiden des jungen W.«* vorgelegt, die Buchfassung offenbar als die verbindliche.

Die Handlung – Plenzdorf würde »Plot« sagen – ist scheinbar simpel: Edgar Wibeau, »geborener« Außenseiter schon durch Hugenottenabkunft (in der westdeutschen Literatur wäre er Jude oder Homosexueller), nimmt dieses Erbe gleichsam an – er fügt sich nicht. Sein Tod, mit dessen Traueranzeigen aus der BERLINER ZEITUNG das Buch beginnt, ist *kein* Unfall, sondern gültiges Ende dieses Aussteige-Versuchs aus der (sozialistischen) Gesellschaft. Der vom Lehrling provozierte Krach im Volkseigenen Betrieb (»... entpuppt sich als Rowdy ...«); die verweigerte Selbstkritik des »Jugendfreundes« Wibeau (»... ich hatte was gegen Selbstkritik, ich meine: gegen öffentliche. Das ist irgendwie entwürdigend ...«); die Flucht nach Berlin und der gescheiterte Versuch, mit der abstrakten Hobbymalerei an der Akademie Aufnahme zu finden (»... wie ich da in diese Hochschule klotzte und gleich rein in das Zimmer von diesem Professor ... ich packte ein, eisern. Ein verkannteres Genie als mich hatte es noch nie gegeben ...«); der Unterschlupf in der verlassen-vergammelten Laube, job – nicht Arbeit – als Maurer (»... wer nichts will und wer nichts kann, geht zum Bau oder zur Bahn ...«); der Trotzversuch schließlich, eine Maschine zu entwickeln, die es »denen« mal zeigt – und der Tod beim Experimentieren mit diesem

»Gerät« gesellschaftlicher Re-Integration: das ist mehr als narrative Fabel. Ist vielmehr gebremste Erzählung, zerlegt durch die an den zu Hause gebliebenen Freund geschickten Tonbänder, die keine üblichen modernen Briefe sind, sondern »Codes« – nämlich Texte aus dem auf dem Lauben-Klo gefundenen Werther.

Keine Mitteilungen also, sondern Reflexionen. Wirklichkeit nicht als unmittelbare Erfahrung, sondern als Anverwandlung. Was gleichsam palimpsestartig, unter dem Text, verborgen liegt, was die artistische Konstruktion »meint«, die in der bundesdeutschen Tageskritik gemeinhin als Blinzel-Kassiber mißverstanden wurde, scheint mir nicht immer erkannt worden zu sein. Die Auseinandersetzung in der DDR war da schon seriöser, »betroffener«. Das Gelingen dieses Buches – sofern gelungene Literatur am Artikulieren des gesellschaftlich Vorhandenen, aber bislang Unartikulierten zu erkennen ist – verdankt sich verschiedenen Bedeutungsebenen; ihnen entsprechen die Ebenen der epischen Konstruktion.

Allem zugrunde liegt ein unnaives Literaturkonzept. *Hier* liegt die eigentliche Gegenposition zum Werther: Plenzdorf erzählt überhaupt nicht, er demonstriert, führt seinen Edgar Wibeau gegen Edgar Wibeau vor. Dieses Moment des streng Analytischen bestimmt den Duktus des Buches. Die literarischen Mittel entsprechen dem aufs genaueste – Notiz, Bericht, Interview, innerer Monolog, Montage; lauter erzählerische »Aufhaltsamkeiten«. Niemand wird hier mählich zu einem Vorgang überredet, der Vorgang wird »rekonstruiert«. Nicht »love story« also, sondern ein Kriminalbericht.

Und die Kriminalität liegt eben nicht in der Applikation, in den Jeans z. B., die »keine Hosen, sondern eine Einstellung sind«; im äußeren Lebensgestus, dessen Sprach- wie Denkraster westliche Formen aufnimmt. Die Besorgnis darüber führt nur ein Mißverständnis in der Rezeption vor – ob die Besorgtheit, hier sei jemand bei Satchmo »stehengeblieben« (nichts ist so *»in«* wie früher Jazz) oder die Klage des DDR-Kritikers Werner Neubert: »Was er geistig in sich aufgenommen hat, stammt im Übergewicht nicht von uns.« Gewiß, derlei »Vergehen« geben dem Buch eine Art süffisante wie süffige Widerständigkeit:

»Ich hatte es durch puren Zufall in die Klauen gekriegt. Kein Mensch kannte das. Ich meine: kein Mensch hatte es mir empfohlen oder so. Bloß gut. Ich hätte es dann nie angefaßt. Meine

Erfahrungen mit empfohlenen Büchern waren hervorragend mies. Ich Idiot war so verrückt, daß ich ein empfohlenes Buch blöd fand, selbst wenn es gut war ...

Ich sagte ihm, daß ein Film, in dem Leute in einer Tour lernen und gebessert werden, nur öde sein kann. Daß dann jeder gleich sieht, was e r *daraus lernen soll, und daß kein Aas Lust hat, wenn er den ganzen Tag über gelernt hat, auch abends im Kino noch zu lernen, wenn er denkt, er kann sich amüsieren.«*

»Alle forzlang kommt doch einer und will hören, ob man ein Vorbild hat und welches, oder man muß in der Woche drei Aufsätze darüber schreiben. Kann schon sein, ich hab eins, aber ich stell mich doch nicht auf den Markt damit. Einmal hab ich geschrieben: Mein größtes Vorbild ist Edgar Wibeau. Ich möchte so werden, wie er mal wird.«

Dies, und das Aufgreifen einer offenbar auch drüben existenten Subkultursprache, führte zum aufgeregten Erfolg. Die DDR-Studentenzeitschrift »FORUM« etwa verschickte einen Fragebogen an 284 Jugendliche – 64% antworteten auf die Frage: »Würden Sie mit Edgar befreundet sein wollen?« mit ja; 52% hätten gesellschaftliche Bürgschaft für ihn übernommen; 44% akzeptierten seine Meinungen über Kunst oder Musik (die Mehrzahl davon Lehrlinge, die Minderzahl Studenten!); jeder vierte hätte sich gleich seinem Helden lieber »Schellen« eingehandelt, als nicht *alles* versucht zu haben, wenn man mit einer Frau allein im Zimmer ist. Und ein Gespräch der Redaktionsleitung der DDR-Literatur-Zeitschrift NDL zeigte fast vollständige Übereinstimmung der jugendlichen Leser mit der neuen Leit-Figur:

»Monika: Zum erstenmal haben die unter die Tischdecke geguckt! Sonst sieht immer alles von oben so schön glatt aus und so schön weiß! Die haben mal drunter geguckt und haben das mal nach oben geholt, sozusagen umgedreht ...

Er will eben nicht immer alles nach Plan machen. Bei uns ist alles zu sehr im voraus organisiert, die Ausbildung, der ganze Lebensweg ...

Es ist doch so, von irgendwo werden uns immer unsere Probleme aufgezeigt. Wenn ich jetzt mal von der Schule ausgehe, da sagt uns die FDJ-Leitung oder die Schulleitung, was für Probleme wir haben und wie wir sie zu lösen haben. Zum Beispiel, welche Bedeutung die Weltfestspiele haben, das bereden wir unter uns. Aber dann sitzen wir da, und dann müssen wir sagen, die

Weltfestspiele haben die und die Bedeutung, das schleicht sich so hin, und zum Schluß hat keiner mehr Lust.«

Hier nähern wir uns der eigentlichen Problematik des Buches, die z. B. Hans Koch im NEUEN DEUTSCHLAND meint, wenn er unter der Überschrift »Der einzelne und die Gesellschaft« davor warnt, bei Plenzdorf würden starre Klischees zerstört, um Vieldeutbarkeiten Platz zu machen, das Anti-Klischee »unterspüle« die Ufer des sozialistischen Realismus. Wenn man sich klar ist, daß unter den Sprechweisen schließlich Denkweisen, ja: Fühlweisen verborgen liegen, dann ist das Fazit der westdeutschen Theaterkritik: »es betrifft uns (leider) nicht« (H. Rischbieter in THEATER HEUTE) so unverständig wie unverständlich.

Es handelt sich um die Neuentdeckung des Subjekts. Hier liegt die erwähnte »Kriminalität«, und hier liegt das Skandalon, sehr wohl auch uns betreffend: die Gesellschaft verstößt den einzelnen. Man muß diesen Text nicht als schicke Montage lesen, sondern als sehr bewußtes Kontinuum einer Doppeltradition, die eine – die »ausgehöhlte« im Sinne von Wolfgang Harich (sein Aufsatz steht gewiß nicht zufällig im selben Heft von »SINN UND FORM« wie die Plenzdorf-Debatte) – ist der Werther. Dort bereits handelt es sich ja keineswegs um das »zerlöcherte« Ende einer Libertinage. Vielmehr handelt es sich um gesellschaftliche Zurückweisung. Es muß erlaubt sein, sich zu erinnern, daß Werther sich *nicht* aus Liebeskummer umbringt, sondern wegen der Zurückweisung durch den Fürsten. Das sorgfältige Nachziehen dieser Entwicklungslinie bis in die Details – Kinderliebe, zeichnerische Gabe, Lektüre von Robinson Crusoe und Salingers »Fänger im Roggen« statt Homer und Ossian – endet ja in der vermittelten Erkenntnis, daß der »neue« Fürst VEB heißt, der »volkseigene Betrieb«.

An Goethes Wort zu Eckermann »es geht durch die ganze Kunst eine Filiation« ist zu denken, wenn die beiden Vorbildbücher als Haltepunkte eines gesellschaftlichen, also politischen Prozesses genommen werden. Plenzdorfs Gegenentwurf nimmt durchaus das Zentralthema des Sturm-und-Drang-Romans auf – Verstehen und Verständigung. Und dort wie hier ist die ausgezogene Linie der Weg vom Reden zum Nicht-sprechen-Können, vom Gespräch zum Monolog und schließlich zum Schweigen. Der von Plenzdorf an zentraler Stelle eingesetzte Werther-Satz *»ich kehre in mich selbst zurück und finde eine Welt«* zeigt, wohin das Buch führt: die Flucht nach innen. Ein einziges Zitat kommt in der ganzen Collage zweimal vor, ist damit der Hauptsatz:

»Es ist ein einförmiges Ding um das Menschengeschlecht. Die meisten verarbeiten den größten Teil der Zeit, um zu leben, und das bißchen, das ihnen von Freiheit übrigbleibt, ängstigt sie so, daß sie alle Mittel aufsuchen, um es loszuwerden.«

Die Rede ist also von Entfremdung. Hier liegt der Schock des Buches in der DDR – nicht in in paar Aufmüpfigkeiten oder ein bißchen Jeans-Ideologie. Das innere Zentrum der Erzählung ist diese Nachdenklichkeit, besser: Bedenklichkeit. Diese Dialektik von Entsprechung und Nichtentsprechung zweier Figuren – nicht der Werther wird »neu« genannt, sondern seine Leiden – hat der DDR-Literaturhistoriker *Robert Weimann* genau gesehen:

»Während die objektiv beschränkte Erinnerungsperspektive der Eltern und Arbeitskollegen mit dem subjektiv noch stärker begrenzten Jenseitskommentar des Helden in einer Weise kollidiert, daß sich beide wechselseitig erhellen, aber in Teilen auch so verunklaren, daß auftretende Widersprüche den Leser zu selbständiger Deutung herausfordern, erfüllt das vierte Strukturelement eine ganz andersartige Funktion. Indem es die Konfrontation einer naiv-jugendlichen Erfahrung unserer Welt mit einer poetischen Erfahrung aus der Geschichte der bürgerlichen Dichtung herbeiführt, betont und überhöht es die Gegenwartsqualität der Vorgänge. Sie pointiert die Gegenwärtigkeit des Verhaltens eines jugendlichen Individuums zur Gesellschaft, seine Problematik und seine Konflikte, aber auch die durch den Tod des Helden ironisch verschobene Greifbarkeit einer Lösung dieser Konflikte.

Das Verhältnis dieser vierten Dimension des Erbes zur Abbildung der Gegenwart gewinnt in diesem Sinne die Qualität einer metaphorischen Beziehung von Entsprechung und Nichtentsprechung. In dem Bezug auf das Werther-Zitat und das Werther-Modell wirkt eine Parallelität der Vorgänge, Empfindungen und Namen, die jedoch nur scheinbar ist, in Wirklichkeit kunstvoll eingeschränkt und angewandelt wird. Entsprechungen zwischen Werther und Wibeau, Charlotte und Charlie, Albert und Dieter, Wilhelm und Willi sind zwar hier und da vorhanden, aber insgesamt so vermittelt, daß das ausgeschriebene Epitheton ›neu‹ im Titel der Erzählung viel schwerer wiegt als das abgekürzte ›W.‹, das eben die *neuen* Leiden des jungen Wibeau auf das alte Modell des Werther bezieht. Der Bezug auf das literarische Erbe und die realistische Aneignung der Gegenwart stehen in einem Zusammenhang, der weder durch Kongruenz noch durch völlige Diskongruenz gekennzeichnet ist, sondern durch etwas Drittes, bei dem die naive Verarbeitung des ›Werther‹ durch das Ausschöpfen seines Widerspruchs zur Gegenwart erfolgt.

Somit erweist sich der klassische Text nicht als Abbild, sondern als komplexe Metapher der dargestellten Wirklichkeit.«

*

Dies alles ist nun gewiß kein Problem, das nur die DDR betrifft. Die Entwicklung einer neuen Sensibilität, neuer Subjektivität als Ablösung des Dokumentarisch-Proklamatorischen ist in der Kunst der westlichen Hemisphäre deutlich, ob in der Literatur, der Musik oder der bildenden Kunst. Gerade hier liegt ja das Interessante von Plenzdorfs Buch: daß es, Produkt einer sich antipodisch begreifenden Gesellschaftsordnung, keineswegs extrem Gegensätzliches vorweist. Denn erzählt wird ja nicht die Geschichte lediglich einer Vereinzelung, erzählt wird von einem gesellschaftlichen Mord – dies, und wie es erzählt wird, gehört zu jenem zweiten Strang einer Tradition. Wenn wir uns erinnern, sind die beachtenswertesten Hervorbringungen der DDR-Literatur um *dieses* Thema gruppiert: Ole Bienkopp verreckt, vom Kollektiv im Stich gelassen, an einem See; Christa Wolfs Christa T. lebt vereinsamt eine »Krankheit zum Tode hin«; Volker Brauns lange verbotenes Stück »Kipper Paul Bauch« lebt von diesem »Überheben« der Einzelfigur – wie nahezu ausnahmslos alle Dramen der jüngeren DDR-Autoren. Und an diesen wiederum wird dieses »wie« besonders deutlich: Das Aushöhlen vorgegebener Formen, die Zitier- und Collagier-Methode ist sicherlich nicht bloße Mischung aus Faulheit und Frechheit, gehandhabt von sozialistischen Verpackungskünstlern, wie Wolfgang Harich es sehen möchte. Wenn generell ein gelegentlich bis zum Plagiat rutschender Anverwandlungsgestus in der Kunst der DDR beobachtet werden kann, ob in den altmeisterlichen Gravuren Werner Tübkes oder in Heiner Müllers Dramen oder Plenzdorfs Text, dann offenbart diese abgeleitete Schlupfpoesie ganz zweifellos auch einen gesellschaftlichen Prozeß. Die Verständigung mit dem Heute und Hier – keineswegs in der drohenden Haltung des »Klassenfeindes«, also von außen, sondern von der Position des bedrohten Genossen her, von innen – ist anscheinend nur möglich in der Kurve der Verständigung mit dem, was war. Ob das nun »Innen«-Kurve voll Verve und Beschleunigung wird (eine Links-

Kurve) oder eine, die nach außen trägt (eine Rechts-Kurve) – das wird abzuwarten sein. Plenzdorfs Buch ist ermutigend, sein Bericht vom Entstehungsprozeß ist es nicht; in der großen Plenzdorf-Debatte in der DDR nahm er nur zweimal das Wort:

»Ansonsten kann ich zur Geschichte der Geschichte nur so viel sagen, daß außer dem Werther und einem Zeitungsartikel, vielmehr: einem Satz daraus (des Sinnes, daß eine Brigade mit einem ihrer jungen Mitglieder nicht zurechtkam), die Hauptrolle äußerer Druck gespielt hat, will sagen, mehrere Jahre, in denen ich nie ganz das machen konnte, was ich wollte, und ebenso wiederholte Zurückweisungen des Stoffes.«

Merkur 27 (1973), S. 1174-1178.

Herbert Reinoß

Werther in Ost-Berlin

Dieses Buch eines DDR-Autors hatte auch in der Bundesrepublik beträchtlichen Erfolg. Die Frage drängt sich auf: weil ausgestreut wurde, Plenzdorf opponiere unverblümt gegen gesellschaftliche Wirklichkeiten jenseits der Elbe und auch den sozialistischen Realismus – oder wegen literarischer Qualitäten?

Der Inhalt des Kurzromans ist rasch erzählt. Zeitungsausschnitte teilen mit, der Jugendliche Edgar Wibeau sei »bei Basteleien unsachgemäß mit elektrischem Strom umgegangen«, dabei tödlich verunglückt. Dann erfahren wir aus Äußerungen von Bekannten, die der Held Edgar immer wieder mit Anmerkungen und Ergänzungen (aus dem Jenseits) unterbricht, daß er ein hervorragender Lehrling war – und sich plötzlich geradezu als Rowdy entpuppte, der die Lehre schmiß, von Hause weglief, sich in Ost-Berlin in einer verlassenen Wohnlaube einquartierte und dort Beatmusik machte – u. a. ein Loblied auf Blue jeans sang –, zu malen versuchte, als einziges Buch Goethes »Werther« fand und sich allmählich festlas. Aber war er damit für die Gesellschaft verloren? O nein; seine Faulenzer-Zeit ist geradezu züchtig bemessen; dann geht er in eine ausgesprochen vorbildliche Anstreicher-Brigade, möchte sogar ein »Nebelloses Farbspritzgerät« – es wäre »eine einmalige Sache« – konstruieren; dabei kommt er um.

Und Lotte, Werthers Lotte? Hier heißt sie Charlie, ist Kindergärtnerin und gebunden an den angehenden Germanisten Dieter. Edgar ist durchaus versessen auf sie und hat bei ihr gewisse Chancen (sie stimmt mit dem Streber Dieter nicht nur überein). Als sie ihm nach einem gemeinsam verbrachten Nachmittag davonläuft, ist er »am Boden wie noch nie«. Aber deswegen nimmt er sich doch nicht gleich das Leben wie einst Old Werther! –

Zum ersten. Im Sommer 1973 kritisierte ein gewisser Hermann Heinz Wille, Mitglied der Parteileitung im Bezirksverband Karl-Marx-Stadt, es gebe Werke der Literatur in der DDR, »in denen das Subjektivistische das Objektive überwiegt, in denen reichlich genug geliebt, noch reichlicher in die Irre gegangen, am Sinn des

Lebens gezweifelt und auf tragische Weise gestorben wird«; und er beklagte, daß man solche Produkte mit Lob bedenke und sogar zur »Ableitung neuer Theorien« benutze. Das war unzweifelhaft auf Plenzdorf gemünzt. Und Wille war nicht der einzige, der sich in solcher Weise äußerte – offenbar, so erstaunlich das einem aus unserer Perspektive erscheinen mag, bereitet es »drüben« manchem schon beträchtliches Unbehagen, wenn ein junger Mensch sich zur Beatmusik bekennt, auch mal gegen Vorgesetzte aufmüpft und sich eine kleine Zeitlang sogar von aller Gesellschaft entfernt. Denn Ärgeres passiert ja nicht; dieser Werther-Verschnitt aus der DDR stirbt schließlich – Hans Kricheldorff hat völlig zu Recht darauf hingewiesen – eine Art »Heldentod«, als er eine hervorragende Leistung vollbringen will. Das ist für Plenzdorf geradezu charakteristisch: Angedeutetes, das Anstoß erregen könnte, biegt er wieder ab.

Zum zweiten: dem literarischen Wert des Werks.

Goethe hat, nach Victor Lange, in seinem »Werther« die »Auseinandersetzung zwischen den Ansprüchen einer sich als authentisch verstehenden Subjektivität und der grundsätzlichen Bedingtheit der Welt« gestaltet. Nicht so Plenzdorf; daß Edgar Wibeau mit seiner Umwelt völlig zerfällt, davon kann, aufs Ganze gesehen, nicht die Rede sein: niemals geht es für ihn um Sein oder Nichtsein, immer um weniger als für den Werther Goethes. Die Parallelen zum Werk Goethes bleiben beschränkt auf Äußerlichkeiten (z. B. in etwa die Figuren-Konstellation); meist sind es nur geringe Anklänge.

Am überzeugendsten scheint mir die Architektur des Romans. Wie Plenzdorf die drei Ebenen: erstens die Äußerungen der Bekannten über Edgar, zweitens dessen Kommentare dazu, drittens die Auszüge aus dem Werk Goethes, zu einem stimmigen Ganzen gestaltet hat, das verdient uneingeschränkt Lob. Für längst nicht so lobenswert dagegen halte ich die Sprache vor allem Edgars. Natürlich kann man das machen: seinen »Helden« reden lassen, wie ihm »der Schnabel gewachsen« ist; aber dabei muß man sich in jedem Augenblick der Grenzen dieses Unternehmens bewußt sein. Die Ermüdungserscheinungen Plenzdorfs beim Durchhalten des einmal angeschlagenen Tons setzen ziemlich früh ein. Auch scheint mir diese Twen-Sprache nicht selten überzogen; Beispiele: »Daß ich über den Jordan ging, ist echter Mist«; »Ich hechtete mich auf meine Kolchose« (d. h. eilte auf das Gelände der

Gartenlaube); »Ich... begriff, daß die ganze Kolchose und das nicht mehr popte.« Oder: Zunächst findet man es einigermaßen lustig, wenn nicht nur von dem Freund als von »Old Willi« die Rede ist, sondern auch von »Old Werther«; aber dann wird, bei einmaliger Erwähnung des Namens, auch van Gogh gleich zu »Old Gogh«. Gewisse Wendungen gebraucht Edgar immer wieder: »Ich dachte, mich streift ein Bus«; »Ich dachte, mich trifft ein Pferd«; »Das stank mich immer fast gar nicht an«; »Ich analysierte mich kurz...« – und das erinnerte mich dann doch sehr direkt und nachdrücklich an solche wiederkehrenden Wendungen in Unterhaltungsfilmen (z. B. das »Es wird böse enden« in »Zur Sache, Schätzchen«). Vor allem: Es kommt nicht sonderlich viel dabei heraus, wenn der Autor versucht, mit solch einer Sprache z. B. Liebe zu umschreiben. (Und was hätte sich wohl ergeben, wenn Edgar Wibeau wie Werther gefragt hätte: »Was ist der Mensch?«; »Was ist das Herz?«; »Was ist die Natur?«; »Was ist Gott?«)

Trotz solcher Einwände habe ich dieses gutgebaute, flott und auch amüsant erzählte Buch so gut wie ohne jedes Unbehagen, ja: mit allerhand Vergnügen gelesen; von wie vielen Neuerscheinungen der letzten Jahre kann man das sagen? Wie allerdings Fritz J. Raddatz zu der Ansicht kommen konnte, dieser Roman annonciere »vielleicht sogar den lang erwarteten Anfang einer neuen Literatur«, ist mir unerklärlich geblieben – dafür scheint er mir denn doch in mehr als einer Hinsicht zu leichtgewichtig zu sein. Mit früheren Werther-Dichtungen unseres Jahrhunderts wie »Tonio Kröger« oder Hamsuns »Mysterien« kann ich ihn beim besten Willen nicht gleichsetzen.

Zeitwende 45 (1974), S. 275-277.

Peter Zeindler

Glück des einzelnen vor dem Plansoll? Eine Begegnung mit dem DDR-Dramatiker Ulrich Plenzdorf

»Natürlich Jeans! Oder kann sich einer ein Leben ohne Jeans vorstellen?« Ein Satz aus dem Theaterstück des ostdeutschen Dramatikers und Drehbuchautors Ulrich Plenzdorf (41) mit dem Titel »Die neuen Leiden des jungen W.«, in der vergangenen Saison am Zürcher Schauspielhaus aufgeführt.

Natürlich trug Plenzdorf auch Jeans, oben und unten, als er sich für kurze Zeit in Zürich aufhielt, um lustlos seine Pflichtkür zu absolvieren, alles im Hinblick auf die bevorstehende Schweizer Premiere des neuen Films aus der DDR »Die Legende von Paul und Paula«, zu dem er das Drehbuch verfaßt hat: Pressekonferenz, Podiumsgespräch mit Adolf Muschg, Fernsehaufnahmen, Ausflug im Privatjet seines Zürcher Gastgebers nach St. Moritz. Einen lustvollen Doppelsprung legte er erst beim fasnächtlichen Tanz zwischen Maskierten ein.

Sonst aber machte er einen abgestellten Eindruck, besonders beim Frühstück nach seiner Pirouette auf fasnächtlichem Parkett. Zwischen Kaffee und Buttergipfel, den er langsam zwischen den Fingern zerkrümelte, wartete er auf die Fragen, rechnete dabei offensichtlich mit einem allgemein formulierten Einstieg ins Gespräch, rechnete mit dem gegenseitigen Sich-Abtasten.

»Ob die Literatur im allgemeinen oder das Theater im speziellen in seinen Augen gesellschaftsverändernde Aufgabe habe?« Plenzdorf läßt sich Zeit, überlegt lange. Anzunehmen, daß dieses offensichtliche Nachdenken nur Pose ist: Die Frage war schließlich nicht neu. Ob der DDR-Autor auch die erwartete Klischee-Antwort liefern würde?

Gesellschaftsverändernd

»Sicher ist es so, daß Literatur mehr oder weniger gesellschaftsverändernd wirken kann. Ich selbst tendiere allerdings immer mehr dazu, obwohl ich das gesellschaftsverändernde Element in Rechnung stelle...« Jetzt wechselt Plenzdorf offensichtlich die Kadenz, visiert sein Ziel auf dem Umweg über verschiedene eingebaute Sicherungen hinweg an – »... obwohl ich das gesellschaftsverändernde Element als Schreibender in Rechnung stelle (viele schreiben ja in volkspädagogischer Hinsicht, ob mit tauglichen Mitteln bleibe dahingestellt) – liegt mir eigentlich immer daran zu sagen, daß Literatur ja auch...« – Pause – »daß Literatur ja auch für den gemacht wird, der sie schreibt. Ich spreche ja auch aus eigener Erfahrung, denn speziell ›Die neuen Leiden des jungen W.‹ sind in einer Situation geschrieben worden, in der der Text für mich ganz wichtig war, wo er mir erlaubte, meine Identität wiederzufinden, von der ich glaubte, daß ich im Begriffe war, sie zu verlieren.«

Der Augenblick ist gekommen, den Text aus den »Leiden« zu überprüfen, den Versuch zu wagen, Autor und Held zur Deckung zu bringen.

Zum Beispiel: »Als du weg warst, kam ich jedenfalls noch in eine ganz verrückte Stimmung. Erst wollte ich einfach pennen gehen, ganz automatisch. Meine Zeit war ran. Dann fing ich erst an zu begreifen, daß ich ab jetzt machen konnte, wozu ich Lust hatte. Daß mir keiner mehr reinreden konnte.«

Plenzdorf, der Mann, der sich von den Zwängen eines von der Gesellschaft aufoktroyierten Rhythmus gelöst hat?

Oder: »Wie wohl ist mir's, daß mein Herz die simple harmlose Wonne des Menschen fühlen kann, der ein Krauthaupt auf seinen Tisch bringt, das er selbst gezogen hat.«

Werthersche Wonne, ausgeliehen aus der Zeit des Sturmes und Dranges, hineingepflastert in die starre DDR-Welt. Wonne – als Entsprechung bietet Plenzdorf den Zeitgenossen das Wort »high« an.

»›High‹ bedeutet in den ›Leiden‹ berauscht. Damit ist jenes Gefühl gemeint, das mein Held empfindet, als er zum ersten Mal mit sich allein ist und das zu machen braucht, was er will. Und dabei befindet er sich natürlich in einem ungeheuer psychisch positiv gesteigerten Zustand, den man als ›high‹ bezeichnet.«

Im Text heißt es weiter: »Ich meine, Jeans sind eine Einstellung und keine Hosen. Ich hab überhaupt manchmal gedacht, man dürfe nicht älter werden als siebzehn – achtzehn. Danach fängt es mit dem Beruf an oder mit irgendeinem Studium oder mit der Armee, und dann ist mit keinem mehr zu reden.«

Plenzdorf als Vorkämpfer einer neuen Generation von DDR-Schriftstellern, die nicht mehr Sprachrohr einer strengen Parteidoktrin sind, denen das Glück des einzelnen vor dem Plansoll steht? Plenzdorf als Klassenfeind? Plenzdorf als Kronzeuge eines neuen Realismus?

Doch der Jeans-Träger pariert: »Ich bin kein Kronzeuge. Das mag von außen so aussehen, doch das hängt einfach damit zusammen, daß man, je weiter man nach Westen geht, desto weniger Ahnung findet von dem, was es mit der DDR-Literaturgeschichte auf sich hat, die in den 25 Jahren doch bedeutend geworden ist. Es gibt da eine Kontinuität, auf die ich mich berufen kann, wobei bei mir immer noch hinzukommt, daß ich eigentlich Filmschreiber bin. Ich habe vieles aus der Filmgeschichte mit im Rucksack, was ich nicht vergessen kann und nicht vergessen will. Insofern ist die Vokabel ›neu‹ nicht zutreffend.«

Plenzdorf hat durcheinandergeratene Begriffe wieder geordnet, hat das Gleichgewicht wieder hergestellt: »Es geht mit dem sozialistischen Realismus so, daß die Vokabel ein wenig diskreditiert worden ist. Das liegt aber nicht an der Vokabel, das liegt wahrscheinlich auch nicht an deren Erfindern. Die Vokabel stammt aus einer Zeit, wo der sozialistische Realismus von seinen Motiven her sauber war. Nur ist er zeitweise stark eingeengt worden, und es sind auch Werke dann zu alleinseligmachenden erklärt worden, die diese Bezeichnung nicht verdienten. Alleinseligmachendes gibt es wahrscheinlich überhaupt nicht – und es führt einfach zu nichts, wenn man anfängt, Literatur danach zu überprüfen, zu welchen Kategorien sie gehört. Es ist so, daß ich und jene, die ich als meine Kollegen und Freunde bezeichne, eine andere Zeit zu verarbeiten haben als die vor uns, die ja immer noch da sind. Aber jene haben ein anderes Grunderlebnis gehabt. Sie verarbeiten ihr Grunderlebnis, wir das unsere. Das ist alles.«

Die Umschichtung, die in der DDR-Literatur festzustellen ist, als Ergebnis eines Generationenkonflikts? Plenzdorf auf der Seite der Jungen, auf der Seite jener Schriftsteller, die ihre Werke aus der Erfahrung mit dem Publikum, mit ihrer Leserschaft geschrieben haben, mit einer jungen Leserschaft unter anderem? Plenzdorf überzeugt davon, daß Literatur, daß Kunst Bedürfnisse befriedigen kann, die weit über das hinausgehen, was in den fünfziger oder frühen sechziger Jahren befriedigt worden ist?

Die Frage ist unvermeidlich: »Was kann denn Kunst befriedigen? Welche Bedürfnisse?«

»Zum Beispiel das Bedürfnis nach Identifikation.«

Plenzdorf meint hier nicht die Identifikation mit einer Klasse. Er spricht von der Identität des Individuums. Er wirft das Wort »Phantasie« in die Diskussion. »Ich rechne damit, daß jeder einzelne Leser während der Lektüre das Gelesene inszeniert.«

Ist das als Versuch zu verstehen, den Leser zu sich selbst zu führen, ihn von der Doktrin der Massenmedien loszueisen?

»Beispielsweise.«

»Den Menschen zu sich selber führen.« – Ein Stichwort, um Plenzdorf auf eine Passage aus dem Bericht Erich Honeckers, zitiert auf der Tagung des Zentralkomitees der SED, anzusprechen:

»Die in verschiedenen Theaterstücken und Filmen dargestellte Vereinsamung und Isolierung des Menschen von der Gesellschaft, ihre Anonymität in bezug auf die gesellschaftlichen Verhältnisse, machen schon jetzt deutlich, daß die Grundhaltung solcher Werke dem Anspruch des Sozialismus an Kunst und Literatur entgegensteht.«

Zu denen, die hier gemeint sind, müßte doch eigentlich Plenzdorf auch gehören. Der Mann mit dem Lockenkopf gibt sich gelassen, macht keinen Versuch, so zu tun, als ob ihm dieses Zitat fremd sei. Im Gegenteil, er kennt solche Äußerungen auswendig. Sie sind Teil seines Lebens, sind Reibfläche, Provokation, Stimulans.

»Ja sicher, ich gehöre auch zu denen, die hier gemeint sind. Das Ganze ist nichts weiter als ein Diskussionsbeitrag zum Thema, das Honecker auf dem 8. Parteitag aufgeworfen hat. Es war so, daß eine Reihe von Autoren, zu denen ich auch gehöre, von der Haltung der Leute von der Partei gegenüber Kunst und Literatur sehr angetan waren und versuchten, das zu verwirklichen, was gefordert wurde. Wie gut oder wie schlecht, steht hier nicht zur Debatte.

Immerhin waren Versuche da, nur ist es ganz einfach so, daß man nicht ins Wasser springen kann, ohne sich naß zu machen. Der Teufel pflegt meistens ohnehin im Detail zu stecken. Eine Sache ist, eine Losung oder ein Motto auszugeben. Eine andere Sache ist, dann zu sehen, wie diese Forderung umgesetzt werden kann. Wie sie verwirklicht werden kann.

Das ist ein Prozeß, der zur Zeit im Gange ist, der mal forcierter läuft, mal weniger forciert, im Grunde aber durch Diskussionen oder Verurteilungen nicht besonders weit voranzubringen ist.

Wenn man schon über Literatur und ihre Wirkung spricht, muß man eben Dinge auf den Tisch legen, die konkrete Beweise beinhalten, und daran krankt bei uns eben die gesamte Diskussion. Ich persönlich habe meine Meinung immer offen dargelegt. Ich habe bestritten, daß es sich bei unseren Werken um die Darstellung und Verherrlichung der Vereinsamung handle. Es geht nicht darum, bei den Leuten den Trend zur Vereinsamung zu fördern, allenfalls kann man ja nur beweisen ...« Wieder stockt Plenzdorf.

Scheinbar negative Aspekte

Die Zielstrebigkeit seiner Ausführungen wird brüsk abgewürgt, als er jetzt die Hände zu Hilfe nahm, um seinen Worten Gewicht zu verleihen. Der müde Jeans-Träger wird für kurze Zeit zum Redner, hebt seine leise Stimme, opfert jetzt sein Understatement zugunsten der rednerischen Pose.

»... allenfalls kann man ja nur beweisen – was heißt beweisen –? Die scheinbar negativen Aspekte, die zur Darstellung kommen, sind notwendige Stationen im Ablauf einer Geschichte. Wenn man beispielsweise die Geschichte eines Säufers erzählen will, muß man eben zuerst erzählen, wie der Mann säuft. Und wenn man über solche Fragen wie Vereinsamung und über das Problem des einzelnen diskutieren will, muß man eben auch den einzelnen zeigen in seinem ganzen Reichtum und vielleicht auch in einer Phase der Vereinsamung. Aber das ist, weiß Gott, nicht der Hauptzweck dieser Geschichten, dafür kann ich die Hand ins Feuer legen.«

Der Jet wartet. Plenzdorf sinkt zurück in seine aufgesetzte Apathie, läßt den Fragenden mit Sätzen aus dem neuen Film »Die Legende von Paul und Paula« zurück.

Im Film sagt beispielsweise Paul zu Paula: »Man kann nicht glücklich sein auf Kosten anderer.« – Oder Worte Paulas: »Wenn du wüßtest, was ich noch alles nachzuholen hab.« – Und dann der Satz des Arztes am Schluß des Films, der ungefähr lautet: »Ideal und Wirklichkeit lassen sich nicht unter einen Hut bringen.«

Aber im Film zeigt Plenzdorf das Beispiel einer Frau, die nicht an die Gültigkeit dieses letzten Satzes glauben will, einer Frau, die bereit ist, alles zu versuchen, um das Leben lebenswert im Sinne des Individuums zu gestalten. Dies ist eine Haltung des »Alles oder Nichts«, eine Haltung, die Risiko in sich birgt, für die man bereit ist, einen hohen Preis zu zahlen, das Leben selbst als Zahlung zu geben.

Welchem Plenzdorf soll man glauben: dem Jeans-Träger, der bereit ist, sein eigenes Selbst gegen die Interessen der Gesellschaft aufs Spiel zu setzen, oder dem Rhetoriker Plenzdorf, der angibt, daß er nichts anderes wolle, als diese Haltung diskutieren? Mit wem identifiziert er sich? Mit der Gesellschaft oder mit dem einzelnen? Oder läßt sich beides wirklich unter einen Hut bringen?

National-Zeitung (Basel) v. 7.3.1975.

Hilde Rubinstein

Sandpapier und Seide

Plenzdorfs Werk betrachtend, fällt mir die Materialkunde der Bildenden Künste ein: Flächen von verschiedener Struktur und verschiedenen Farben werden aneinandergefügt, das Glatte neben das Rauhe, das Weiche neben das Harte, das Matte neben das Glänzende; der stumpfe Ocker von Sandpapier zum blinkenden Schwarz von Seide, Sammet in Rot zu knochenweißem Linnen... Sie sollen eine kontrastvolle, doch organische Komposition bilden. Entsprechungen gibt es in den anderen Künsten, hier nun in der Wortkunst.

Ich sage jetzt »Wortkunst«, um dem zu breiten Begriff »Literatur« zu entgehen. Im Großen Duden steht über »Literatur«: »Gesamte, besonders schriftliche Überlieferung eines Volkes oder der Menschheit«. Quantitative Begriffe – ich habe es hier auf die qualitativen abgesehen. Zur Wortkunst gehört die Lyrik – bei der Epik nimmt man es nicht so genau. Sie ist meistens Medium für Mitteilungen, die Sinne nehmen nicht teil hieran. Mitteilungen an sich sind aber außerstande, Kunst auszumachen, sie haben – bestenfalls – pädagogische Ziele (die Treffsicherheit bleibt bezweifelbar). Wort und Satz als solche gehen unter.

Die Epoche der Ungegenständlichkeit in der Wortkunst war deshalb so lehrreich, weil Produzenten und Konsumenten der Kunst gewahrwurden, worin »die Valeurs der Worte und ihrer Konstellation« bestehen. Eine neue Aufmerksamkeit und Aufnahmefähigkeit wurden geschaffen, man entdeckte die Anatomie der Kunst: die Sinne befanden sich nicht dort, wo man sie vermutet hatte. Man merkte: Kunst kann nicht Kommentar des Seienden sein, Kunst ist da, dem Seienden ein Stück hinzuzufügen. Adorno geht so weit zu sagen: »Appelle zur humaneren Haltung der Kunstwerke, zur Anpassung an Menschen als ihrem virtuellen Publikum, verwässern regelmäßig die Qualität, erweichen das Formgesetz.« Ich denke, das Wort »regelmäßig«, das der Regel Gemäße, ist eine Einschränkung, enthält die Möglichkeit, daß es Fälle geben kann, in denen humane Haltung das Kunstwerk nicht verwässert – Büchners »Woyzeck« ist das vornehmste Beispiel hierfür. Das Dargebrachte und die Darbringungsweise können eine unzertrennbare Einheit bilden.

Die Floskel L'art pour l'art ist abschätzig gemeint. Es fehle in solcher sich selbst genügenden Kunst, findet man, »die Botschaft«. Jedoch, der Apfel bedarf nicht der Botschaft – er ist selber Botschaft. Der Apfelbaum bemüht sich nicht um die Gesellschaft – und er nützt der Gesellschaft. Er ist die Hinzufügung, die ich meine, wie die Kunst.

Es bedurfte dieser Vorrede, um Ulrich Plenzdorfs »Die neuen Leiden des jungen W.« gebührend abschmecken zu können. In diesem quantitativ kleinen Werk gibt es Valeurs, die dem Seienden ein köstliches Stück hinzufügen. Inhalt und Form (um das übliche Vokabular zu benutzen) sind identisch, der Jargon des jungen Edgar Wibeau »enthält« nicht, sondern »ist« die Mitteilung. Und die Paraphrase zu Goethes »Werther« sowie die differierenden Sprechweisen der Personen ergeben das genannte Bild der »Materialien«. Zur Verdeutlichung nenne ich einen Gegensatz aus der Kunstepoche des Naturalismus: dort benutzte man Dialekte und Idiome, um die Figuren »natürlich« zu machen, sie zu beheimaten, dem Werk »Lokalkolorit« zu verleihen. Die Sprechweise als solche war ohne Gewicht, hatte rein illustrativen Charakter.

Welches ist nun die »humane Haltung« im jungen W.? Die psychische Verfassung und Veränderung eines Siebzehnjährigen von heute, der Prozeß seiner Selbstisolierung und deren Ursachen. Die Umwelt findet solche Absonderungen krankhaft. Thomas Mann: »Das Pathologische kann sehr wohl die Wahrheit repräsentieren.« Faktisch ist Edgar Wibeau ein naturnahes Wesen, und die andern wirken neben ihm denaturiert, gekuscht, leblos. Edgars Eigenschaften und sein Verhalten werden aber vom Autor nicht erklärt oder kommentiert – wir haben sie selbst zu erkennen. Auch die Aussagen der Leute, die den Jungen umgaben, als er noch lebte, charakterisieren eher die Leute selbst als den Jungen. Er ist *da* in seinem postmortalen Tagebuch, in den understatements und overstatements seines drastischen Jargons: »Es stank mich immer fast gar nicht an, wenn einer gleich ein Wüstling oder Sittenstrolch sein sollte, weil er lange Haare hatte.« Oder: »Kinder können einen ungeheuer anöden, aber malen können sie, daß man kaputtgeht.« Oder: »Ich hatte nichts gegen old Gogh und seine Sonnenblumen. Aber wenn ein Bild anfängt, auf jedem blöden Klo rumzuhängen, dann macht mich das fast gar nicht krank.«

Dieses »fast gar nicht«, wenn das Gegenteil gemeint ist, diese Ansprache an die Nachlebenden: »Ich weiß nicht, ob mich einer versteht, Leute!« Dieses »und so«, wenn ein ernster Ausdruck weggescherzt werden soll! All diese jungenhaften Sprech-Explosionen entzücken den Leser »fast gar nicht«. Wer Edgar Wibeau seine rauhen Scherze nicht zugesteht, der kennt nicht den Trotz gegen eigne Gefühle.

Entscheidend für die Komposition – und außerdem für die Wehmut des Anliegens – sind der Parallelismus zu Goethes »Werther« und die Zwischenschaltungen aus diesem Werk. Es ergibt zudem die wunderbaren, der Sprache entspringenden »Material«-Konfrontierungen. Ein Geniestreich Plenzdorfs, daß man »kaputtgeht«! Wibeau, das »Hugenottenblut« (wie er sich nennt), feuert seine »Werther-Pistole« ab, wenn Antworten nötig sind, die er selber nicht geben kann, die ihm nicht liegen. Auf diese Weise wird seine Schwermut und Zärtlichkeit indirekt gebracht. Edgar verblüfft seine Mitmenschen nicht wenig mit den Tiraden aus »old Werther«. Manche meinen, daß er »das krause Zeug« aus der Bibel hat. Er fand das Reclam-Heft auf dem Klosett seiner »Kolchose«, dem Grundstück mit abbruchreifer Laube, wohin er sich zurückgezogen hat. Er trägt dann das Heft stets bei sich und kann es schließlich auswendig. Er findet es selbst mehr kurios als schön, erst zuletzt begreift er den Selbstmord des jungen Mannes aus dem 18. Jahrhundert, als die eigne Geliebte Charlie (Charlotte) ihm wegläuft.

Doch es handelt sich nicht um sklavische Parallelen – Wibeau würde sich niemals »durchlöchern« wie Werther. Daß er dennoch »über den Jordan ging«, wurde von einem Unglücksfall verursacht: ein elektrischer Schlag beendet das Leben dieses schönen Lebewesens von siebzehn Jahren, als es seine Erfindung baut, das »NFG, nebelloses Farbspritzgerät«. Ihm zum Abschied zitiere ich ein paar Zeilen aus den »Leiden des jungen Werthers« (die es bei Plenzdorf nicht gibt): »Ihr könnt seinem Geist und seinem Charakter eure Bewunderung und Liebe und seinem Schicksale eure Tränen nicht versagen«.

Man kann des Jünglings Tod als einen sublimierten Selbstmord auffassen: Er war malplaciert in dieser trockenen, kalten, dennoch gefühlsduseligen Gesellschaft unserer Tage. Aber sein Protest richtet sich nicht gegen die DDR als solche. Edgar sagt: »Kein einigermaßen intelligenter Mensch kann heute was gegen den Kommunismus haben.« Seine Revolte durch Rückzug würde sich genauso im Westen abspielen (wenn auch mit weniger Amerikanismen). Es geht ihm gegen die Bügelfalten, gegen alle die, die »wissen, in welcher Lohngruppe sie mit fünfzig sind«. Als Charlie ihm vorwirft, daß er »keine richtige Arbeit« habe, schießt Edgar folgendes aus dem »Werther« ab: »Es ist ein einförmiges Ding um das Menschengeschlecht. Die meisten verarbeiten den größten Teil der Zeit, um zu leben, und das bißchen, das ihnen von Freiheit übrigbleibt, ängstigt sie so, daß sie alle Mittel aufsuchen, um es loszuwerden.« Edgar findet, »man dürfte nicht älter werden als siebzehn-achtzehn. Danach fängt es mit dem Beruf an oder mit irgend einem Studium oder mit der Armee, und dann ist mit keinem mehr zu reden.«

Plenzdorf findet also, man sollte nicht so leben wie die Spießer (aller Länder und Klassen), sondern von »Musik und Milch«, wie Edgar Wibeau, von Salat und Radieschen, die er aus Versehen gesät hat, von der »Großen Melodie«, vom Bildermalen und Tanzen. Jugendliche wie Wibeau haben den absurden Wunsch, glücklich sein zu wollen und nicht: Kram zu besitzen, sich nicht »ins Joch der Aktivität schwatzen zu lassen«.

»Kumpel und Kumpelinnen! Gerechte und Ungerechte! Entspannt euch!« ruft der Dahingegangene. Aber – sie jagen den Sachen nach und den überflüssigen Aktivitäten. »Was heißt Sachen? Mehr als die Bilder hatte er eigentlich nicht, nur das, was er auf dem Leibe hatte.« Seine Jacke hat er sich selbst genäht, und in seinen geliebten Jeans geht er »über den Jordan«. Nachdem die Kindergärtnerin Charlie mit ihren »Scheinwerfern« von Augen ihn verlassen hat. Charlie wirkt liebenswert, aber sie ist auch bereits festgestanzt, so daß ihre freiwillige Hingabe ihr dann verwerflich vorkommt, »sie rannte diese triefende Eisentreppe hoch und war weg«.

Faszinierend wie Seide neben Sandpapier steht Werther neben Wibeau, gegensätzlich und doch zusammengehörig. Man könnte lange über dieses schöne Exemplar der Wortkunst sprechen, über seine »Botschaft«, auch seine Gestalten, die, kommentarlos, *leben,* etwa der alte Anstreicher Zaremba, seine verschiedenen Weisen, »no« zu sagen und auf der Leiter zu tanzen. Oder den Scherenschnitt könnte man erwähnen, den Edgar von Charlie anfertigt – holdes Echo der Zeit, in der Goethe seine Geschichte schrieb. Man

wird »irgendwie echt high« von dem Buch ...
Plenzdorf hat unsere Existenz mit Schönheit »oder was« angereichert. Das ist eine humane Tat – »Leute«!

Frankfurter Hefte 30 (1975), H. 4, S. 145-147.

Peter Wapnewski

Zweihundert Jahre Werthers Leiden oder: Dem war nicht zu helfen

Ich bin das Ausgraben und Sezieren
meines armen Werther so satt
(an Auguste v. Stolberg am 7. März 1775)

I

Vor exakt zweihundert Jahren, im »Winter 1774 auf 75 brannten in Deutschland viele Kerzen bei der Lektüre eines Buches herunter«[1].

Das liest sich leichthin und sollte doch Anlaß zu einigem Nachdenken sein, zweihundert Jahre später. Denn eben dies gibt es nicht mehr: daß ein Buch sich als reinster Ausdruck einer Epoche erweist, daß es eine Generation, ein Land, ja einen Kontinent ergreift wie ein Fieber, als ein Fieber, und wenn je der alberne Werbeslogan unserer Tage gestimmt hat, dann in diesem Fall: *Ein Buch wie ein Orkan.* Damals, als das Bürgertum sich und seine Rolle begriffen und ergriffen hatte in der Literatur, vor allem im Roman; als Dichtung die Funktion einer säkularisierten Heiligen Schrift annahm und sich berufen wußte zur Proklamation der höchsten Bestimmung des Menschen; damals, als das Buch das wichtigste, ja einzige Instrument der Emanzipation war – damals war ein Bestseller kein ökonomisches Ereignis und kein Spielgegenstand für die Literaturspalten des Feuilletons, sondern eben ein »epochales« Zeichen. Wie sehr sich die uns vertrauten Zustände von denen jener Jahre unterscheiden, wie sehr die Rolle des Buches relativiert ist als die eines Meinungsträgers unter vielen (und wirkungsvoller arbeitenden) Medien, das mag sich andeuten bei einem Blick auf den literarischen Großerfolg unserer Tage, auf die beiden Romane von Siegfried Lenz: Abenteuerlich mutet die Zahl der Übersetzungen, die Höhe der Auflage an – aber, um mit Wolf Biermann zu fragen, aber ändert das was? Es ändert nichts, Bücher zwar werden nach wie vor von Autoren, aber Bucherfolge werden von Verlagen gemacht, und jeder Leser heute ist ein Mann und folgt seinem Helden nicht nach.

Jenes Buches Autor nun charakterisierte, kaum daß er es niedergeschrieben hatte, seine Substanz mit der Erklärung, daß er »darin ... einen jungen Menschen darstelle, der, mit einer tiefen reinen Empfindung und wahrer Penetration begabt, sich in schwärmende Träume verliert, sich durch Spekulation untergräbt, bis er zuletzt, besonders durch eine endlose Liebe zerrüttet, sich eine Kugel vor den Kopf schießt« (Brief an Gottlieb Friedrich Ernst Schönborn vom 1.6.1774).[2]

Empfindungsfähigkeit – Träume – Spekulation – Leidenschaft: das alles konzentriert sich zu einem unwiderstehlichen *taedium vitae* und endet – konsequent – im Selbstmord. Die Frage ist: Kann eine Geschichte wie diese in einer Zeit, die den Wert des Buches weitgehend nach dessen Freizeitwert beurteilt, die Menschen noch erreichen, anrühren, bewegen? Und wenn ja, dann ist die Frage zu stellen und, wo möglich, zu beantworten: Was besagt der Befund über seine statistische Qualität hinaus?

Ausgangspunkt für solche Überlegungen ist eine Verlagsmitteilung: Das insel taschenbuch 25 *Die Leiden des jungen Werther* wurde ausgeliefert im März 1973. Anfang 1975 waren von dem Titel 16000 Exemplare verkauft. Das ist eine in mehrfacher Beziehung erstaunliche Nachricht: Ein Klassiker wird nicht nur erhoben, er wird auch gelesen und gekauft in einer Zeit, der alles andere auf den Nägeln zu brennen scheint als das Schicksal eines, den man heute einen Spinner nennen würde und der, verführt durch seine abnorme Empfindsamkeit, sich einer Leidenschaft anheimgibt, aus der er keinen anderen Weg weiß als den des Selbstmords. Wie mag sich die Beliebtheit solcher Geschichte 1975 erklären? Wie mag es sich erklären, daß der Gedenktag nicht akademisch-esoterisch begangen wird, sondern, etwa im Goethe-Institut zu Paris, als internationales Colloquium unter Teilnahme von Hans Mayer und Pierre Bertaux und einem wenn nicht fach- so doch sachkundigen Publikum (Februar 1975)? Wie, daß wenig später ein Schauspieler in Düsseldorf das dortige Große Haus mit seinen tausend Plätzen füllt, weil er zwei Stunden lang den *Werther* rezitiert? »Man sah viele junge Leute«, berichtet die FAZ, und die Diskussion habe gezeigt, daß dieses Werk »noch nach 200 Jahren seine Wirkung gerade auch auf jugendliche Leser und Zuhörer auszuüben vermag«[3].

2

Eine Zeit, die mit irrationaler Heftigkeit die rationalen Bedingungen ihrer Existenz zu erfahren und sie vor allem in den ökonomischen Verhältnissen zu finden versucht – eine solche Zeit erprobt naturgemäß die Brauchbarkeit der These von dem durch das Sein geprägten Bewußtsein an den literarischen Mustern früherer Epochen. Solche Stimmung kommt vor allem der großen Zahl hurtiger Regisseure zugute, die nun die dramatische Weltliteratur nach sozialen Nischen durchforsten: Mit dem Teufel müßte es zugehen, ließe sich nicht Sein oder Nichtsein des Helden erklären als Ausdruck der Unterbau-Überbau-Antithetik, als Vorahnung des kapitalistischen Bürgertums oder als sein Grabgesang, als Anklage gegen feudalistische Willkür oder Klage des entfremdeten Individuums. Wer wollte bestreiten, daß wir solchem Eifer manche überraschende und einige überzeugende Deutungen und Neuentdeckungen verdanken? (Und daß Wagners *Ring* im Mythos von Walhall den von Wallstreet mit versteht, kann kaum bezweifelt werden). Epik hingegen ist nicht inszenierbar, ihr fehlt der Regisseur als Co-Autor, so liefert sie weniger handfeste Ansätze zu einer – wie auch immer motivierten – Neudeutung.[4] Doch wäre es seltsam, wenn eine innovationsfreudige Forschergeneration sich nicht der sozialen Problematik des Werther-Romans bemächtigt hätte, was dann zu der Vermutung führen könnte: das neue Interessse an Werthers Leiden sei das Interesse an den sozialen Ursachen von Werthers Leiden.

Diese Vermutung ist erlaubt. Falsch hingegen ist jede Deutung des Romans, die in forcierter Aktualisierung mit dem Alleinvertretungsanspruch sozioökonomischen Allwissens auftritt. So etwa in dem repräsentativen Literatur-Nachschlagewerk der DDR: Das *Lexikon deutschsprachiger Schriftsteller* erklärt, der *Werther* spiegele »lyrisch-stimmungsvoll die Gefühlswelt des nach Entfaltung seiner Fähigkeiten, nach Verwirklichung seiner Ideen und Gefühle verlangenden, an den engen Grenzen der starren feudalen Konvention jedoch scheiternden, begabten jungen Bürgers«. Daß es sich um einen Liebesroman handelt, ist den Verfassern des Artikels offenbar entgangen; wie auch, daß Werther eben in der Unerfüllbarkeit seiner »endlosen« Liebe die Unerfüllbarkeit seiner Wünsche, Ideen, Phantasien und Fähigkeiten begreift, die als solche, das ist nun freilich wahr, in einem unauflöslichen

Gegensatz zu den gesellschaftlichen Verhältnissen seiner Zeit stehen. Nicht jedoch zu »der starren feudalen Konvention« (die nicht mehr ist als ein Ärgernis), sondern zu den Lebensformen eines Bürgertums, dessen Lust der Befriedigung der jungen Künstlernatur keinen Frieden geben, dessen Hang zur Einschränkung ihr als unerträgliche Beschränkung erscheinen muß, dessen Genügsamkeit ihr Ungenügen maßlos anfacht, dessen Außenwelt ihr als Gefängnis erscheint und das sie in das unentrinnbare Gefängnis ihrer Innenwelt treibt.

Werther ist gewiß nicht das Opfer der herrschenden gesellschaftlichen, schon gar nicht der feudalistischen Verhältnisse. Wohl aber das Opfer des Konfliktes einer ungebärdigen Natur (und ihrer anpassungsunwilligen Phantasie) mit einer sich verbindlich gebenden regulierten Lebenswirklichkeit. »Disproportion des Talentes mit dem Leben« – als Jean Jacques Antoine Ampère (der Sohn des Physikers) den *Tasso* zu einem »gesteigerten Werther« ernannte, da war Goethe es hoch zufrieden.[5]

Freilich: Bleibt zu fragen, was das ist: »Leben«.

3

Man erinnert sich an Goethes Kommentar von jenem jungen Menschen, dessen reine Empfindungskraft zerrüttet wird durch Träume, Spekulation, Leidenschaften. Man halte hinzu, was der Alte zu Eckermann sagt: es sei der Werther eine Konstante in unserem Wesen, »gehindertes Glück, gehemmte Tätigkeit, unbefriedigte Wünsche sind nicht Gebrechen einer besonderen Zeit, sondern jedes einzelnen Menschen«. Derlei Hinweise führen auf den »Werther in uns«. Und es ist in solchem Zusammenhang der Begriff der *Frustration* nicht zu umgehen. Nicht im Sinne der Bezeichnung einer Modekrankheit oder Krankheitsmode, sondern als Zeichen für Leere und Lähmung, für die Mönchssünde der *acedia*, für das *taedium vitae*. Der Weg des unseligen Werther wird also in jenem Maße aufmerksamer beobachtet, leidenschaftlicher begleitet und radikaler befolgt werden, als eine junge Generation vom Gefühl der »Disproportion mit dem Leben« bestimmt ist. Denn sehr genau hat Goethe registriert, daß der ungeheure Erfolg seines Romans sich erklärt nicht aus exzeptionellen, sondern aus Umständen, die nahezu den Charakter gesetzmäßiger Bedingung des Erfolgs haben: da dieser nämlich dann eintritt, wenn ein Kunstwerk an die latenten Bedürfnisse, Sehnsüchte, Wünsche, Hoffnungen und deren durch Verhaltung angestaute kritische Energie appelliert. In diesem Sinne äußert sich Goethe nach 40 Jahren, im XIII. Buch von *Dichtung und Wahrheit:* Die Wirkung »dieses Büchleins war groß, ja ungeheuer, und vorzüglich deshalb, weil es genau in die rechte Zeit traf«.

Von den gesellschaftlichen Verhältnissen jedoch redet Goethe nicht, weder hier noch bei einer der anderen nicht seltenen Gelegenheiten, anläßlich derer er sich – meist resigniert und distanziert – über seinen *Werther* äußert. Und schon gar nicht werden von ihm jene gesellschaftlichen Verhältnisse der Jahre 1772/73, deren Widrigkeit und Änderungsbedürftigkeit sehr wohl dargestellt sind, für schuldig erklärt an Werthers Schicksal; noch wird gar aus diesen Verhältnissen so etwas wie der determinierte Lebenslauf eines Unschuldigen abgeleitet mit dem Ende, daß der Spielraum der individuellen Verantwortung (und ihrer Möglichkeit, Schuld oder Verdienst auf sich zu laden) reduziert und schließlich annulliert würde.

Aus all dem erwächst die Frage: Wenn heute dem *Werther* wieder ein ungewöhnliches Interesse entgegengebracht wird (um es einmal so verhalten auszudrücken), worin bestehen die Entsprechungen und Berührungspunkte der Lese-Generationen von 1775 und 1975, die doch Voraussetzung des neuen Erfolgs sein müssen? Die äußeren Gegebenheiten, die politische Lage, die sozialen Bedingungen sind, scheint es, kaum vergleichbar. Die Affinität wird in den Bereichen des Bewußtseins, des Lebensgefühls beider Generationen zu suchen sein (deren Gleichartigkeit nicht Resultat gleichartiger Voraussetzungen sein muß). Auch nämlich, wenn man das Bewußtsein als vom Sein geprägt ansehen will, muß gleichartiges Bewußtsein nicht als Produkt gleichartiger Seinsbedingungen verstanden werden.

4

»Der Kerl in dem Buch, dieser Werther, wie er hieß, macht am Schluß Selbstmord. Gibt einfach den Löffel ab. Schießt sich ein Loch in seine olle Birne, weil er die Frau nicht kriegen kann, die er haben will, und tut sich ungeheuer leid dabei. Wenn er nicht völlig verblödet war, mußte er doch sehen, daß sie nur darauf wartete, daß er was *machte*, diese Charlotte. Ich meine, wenn ich mit einer Frau allein im Zimmer bin und wenn ich weiß, vor einer halben Stunde oder so kommt keiner da rein, dann versuch ich doch *alles*... Und dieser Werther war... zigmal mit ihr allein. Schon in diesem Park. Und was macht er? Er sieht ruhig zu, wie sie heiratet. Und dann murkst er sich ab. Dem war nicht zu helfen.«

Der ist nicht von gestern, dieser Text – das zu hören bedarf es keiner stilgeschichtlich trainierten Ohren. Dieser Text von heute gehört dem DDR-Bürger Edgar Wibeau, 17, Arbeiter, Musterschüler und -lehrling. Fleißig und beflissen lebt er bei seiner Mutter (der Vater ist schon lange fort) – und eines Tages bricht er aus, geht nach Ost-Berlin, nistet sich ein in einer Laube auf einem zum Abbruch bereiten Gelände, und auf dem Laubenklo findet er in einer Reclam-Ausgabe den *Werther.* Liest ihn in einem Zuge durch, nach drei Stunden »hatte ich es hinter mir« (übrigens eine starke Leseleistung). Die erste Reaktion ist empörtes, aber von Wohlwollen begleitetes Nichtverstehen. *Ulrich Plenzdorf* hat die Geschichte als Film-Script entworfen, als Erzählung und als Theaterstück veröffentlicht, und er hat mit ihr in der DDR sensationellen Erfolg gehabt – der natürlich den wütenden Protest einiger DDR-Kulturlenker auf sich zog.[6]

Es geht hier nicht um Plenzdorfs witzig-schicke Montage des Werther-Textes mit dem verpopten Jargon Edgars, nicht um die Edgar-Werther-Analogie. Wohl aber um die Frage, inwieweit Edgars Verhältnis zu diesem historischen Text symptomatisch ist für seine, für eine heute lebende junge Generation. Dabei braucht auf das trennende Moment kaum hingewiesen zu werden: der Herzensergießungs-Stil, der Sturzbach hehrer und edler Begriffe, die selbstbeglückende Redseligkeit – und trotz all dieser und anderer Befremdlichkeiten ein Text, der auf Edgar immerhin derart faszinierend wirkt, daß er ihn so gut wie auswendig kennt und ihn nunmehr in seinen Botschaften an die Umwelt als Code benutzt, als »nützliche Waffe«; denn natürlich schockt »dieses Althochdeutsch« die Leute und wirft die meisten aus dem Sattel, was in Edgars Lage wünschenswerte Funktion des Kommunikationsmittels Sprache ist. Natürlich erzeugt die Kontrapunktik und Konfrontation dieser beiden historisch und sozial weit voneinander entfernten Sprachebenen Effekte von reizvoller Komik. Und natürlich erreicht die Werther-Sprache Edgar nicht durchweg:

Wenn »Old Werther ... an seinen Wilhelm da schreibt: *Auch ist er so ehrlich und hat Lotten in meiner Gegenwart noch nicht ein einzigmal geküßt. Das lohn ihm Gott«* – dann kommentiert Edgar das trocken: »Ich begriff zwar nicht, was das mit ehrlich zu tun hatte, aber alles andere begriff ich.« Daß »ehrlich« hier die alte Bedeutung »rücksichtnehmend auf den Comment« hat, kann Edgar so wenig wissen, wie er ungezählte andere altertümliche Sprach- und Stilformen korrekt entschlüsseln kann. Oder wenn er sich mokiert: »Die Grenzen der Menschheit, unter dem machte es Old Werther nicht«, dann hat er nicht verstanden, daß Werther in diesem Falle die Qual der Begrenzung durch die individuelle Natur (= Menschheit) meint. – Entscheidend ist: »Alles andere begriff ich.«

Was ist dieses »alles andere«?

Man hat anläßlich des gewaltigen, die DDR-Führung beunruhigenden Erfolgs von Plenzdorfs *Jungem W.* mit Recht darauf hingewiesen, daß Edgar-Ost und Edgar-West nicht identisch sind; daß Plenzdorfs witzig-melancholische *Love-Story* in der Bundesrepublik aus einem anderen sozialen Kontext her verstanden wird. Und in der Tat hat sie ja hierzulande, anders als in der DDR, die Jugendlichen nicht von den Stühlen gerissen – um es einmal wie Edgar zu formulieren. »Kommunikationsräume sind nicht transportabel, historische Situierungen nicht einfach austauschbar – und die sind nun einmal in Ost und West nicht gleich«[7] –, solche Einsicht hat das Urteil der westdeutschen Kritik bestimmt, häufig bis hin zur Gleichgültigkeit.

Mir scheint, daß man hier Gefahr läuft, die Oberfläche für die Substanz zu nehmen. Gewiß mutet »im Westen« der Hymnus auf die Jeans (»Ich meine, Jeans sind eine Einstellung und keine Hosen«), die Verklärung Salingers, die Bewunderung Satchmos und die Lust nach langen Haaren eher rührend an und ein wenig provinziell: Da ist in der Tat die »historische Situierung« jeweils anderer Art. Immerhin handelt es sich aber um Erscheinungen, die auch die Jugend der sog. Westlichen Welt fasziniert haben und nicht lediglich auf Grund des Umstands, daß sie zeitversetzt registriert werden müssen, als im Kern andersartig registriert werden dürfen. Und auch bei Plenzdorf sind diese Requisiten nichts anderes als eben Requisiten. Eine tiefere Schicht ist aufgedeckt, wenn man die Bezüglichkeit aufdeckt zwischen dem Schicksal dieses Ausgeflippten und des unvermutet zum Modell avancierenden Werther. Denn wenn es nicht um diese »tiefere Schicht« ginge, hätte Plenzdorf mit jedem anderen alten Text arbeiten und schocken können. Um die Dichte oder Brüchigkeit dieser Beziehung zu kontrollieren, gibt es methodisch nur einen tauglichen Weg: die originalen *Werther*-Zitate auf ihren Stellenwert in bezug auf Edgar, seine Situation und Entwicklung zu prüfen.

5

Die originalen *Werther*-Zitate teilen sich zwanglos in zwei Gruppen (ich gehe wieder von Plenzdorfs *Erzähl*-Fassung aus): Die der einen begleiten unmittelbar den analogen Verlauf der Lebensbemühung in Liebe und tätigem Leben, kommentieren also auf flotte, komische oder groteske Weise Edgars Liebe, die Dreieckbeziehung Edgar-Charlie-Dieter und die Versuche der Integration in die Anstreicher-Brigade. Aber die neuen Leiden des jungen W. sind so wenig wie die alten lediglich Leiden der Liebe, sondern eben Leiden an der Welt. Also erwartet man sich zu Recht in den alten wie in den neuen Leiden von jenen Textpartien Auskunft über den Grundzustand Wibeau-Werthers, die prinzipieller Natur sind. Mustert man die Collage unter solcher Perspektive, bleiben vier Aussagen, die in der Tat in dem zitierenden wie in dem zitierten Buch nicht abgetan werden können als dekoratives Beiwerk und rhetorische Applikation.
Da ist zum ersten der berühmte Ausbruch Werthers: » – Das alles, Wilhelm, macht mich stumm. Ich kehre in mich selbst zurück, und finde eine Welt!« Bemerkenswert, daß Plenzdorf hier das Spiel der Collage in der Collage treibt, nämlich nicht nur *Werther*-Fragmente in seinen Text interpoliert, sondern getrennte *Werther*-Worte zu neuen Einheiten kombiniert: Die Entdeckung der Innenwelt ist im Original wie bei Plenzdorf letztes Glied einer Klimax, deren Elemente konsequent auf diese Entdeckung hinführen – nur nimmt der eine einen ganz anderen Anlauf als der andere. Werther läßt hier zum erstenmal das Schlüsselwort »Einschränkung« fallen, das eben jene Begrenzung seiner ausschweifenden Natur bezeichnet, die ihr endlich zum Verhängnis werden wird: »Wenn ich die Einschränkung ansehe, in welcher die tätigen und forschenden Kräfte des Menschen eingesperrt sind; wenn ich sehe, wie alle Wirksamkeit dahinaus läuft, sich die Befriedigung von

Bedürfnissen zu verschaffen, die wieder keinen Zweck haben, als unsere arme Existenz zu verlängern, und dann, daß alle Beruhigung über gewisse Punkte des Nachforschens nur eine träumende Resignation ist, da man sich die Wände, zwischen denen man gefangen sitzt, mit bunten Gestalten und lichten Aussichten bemalt – Das alles, Wilhelm, macht mich stumm. Ich kehre in mich selbst zurück, und finde eine Welt.«

Solche platonisch-idealische Verklärung der Traumwelt zu Lasten der realen ist nichts für Edgars naiven Materialismus. Ihn fasziniert zwar offensichtlich Werthers Einkehr in die Innenwelt, aber er hält es für nötig, den Zugang anders zu begründen: »O meine Freunde! Warum der Strom des Genies so selten ausbricht, so selten in hohen Fluten hereinbraust und eure staunende Seele erschüttert? – Liebe Freunde, da wohnen die gelassenen Herren auf beiden Seiten des Ufers, denen ihre Gartenhäuschen, Tulpenbeete und Krautfelder zugrunde gehen würden, die daher in Zeiten mit Dämmen und Ableiten der künftig drohenden Gefahr abzuwehren wissen. – Das alles, Wilhelm, macht mich stumm ...«[8]

Philisterschelte also ist für Edgars Werther die konsequente Voraussetzung des Rückzugs in die Innenwelt. Denn »Befriedigung von Bedürfnissen« zum Zweck der Lebensverlängerung ist ja dem Materialismus anders als der transzendentalen Empfindsamkeit ein hoher Zweck und kein Anlaß zur Resignation. Resignation rechtfertigt sich allenfalls bei Betrachtung der timiden Kleinbürgerseele, deren zweckhaft geordnetes Leben sich als Schrebergartenzaun vor den Ausbruchsanspruch von Phantasie und Geist legt. So kombiniert Plenzdorf denn die Briefstelle vom 26. Mai 1771 mit der vom 22. Mai (dem voraufgehenden Brief) und macht aus zwei echten Werther-Stücken einen falschen Werther und einen echten Wibeau.

Da ist zum zweiten, zweimal zitiert, eine sehr praktische Rechtfertigung des Weges nach innen: Die Deklaration der Abkehr von dieser Welt und ihren schalen Betriebsamkeiten paßt Edgar »großartig«, nachdem er, aller Anpassung abhold, erst einmal aus seiner Anstreicherbrigade gefeuert worden ist. »Und daran seid ihr alle schuld, die ihr mich in das Joch geschwatzt und mir so viel von Aktivität vorgesungen habt. Aktivität! ... Ich habe meine Entlassung ... verlangt ... Bringe das meiner Mutter in einem Säftchen bei.« Die Auslassungspunkte hat Plenzdorf guten

Grundes gesetzt: Wieder hat er Auseinanderliegendes zusammengebunden, und zwar drei Stellen aus zwei Briefen:

Gegen die aufgeschwatzte Aktivität empört Werther sich in dem großen Brief ein Jahr vor seinem Tode, vom 24. Dezember 1771, nachdem er im Gespräch mit seinem Chef, dem säuerlichen und pedantischen Gesandten, wieder einmal viel »Galle zu schlucken« hatte. Die Kunde von der Einreichung seiner Entlassung (ausgespart bei Plenzdorf: »vom Hofe«) hingegen gehört erst dem Brief vom 24. März – der dann, einige Zeilen später, schließlich auch die Bitte enthält, die Botschaft der Mutter verzuckert beizubringen. Die Entsprechung aber ist deutlich: Der eine wie der andere fühlt sich vergewaltigt im Joch seiner Tätigkeit, die ihm nicht entspricht und die ihm von außen »aufgeschwatzt« wurde.

Da ist drittens: »Man kann zum Vorteile der Regeln viel sagen, ungefähr was man zum Wohle der bürgerlichen Gesellschaft sagen kann. Ein Mensch, der sich nach ihnen bildet, wird nie etwas Abgeschmacktes und Schlechtes hervorbringen, wie einer, der sich durch Gesetze und Wohlstand modeln läßt, nie ein unerträglicher Nachbar, nie ein merkwürdiger Bösewicht werden kann; dagegen wird aber auch alle Regel, man rede was man wolle, das wahre Gefühl von Natur und den wahren Ausdruck derselben zerstören!«

Werther spricht hier von der Zeichenkunst und ihrer Beziehung zur technischen Regel, dabei die Analogie zur Gesellschaft und ihrer Regulierung ziehend. Edgar stellt das Zitat von vornherein in den Kontext gesellschaftlichen Verhaltens. Beide protestieren wiederum gegen jene Mediokrität, die sich durch Gesetz und Konvention abgesichert weiß, Gefahrenquellen verstopft und auf solche Weise überhaupt erst den Status des Mediokren erreicht – abgedrosselt von Ursprung und wahrem Wesen, der Natur und der eigenen Natur entfremdet. Das leuchtet Edgar ein: »Dieser Werther hatte sich wirklich nützliche Dinge aus den Fingern gesaugt.«

Entfremdung hingegen im präzisen Verstande der marxistischen Lehre ist gemeint mit Werthers vierter Betrachtung: »Es ist ein einförmiges Ding um das Menschengeschlecht. Die meisten verarbeiten den größten Teil der Zeit, um zu leben, und das bißchen, das ihnen von Freiheit übrig bleibt, ängstigt sie so, daß sie alle Mittel aufsuchen, um es loszuwerden.«

Werther formuliert hier beiläufig und mit dem Unterton des Snobs, den Lebenserfahrung weise und skeptisch gemacht hat. Indessen handelt es sich um wahrlich hellsichtige Worte, die Lage der arbeitenden Klasse 1771 und nicht nur 1771 erfassend: Entfremdung als Resultat industrieller Arbeit bis hin zur scheinbar selbstgewollten Aufhebung jeglicher verfügbaren Freiheitsreserven. Konsequent baut Plenzdorf die Passage da ein, wo Edgars Versuch, als Arbeiter am tätigen Leben teilzuhaben, an seiner Unbotmäßigkeit scheitert.

Nimmt man diese vier Zitate als das, was sie sind; bedenkt man überdies, daß sie relativ isoliert stehen, also keinerlei konkurrierender Kontext ihre Wirkung einschränken kann (da die übrigen *Werther*-Zitate unmittelbar integriert sind und sich auf die Analogie-Vollzüge der Liebesgeschichte beziehen): so wird man mit aller Deutlichkeit feststellen, daß hier neue Leiden den alten spürbar entsprechen und daß sie wieder die Leiden des Einzelnen an seiner Umwelt, an seiner Gesellschaft, an seiner Zeit sind. Deren Regeln und Gesetze, deren entfremdende Ordnungen und Arbeitsweisen, deren »Aktivität« fordernde Leistungsethik zwingen den seiner Natur und ihrer sensiblen Mitgift Verpflichteten zum Weg nach innen. Dort – so meint er – findet er die eigentliche Welt.

6

Es wird schwer halten, in solcher Lehre lediglich eine spezifische Reaktion der DDR-Jugend auf spezifische Verhältnisse der DDR-Gesellschaft zu sehen. In Goethes Sinne vielmehr wird man Zwänge dieser Art als geschichtliche Konstanten, Reaktionen auf sie als Konstanten sozialen Verhaltens begreifen müssen. Hier geht es um die Rebellion gegen tradierte Ordnungen, um die Absage an die protestantische Leistungsmoral, um die Abkehr von uniformer Reglementierung, um den Weg aus der seelenlosen Prestige- und Konkurrenzgesellschaft nach innen. Entdeckung eines sensiblen Subjektivismus, eines künstlerisch kreativen – also einsamen – Individualismus; Entdeckung mithin jener abseitigen Räume, die unsere Gegenwart derzeit liebevoll-sentimental erschließt: Die *Neue Aufklärung* und ihr sozialer Utopismus mündet unter unseren Augen und Händen in die (re)konstruierte Kunstlandschaft schmuckträchtiger Ich-Pflege. Werthers gegenwärtige Leiden suchen Linderung in vergangenen Freuden – oder was man glaubt, der widergespiegelten Vergangenheit an Freuden entnehmen zu können: das alte (oder altmodische) Kostüm; die historische Kulisse; die unversehens kunsthistorisch legitimierte einstige Geschmacksmarotte – sie bieten sich als Erlösung verheißende Fluchtpunkte an.

Für Überlegungen dieser Art gab Plenzdorfs Text Leitsignale ab, die sich als heuristisch nützlich erweisen. Sie lassen sich nämlich aus den Erfahrungen und Anschauungen der uns vertrauten sozialen Umwelt mühelos bestätigen, und das ihnen zugrunde liegende Material läßt sich mit Hilfe des uns geläufigen Verhaltens-Repertoires mühelos erweitern. Da sind zu buchen:

Erstens: die Neigung, ja Lust zur Dokumentation des eigenen Ich und seiner nächsten, seiner »privaten« Umwelt in Form des Dokuments, der Tagebuch-Eintragung, des Briefes. Eine Art des Schreibens, die ganz entschieden heute die anspruchsvolle »schöne Literatur« bestimmt, von den »Tagebüchern« Frischs und Grass' über Handkes »Berichte«, über Kempowskis Chroniken bis hin zu Uwe Johnsons Familien-Saga. Der *Werther* aber ist ein Brief-Roman mit »dokumentarischem« Anhang.

Zweitens: die Vision des einfachen Lebens. Eine von Umwelt-, also Welt-Verschmutzung strangulierte Gesellschaft zieht aufs Land, düngt »natürlich«, lobt sich die reinen Früchte und die Ferien inmitten der (scheinbar oder tatsächlich) ursprünglichen Lebensformen auf dem Bauernhof. So ist auch Werther glücklich, da sein »Herz die simple harmlose Wonne des Menschen fühlen kann, der ein Krauthaupt auf seinen Tisch bringt, das er selbst gezogen, und nun nicht den Kohl allein, sondern all die guten Tage, den schönen Morgen, da er ihn pflanzte, die lieblichen Abende, da er ihn begoß, und da er an dem fortschreitenden Wachstum seine Freude hatte, alle in *einem* Augenblicke wieder mitgenießt«.

Drittens ist da jene hochgestimmte Sensibilität, die Werther nötigt (ebenso wie Edgar Wibeau), als Maler zu dilettieren und sich schwärmerisch in die Lektüre vorzeitlicher Zustände zu verlieren: Homer und Ossian, Robinson und Salinger. Nicht anders spielt die Jugend des Westens mit handwerklichen Kunstformen, entdeckt die sog. »Naiven« wieder und sorgt für den Boom eines Dichters, den die strenge Literaturkritik schon vergessen hatte: Hermann Hesse.

Und viertens jener Kleidermode-Imitationszwang, der sich als optische Demonstration des Solidarisierungswillens erklärt: Jeans, so wurden wir belehrt, sind keine Hosen, sondern eine Einstellung – nicht anders hielt es die Nach-Werther-Generation mit dem blauen Frack, der gelben Weste und den gelben Beinkleidern, die, wie man weiß, die Uniform der Empfindsamkeit wurden.

Parallelen, Entsprechungen, Spiegelungen – sie könnten als unverbindlich erscheinen und beiläufig, wenn sie hier nicht lediglich aufhellende Funktion hätten. Es sei darum erinnert: Am Anfang stand nicht die These. Am Anfang stand der empirische Befund (des Absatzerfolgs der *Werther*-Ausgabe; der Plenzdorf-Variante). Er verlangte nach Aufklärung. Zum Zwecke solcher Aufklärung war es nötig, dem *Werther* nachzugehen unter dem auswählenden Gesichtspunkt der Affinitäten zu gegenwärtigen Zuständen (wobei Plenzdorfs Collage in hohem Maße legitimiert war, heuristische Funktion wahrzunehmen). Isoliert man die aufgezählten Berührungspunkte, mögen sie sich jeweils reduzieren auf das Gewicht einer Arabeske. Lediglich als Ensemble erhalten sie das Format einer – wie immer im einzelnen bedingten – Partnerschaft.

Eine weitere mögliche thematische Berührung wurde bisher nicht erwähnt. Der *Werther* ist – auch – ein Lied vom Tod. Man weiß, daß die Philosophie der Aufklärung, antik-stoische Gedankengänge aufnehmend, den Selbstmord zur Manifestation der Freiheit stilisiert hat. Sehr früh schon, in seinem (siebenten) Brief vom 22. Mai, bekennt Werther sich zu solchem individuellen Freiheitsbegriff: »Und dann, so eingeschränkt er (i. e. der Mensch) ist, hält er doch immer im Herzen das süße Gefühl der Freiheit, und daß er diesen Kerker verlassen kann, wann er will.«[9]

Das Thema durchzieht den ganzen Roman. Für Werther ist der Tod der entschiedene, ja notwendige Ausdruck seiner radikalen Verweigerung, die ihrerseits Konsequenz seines individuellen Scheiterns ist. Läßt sich solche Variante der »Krankheit zum Tode« vergleichen mit dem störrischen Willen zum Verderben in der Gefängniszelle? Das Spiel mit dem Sterben um des Lebens willen, das Spiel mit dem Leben um des Sterbens willen – ist es auch Ausdruck einer »Wollust zum Tode«? Oder aber eben doch nur fanatisch eingesetzter Posten in der Rechnung, die auf eine Erpressung der Gesellschaft hinausläuft? Ist schließlich die Konstruktion von der polaren Spannung, von der dialektischen Bedingtheit Eros-Thanatos bare Konstruktion? Oder ist sie eine zeitlich begrenzte Größe? Oder doch eine übergeschichtliche, also anthropologische Wirklichkeit, die den Menschen konditioniert auch da noch, wo der Selbstmord das Individuum gar nicht mehr auslöscht, weil es das Individuum gar nicht mehr gibt? *Werther*-Fragen und kein Ende.

7

Unsere Überlegungen sind an einen Punkt gekommen, den Literaturbetrachtung heute allermeist sehr viel schneller erreicht: bei der Frage nämlich, ob nicht der Konflikt sich am ehesten aus sozialen Voraussetzungen erklären, soziologisch darstellen lasse. Es gibt Stimmen, die Werther die Last aufbürden wollen, ein Sozialrevolutionär zu sein. Lag nicht, als man den Toten fand, *Emilia Galotti* »auf dem Pulte aufgeschlagen«? Also die leidenschaftlichste Anklage feudalistischer Willkür von seiten des Bürgertums? Fühlt er sich nicht gequält durch die »fatalen bürgerlichen Verhältnisse«, erleidet er nicht die übelste soziale Demütigung durch die adlige Gesellschaft, die den wohlwollenden Grafen von C. nötigt, Werther als »Subalternen« aus ihrem Kreis hinauszuwerfen? Neigt er sich nicht mit dem liebevollsten Verständnis den einfachen, den geringen Menschen zu, ihre Nöte und Sorgen teilnahmsvoll registrierend?

Alles das ist richtig, aber es macht keinen Sozialrevolutionär. Im Gegenteil verdrängt Werther, was an Empörung über soziale Ungerechtigkeit in ihm ist, nach innen, »privatisiert« es, erlebt darin seine persönliche Disproportion mit dem Leben – er handelt insofern *anti*revolutionär: Denn er verinnerlicht bis hin zur persönlichen Katastrophe, was gemäß revolutionärem Auftrag nach außen sich entladen mußte und sich siebzehn Jahre nach Werthers Tod in Paris gewaltsam und gewaltig entlud.

Werthers Fühlen mit den einfachen Menschen, sein Gefühl für sie entspricht dem Empfinden, das man dumpf lebenden Exoten freundlich zukommen läßt. Z. B. gegenüber einem Geschöpf wie des Schulmeisters Tochter und ihren Kindern, »das in glücklicher Gelassenheit den engen Kreis seines Daseins hingeht, von einem Tag zum andern sich durchhilft, die Blätter abfallen sieht und nichts dabei denkt, als daß der Winter kommt«. Und wenn er einem Dienstmädchen hilft, sich das schwere Wassergefäß auf den Kopf zu setzen, dann vermerkt er den Vorgang eben als einen Widerspruch zur geltenden, auch ihn einbeziehenden sozialen Wirklichkeit – und: »Sie ward rot über und über.«

Was nun die »fatalen bürgerlichen Verhältnisse« betrifft, so beklagt Werther sie als einer, der weiß, »wie nötig der Unterschied der Stände ist, wie viel Vorteile er mir selbst verschafft«. Keine Kritik am Bürgertum, sondern Beschwerde, die dem Hemmschuh gilt, den Adelshochmut seiner Beziehung zu dem Fräulein von B. entgegenstemmt (das ihn in dem Maße von Lotte ablenkt, als es ihn an sie erinnert). Das aber heißt: Werther affirmiert den bestehenden sozialen Zustand der ständischen Differenzierung, solange er von ihm profitiert; er protestiert gegen ihn in dem Augenblick, wo er ihr Opfer ist. Das aber ist nicht das Holz, aus dem man Revolutionäre schnitzt.

Schließlich *Emilia Galotti:* Der Band liegt auf dem Pult des durch eigene Hand Getöteten, um zu signalisieren: Diesem hier war nicht zu helfen, es gibt Konflikte, deren sittliche Klärung nur mit Hilfe des von der Orthodoxie als unsittlich verdammten Selbstmords möglich ist. Die mangelnde »gesellschaftliche Relevanz« Werthers wird indirekt bestätigt auch durch die Gleichgültigkeit der intellektuellen Protestbewegung der späten sechziger Jahre unseres Jahrhunderts. Die Studenten annektierten ja leichthin jeden Text, der ihren Vorstellungen und Aktionen Bestätigung zuzuwinken schien oder als Appell wirkte. Den *Werther* haben sie, scheint es, nicht falsch verstanden – und also ignoriert.

8

Zum Schluß noch einmal der Versuch, die neuen Erfolge der alten Leiden zu deuten. Welten trennen die Gegenwart, das ist offenbar, von diesem jungen Manne, der ungeachtet eingeschränkter Verhältnisse über einen Diener verfügt, der sein Reitpferd so selbstverständlich benutzt wie er seinen Homer liest, der sich schluchzend ausweint am Busen des Freundes, der »unter den wonnevollsten Tränen« die Hand der Geliebten küßt anläßlich der Erwähnung des »so oft entweihten« Namens Klopstock... Die Frage aber gilt nicht dem Trennenden, sondern den möglichen Berührungspunkten. Vielleicht ist es berechtigt, die aufgezählten

Entsprechungen dem Begriff eines (damals wie heute) *»Neuen Subjektivismus«* zu subsumieren, der nicht die gleichen, aber vergleichbare Äußerungsformen zeigt und vergleichbare Ursachen hat. Die Aufklärung als europäische Geistesbewegung hat die Voraussetzung für die Begründung des bürgerlichen Zeitalters geschaffen, also auch die ideologischen Voraussetzungen für die bürgerlichen Revolutionen des 18. und 19. Jahrhunderts. Diese mit großer Verzögerung ausbrechenden Revolutionen sind vorbereitet durch eine lange Phase der Ungeduld, der »Frustration«. Werther ist ein symptomatisches Produkt dieser vorrevolutionären Unruhe, die das Gefühl für das Selbstgefühl des Individuums heftig gesteigert, dessen subjektives Selbstverständnis leidenschaftlich geschärft hat. Solch herrischem Ichgefühl aber entsprach der Kontext der Zeitgeschichte nicht. Es schlug mithin nach innen, sensibilisierte sich zu privaten Exzessen, wurde auch wohl tödlich.

Goethe hat, wie man weiß, nur zögernd und gewissermaßen mit unbewegten Lippen kommentiert, wenn später die Rede auf seinen *Werther* kam. 1808 sind mittags bei ihm der berühmte französische Schauspieler Talma und dessen Frau zu Gaste. Caroline Sartorius, verheiratet mit dem Göttinger Historiker Georg Sartorius, berichtet, daß Goethe, wieder einmal und sehr direkt nach dem biographischen Substrat des *Werther* befragt, geschickt mit einem Gleichnis geantwortet habe – übrigens auf französisch. Dann aber setzt er deutsch hinzu, »mit einem unbeschreiblich tiefen Ausdruck«, daß sich »so etwas ... indes nicht mit heiler Haut« schreibe. Eckermann gegenüber findet er am 2. Januar 1824 das vertraute Bild vom Pelikan, der sein Geschöpf mit dem Blute des eigenen Herzens gefüttert habe, und schließt die brisante Charakteristik an: »Es sind lauter Brandraketen!« Im 13. Buch von *Dichtung und Wahrheit* erläutert er die Wirkung des Romans: »... und die Erschütterung war deshalb so groß, weil ein jeder mit seinen übertriebenen Forderungen, unbefriedigten Leidenschaften und eingebildeten Leiden zum Ausbruch kam.« »Ein jeder«, das ist der junge Mensch, der sich abgelöst hat von den alten Bindungen und neue Formationen der Lebensrechtfertigung noch nicht sieht. Solche Diskrepanz zwischen dem (verlorenen) Ideal und dem (noch nicht gefundenen) Leben treibt den Sensiblen in die Empfindsamkeit, den Empfindsamen in den Weltschmerz, in die unverbindlichen Spielgründe des Ich-Sagens (und fast nur des *Ich*). Die Enttäuschung läßt ihre Voraussetzungen nurmehr als Täuschung gelten, der solidarisierende Halt einer gemeinsamen, generationserhebenden und im weiteren Sinne politischen Aufgabe fällt in sich zusammen, die Aggressionsenergien schlagen nach innen und verzärteln sich zur Privaterie – wenn sie nicht zu Schlimmerem sich ballen. Die politisch motivierte oder gerechtfertigte Extraversion wird zur beschaulichen Introversion verkehrt, östliche Weisheitslehren und Versenkungs-Exerzitien kultivieren einen Solipsismus, der zum Rausch der Droge nicht mehr bedarf: »Ich kehre in mich selbst zurück, und finde eine Welt!«

Die Jahre um 1970 werden schneller geschichtlich gesehen, als das gemeinhin mit Jahreszahlen geschieht. Ihr reformerischer Elan und die vielleicht allzu treuherzige Gläubigkeit an die Machbarkeit des sozial Wünschenswerten hat ihnen die Kennmarke »Neue Aufklärung« eingetragen. Der Elan ist dahin, und vieles ist steckengeblieben, als illusionär oder utopisch abgetan, vielleicht entlarvt – vieles, das doch beitragen sollte, den »neuen Menschen« zu wecken. Ungeduld erst, dann Enttäuschung ist mächtig in vielen, vor allem in jenen, deren Wesen zu Ungeduld und Enttäuschbarkeit neigt: der jungen Generation. Sie scheint sich heute einem neuen Subjektivismus, neuer Innerlichkeit, neuer Privatheit anzuvertrauen, sie pflegt Vergangenheitskulte. Eine Welt, die der Aufhebung ihrer selbst mit technischen Mitteln verstört entgegensieht, sehnt sich sentimentalistisch nach dem Gesunden, Einfachen, nach dem Eindeutigen: Der große Techniker Odysseus, als er nach Hause kommt, ist allererst bei dem Sauhirten zu Gaste (*Werther* S. 69). Die technokratische Welt schlägt um in die Idylle.

So wäre es denn erlaubt, von der heutigen Jugend als einer Werther-Generation zu sprechen? Gewiß nicht. Allenfalls in jenem allgemeinen und also ungenauen Sinne, in dem Werther Bestandteil jeder jungen Generation sein mag: »Es müßte schlimm sein, wenn nicht jeder in seinem Leben einmal eine Epoche haben sollte, wo ihm der *Werther* käme, als wäre er bloß für ihn geschrieben« (Goethe zu Eckermann am 2. Januar 1824). Über die prinzipielle, gewissermaßen anthropologisch bedingte Affinität *Werther und Jugend* hinaus haben unsere Überlegungen jedoch wahrscheinlich gemacht, daß derzeit eine spezifische Konstellation besteht. Innerhalb ihrer erhält der Roman eine neue Wertigkeit in seiner Beziehung zum Verhalten unserer Gegenwart und ihrer jungen Generation; erhält eben dieses Verhalten seine historisch erfahrbare Dimension durch seine Entsprechungen in dem Roman.

Was freilich an jedem Einzelnen nicht »Generation« ist, das wird seinen Weg auf die jeweils einzelne Weise machen. Was Werther auf schmerzliche Weise auszeichnet, ist jene tief in ihm angelegte Heillosigkeit, die den Konflikt des Einzelnen mit seiner Gesellschaft – wie er sich in der prinzipiell gesellschaftsfeindlichen Macht des Erotischen offen zeigt – tödlich ausgehen läßt. Denn Werther ist ja nicht nur Generationsgenosse, er ist auch ein klassischer Dritter, ein Außenseiter, ein Einzelner. Ein Bruder der andern Abseitigen: Lenz, Büchner, Kleist, Trakl. So auch sieht ihn 1813 Goethe: »... daß Werthers Jugendblüte schon von vornherein als vom tödlichen Wurm gestochen« erscheint.

»Nein, er ist nicht zu retten!« sagt der Amtmann, als Werther sich verwendet für den unglücklichen Knecht, der seinen Rivalen erschlagen hat. Werther wiederholt das Motiv auf einem Zettelchen – es wie alles, was ihm begegnet, auf sich und nur auf sich wendend: »Du bist nicht zu retten, Unglücklicher! Ich sehe wohl, daß wir nicht zu retten sind.« Die Rettungslosigkeit wird auch zum Leitmotiv, zum Todesmotiv des DDR-Werther Edgar Wibeau: Dreimal heißt es: »Dem war nicht zu helfen.« Das läßt an einen anderen Selbstmörder denken, der »am Morgen meines Todes« an seine Schwester »Ulrike von Kleist Hochwohlgeb. zu Frankfurt a. Oder« schreibt: »Die Wahrheit ist, daß mir auf Erden nicht zu helfen war.«[10]

Bleibt die Frage an die Zurückbleibenden, die »Gesellschaft« also: War ihm, war ihnen nicht zu helfen? Das müssen die Überlebenden mit sich selber ausmachen. Ausmachen aber müssen sie es.

Anmerkungen

1 Walther Migge: *Goethes »Werther«. Entstehung und Wirkung.* Insel Verlag 1967, wiederabgedruckt im dem Werther-Roman gewidmeten Insel Almanach auf das Jahr 1973. Die Beiträge dieses Bandes aus der Feder von Jörn Göres, Walther Migge und Hartmut Schmidt liefern vieles Material zur Entstehungs- und Wirkungsgeschichte des Werther.

2 *Goethes Werke,* Hamburger Ausgabe Bd. VI, [8]1973. Ich zitiere auch den Werther-Text nach dieser Ausgabe (die den der zweiten Fassung von 1787 liefert) und verweise auf die reiche Sammlung von Quellen und Daten, die Erich Trunz seinem eindringlichen Kommentar vorausgeschickt hat. Von seinem Material nähren sich unzählige Werther-Artikel.

3 Zwar ist Werther nicht Wilhelm Meister, aber es wäre fahrlässig, aus diesem Kontext den Umstand auszuklammern, daß *Peter Handke* und *Wim Wenders* soeben aus dem *Meister* einen Kinofilm gemacht haben *(Eine falsche Bewegung),* der auf seine Weise Parallelen einer Goethe-Existenz zu dem Leben heute in der Bundesrepublik zieht. Bezeichnenderweise überschreibt der SPIEGEL (10. März 1975) seinen Bericht über den Film: *Die Leiden des Wilhelm M.* Nicht minder bezeichnend die Überschrift in der FAZ (29. März 1975): *Die hoffnungslose Jugend der siebziger Jahre.* Da ist, mit anderen Mitteln und zu partiell anderem Zweck, gleichfalls eine Umsetzung versucht, die scheinbar primär die Fabel erneuert, in Wahrheit aber die Fabel nur als Vehikel benutzt, um eine erahnte, empfundene Entsprechung des Lebensgefühls (der Lebensgefühle?) einzufangen und diese vermutete Entsprechung sinnlich (Jargon, Farben, Musik, Landschaft) zu spiegeln. In diesem Film ist es wie bei Plenzdorf, wie im *Werther* das Ereignis Liebe, an dem sich Unvermögen zum Leben, Unmöglichkeit des Lebens erweist – und das unendliche Sehnsucht erweckt nach einer anderen (je besessenen?) Welt.

4 Jedoch sei erinnert an das, was *Wolfgang Harich* neuestens aus dem bisher allgemein für biedermeierlich versponnen geltenden Jean Paul gemacht hat.

5 zu Eckermann am 3. Mai 1827 – s. Hans Mayer, *Goethe,* 1973. – Indessen: Hier irrt Goethe, scheint es. Die Formulierung kommt in Ampères *Globe*-Aufsatz nicht vor. Um so gewichtiger ihr Stellenwert im Selbstverständnis des Werther-Autors.

6 Ich zitiere nach dem – wohl die eigentliche Authentizität behauptenden – Text der Erzählung: *Die neuen Leiden des jungen W.,* Suhrkamp 1973. – Zur Debatte um Plenzdorf in der DDR vgl. den Artikel von F. J. Raddatz (MERKUR Dezember 1973, Nr. 307). Übrigens bezeugt auch die Verfilmung der *Lotte in Weimar* 1974 durch die DEFA wohl nicht nur Achtung vor Thomas Mann und seinem Jubiläum, sondern auch das Interesse an *Werther* und seinem Nachleben.

7 Götz Großklaus in seiner Karlsruher Antrittsvorlesung Sommer 1974 über »Literarische Gesellschaftskritik in Texten von Ulrich Plenzdorf: *Die neuen Leiden des jungen W.* und Peter Schneider: *Lenz*«.

8 Bei Plenzdorf in atemlosem Telegrammstil ohne Interpunktion und in Kleinschreibung.

9 Zur Philosophie und Heroisierung des Selbstmords (so bei Montaigne

und Montesquieu) und ihrer Wirkung auf die Werther-Generation s. Migge (oben Anm. 1). Jörn Göres verweist als Parallele auf die Lust der jungen Generation zur Entrückung mit Hilfe von Rauschgift. Im übrigen sei verwiesen auf die wichtige Arbeit von Wolfgang Buhl: *Der Selbstmord im deutschen Drama*, 1950.

10 Als ein Jahr später Zelter von dem Selbstmord seines Stiefsohnes berichtet, hat dieser Vorfall zur Folge, daß Goethe dem alten Freunde – einzig in seiner Altersphase – das Du gewährt.

Merkur 29 (1975), S. 530-544.

V

Bibliographischer Anhang

Bibliographie der Werke Plenzdorfs

a) Die verschiedenen Fassungen der »Neuen Leiden des jungen W.«

1. [ohne Titel]
Ms. v. 1968/1969.
Druck: im vorliegenden Band.

2. Die neuen Leiden des jungen W. (erste Prosafassung).
Druck: Sinn und Form 24 (1972), S. 254-310.

3. Die neuen Leiden des jungen W. Stück in zwei Teilen.
(Geschrieben Januar bis Mai 1972.)
Uraufführung: Landestheater Halle, 18. 5. 1972.
Druck: Die Legende von Paul und Paula / Die neuen Leiden des jungen W. Ein Kino- und ein Bühnenstück. Berlin/DDR 1974.
Spectaculum 20. Frankfurt a. M. 1974, S. 237–283.

4. Die neuen Leiden des jungen W. (Romanfassung).
Druck: Rostock 1973.
Frankfurt a. M. 1973.
Frankfurt a. M. 1976 (Taschenbuchausgabe).
København 1975 (= neue deutsche Texte 16), hg. v. Kirsten Doctor.
New York/Santa Barbara/London/Sydney/Toronto 1978, hg. v. Richard A. Zipser.
London 1979, hg. v. J. H. Reid.

5. Die neuen Leiden des jungen W. Literarisches Drehbuch.
Autoren: Ulrich Plenzdorf/Heiner Carow.
VEB DEFA Studio für Spielfilme – Gruppe »Babelsberg«. Mai 1973.
Nicht realisiert; ungedruckt.

6. Die neuen Leiden des jungen W. (Hörspielfassung).
Produktion des Bayerischen Rundfunks mit dem Hessischen Rundfunk und dem Süddeutschen Rundfunk.
Regie: Richard Hey.
Erstsendung: 22. 7. 1974.

7. Die neuen Leiden des jungen W. (Fernsehfassung).
Produktion der Artus-Film GmbH für Südwestfunk.
Regie: Eberhard Itzenplitz.
Erstsendung: 20. 4. 1976.

b) Übersetzungen der »Neuen Leiden des jungen W.«

dänisch: København 1974
englisch: New York 1979
finnisch: Helsinki 1974
französisch: Paris 1975
italienisch: Milano 1973
japanisch: Tokio 1976
katalanisch: in Vorbereitung
litauisch: Vilnius 1980
niederländisch: Amsterdam 1974
norwegisch: Oslo 1974
polnisch: Poznán 1974
russisch: Moskau 1975
serbokroatisch: Zagreb 1978
slowakisch: Bratislava 1977
spanisch: in Vorbereitung.

c) Aufführungsverzeichnis der »Neuen Leiden des jungen W.«

(Angegeben wird jeweils die erste Spielzeit; Verlängerungen bleiben unberücksichtigt.)

Inszenierungen an Bühnen der DDR

Landestheater Halle/Uraufführung 18. Mai 1972
Volksbühne Berlin, Theater im 3. Stock/Spielzeit 1972/73
Hans-Otto-Theater Potsdam/Sp. 72/73
Brandenburger Theater Berlin/Sp. 72/73
Deutsches Theater Berlin/Sp. 72/73
Mecklenburgisches Staatstheater Schwerin/Sp. 73/74
Bühnen der Stadt Zwickau/Sp. 73/74
Friedrich-Wolf-Theater Neustrelitz/Sp. 73/74
Theater der Bergarbeiter Senftenberg/Sp. 73/74
Thomas-Müntzer-Theater Eisleben/Sp. 73/74
Theater Anklam/Sp. 73/74

Theater Greifswald/Sp. 73/74
Theater der Altmark Stendal/Sp. 73/74
Städtische Bühnen Erfurt/Sp. 73/74
Landestheater Altenburg/Sp. 73/74
Landesbühnen Sachsen, Dresden-Radebeul/Sp. 73/74
Städtische Bühnen Quedlinburg/Sp. 73/74
Das Meininger Theater/Sp. 74/75
Theater Rudolstadt/Sp. 74/75
Kleist-Theater Frankfurt/Oder/Sp. 74/75
Gerhart-Hauptmann-Theater Görlitz/Zittau/Sp. 80/81

Weitere deutschsprachige Inszenierungen

Staatliche Schauspielbühnen Berlin (West), Schloßpark-Theater/Westberliner Erstaufführung 8. Mai 1973
Münchner Kammerspiele/BRD-Erstaufführung 21. September 1973
Schauspielhaus Zürich/Schweizerische Erstaufführung 15. Februar 1974
Tribüne, Wien/Österreichische Erstaufführung 15. Oktober 1974
Zimmertheater Münster/Sp. 73/74
Tübinger Zimmertheater/Sp. 73/74
Bühnen der Stadt Essen/Sp. 73/74
Staatstheater Darmstadt/Sp. 73/74
Hessisches Staatstheater Wiesbaden/Sp. 73/74
Schloßtheater Celle/Sp. 73/74
Ernst-Deutsch-Theater Hamburg/Sp. 73/74
Städtische Bühnen Nürnberg/Sp. 73/74
Stadttheater Würzburg/Sp. 73/74
Theater der Stadt Baden-Baden/Sp. 74/75
Landestheater Schwaben-Memmingen/Sp. 74/75
Deutsches Theater Göttingen/Sp. 74/75
Burghof-Bühne Dinslaken/Sp. 74/75
Niedersächsisches Staatstheater Hannover/Sp. 74/75
Theater der Stadt Koblenz/Sp. 74/75
Heilbronner Theater/Sp. 74/75
Vereinigte Bühnen Graz/Sp. 74/75
E.T.A.-Hoffmann-Theater Bamberg/Sp. 74/76
Landestheater Linz/Sp. 74/75
Stadttheater Gießen/Sp. 74/75
Nationaltheater Mannheim/Sp. 74/75
Stadttheater Aachen/Sp. 74/75

Tourneeorganisation H. Kugelgruber, München (BRD-Tournee)/ Sp. 74/75
Städtische Bühnen Dortmund/Sp. 74/75
Vereinigte Bühnen Krefeld und Mönchengladbach/Sp. 74/75
Stadttheater Hildesheim/Sp. 74/75
Stadttheater Pforzheim/Sp. 74/75
Städtebundtheater Hof/Sp. 74/75
Städtische Bühnen Freiburg, Br./Sp. 74/75
Landestheater Coburg/Sp. 74/75
Bühnen der Hansestadt Lübeck/Sp. 74/75
Stadttheater Bremerhaven/Sp. 74/75
Stadttheater Konstanz/Sp. 74/75
Badisches Staatstheater Karlsruhe/Sp. 75/76
Landesbühne Rheinland-Pfalz, Neuwied/Sp. 75/76
Marburger Schauspiel/Sp. 75/76
Pfalztheater Kaiserslautern/Sp. 75/76
Städtische Bühnen Bielefeld/Sp. 75/76
Stadttheater Ingolstadt/Sp. 75/76
Staatstheater Oldenburg/Sp. 75/76
Theater der Altstadt Stuttgart/Sp. 75/76
Württembergische Landesbühne Eßlingen/Sp. 75/76
Festspiele der Stadt Bad Hersfeld/Sp. 76/77
Saarländisches Landestheater Saarbrücken/Sp. 76/77
Städtische Bühnen Osnabrück/Sp. 76/77
Fränkisch-Schwäbisches Städtetheater Dinkelsbühl/Sp. 76/77
Städtebundtheater Biel-Solothurn/Sp. 76/77
Stadttheater St. Pölten/Sp. 76/77
Klein-Theater Bern/Sp. 76/77
Theater am Kirchplatz, Schaan, Liechtenstein/Sp. 76/77
Landesbühne Wilhelmshaven/Sp. 79/80
Stadttheater Luzern/Sp. 79/80
Herdenheimer Volksschauspiele/Sp. 80/81
Konzertdirektion Landgraf (Tournee BRD, Österreich, Schweiz)/ Sp. 81/82

Inszenierungen im fremdsprachigen Ausland

Tirnovo/Bulgarische Erstaufführung im Mai 73
Sliwen/74
Lovetsch/78

Rozmaitosci Theater Warschau/Polnische Erstaufführung 18. Mai 1974
Powszechny, Lodz/Sp. 74/75
Opole/Sp. 75/76
Koszalin Slowackiego/Sp. 75/76
Polski Theater Wroczlaw/Sp. 76/77
Dramatyczny Koszalin/Jan. 77
Dramatyczny Walbrzych/Sp. 77/78
Theater Oradea/Rumänische Erstaufführung/Sp. 73/74
Theater Lucia Strudza Bulandra, Bukarest/Sp. 73/74
Divadlo Petra Bezruce, Ostrava/Slowakische Erstaufführung Februar 1977
Pesti Szinház, Budapest/Ungarische Erstaufführung 14. November 1975
Protein Theater Malmö/Schwedische Erstaufführung im Mai 1974
Stadttheater Helsinki/Finnische Erstaufführung 29. August 1974
Nationaltheater Brüssel/Belgische Erstaufführung 12. November 1975
Company Spazio Teatro di Livorno/Italienische Erstaufführung 27. Oktober 1979
Bates Collage Theatre Leviston, Maine, USA/Erstaufführung 31. März 1977

d) Weitere Werke Plenzdorfs

Die Legende von Paul und Paula.
Druck: Die Legende von Paul und Paula / Die neuen Leiden des jungen W. Berlin/DDR 1974.
Frankfurt a. M. 1974.

Buridans Esel. 46 Szenen nach dem gleichnamigen Roman von Günter de Bruyn. 1976 (als Bühnenmanuskript vervielfältigt).

Karla [Textauszug].
Druck: Auskunft. Neue Prosa aus der DDR. Hg. v. Stefan Heym. Reinbek 1977, S. 29-39.

kein runter kein fern.
Druck: Klagenfurter Texte. Zum Ingeborg-Bachmann-Preis 1978. Hg. v. Hubert Fink/Marcel Reich-Ranicki/Ernst Willner. München 1978, S. 13-31.
Geschichten aus der DDR. Hg. v. Hans-Jürgen Schmitt. Hamburg 1979, S. 70-86.

Legende vom Glück ohne Ende.
Druck: Rostock 1979.
Frankfurt a. M. 1979.
Berlin/DDR 1981 (Romanzeitung).
Frankfurt a. M. 1981 (Taschenbuchausgabe).

Karla (Filmszenarium – 1964. Unter Mitarbeit von Hermann Zschoche [Regisseur]); Der alte Mann, das Pferd, die Straße (Szenarium unter Mitarbeit von Martin Stade – 1974).
Nach der Novelle »Vetters fröhliche Fuhren« von Martin Stade.
Druck: Frankfurt a. M. 1980.

Gutenachtgeschichte.
Druck: die Tageszeitung v. 11. 10. 1980, S. 48-50.

e) Filme

Mir nach, Canaillen! (DDR 1964).
Nach Motiven des Romans »Eine Sommerabenddreistigkeit« von Joachim Kupsch.
Regie: Ralf Kirsten.

Karla (DDR 1964).
Regie: Hermann Zschoche.
(Der Film wurde realisiert, aber nicht aufgeführt.)

Weite Straßen – stille Liebe (DDR 1969).
Nach Motiven einer Erzählung von Hans-Georg Lietz.
Regie: Hermann Zschoche.

Kennen Sie Urban? (DDR 1970).
Regie: Ingrid Reschke.

Die Legende von Paul und Paula (DDR 1973).
Regie: Heiner Carow.

Die Leiden des jungen W. (BRD 1976).
Regie: Eberhard Itzenplitz.

Glück im Hinterhaus (DDR 1980).
Nach dem Roman »Buridans Esel« von Günter de Bruyn.
Regie: Hermann Zschoche.

Der König und sein Narr (BRD 1980).
Nach dem gleichnamigen Roman von Martin Stade.
Regie: Frank Beyer.

Bibliographie der Forschungsliteratur zu Ulrich Plenzdorf, »Die neuen Leiden des jungen W.«

Agli, Anna Maria dell': L'ultimo Werther. Introduzione alla discussione. In: Annali. Sezioni Germanica, Studi tedeschi XVIII, 3 (1975), S. 99-106.

Bahr, Eberhard: Roter Werther in Blue Jeans: Nachlese zum Werther-Jahr. In: Pacific Coast Philology. Vol. 10 (April 1975), S. 11-16.

Bauer Pickar, Gertrud: Plenzdorf's ›Die neuen Leiden des jungen W.‹: The Interaction of Portrayal and Social Criticism. In: Modern Fiction Studies 24 (1978/79), S. 542-549.

Behn-Liebherz, Manfred: Ulrich Plenzdorf. In: Kritisches Lexikon zur deutschsprachigen Gegenwartsliteratur. Hg. v. Heinz Ludwig Arnold. Bd. 3. o. O., o. J.

Biele, Peter: Nochmals Die neuen Leiden ... In: Sinn und Form 25 (1973), S. 1288-1293.

Bohnen, Klaus: Literatur im pragmatischen Kontext: Plenzdorfs »Neue Leiden« und das Jugendgesetz der DDR. In: Text & Kontext 7.1. Themaheft zur neueren DDR-Literatur. 1979, S. 66-82.

Brinker-Gabler, Gisela: »Ich weiß nicht, ob mich einer versteht, Leute.« Funktions- und Wirkungspotential von Teenagersprache und Werther-Zitat in Ulrich Plenzdorfs *Die neuen Leiden des jungen W.* In: Literatur in Wissenschaft und Unterricht 11 (1978), S. 80-92.

Cases, Cesare: Plenzdorfs entsublimierter Werther. In: Annali. Sezioni Germanica, Studi tedeschi XVIII, 3 (1975), S. 129-143.

Cosentino, Christine: Bekehrter Held und Einzelgänger: Zu Fragen der DDR-Jugendproblematik bei Armin Stolper, Ulrich Plenzdorf und Reiner Kunze. In: Journal of English and Germanic Philology 77 (1978), S. 495-503.

Der neue Werther. Ein Gespräch. In: Neue deutsche Literatur (1973), H. 3, S. 139-149.

Diskussion um Plenzdorf. In: Sinn und Form 25 (1973), S. 672-676.

Doctor, Kirsten: Efterskrift. In: Ulrich Plenzdorf, Die neuen Leiden des jungen W. Erläuterungen und Nachwort von Kirsten Doctor. København 1975 (= neue deutsche Texte 16), S. 107-122.

Favier, Georges: Hybris et Fierté. La Parodie des Classiques chez Ulrich Plenzdorf. In: Recherches Germaniques 9 (1979), S. 205-233.

Fenn, Bernard: Ulrich Plenzdorfs »Die neuen Leiden des jungen W.« Die Verwertung eines literarischen Modells. In: German Studies in India 4 (1980), S. 10-16.

Fischbeck, Helmut: Ulrich Plenzdorf: Die neuen Leiden des jungen W. Zur Literaturproduktion und -rezeption in der DDR. In: Diskussion Deutsch 5 (1974), S. 338-358.

Fiumi, A. Borsano: Dal Werther alla metamorfosi. Un contributo alla »storia della poesia« tedesca. In: ACME. Annali della Facoltà di Lettere e Filosofia dell'Università degli Studi di Milano 30 (1977), No. 48, S. 283-295.

Flaker, Aleksandar: Modelle der Jeans-Prosa. Zur literarischen Opposition bei Plenzdorf im osteuropäischen Romankontext. Kronberg/Ts. 1975.

Franke, Konrad: Die Literatur der Deutschen Demokratischen Republik II. Kindlers Literaturgeschichte der Gegenwart. Autoren, Werke, Themen, Tendenzen seit 1945. Bd. 4. Aktualisierte Ausgabe, Frankfurt a. M. 1980, S. 181 f. und S. 339.

Gajek, Bernhard: Gegenwart und Geschichte in der Literatur. Zur Diskussion um Ulrich Plenzdorfs *Die neuen Leiden des jungen W.* In: Geist und Zeichen. Festschrift für Arthur Henkel zu seinem 60. Geburtstag, dargebracht von Freunden und Schülern und hg. v. Herbert Anton, Bernhard Gajek, Peter Pfaff. Heidelberg 1977, S. 127-136.

Girnus, Wilhelm: Lachen über Wibeau ... aber wie? In: Sinn und Form 25 (1973), S. 1277-1288.

Großklaus, Götz: West-östliches Unbehagen. Literarische Gesellschaftskritik in Ulrich Plenzdorfs *Die neuen Leiden des jungen W.* und Peter Schneiders *Lenz*. In: Basis. Jahrbuch für deutsche Gegenwartsliteratur 5 (1975), S. 80-99.

Haberl, Franz P.: Recent Trends in East German Drama. In: Books Abroad. An International Literary Quarterly 49 (1975), S. 19-24.

Hammer, J. P.: Les nouvelles Souffrances du jeune W. In: Allemagnes d'aujourd'hui. Nouvelle Série, No. 40 (Novembre/Decembre 1973), S. 55–63.

Jakobs, Karl-Heinz: Plenzdorf. In: Ders., Heimatländische Kolportagen. Ein Buch Publizistik. Berlin/DDR 1975, S. 237-244.

Janikowski, Maria: Der neue Held in der Prosa der DDR. Christa Wolf, Ulrich Plenzdorf, Wolfgang Joho, Rolf Schneider, Volker Braun. In: Germanica Wratislaviensia 36 (1980), S. 73-87.

Jauß, Hans Robert: Klassik – wieder modern? In: Der Deutschunterricht 30 (1978), H. 2, S. 35-51.

Jauß, Hans Robert: Ästhetische Erfahrung als Verjüngung des Vergangenen (Klassik – wieder modern?). In: Sprache und Welterfahrung, hg. v. Jörg Zimmermann. München 1978, S. 301-328.

John, D. G.: Ulrich Plenzdorf's »Die neuen Leiden des jungen W.«: The Death of a Fool. In: Modern Drama 33 (1980), S. 25-32.

Jurgensen, Manfred: Werther und kein Ende! Anmerkungen zu Ulrich Plenzdorfs »Die neuen Leiden des jungen W.« In: Aumla. Journal of the Australasian Universities Language and Literature Association 1977, No. 48, S. 283-295.

Kaiser, Erich/Georg Pilz: Lernziel: Wertungskompetenz. Ein Unterrichtsversuch mit Ulrich Plenzdorfs »Die neuen Leiden des jungen W.« In: Der Deutschunterricht 31 (1979), H. 4, S. 82-93.

Kaschuge, Heidrun: Goethe, Plenzdorf. Die (neuen) Leiden des jungen (W.) Werthers. Vergleiche und Untersuchungen. Hollfeld, 4., bearb. Aufl. 1981 (= Analysen und Reflexionen 20).

Klien, Edwin: Die literarische Gestaltung der Adoleszenz in Ulrich Plenzdorfs »Die neuen Leiden des jungen W.« Phil. Diss. Innsbruck 1977. (Maschinenschriftl.)

Kluge, Gerhard: Plenzdorfs neuer Werther – ein Schelm? In: Amsterdamer Beiträge zur Neueren Germanistik 7 (1978), S. 164-206.

Klunker, Heinz: Der W.-Effekt. In: Neues Hochland 66 (1974), S. 451-465.

Köppe, Walter: Die Wahrheit des literarischen Diskurses. Anmerkungen zu Ulrich Plenzdorfs Roman *Die neuen Leiden des jungen W.* In: Acta Germanica. Jahrbuch des Südafrikanischen Germanistenverbands, Bd. 12 (1980), S. 197-207.

Kricheldorff, Hans: Ulrich Plenzdorf: Die neuen Leiden des jungen W. In: Neue deutsche Hefte 20 (1973), H. 3, S. 144f.

Kurz, Paul Konrad: Sehnsucht nach neuem Leben. Der Zeitgenosse in fünf Romanen der Saison. In: Wort und Wahrheit 28 (1973), S. 471-483.

Labroisse, Gerd: Überlegungen zur Interpretationsproblematik von DDR-Literatur an Hand von Plenzdorfs *Die neuen Leiden des jungen W.* In: Amsterdamer Beiträge zur Neueren Germanistik 4 (1975), S. 157-181.

Lang, Ewald: Die Sprache Edgar Wibeaus: Gestus, Stil, fingierter Jargon. In: Connaissance de la RDA. Spécial Plenzdorf. Novembre 1980, No. 11, S. 61-94.

Literatur der Deutschen Demokratischen Republik. Von einem Autorenkollektiv unter Leitung von Horst Haase und Hans Jürgen Geerdts, Erich Kühne, Walter Pallus. Geschichte der deutschen Literatur von den Anfängen bis zur Gegenwart. Bd. 11. Berlin/DDR 1976, S. 687-689.

Lusset, Félix: Individu et Société en RDA. La Pièce d'Ulrich Plenzdorf *Die neuen Leiden des jungen W.* In: Allemagnes d'aujourd'hui. Nouvelle Série, Bo. 43 (Mai/Juin 1974), S. 34-51.

Manacorda, Giorgio: Plenzdorf: La cucina del laboratorio. In: Annali. Sezioni Germanica, Studi tedeschi XVIII, 3 (1975), S. 119-127.

Mannack, Eberhard: Zwei deutsche Kulturen? Zu G. Grass, U. Johnson, H. Kant, U. Plenzdorf und C. Wolf. Mit einer Bibliographie der Schönen Literatur in der DDR (1968-1974). Kronberg/Ts. 1977. (Zu Plenzdorf S. 85-98.)

Münder, Peter: Erläuterungen zu Ulrich Plenzdorf, Die neuen Leiden des jungen W. Hollfeld, 4. Aufl. 1981 (= Königs Erläuterungen und Materialien 304).

Neubauer, John: Trends in Literary Reception: Die neuen Leiden der Wertherwirkung. In: The German Quarterly 52 (1979), S. 69-79.

Neubert, Werner: Niete in Hosen – oder ...? In: Neue deutsche Literatur 21 (1973), H. 3, S. 130-135.

Neumayer, Michel: Die neuen Leiden des jungen W. de Ulrich Plenzdorf. Analyse sémantique et communication. In: Revue d'Allemagne 7 (1975), S. 68-84.

Pegoraro, Anna: Ulrich Plenzdorf, *Die neuen Leiden des jungen W.* In: Annali. Sezioni Germanica, Studi tedeschi XVIII, 3 (1975), S. 107-117.

Pezold, Antonia: Zwei Werke der frühen siebziger Jahre im Vergleich.

Ulrich Plenzdorfs »Die neuen Leiden des jungen W.« und Ákos Kertész' »Das verschenkte Leben des Ferenc Makra«. In: Weimarer Beiträge 26 (1980), H. 8, S. 170-174.

Pilz, Georg/Erich Kaiser (Hg.): Literarische Wertung und Wertungsdidaktik. Kronberg/Ts. 1976, S. 293-304. (Auszüge aus Rezensionen zu den »Neuen Leiden«.)

Plavius, Heinz: Freuden an Leiden. In: Sinn und Form 25 (1973), S. 448-453.

Raddatz, Fritz J.: Ulrich Plenzdorfs Flucht nach innen. In: Merkur 27 (1973), S. 1174-1178. (Auch in: Fritz J. Raddatz: Traditionen und Tendenzen. Materialien zur Literatur der DDR. Erweiterte Ausgabe. Zweiter Band. Frankfurt a. M. 1976, S. 781-786.)

Reich-Ranicki, Marcel: Ulrich Plenzdorf. Der Fänger im DDR-Roggen. In: Ders., Entgegnung. Zur deutschen Literatur der siebziger Jahre. Stuttgart 1979 (2., erw. Aufl. 1981), S. 262-270, S. 343. (Zuerst in: Die Zeit v. 4. 5. 1973.)

Reinoß, Herbert: Werther in Ost-Berlin. In: Zeitwende 45 (1975), S. 275-277.

Reis, Ilse H.: Ulrich Plenzdorfs Gegen-Entwurf zu Goethes »Werther«. Bern/München 1977.

Riedel, Walter E.: Some German Ripples of Holden Caulfield's »Goddam Autobiography«: On Translating and Adapting J. D. Salinger's »Catcher in the Rye«. In: Canadian Review of Comparative Literature 7 (1980), S. 196-205.

Rubinstein, Hilde: Sandpapier und Seide. In: Frankfurter Hefte 30 (1975), H. 4, S. 145-147.

Sakai, Osamu: Ein junger Werther in Blue jeans. Über »Die neuen Leiden des jungen W.« von Ulrich Plenzdorf. In: Doitsu Bungaku, H. 56 (1976), S. 94-102 (japanisch; mit dt. Zusammenfassung, S. 102-104).

Sander, Hans-Dietrich: Die forsche Welle. In: Deutschland Archiv 5 (1972), S. 958-962.

Sander, Hans-Dietrich: Vom Monopol zum Oligopol? Fortgang und Vertiefung der kulturpolitischen Wirren. In: Deutschland Archiv 6 (1973), S. 454-459.

Scharfschwerdt, Jürgen: Werther in der DDR. Bürgerliches Erbe zwischen sozialistischer Kulturpolitik und gesellschaftlicher Realität. In: Jahrbuch der Deutschen Schillergesellschaft 22 (1978), S. 235-276.

Schmitt, Albert R.: Ulrich Plenzdorfs *Die neuen Leiden des jungen W.* im Spiegel der Kritik. In: Views and Reviews of Modern German Literature. Festschrift for Adolf D. Klarmann, hg. v. Karl S. Weimar. München 1974, S. 257-276.

Schneider, Michael: Ulrich Plenzdorfs *»Werther«*-Roman: Neues proletarisches Lustprinzip oder privatistischer Rückzug aus der sozialistischen Arbeitsgemeinschaft? In: Ders., Die lange Wut zum langen Marsch. Aufsätze zur sozialistischen Politik und Literatur. Reinbek 1975, S. 330-334. (Zuerst in: konkret, Juni 1973.)

Schumann, Adelheid: Ulrich Plenzdorf: Die neuen Leiden des jungen W. Versuch einer linguistisch-pragmatischen Interpretation. In: Recherches germaniques 4 (1974), S. 153-160.

Staadt, Jochen: Konfliktbewußtsein und sozialistischer Anspruch in der DDR-Literatur. Zur Darstellung gesellschaftlicher Widersprüche in Romanen nach dem VIII. Parteitag der SED 1971. Berlin 1977. (Zu Plenzdorf S. 140-204.)

Stephan, Arndt/Inge Stephan: Werther und Werther-Rezeption – Ein Unterrichtsmodell zur Aufarbeitung bürgerlichen Selbstverständnisses. In: Projekt Deutschunterricht 9. Literatur der Klassik II – Lyrik/Epik/Ästhetik, hg. v. Bodo Lecke in Verbindung mit dem Bremer Kollektiv. Stuttgart 1975, S. 146-176. (Zu Plenzdorf S. 163-173.)

Stimmen zu den »Neuen Leiden des jungen W.« In: Sinn und Form 25 (1973), S. 848-887.

Tabah, Mireille: Die neuen Leiden des jungen W. Ulrich Plenzdorf entre Goethe et Salinger. In: Etudes Germaniques 30 (1975), S. 335-344.

Waiblinger, Franz Peter: Zitierte Kritik. Zu den *Werther*-Zitaten in Ulrich Plenzdorfs *Die neuen Leiden des jungen W.* In: Poetica 8 (1976), S. 71-88.

Wapnewski, Peter: Zweihundert Jahre Werthers Leiden oder: Dem war nicht zu helfen. In: Merkur 29 (1975), S. 530-544.

Weimann, Robert: Goethe in der Figurenperspektive. In: Sinn und Form 25 (1973), S. 222-238.

Weisbrod, Peter: Literarischer Wandel in der DDR. Untersuchungen zur Entwicklung der Erzählliteratur in den siebziger Jahren. Heidelberg 1980. (Zu Plenzdorf S. 222-229; S. 309-311.)

Editorische Notiz

Der vorliegende Band sammelt Materialien zu einem der erfolgreichsten und meistdiskutierten Texte der deutschen Gegenwartsliteratur. Die Auswahl der Materialien versucht, die Schwerpunkte der öffentlichen Diskussion über die »Neuen Leiden« in der DDR und im Westen zu dokumentieren. Die Texte werden unverändert und unverkürzt abgedruckt; ohne besondere Kennzeichnung gestrichen wurden lediglich jeweils die bibliographischen Angaben zu den »Neuen Leiden«. Offensichtliche Druckfehler wurden stillschweigend korrigiert.

Bei der Zusammenstellung des Textes war der Herausgeber auf die Hilfe vieler Personen und Institutionen angewiesen, denen er zu Dank verpflichtet ist: zunächst Ulrich Plenzdorf selbst, der mit Materialien und Auskünften – die auch in der Einleitung verwertet wurden – zur Verfügung stand; sodann den Rundfunk- und Fernsehanstalten, die Manuskripte und Informationen bereitstellten, den Bibliotheken und Archiven, die bei der Sammlung der Materialien behilflich waren, und schließlich dem Henschelverlag, der in mühevoller Arbeit das Aufführungsverzeichnis zu den »Neuen Leiden« erstellte, das in einigen wenigen Fällen vom Drei-Masken-Verlag noch ergänzt werden konnte.

Dank zu sagen ist den Inhabern der Rechte, die die Abdruckerlaubnis für ihre Beiträge erteilten.

***

In diesem Band kann erstmals die ursprüngliche Fassung der »Neuen Leiden« abgedruckt werden, die sich in Plenzdorfs Materialien fand. Sie erlaubt wichtige Einblicke in die Entstehungsgeschichte des Textes, da sie in wesentlichen Punkten von den später publizierten Fassungen abweicht.

Diese Urfassung wurde 1968-1969 im Auftrag der DEFA als Szenarium für einen Film geschrieben, der dann jedoch nicht realisiert wurde. Die Druckvorlage umfaßt 154 maschinenschriftliche Seiten; für den Druck wurden der Titel und die Numerierung der Szenen hinzugefügt, ansonsten blieb der Text – bis auf die Korrektur offensichtlicher Tippfehler – unverändert. Wichtige vom Autor gestrichene Passagen, die nicht an anderen Stellen wieder eingefügt wurden, sind im Druck durch spitze Klammern gekennzeichnet.

Peter J. Brenner
Regensburg, im November 1981

st 2001 Brechts »Leben des Galilei«
Herausgegeben von Werner Hecht

Erstmals vor fast zwei Jahrzehnten erstellte Werner Hecht einen Materialienband zu Bertolt Brechts *Leben des Galilei.* Daß die Rezeption eines literarischen Werkes Bestandteil seiner Geschichte, seines Fortlebens in der Zeit sei, gilt heute wie damals. Die Neubearbeitung des alten Materialienbandes unternimmt die Verbindung des Aktuellen mit der Tradition, indem sie einerseits das Verbürgte und Beständige wieder bezeugt, andererseits Veränderungen in der Einschätzung, Entwicklungen in Forschung und Theaterpraxis sowie neuen philologischen Funden gerecht wird.

st 2002 Thomas Bernhard, Werkgeschichte
Herausgegeben von Jens Dittmar

Bernhards großem und bereits singulärem Werk – seinen Anfängen und seiner Entwicklungslinie – gilt der zweite Band der neuen Materialienreihe des Suhrkamp Verlages: eine Werkgeschichte, die sowohl germanistischen als auch außerfachlichen Ansprüchen Rechnung trägt. Sie erfaßt alle Texte, die als Einzelveröffentlichungen, in Zeitschriften oder Anthologien erschienen sind und gibt eine Auswahl der kritischen Stimmen mit dem Ziel, das Spektrum möglicher Standpunkte, aber auch Stereotypien der Literaturkritik sichtbar zu machen. Die Werkgeschichte dient damit gleichzeitig als Lesebuch und als Bibliographie der Primär- und Sekundärliteratur.

st 2003 Über Martin Walser
Herausgegeben von Klaus Siblewski

Martin Walser hat seit den Anfängen der Bundesrepublik auf deren Entwicklung schreibend reagiert. Darüber eingehend Aufschluß zu geben, hat sich der neue Materialienband über Martin Walser zum Ziel gesetzt. Bei allen literarischen Detailfragen – nach Romanaufbau oder Sprachkritik – steht Martin Walser als ein Autor von Gesellschaftsromanen, von politischen und sozialen Dramen im Vordergrund der hier vorgelegten Untersuchungen. Eingeleitet wird dieser Band mit einem literarischen Porträt. Ihm folgen Interviews und exemplarische Studien zum Roman-Werk und zur Rezeption seiner Dramen sowie des Romans *Jenseits der Liebe.* Die Faksimilierung fast aller Romananfänge in Manuskriptform – darunter der ersten drei Fassungen von Kapitel 1 des *Sturzes* – gewährt erstmals Einblick in die Werkstatt des Dichters.

st 2004 Über Peter Handke
Herausgegeben von Raimund Fellinger

Im deutschen Sprachraum wie international hat das literarische Werk Peter Handkes ein großes Echo hervorgerufen. Im Zentrum des neuen Materialienbandes stehen detaillierte und umfassende Analysen der einzelnen Werke. Ein zweiter Teil gilt einmal der Untersuchung übergreifender Zusammenhänge: der Zusammenhänge zwischen Werken aus einer bestimmten Periode, zwischen Texten verschiedener Genres. Zum andern werden hier aber auch die Unterschiede in den Schreibhaltungen herausgearbeitet. Der dritte Teil gibt ein Bild der bisherigen Rezeptionsgeschichte und ihrer Phasen. Den Band beschließt eine komplette Bibliographie der Primär- und Sekundärliteratur.

st 2005 Über Ödön von Horváth
Herausgegeben von Traugott Krischke

Nach dem Erscheinen des Bandes *Über Ödön von Horváth* vor neun Jahren war es an der Zeit, eine neue Sammlung vorzulegen, die die wichtigsten neuen Fakten und Erkenntnisse in Beiträgen namhafter Wissenschaftler gesammelt präsentiert. Besondere Akzente liegen dabei auf der Prosa Horváths, auf der Frage nach seiner thematischen Beeinflussung, auf Spätwerk und Rezeption: Probleme, die erst in letzter Zeit verstärkt ins Blickfeld getreten sind, Fragestellungen, die das Horváth-Bild wieder aus vorschnellen Festlegungen gelöst haben. Ein ausführlicher Anhang mit der auf den letzten Stand gebrachten Zusammenstellung »Daten und Dokumente« sowie einer ausgewählten Bibliographie unter Berücksichtigung der wichtigsten Sekundärpublikationen bis zum Sommer 1981 schließt den Band ab.

st 2006 Geschichte als Schauspiel
Herausgegeben von Walter Hinck

Eine Wiedereroberung der Geschichte hat begonnen; überall macht sich das Bedürfnis nach Aufklärung über unsere Vergangenheit bemerkbar. Keine literarische Gattung aber vermag Geschichte so unmittelbar zu vergegenwärtigen wie das historische Drama. Gegenstand der – teilweise kritischen – Deutungen dieses Bandes sind bedeutende Beispiele eines Geschichtsdramas, das den vergangenen und den gegenwärtigen Zustand so miteinander verknüpft, daß im Geschichtlichen die Gegenwart zu einem vertieften Verständnis ihrer selbst und zugleich zu einem Ungenügen an sich selbst gelangt, aber auch zu einem Bild oder zur Ahnung möglicher Zukunft. Von Gryphius über Goethe, Schiller und Kleist, Büchner und Grillparzer führt die Reihe zu Brecht und Dürrenmatt, R. Schneider und Hochhuth, P. Weiss und Kipphardt, Hacks, M. Walser und H. Müller.

st 2007 Über Ludwig Hohl
Herausgegeben von Johannes Beringer

Auf ungewöhnliche, auf unbedingte Weise ist Ludwig Hohl dem nachgekommen, was er als seine Berufung erkannt hatte: dem Schreiben. Er hat sich nicht dazu hergeben können, aus solcher Berufung einen Beruf zu machen, hat sich zugleich geweigert, vor der Höhe und Schwierigkeit seiner Aufgabe abzudanken und in eine Nebentätigkeit auszuweichen. Der Band stellt die wichtigsten Aufsätze, Rezensionen und Berichte über Hohl aus einem Zeitraum von vierzig Jahren wieder vor. Eine sorgfältig erarbeitete Bibliographie wird neben den Sekundärtexten erstmals auch den ganzen Umfang von Hohls Schaffen erkennbar machen.

st 2008 Die Strindberg-Fehde 1910–1911
Herausgegeben von Klaus v. See

Mit dieser Dokumentation, ausgewählt aus einer Sammlung von nahezu 500 schwedischen Zeitungs- und Zeitschriftenartikeln, ergänzt durch einige deutsche Texte und illustriert mit etwa zehn zeitgenössischen Karikaturen, philologisch erschlossen durch den Herausgeber, tritt die schwedische Dreyfus-Affäre ins Blickfeld. Mißgunst und Verbitterung sind im Spiel, als Strindberg – zwei Jahre vor seinem Tod – eine Pressekampagne inszeniert, die schließlich alles in Frage stellt, was dem offiziellen, monarchisch-konservativen Schweden lieb und heilig ist. Doch kommt in den persönlichen Querelen sogleich immer wieder Grundsätzliches zum Austrag: die Frage nach der politisch-sozialen Rolle des Dichters in der Gesellschaft, die Frage nach der öffentlichen Verantwortung einer subjektiv wertenden Literaturkritik, die Frage nach den Möglichkeiten einer sozialdemokratischen Kulturpolitik und einer proletarischen Ästhetik.

st 2010, 2011 Rilkes »Duineser Elegien«
Zweiter und dritter Band
Herausgegeben von Ulrich Fülleborn und Manfred Engel

Mit diesen beiden Bänden und dem ersten bereits als st 574 erschienenen liegen die Materialien zu R. M. Rilkes *Duineser Elegien* in einer bisher einmaligen Vollständigkeit und Abrundung vor. Der erste Band belegt zum ersten Mal umfassend und genau die krisenreiche äußere und innere Entstehungsgeschichte von Rilkes lyrischem Hauptwerk und enthält alle Selbstdeutungen des Dichters. Während der zweite Band die Forschungsgeschichte von 1930–1981 dokumentiert und daraus die Konsequenzen für ein angemessenes künftiges Verständnis der Elegien in einem eingehenden Vorwort erarbeitet, gibt der dritte Band eine reiche Auswahl der allgemeinen Rezeption. Wie der zweite Band wird auch dieser dritte durch ein Vorwort erschlossen und enthält überdies eine erschöpfende Bibliographie der internationalen Rezeption.

st 2012 Literarische Utopie-Entwürfe
Herausgegeben von Hiltrud Gnüg

Wie eine bessere Welt als die jeweils gegenwärtige zu denken sei, welche Chance auf heilere Zukunft diese in sich berge, darüber sind die Ansichten verschieden. Von mittelalterlicher Gralsutopie bis zur Utopie-Diskussion unserer Zeit spannt sich der Bogen dieses Materialienbandes von über dreißig Essays und Texten namhafter Literaturwissenschaftler, Philosophen, Literaturkritiker und Autoren, der nicht nur den Utopismus der ›hohen‹ Literatur, sondern auch die politische Perversion utopischer Wunschphantasie, auch Genres wie Science-fiction oder Schlager-Utopien thematisiert.

st 2013 Plenzdorfs »Die neuen Leiden des jungen W.«
Herausgegeben von Peter J. Brenner

1972 in der DDR, 1973 in der Bundesrepublik erstmals erschienen, in der Theaterbearbeitung hüben wie drüben zugleich umstrittenes und umjubeltes Ereignis, hat Plenzdorfs »Neuer Werther« den Erfolg seiner klassischen Vorlage eingestellt. Wie diese 200 Jahre zuvor, so enthält auch Plenzdorfs *Werther* das Gefühl, trägt ihn die Strömung seiner Zeit, artikuliert er einer Generation Trauer und Sehnsucht. Den Mythos von Plenzdorfs Werther historisch und kritisch zugleich zu belegen und aufzuhellen, gleichzeitig aber zum ersten Mal Plenzdorfs Erstling einzuordnen in den größeren Zusammenhang eines umfassenderen Schaffens: dies macht der neue Materialienband sich zur Aufgabe.

st 2014 Horváths »Der Fall E.« oder Die Lehrerin von Regensburg
Herausgegeben von Jürgen Schröder

Horváths Dramenfragment über »Den Fall E.« fußt auf einem Fall von Berufsverbot und seinen tragischen Folgen im Jahre 1930. Die Voraussetzung für das Verständnis von Horváths Arbeitsweise als des »Chronisten« der Weimarer Republik bildet eine möglichst genaue Dokumentation des authentischen Falles. Sie ist in den letzten beiden Jahren fast lückenlos gelungen. Neben der Edition des Dramentextes und aller Varianten, ausführlicher historischer und literaturwissenschaftlicher Interpretation bietet der Materialienband u. a. die umfangreichen Personalakten der seinerzeit zuständigen Kreisregierung, die Protokolle des bayerischen Landtags, ein handschriftliches Tagebuch des Opfers, Fotografien und mündliche Äußerungen noch lebender Zeugen.

st 2015 Über Herbert Achternbusch
Herausgegeben von Jörg Drews

Der Bezeichnungen für Herbert Achternbusch, den Mann und das Werk, sind viele: Den Ungebändigten, Wütenden, den Eigensinnigsten, den Anarchisten hat man ihn genannt, zugleich aber den Schwierigen, den Versponnenen. In seinem Werk, ob Dichtung oder Film, entdeckte man den »Sog des Existentiellen« ebenso wie das Sentimentale, das Satirische wie das Utopische, das Volkstümliche wie das Exzentrisch-Esoterische. Auf eines jedoch wird man sich wohl verständigen: Achternbusch steht in der Reihe der wenigen wirklich großen Unzeitgemäßen, der Schöpfer ihres provokant eigenen Lebens, der wahren Poeten. Der Materialienband von Jörg Drews unternimmt eine Annäherung, ohne hinter den Facetten dieses Autors den großen Nenner, dem er sich und sein Schaffen verweigert, zu suchen.

st 2016 Brechts »Mutter Courage und ihre Kinder«
Herausgegeben von Klaus-Detlef Müller

Mutter Courage und ihre Kinder ist Brechts vermutlich erfolgreichstes, mit Sicherheit aber folgenreichstes Stück. Der neue Materialienband mit dem Bestreben, »Einschüchterung durch Klassizität« zu verhindern, ersetzt und ergänzt die ältere Sammlung von Werner Hecht (edition suhrkamp 50). Der Offenheit und Aktualität von Brechts Werk wird er gerecht durch den Abdruck weiterer Dokumente zur Entstehung des Stücks und bisher unveröffentlichter Varianten, eine Zusammenstellung von Äußerungen Brechts zum Werk und zur Aufführung, eine Dokumentation zur Rezeption, den Wiederabdruck wichtiger Deutungen, Bibliographie und Aufführungsverzeichnis. Er versteht sich als Anregung zu erneuter Auseinandersetzung mit dem Stück in Theater, Universität und Schule.

Pädagogik für die Praxis in der Herderbücherei

Nachschlagewerke

9001 Wörterbuch der Schulpädagogik
9009 Wörterbuch der Berufs- und Wirtschaftspädagogik
9016 Wörterbuch der Pädagogischen Psychologie
9035 Wörterbuch der Vorschulerziehung
9042 Wörterbuch zum Religionsunterricht
9047 G. Kuhlemann, Schulpädagogische Literaturkunde
9053 S. Hemmert-Halswick / K.-J. Kluge, Wörterbuch der Verhaltenslehre

Allgemeine Pädagogik

9013 W. Mitter (Hrsg.), Pädagogik und Schule im Systemvergleich
9014 H. Müller (Hrsg.), Modernes Schulmanagement
9017 W. Potthoff / A. Wolf, Einführung in die Strukturbegriffe der Erziehungswissenschaft
9026 Günter R. Schmidt, Autorität in der Erziehung
9044 H. Dietz, Jugend im Niemandsland
9055 H.-Chr. Thalmann, Den Schulalltag bestehen
9057 E. Wasem (Hrsg.), Von der Theorie zum Schulalltag
9059 H. Dietz, Pädagogik der Selbstbegrenzung

Pädagogische Psychologie

9040 G. Melzer, Sozialisation in der Schule
9041 D. Trempler (Hrsg.), Legasthenie – neue Wege der Heilung
9043 K. Joerger, Einführung in die Lernpsychologie
9045 J. Jahnke, Motivation in der Schulpraxis

Schulpädagogik

9018 G. Heinelt, Kreative Lehrer – kreative Schüler
9024 N. Rückriem, Disziplin in der Schule
9025 M. Wöbcke, Suchtgefährdete Schüler
9030 W. Potthoff / A. Wolf, Konflikte in der Schule
9033 G. Oestreich, Kinder zwischen Angst und Leistung
9034 H. Kamm / E. H. Müller, Hausaufgaben – sinnvoll gestellt
9036 Waldorfpädagogik in öffentlichen Schulen
9038 K. Hornich, Praxis der Orientierungsstufe
9039 R. Ulshöfer / Th. Götz (Hrsg.), Praxis des offenen Unterrichts
9050 C. Claussen (Hrsg.), Einschulung und Erstunterricht

Außerschulische Pädagogik

9027 W. Niggemann, Praxis der Erwachsenenbildung

Vorschulerziehung

9005 Das Kind im Vorschul- und Grundschulalter
9006 H. Deißler, Verschulter Kindergarten
9011 N. Huppertz, Elternarbeit vom Kindergarten aus
9048 D. Höltershinken (Hrsg.), Frühkindliche Erziehung und Kindergartenpädagogik
9049 N. Huppertz, Elternmitsprache im Kindergarten
9051 A. Grömminger, Bilderbücher in Kindergarten und Grundschule
9052 E. Ellwanger/A. Grömminger, Märchen – Erziehungshilfe oder Gefahr?

Sport

9010 H. Rösch/Th. Lautwein, Praxis des Sportunterrichts
9015 C. Krimm-von Fischer (Hrsg.), Musikalisch-rhythmische Erziehung

Leseerziehung/Medienkunde

9003 G. Oestreich, Erziehung zum kritischen Lesen
9021 E. Wasem, Medien der Schulpraxis
9022 A. Grömminger/G. Ritz-Fröhlich, Umgang mit Texten in Freizeit, Kindergarten und Schule

Deutsch

9028 O. Beck/F. J. Payrhuber (Hrsg.), Aufsatzbeurteilung heute
9029 R. Ulshöfer, Politische Bildung im Deutschunterricht
9032 K. Abels (Hrsg.), Neue Wege im Deutschunterricht
9007 H. Müller, Überwindung von Sprachbarrieren

Geschichte/Gemeinschaftskunde

9023 R. Ulshöfer (Hrsg.), Politische Bildung – ein Auftrag aller Fächer
9031 K. Pellens, Schülernaher Geschichtsunterricht
9037 D. Grosser (Hrsg.), Politischer Unterricht

Mathematik

9004 V. Hole, Erfolgreicher Mathematikunterricht
9020 J. Lauter/R. Röhrl, Kummer mit der neuen Mathematik